KU-300-005

Correspondance complète
de
Jean Jacques Rousseau

XLI

Correspondance complète
de
Jean Jacques Rousseau

édition critique
établie et annotée par

R. A. Leigh

TOME XLI
juillet-septembre 1778

THE VOLTAIRE FOUNDATION
at the TAYLOR INSTITUTION
OXFORD
1984

© 1984 UNIVERSITY OF OXFORD

ISBN 0 7294 0301 7

PRINTED IN ENGLAND
AT
THE ALDEN PRESS OXFORD

TABLE DES MATIERES

LISTE DES ILLUSTRATIONS

[Il a fallu réduire les dimensions des figures insérées dans le texte et du hors-texte. On trouvera au dernier volume une liste cumulative des illustrations.]

REMERCIEMENTS

Pour ce volume, je tiens à remercier surtout m. Pierre Marot, conservateur du musée Jacquemart-André, à Chaalis; feu monsieur le vicomte Harcourt, qui a bien voulu m'accueillir dans sa demeure historique de Stanton Harcourt et m'autoriser à consulter ses archives de famille; feu monsieur le docteur Albert Reinhart, propriétaire des archives Meister et d'une partie des papiers de Moultou; madame Du Castel, châtelaine de l'Ourne, à qui je dois non seulement la communication des papiers de Corancez, mais aussi un accueil et une hospitalité inoubliables; monsieur Herbert Cahoon, directeur de la bibliothèque Pierpont Morgan, à New York; monsieur N. E. Kay; monsieur Walter Zurbuchen, archiviste d'Etat, à Genève, monsieur J.-E. Genequand, archiviste, et leurs services; monsieur Bernard Gagnebin, qui a bien voulu m'autoriser à utiliser les transcriptions faites par mademoiselle Rosselet d'après un dossier qu'il avait acquis, et qui s'est égaré par la suite; monsieur Philippe Monnier, conservateur des manuscrits de la bibliothèque de Genève; monsieur Jean Courvoisier, archiviste de l'Etat, à Neuchâtel, monsieur Jacques Rychner, directeur de la Bibliothèque de la Ville de Neuchâtel, et ses services, et surtout madame Maryse Schmidt-Surdez dont l'obligeance est inépuisable; mademoiselle Claire Rosselet, pendant si longtemps conservateur du fonds Rousseau à Neuchâtel, qui m'a communiqué des photocopies utiles et qui a eu la générosité de me permettre d'utiliser ses transcriptions du dossier disparu dont il est question plus haut; monsieur le général commandant-en-chef, Archives historiques de l'armée, à Vincennes, et ses services; monsieur F. Dousset, adjoint au directeur-général des Archives de France, et ses services; monsieur Yves Chassin du Guerny, archiviste du Gard; monsieur Guy de Chambrier, qui m'a permis de consulter ses archives de famille; monsieur Guy Gaulard, à Alençon, monsieur le docteur Adrian Braunbehrens, à Heidelberg, mademoiselle Perrine Canavaggio, à Paris, et madame Nelly Dumont, conservateur-adjoint de la bibliothèque municipale du Havre, qui m'ont tous communiqué des photocopies de lettres de Rousseau ou qui le concernaient; monsieur Charles Wirz, secrétaire de la Société Jean-Jacques Rousseau et directeur de l'Institut et Musée Voltaire, à Genève; mon collègue et ami, monsieur John Easterling, professeur de langues classiques à Trinity College, Cambridge, qui continue à dépister pour moi les citations et allusions classiques qui peuvent m'échapper; et mon ami depuis quarante-cinq ans, monsieur Pierre Bonnasse, qui m'a apporté un concours précieux.

Enfin, je dois à la générosité de la Leverhulme Trust et de la fondation Voltaire, à Oxford, des subventions qui me permettent de continuer à compter sur l'aide d'un assistant à mi-temps. A ce propos, je tiens à reconnaître ici les services de mme Janet Laming, qui s'acquitte avec patience et dévouement des tâches souvent ingrates que j'ai à lui confier.

LISTE CUMULATIVE DES ABREVIATIONS ET DES SIGLES BIBLIOGRAPHIQUES

Les sigles qui ne sont plus utilisés disparaissent ensuite de cette liste cumulative

Académie. *Dictionnaire de l'Académie française* [les diverses éditions utilisées sont indiquées par leur date].

ACV. Archives cantonales vaudoises, Lausanne.

AE. Archives du ministère des affaires étrangères, Paris.

AEG. Archives d'Etat, Genève.

AEN. Archives de l'Etat, Neuchâtel.

AG. Archives du ministère de la Guerre, service historique de l'Armée française, Vincennes.

AL. Elie Fréron, *L'Année littéraire*, Amsterdam et Paris 1754s.

AN. Archives nationales, Paris.

Anecdotes 1 (1779). *Anecdotes pour servir à la vie de J.J. Rousseau*, in *Œuvres de J.J. Rousseau de Genève. Supplément* formant le t.x des *Œuvres diverses*, Neuchâtel 1779, p.259*s*.

Anecdotes 2 (1779). *Anecdotes pour servir à la vie de J.J. Rousseau. Suite du Supplément à ses Œuvres, seconde édition augmentée, A Amsterdam et a Lausanne*, chez F. Grasset, p.57*s*.

Annales. *Annales de la Société Jean-Jacques Rousseau*. Genève 1905*s*.

AR. *Almanach royal*, Paris.

Assézat. *Œuvres complètes de Diderot*, éd. par J. Assézat [et, pour les t.xvii-xx, par Maurice Tourneux]. Paris 1875-1877.

Bachaumont (1777) ou (1784). *Mémoires secrets pour servir à l'histoire de la république des lettres en France, depuis mdcclxii jusqu'à nos jours*. Londres 1777*s* ou 1784-1789.

Barruel-Beauvert (1789). Antoine-Joseph, comte de Barruel-Beauvert, *Vie de Rousseau* [...], Londres 1789.

B. Ars. Bibliothèque de l'Arsenal, Paris.

B. Ass. nat. Bibliothèque de l'Assemblée nationale, Palais-Bourbon, Paris.

BCU. Bibliothèque Cantonale et Universitaire, Lausanne.

B. de St Pierre (1907). Jacques-Henri Bernardin de Saint-Pierre, *La Vie et les ouvrages de Jean-Jacques Rousseau* [...] Paris 1907.

Bengesco (1882). Georges Bengesco, *Voltaire: bibliographie de ses œuvres*. Paris 1882-1890.

Besterman. Théodore Besterman, éd. *Voltaire's correspondence*. Genève 1953-1965.

Besterman D. Théodore Besterman, éd. *Correspondence and related documents*. Genève 1968-1977 [*The Complete works of Voltaire*, vol.85-135].

BHVP. Bibliothèque historique de la Ville de Paris.

BL. British Library, Londres.

B. Maz. Bibliothèque mazarine, Paris.

BN. Bibliothèque nationale, Paris.

Booy-Mortier (1966). J. Th. de Booy et Roland Mortier, 'Lettres inédites de F. H. Jacobi', *SV* xlv (1966).

Bosscha (1858). J. Bosscha, éd. *Lettres inédites de Jean Jacques Rousseau à Marc Michel Rey*. Amsterdam et Paris 1858.

Boswell *PP*. *Private Papers of James Boswell from Malahide Castle* [...] collected and edited by G. Scott and F.A. Pottle. New York 1928*s*.

BPU. Bibliothèque publique et universitaire, Genève.

Brenner 1 (1974). Clarence D. Brenner, *A Bibliographical list of plays in the*

French language, 1700-1789. Berkeley 1947.

Brenner 2 (1961). Clarence D. Brenner, *The Théâtre Italien, its repertory, 1716-1793*. Berkeley 1961.

Brunet (1860). Jacques-Charles Brunet, *Manuel du Libraire* [...] Paris 1860 *s*.

Buffenoir 7 (1913). Hippolyte Buffenoir, *Les Portraits de Jean-Jacques Rousseau*. Paris 1913.

Bulletin, Genève. *Bulletin de la Société d'histoire et d'archéologie de Genève* 1892*s*.

BV. Bibliothèque de la ville.

CC. Le Conseil des Deux Cents, Genève.

CE. *Courier de l'Europe*.

Chaalis. Musée Jacquemart-André, Chaalis.

CL. *Correspondance littéraire*.

Collé 1 (1868). Honoré Bonhomme, éd. *Journal et mémoires de Charles Collé*. Nouvelle édition. Paris 1868.

Collé 2 (1911). Ad[olphe] van Bever, éd. Charles Collé, *Journal historique inédit pour les années 1761 et 1762*. Paris 1911.

Collé 3 (1864). Honoré Bonhomme, éd. Charles Collé, *Correspondance inédite de Collé*. Paris 1864.

Consolations. J.-J. Rousseau, *Les Consolations des misères de ma vie, ou recueil d'airs, romances et duos*. Paris 1781.

Corancez (1798). *De J.J. Rousseau*, Paris An VI.

Cotgrave (1611). Randle Cotgrave, *A Dictionarie of the French and English tongues*. Londres 1611.

Courtois 2 (1923). L.-J. Courtois, *Chronologie critique de la vie et des œuvres de Jean-Jacques Rousseau, Annales* (1923) xv.

Courtois 6 (1920). L.-J. Courtois, 'Notes critiques de chronologie rousseauiste', Bouvier 2 (1920).

Courtois 7 (1922). L.-J. Courtois, 'Considérations sur la chronologie de la vie et des œuvres de Jean-Jacques Rousseau', *Bulletin de l'Institut national genevois* (1922), xiv.143-172.

Covelle (1897). Alfred L. Covelle, *Le Livre des bourgeois de l'ancienne République de Genève*. Genève 1897.

CS. *Contrat Social*.

Curchod (1798). *Mélanges extraits des mss de Mme Necker*. Paris 1798.

De Crue (1926). Francis de Crue, *L'ami de Rousseau et des Necker, Paul Moultou*. Paris 1926.

De La Rive (1890). Lucien de La Rive, 'Pierre Prévost. Notice relative à ses recherches [...]', *Mémoires de la Société de Physique* [...] *de Genève*, vol. supplémentaire. Genève 1890. p.6-10.

DHBS. *Dictionnaire historique et biographique de la Suisse*. Neuchâtel 1921*s*.

Dialogues. J.-J. Rousseau, *Rousseau juge de Jean-Jacques*.

Dict. Trévoux. *Dictionnaire universel François et Latin, contenant la signification & la définition* [...] *des mots de l'une & l'autre Langue* [...] (Les diverses éditions utilisées sont indiquées par leur date).

DM. Dictionnaire de Musique.

DP. *Correspondance générale de J.-J. Rousseau*, éditée par Théophile Dufour [et Pierre-Paul Plan]. Paris 1924-1934.

Ducis (1826). J.-F. Ducis, *Œuvres posthumes* [...], Paris 1826.

Dufour 3 (1925). Théophile Dufour, *Recherches bibliographiques sur les œuvres imprimées de J.-J. Rousseau*. Paris 1925.

Dufour 4 (1923). Théophile Dufour, 'Jean-Jacques Rousseau, Lettres inédites recueillies par Théophile Dufour', *RP* (15 sept. 1923), xx.241-270.

Du P. Du Peyrou.

ES. [David Hume, traduit par J.-B.-A. Suard] *Exposé succinct de la contestation qui s'est élevée entre M. Hume et M. Rousseau avec les pièces justificatives*. Londres 1766.

Franqueville (1779). Marie-Anne Alissan de La Tour [mme de Franqueville], *Jean Jacques Rousseau vangé par son amie ou morale pratico-philosophico-encyclopédique des coryphées de la secte.* [...] s. l. 1779.

Fuchs 2 (1944). M. Fuchs, *Lexique des troupes de comédiens au XVIII*e siècle. Paris 1944.

Furetière. Antoine Furetière, *Dictionnaire universel* [les diverses éditions utilisées sont indiquées par leur date].

GA. Gazette d'Amsterdam.

Gagnebin 2 (1982). Bernard Gagnebin, 'L'héritage littéraire de Rousseau' *in Rousseau after 200 years*, éd. R.A. Leigh, Cambridge 1982.

Galiffe (1829). Jacques-Augustin Galiffe [etc.]. *Notices généalogiques sur les familles genevoises.* Genève et Paris 1829-1895.

GB. Gazette de Berne (Nouvelles de divers endroits).

GC. Gazette de Cologne.

GF. Gazette de France.

Girardin 1 (1824). Stanislas-Cécile-Xavier-Louis [de] Girardin, *Lettre de Stanislas Girardin à M. Musset-Pathay, sur la mort de J.J. Rousseau*, Paris 1824.

Girardin 2 (1825). Stanislas-Cécile-Xavier-Louis [de] Girardin, *Lettre de Stanislas Girardin, sur la mort de J.J. Rousseau, suivie de la réponse de M. Musset-Pathay*, Paris 1825.

Girardin 3 (1829). Stanislas-Cécile-Xavier-Louis [de] Girardin, *Mémoires, Journal et Souvenirs* [...]. Paris 1829.

GL. Gazette de Leyde (Nouvelles extraordinaires de divers endroits).

GM. Gentleman's Magazine, Londres.

Godefroy (1881). Frédéric Godefroy, *Dictionnaire de l'ancienne langue françoise* [...]. Paris 1881-1902.

Godet 3 (1895). Philippe Godet, 'Jean-Jacques Rousseau et François de Chambrier', *MN* xxxii (déc. 1895) 308-311, et xxxiii (janvier 1896). 12-18.

GPB. Gazette des Pays-Bas (anciennement *Gazette de Bruxelles*).

GPSR. Glossaire des patois de la Suisse romande. Neuchâtel et Paris, 1924.

Grosclaude 3 (1961). Pierre Grosclaude, *Malesherbes: témoin et interprète de son temps.* Paris 1961.

Grosclaude 4 (1960). Pierre Grosclaude, *J. J. Rousseau et Malesherbes.* Paris 1960.

Grosclaude 5 (1964). Pierre Grosclaude, *Malesherbes et son temps.* Paris 1964.

GU. Gazette d'Utrecht.

Guyot (1958). Charly Guyot, *Un Ami et défenseur de Rousseau*, Neuchâtel 1958.

Haag (1877). E. et Emile Haag, *La France protestante.* Seconde édition. Paris 1877 *s.*

Hachette. Œuvres complètes de J.-J. Rousseau [...] [Publ. par la] Librairie Hachette. Paris 1856-1898 (Correspondance, t.vi-viii) (ou 1865 Correspondance, t.x-xii) (la tomaison indique l'édition à laquelle je renvoie).

Harcourt Papers (1880). Edward William Harcourt, éd. *The Harcourt Papers.* Oxford 1880-1905.

Haussonville (1882). Gabriel-Paul-Othenin de Cléron, vicomte d'Haussonville, *Le Salon de Madame Necker d'après des documents tirés des archives de Coppet.* 2 vol. Paris 1882.

Hébrail-Laporte (1769). [Joseph Hébrail et Joseph de La Porte.] *La France littéraire* [...]. Paris 1769.

Huguet (1925). Edmond Huguet, *Dictionnaire de la langue française du seizième siècle.* Paris 1925-1967.

IMV. Institut et Musée Voltaire.

Jal 2 (1872). A. Jal, *Dictionnaire critique de biographie et d'histoire* (2e édition). Paris 1872.

Jansen 4 (1884). Albert Jansen, *Jean-Jacques Rousseau als Musiker.* Berlin 1884.

JE. Journal Etranger. Paris 1754*s.*

J. Enc. Journal Encyclopédique. Liége etc., 1756*s*.

JG. Journal de Genève.

JH. Journal helvétique, Neuchâtel (connu aussi sous le titre de *Mercure suisse*).

JP. Journal de Paris, 1778*s*.

JS. Journal des Sçavans (édition de Paris).

JS (Rey). Réimpression de l'édition de Paris du *Journal des Sçavans*, avec des additions. M.-M. Rey, Amsterdam.

JT. Mémoires pour l'histoire des sciences et beaux-arts (plus connu sous le titre de *Journal de Trévoux*). Trévoux, Lyon et Paris.

Kung. bibl. Kungliga Biblioteket (bibliothèque royale, Stockholm).

La Harpe (1804). Jean-François de La Harpe, *Correspondance littéraire adressée à son altesse impériale M*gr. *Le Grand-Duc* [...] *et à m. le Comte André Schouwalow* [...], Seconde édition, Paris An XII-1804.

La Martinière (1768). Antoine-Augustin Bruzen de La Martinière, *Le Grand Dictionnaire géographique, historique et critique* [...] Nouvelle édition, Paris 1768.

La NH. La Nouvelle Héloïse.

La Touche (1737). De La Touche, *L'art de bien parler françois*, cinquième édition. Amsterdam 1737.

LC. London Chronicle, Londres.

LCB. Lettre à Christophe de Beaumont.

LCDB. [François-Alexandre Aubert] de La Chesnaye Des Bois, *Dictionnaire de la noblesse*. [Editions de 1770 et de 1886.]

Le Bègue (1778). *Relation ou notice des derniers jours de Mons. Jean Jacques Rousseau* [...] *par Mons. Le Begue de Presle* [...] *avec une addition* [...] *par J.M. de Magellan* [...], Londres 1778.

Leroux (1735). Philibert-Joseph Le Roux, *Dictionnaire comique, satyrique, critique, burlesque, libre & proverbial*. Lyon 1735.

Lettres LTF (1803). *Correspondance originale inédite de J.J. Rousseau avec Mme Latour de Franqueville et M. Du Peyrou* [...]. Paris an XI-1803.

Littré, [Maximilien-Paul-] Emile Littré, *Dictionnaire de la langue française*. Paris 1873-1877.

Llanover (1862). Lady Llanover, *The Autobiography and Correspondence of Mary Granville, Mrs. Delany* [...] *Second Series*. London 1862.

LM. Lettres écrites de la montagne.

Lonsdale (1965). Roger Lonsdale, *Dr. Charles Burney. A Literary biography*. Oxford 1965.

Lottin. Augustin-Marie Lottin. *Catalogue chronologique des libraires-imprimeurs de Paris depuis 1470* [...] *jusqu'à présent*. Paris 1789.

Lüthy, Herbert Lüthy, *La Banque protestante en France, de la révocation de l'édit de Nantes à la Révolution*. Paris 1959-1961.

Lyonnet. Henri Lyonnet, *Dictionnaire des comédiens français*. Paris [1909?].

Martin-Decaen (1912). André Martin-Decaen, *Le dernier Ami de J.-J. Rousseau, le marquis René de Girardin*. Paris 1912.

MDSHAG. Mémoires et documents publiés par la Société d'histoire et d'archéologie de Genève.

Merc. H. P. Mercure historique et politique.

Mercure. Mercure de France. Paris (la date suffira pour indiquer s'il s'agit de la série ancienne ou de la série nouvelle).

Métra (1787). [François Métra] *Correspondance secrète, politique & littéraire. ou Mémoires pour servir à l'Histoire des Cours* [...], Londres 1787*s*.

Michel (1926). V. Michel, 'Lettres inédites de Sophie von La Roche [...]', *Revue Germanique* xvii (1926).

MN. Musée neuchâtelois.

Molinier (1970). Madeleine Molinier, 'Les relations de Deleyre et de Rousseau, 1753-1778 [...]', *SV* lxx (1970). 43-176.

Morellet (1821). L'abbé André Morellet, *Mémoires* […]. Paris 1821.

Morrison. A. W. Thibaudeau, éd. *Catalogue of the collection of autograph letters and historical documents formed between 1865 and 1882 by A. Morrison.* (London 1883-1892); second series (1893-1897).

Moultou (1829) [G. Moultou,] *Fragments tirés des Œuvres de J.-J. Rousseau, suivis de huit lettres inédites.* Genève 1829.

m.p. Marques postales.

MP 1 (1821). Victor-Donatien de Musset-Pathay, *Histoire de la vie et des ouvrages de J.-J. Rousseau.* Paris 1821.

MP 2 (1822). Victor-Donatien de Musset-Pathay, *Histoire de la vie et des ouvrages de J.-J. Rousseau*, nouvelle édition. Paris 1822.

MP 3 (1825). Victor-Donatien de Musset-Pathay, éd. *Œuvres inédites de J.-J. Rousseau.* Paris 1825 [t.23 et 24 de l'édition MP 5 des *Œuvres* de Rousseau].

MP 4 (1820). Victor-Donatien de Musset-Pathay, éd. *Œuvres complètes de J.-J. Rousseau* (*Correspondance* t.xviii-xxi, 1820). Paris 1818-1820.

MP 5 (1823). Victor-Donatien de Musset-Pathay, éd. *Œuvres complètes de J.-J. Rousseau.* Paris 1823-1826.

MR. The Monthly Review […]. Londres.

n.a. Nouvelles acquisitions.

Naville (1862). Ernest Naville, 'Œuvres inédites de J.-J. Rousseau', *Bibliothèque universelle et Revue suisse* (Genève), xiii (1862). 686-720 et xiv (1862). 108-114.

Neuchâtel msR 14. *Le Lévite d'Ephraïm:* brouillon.

Neuchâtel msR 18. Brouillons de lettres de Rousseau et notes diverses.

Neuchâtel msR 51. Notes diverses.

Neuchâtel msR 89. Premier cahier du Copie-de-lettres de Rousseau.

Neuchâtel msR 90. Second cahier du Copie-de-lettres de Rousseau.

Neuchâtel msR 91. Brouillons de lettres de Rousseau.

Neuchâtel msR 92. Brouillons de lettres de Rousseau.

Neuchâtel msR 109. *La Vertu vengée par l'amitié:* opuscule de mme Alissan de La Tour.

Neuchâtel msR 118. Lettres de et à Du Peyrou et Girardin et d'autres, relatives aux *Confessions* etc.

Neuchâtel msR 119. Pièces diverses concernant Rousseau.

Neuchâtel msR 121. *Lettre [de Laliaud] aux éditeurs des Œuvres générales de J.-J. Rousseau.*

Neuchâtel msR 283. Lettres de Rousseau à divers: Aubeterre à Hume.

Neuchâtel msR 284. Lettres de Rousseau à divers: Jéquier à Néaulme.

Neuchâtel msR 285. Lettres de Rousseau à divers: Offreville à Zinzendorf et destinataires inconnus.

Neuchâtel msR 286. Lettres de Rousseau à Du Peyrou.

Neuchâtel msR 287. Lettres de Rousseau à d'Ivernois.

Neuchâtel msR 288. Lettres de Rousseau à mme Alissan de La Tour et lettres de mme Alissan de La Tour à Rousseau: originaux autographes.

Neuchâtel msR 289. Lettres de Rousseau à Moultou.

Neuchâtel msR 290. Lettres de Rousseau: copies non-autographes, volume i.

Neuchâtel msR 291. Lettres de Rousseau: copies non-autographes, volume ii.

Neuchâtel msR 292. Lettres à Rousseau: correspondants français, 1re série: D'Alembert à Créqui.

Neuchâtel msR 293. Lettres à Rousseau: correspondants français, 1re série: Dastier à Gal.

Neuchâtel msR 294. Lettres à Rousseau: correspondants français, 1re série: Gauffecourt à Mably.

Neuchâtel msR 295. Lettres à Rousseau: correspondants français, 1re série: Malesherbes à Prémagny.

Neuchâtel msR 296. Lettres à Rousseau: correspondants français, 1re série: Regnault à Wattelet.

Neuchâtel msR 297. Lettres à Rousseau: correspondants français, 2e série: Abos à Lenormant.

Neuchâtel msR 298. Lettres à Rousseau: correspondants français, 2e série: Levaché à Verneuil.

Neuchâtel msR 299. Lettres à Rousseau: correspondants suisses: Beausobre à Jacquery.

Neuchâtel msR 300. Lettres à Rousseau: correspondants suisses: Kirchberger à Wegelin.

Neuchâtel msR 301. Lettres à Rousseau: correspondants genevois: Beauchâteau à Lombard.

Neuchâtel msR 302. Lettres à Rousseau: correspondants genevois: Marcet à Rousseau.

Neuchâtel msR 303. Lettres à Rousseau: correspondants genevois: Roustan à Voullaire.

Neuchâtel msR 304. Lettres à Rousseau: correspondants neuchâtelois: Andrié à Martinet.

Neuchâtel msR 305. Lettres à Rousseau: correspondants neuchâtelois: Meuron à Vautravers.

Neuchâtel msR 306. Lettres à Rousseau: correspondants allemands, autrichiens, etc.

Neuchâtel msR 307. Lettres à Rousseau: correspondants anglais.

Neuchâtel msR 308. Lettres de mme de Boufflers, du prince de Conti et du chevalier de Lorenzy à Rousseau.

Neuchâtel msR 309. Lettres de Coindet à Rousseau.

Neuchâtel msR 310. Lettres de Guy et de Néaulme à Rousseau.

Neuchâtel msR 311. Lettres de Deleyre à Rousseau.

Neuchâtel msR 312. Lettres des Deluc à Rousseau.

Neuchâtel msR 313. Lettres de Du Peyrou à Rousseau.

Neuchâtel msR 314. Lettres de mmes d'Epinay, d'Houdetot, de Saint-Lambert &c. à Rousseau.

Neuchâtel msR 315. Lettres de F.-H. d'Ivernois à Rousseau.

Neuchâtel msR 316. Lettres de Milord Maréchal à Rousseau.

Neuchâtel msR 317. Lettres de Lenieps à Rousseau.

Neuchâtel msR 318. Lettres de m. et de mme de Luxembourg, La Roche et Du Bettier à Rousseau.

Neuchâtel msR 319. Lettres de Moultou à Rousseau.

Neuchâtel msR 320. Lettres de M.-M. Rey à Rousseau.

Neuchâtel msR 321. Lettres de Roguin à Rousseau.

Neuchâtel msR 322. Lettres de mme de Verdelin à Rousseau.

Neuchâtel msR 323. Lettres à Rousseau (sur papier grand format).

Neuchâtel msR n.a. 1. Lettres autographes de et à Rousseau: nouvelles acquisitions de 1936 à ce jour: volume provisoire.

Neuchâtel msR n.a. 4. Lettres de Rousseau à Abraham et Daniel de Pury et lettres d'Abraham de Pury à Rousseau.

Neuchâtel msR n.a. 7. 'Holograph letters of Jean-Jacques Rousseau'.

Neuchâtel msR n.a. 9. Lettres autographes de et à J.-J. Rousseau et pièces diverses.

NL. Niedersächsische Landesbibliothek, Hanovre.

NLS. National Library of Scotland, Edimbourg.

Œuvres (Berlin 1817). *Œuvres de J.-J.*

Rousseau [...] Paris, chez A. Belin, [...] 1817.

Œuvres (Duchesne). *Œuvres de M. Rousseau de Genève. Nouvelle Edition, Revue, corrigée, & augmentée de plusieurs pièces qui n'avoient point encore paru.* A Neuchâtel [Paris, chez Duchesne] 1764*s*.

Œuvres (Genève 1782). [Paul Moultou et Pierre-Alexandre Du Peyrou, éd.] *Collection complète des œuvres de J.-J. Rousseau, citoyen de Genève.* Genève 1782 [1780]-1789: 33 volumes in-8°. Cette édition parut sous trois formats différents, in-4°, in-8° et in-12. Je renvoie à l'édition in-8°.

Œuvres (Neuchâtel 1790). [Pierre-Alexandre Du Peyrou, éd.] *Collection complète des œuvres de J.-J. Rousseau, citoyen de Genève*, in-12. Neuchâtel 1790. [Lettres de Rousseau t.34-36, ou in-8°, t.27-29.]

orig. autogr. Original autographe.

PC. Le Petit Conseil de Genève.

Pierrehumbert (1926). W. Pierrehumbert. *Dictionnaire historique du parler neuchâtelois et Suisse romand.* Neuchâtel et Paris 1926.

Pinard. M. Pinard, *Chronologie historico-militaire.* Paris 1760-1768.

Pléiade. Jean-Jacques Rousseau, *Œuvres complètes*, édition publiée sous la direction de Bernard Gagnebin et Marcel Raymond: i (1959) Ecrits autobiographiques; ii (1961) *La Nouvelle Héloïse*, Théâtre et Poésie; iii (1964) Ecrits politiques; iv (1969) *Emile*, Education, Morale, Botanique.

PM. Bibliothèque Pierpont Morgan, New York, Etats-Unis.

Portefeuille (1884). Gaston de Villeneuve-Gilbert, *Le Portefeuille de Madame Dupin.* Paris 1884.

Prévost (1755). [Antoine-François Prévost.] *Manuel lexique, ou dictionnaire portatif des mots françois dont la signification n'est pas familière à tout le monde.* Nouvelle édition. Paris 1755.

PRO. Public Records Office, à Londres.

RDV (1950). Friedrich Hausmann, éd. *Repertorium der diplomatischen Vertreter aller Lander seit dem Westfälischen Frieden (1648).* Zurich 1950.

RHF. Revue d'histoire littéraire de France.

Richelet. [César-] Pierre Richelet, *Dictionnaire françois* [les diverses éditions utilisées sont indiquées par leur date].

Rivoire. Emile Rivoire, *Bibliographie historique de Genève au XVIIIe siècle, MD-SHAG* (1897), xvi-xvii (additions et corrections, 1935).

Roland 1 (1867). C.-A. Dauban, éd. Marie-Jeanne Roland, née Phlipon, *Lettres en partie inédites de Madame Roland aux demoiselles Cannet* [...]. Paris 1867.

Roland 2 (1913). éd. Claude Perroud, *Lettres de Mme Roland* [...] *Nouvelle Série, 1767-1780.* Paris 1913.

Roth 1 (1951). Georges Roth, éd. *Les pseudo-mémoires de Madame d'Epinay* [...] Paris 1951.

Roth 2 (1955). Georges Roth (et, pour les t.xiv-xvi. Jean Varloot). éd. Denis Diderot, *Correspondance.* Paris 1955-1970.

Sabatier (1781). Antoine Sabatier de Castres, *Les trois siècles de la littérature françoise*, cinquième édition. La Haye et Paris 1781.

Saffroy. Gaston Saffroy, *Bibliographie des Almanachs et Annuaires*, Paris 1959.

Saint-Allais. Nicolas Viton de Saint-Allais, *Nobiliaire universel de France.* Paris 1815*s*.

Saussure 2 (1958). Mme Hermine de Saussure, *Rousseau et les manuscrits des 'Confessions'.* Paris 1958.

Sayous 2 (1861). A. Sayous, *Le dix-huitième siècle à l'étranger.* Paris 1861.

Schelle (1913). Gustave Schelle, éd. *Œuvres de Turgot et documents le concernant.* Paris 1913.

Schinz 4 (1935). Albert Schinz, 'La Collection Girardin à l'abbaye de Chaalis, près Ermenonville', *Annales* xxiv (1935). 121-153.

Sénébier (1786). Jean Sénébier, *Histoire littéraire de Genève*. Genève 1786.

Sénelier (1950). Jean Sénelier, *Bibliographie générale des œuvres de J.-J. Rousseau*. Paris 1950.

Sévery 1 (1911). M. et mme William de Sévery, *La vie de société dans le pays de Vaud à la fin du dix-huitième siècle*. Lausanne-Paris 1911-1912.

Sévery 2 (1928). M. et mme William de Sévery, *Le comte et la comtesse Golowkin et le médecin Tissot*. Lausanne 1928.

SJC. *Saint James's Chronicle*.

SM 1 (1861). Georges Streckeisen-Moultou, *Œuvres et correspondance inédites de J.-J. Rousseau*. Paris 1861.

Soc. JJR. Archives de la Société Jean-Jacques Rousseau, Genève.

Sommervogel (1890). Augustin et Aloys de Backer, Auguste Carayan et Carlos Sommervogel, *Bibliothèque de la Compagnie de Jésus*. Bruxelles et Paris 1890-1909.

STG. Société typographique de Genève.

STN. Société typographique de Neuchâtel.

SV. *Studies on Voltaire and the eighteenth century*. 1955*s*. [Le premier volume de ce périodique a paru sous le titre de *Travaux sur Voltaire et le dix-huitième siècle*.]

Tiersot (1912). Julien Tiersot, *J.-J. Rousseau*. Paris 1912 (dans la série: *Les Maîtres de la musique*).

Tourneux (1877). Maurice Tourneux, éd. *Correspondance littéraire, philosophique et critique, par Grimm, Diderot, Raynal, Meister*. Paris 1877*s*.

Vereeniging. Mss conservés à la Vereeniging ter bevordering van de belangen des boekhandels, Amsterdam.

Voisine 2 (1964). Jacques Voisine, éd. *Les Confessions de Jean-Jacques Rousseau*. Paris 1964.

Vuilleumier (1927). Henri Vuilleumier, *Histoire de l'Eglise réformée du Pays de Vaud sous le régime bernois*. Lausanne 1927-1933.

Walpole (1937). Horace Walpole.— W. S. Lewis, éd. *The Yale edition of the Correspondence of Horace Walpole*. Oxford 1937 *s*.

ZB. Zentralbibliothek, Zurich.

AVERTISSEMENT DU TOME QUARANTE ET UNIEME

Rousseau est mort. Son œuvre, sa vie, son âme, sont enfin livrées à la postérité, ce tribunal suprême auquel il avait fait si souvent appel. Si les volumes qui suivent sont un peu Hamlet sans le prince du Danemark, ils n'en ont pas moins un intérêt et une utilité qui leur sont propres. En premier lieu, ils jettent rétrospectivement une certaine lumière sur les dernières années du solitaire de la rue Plâtrière. Que savait-on par example de Foulquier et de Benoît, qui figurent bien dans les *Rêveries*, mais qui jusqu'ici n'ont guères été que des noms? Et à côté d'eux, c'est toute une bande de jeunes qui ont fréquenté Jean-Jacques pendant son dernier séjour à Paris, et dont les réminiscences viennent éclairer un peu ces années mal documentées: Deleyre, Ducis, Le Tourneur, Thomas, Angiviller, Lebègue, Roucher, Berquin, Gudin peut-être, et j'en passe. Dans un autre ordre d'idées, ces lettres nous permettent d'approfondir la personnalité de trois hommes qui ont joué un rôle important dans la vie de Rousseau et dans la transmission de son héritage littéraire: Moultou, Du Peyrou et plus particulièrement Girardin, dont la figure complexe et, il faut bien le dire, peu séduisante, se détache ici avec plus de relief et surtout avec plus de véracité qu'ailleurs. N'oublions pas non plus Thérèse qui se fraie un chemin tant bien que mal parmi tout ce monde, et dont on pourra suivre, sinon l'évolution de son âme, du moins le déroulement de son activité. Et brochant sur le tout, on y assiste, non pas à la naissance de la légende de Jean-Jacques (car il est de ceux qui sont devenus une légende de leur vivant) mais à son plein épanouissement dans ces années fatidiques qui précèdent la Révolution.

Le lendemain de sa mort, voici Ermenonville qui devient, au même titre que les paysages de *La Nouvelle Héloïse*, un lieu de pélerinage, arrosé par les larmes de ceux dont la vie avait été transformée par les écrits et par l'exemple du 'maître des âmes sensibles'. Mais on y assiste aussi aux commencements de la réaction: voici La Harpe, Diderot, et bientôt d'Alembert, qui piétinent la tombe de Jean-Jacques: et dans l'ombre, c'est encore Diderot, secondé par Grimm, qui retouche le roman de mme d'Epinay.

C'est aussi à cette époque que commence la lente et solennelle sarabande dansée par Moultou, Du Peyrou et Girardin, et qui aboutira quelques années plus tard à la grande édition des *Œuvres* de Rousseau. Danse dont les élégantes figures sont un peu gâtées par les faux pas de certains des participants, et notamment par les mensonges de Moultou et de Girardin. Force nous est de constater que cet ancien ministre de la religion et cet apôtre de la nature et du sentiment, qui se réclament tous deux de Jean-Jacques, n'hésitent pas à recourir à la perfidie pour remplir les engagements contractés envers celui qui avait adopté pour devise 'vitam impendere vero'.

* * *

L'abondance imprévue des matières m'a amené à présenter sous forme de volumes supplémentaires des textes d'abord envisagés comme appendices du t.xl. Puisqu'il ne s'agit plus, à proprement parler, d'une correspondance, mais d'un recueil de documents concernant Jean-Jacques, j'ai intercalé à leur date certaines pièces importantes (articles de journal, pièces notariées, etc.), au lieu de les reléguer en appendice.

C'est grâce surtout à l'aimable concours de monsieur Pierre Marot, conservateur du musée Jacquemart-André à Chaalis, que j'ai pu mener à bien la tâche de revoir systématiquement à peu près tout ce qui s'y trouvait concernant Rousseau. Plusieurs visites à Chaalis, l'acquisition de photocopies plus ou moins bonnes, n'avaient pas suffi pour résoudre tous les problèmes que présentait le fonds Girardin. En faisant déposer à mon intention ces manuscrits à la bibliothèque de l'Institut, monsieur Marot m'a rendu un service inestimable. Qu'il veuille bien trouver ici l'expression de ma profonde reconnaissance.

Cependant, il faut bien l'avouer, ce fonds était dans un désordre épouvantable. A l'origine, le marquis ou l'un de ses successeurs semble avoir tenté un classement par matières. Or, ce critère trop subjectif (et du reste impossible à réaliser même avec plus d'objectivité, car les matières se chevauchent) avait eu pour résultat de morceler les diverses correspondances qu'entretenait le marquis, de séparer les lettres de leurs annexes, ou même parfois de répartir entre des dossiers différents les feuilles d'une même lettre. Il va sans dire aussi que lettres et réponses se trouvaient le plus souvent séparées. Ajoutons à cela le fait que les destinataires n'étaient pas toujours indiqués, et que la plupart des lettres n'étaient pas datées, et l'on aura une idée des problèmes à résoudre. Pour renfort de potage, il y a une vingtaine d'années, on s'est avisé de recoter tous les documents du fonds. Je ne dirai rien de cette opération, sinon que, poursuivie avec plus d'application que de compréhension, elle n'a fait que conserver, voire même aggraver, le chaos qui y existait déjà.

Ce n'est pas tout. L'écriture du marquis, même dans ses lettres missives, n'est déjà pas des plus faciles à déchiffrer. Cela tient surtout à son habitude de former le quart au moins des lettres de l'alphabet (et les plus communes) de la même manière. Passe encore pour ses lettres missives: mais ses brouillons, pour un éditeur consciencieux, sont un véritable enfer. Aux difficultés de son griffonage, souvent indéchiffrable, s'ajoutent celles de ses habitudes de composition. Souvent il corrige non la phrase entière, mais une partie seulement de celle-ci, de manière à la laisser tout à fait incohérente, se réservant sans doute de la refaire en la recopiant. Dans ces cas, une transcription littérale donnerait un charabia toujours incorrect, et parfois incompréhensible. Ces habitudes sont aggravées par le style du marquis, lequel, même quand il achève ses phrases, et même quand on ne peut le soupçonner de chercher, de propos délibéré, à noyer le poisson, est d'une prolixité et d'une incorrection décourageantes. (Je ne dis rien de sa platitude ni de sa banalité, car ce ne sont pas là des difficultés techniques.) Ces considérations m'ont amené à modifier un peu les principes que j'ai suivis jusqu'ici dans l'établissement du texte. Là où, à côté du brouillon, la lettre missive a été conservée, je continue à adopter celle-ci comme texte de base, mais je ne donne les variantes du brouillon que lorsqu'elles apportent un renseignement nouveau, une indication psychologique révélatrice, ou un passage intéressant supprimé dans la missive. Là où le brouillon seul subsiste, j'en donne bien entendu le texte intégral, quitte à proposer, pour certaines phrases particulièrement incohérentes, des leçons intelligibles. Ces interventions, assez rares du reste, sont toujours signalées, soit par des crochets, soit dans les notes.

On est parfois récompensé de ce labeur ingrat. C'est ainsi par exemple que l'on peut suivre pas à pas dans les brouillons du marquis l'évolution du récit des dernières heures de Jean-Jacques, et la révélation progressive des 'legs' qu'il aurait faits *in extremis* aux enfants de Girardin. Et voici que surgit brusquement un mensonge aussi impudent que significatif, et qu'en définitive Girardin n'a pas eu le courage de maintenir: Jean-Jacques l'aurait chargé de terminer les *Rêveries*! Et combien on regrette la disparition de ce sifflet qu'aurait employé Thérèse aux heures du repas pour rappeler à la maison un Jean-Jacques absorbé, extasié ou tout simplement égaré dans le parc d'Ermenonville. Du reste, c'est là peut-être un détail authentique, écarté par Girardin comme incompatible avec la dignité élégiaque et pathétique qu'il entendait donner à son récit.

7181

René-Louis, marquis de Girardin, à Madeleine-Catherine Delessert, née Boy de La Tour

[le 3 juillet 1778]

A Mde. de Lessert a la Compagnie des Indes

O Ma chere Madame, quel[1] coup affreux pour touttes Les meres tendres, et Les ames sensibles. M. *Rousseau* votre ami La notre helas [2]venés pleurer[2] avec nous [3]sur sa tombe[3], melés[4] vos Larmes aux notres[5]. Elles doivent etre douces Comme son ame, [6]ce Coeur op[6]pressée du besoin d'aimer[7] qui aimoit tout Le monde par bienfaisance[8], [9]ce coeur[9] si sensible pour que L'idée de La haine de qui que ce soit etoit aussi[10] cruel[11] que La passion de La jalousie pour un amant.[12] Son [13]ame si sensible et si delicate[13] s'etoit repandue sur nous tous. Il aimoit mes enfans comme les siens. Jugés ce qu'ils perdent, ce que nous perdons tous[14]. Vous etes [15]une tendre[15] mere, ma femme aussi[16] [17]et moy[17] je suis père, je L'aimois comme le mien. O Ma Chere madame[18] venés venés pleurer avec nous

MANUSCRITS

[1. l'orig. autogr., confié à Romilly le 3 juillet, fut égaré par celui-ci, si bien que mme Delessert ne l'a jamais reçu.]

*2. Chaalis, fonds Girardin D^{4} 29, n° 8, p.3; brouillon.

NOTES CRITIQUES

[1] ⟨quelle⟩ quel [2] ⟨pleurés le⟩ [3] ⟨vos larmes doivent être douces comme son âme⟩ [4] melés ⟨vos l⟩ ⟨& jamais⟩ [5] notres ⟨venés⟩ [6] ⟨cette ame Si aima⟩ [7] aimer ⟨pour⟩ [8] bienfaisance, ⟨et La vertu avec transport⟩ [9] ⟨ce coeur⟩ [10] [un mot illisible inséré dans l'interligne] [11] ⟨insupportable⟩ [12] amant. ⟨il esperoit jouir de quel⟩ [13] ⟨ame⟩ [14] tous. ⟨je ne puis vous en dire davantage⟩ [15] [ajouté dans l'interligne] [16] ⟨L'est⟩ aussi [17] ⟨vous l'avez vue avec moy⟩ [18] madame ⟨Les hommes⟩ ⟨parce que de mecha⟩

7182

René-Louis, marquis de Girardin, à George Keith, comte-maréchal d'Ecosse

[le 3 juillet 1778]

A Mylord Maréchal grand Chambellan de S. M. Le roy de Prusse a Berlin

O mylord[1], [2]o vous Le[2] seul au monde dont[3] il a[4] consenti de recevoir des bienfaits parce qu'il n'a jamais voulu en recevoir que de L'amitié, pleurés avec nous. M. Rousseau, [5]à peine commençoit-il d'espérer quelques[5] instans de repos[6] dans un sejour champetre [7]qui lui plaisoit[7], entouré d'une famille qu'il aimoit, et qui L'honoroit comme son père; il n'y a que Le malheur de réel dans ce monde, Le bonheur[8] n'est qu'un rêve qui s'évanouit comme L'âme d'un homme immortel. En quelques minutes il a passé[9] du Contentement et de La santé à une mort rapide. Hélas il est tombé[10] dans les bras de sa malheureuse femme[11]. Il luy a laissé un Pere et une mere dans ma femme et dans moy, elle sera[12] toujours de la famille[13] mais Le Cœur de son mari, quelle cruelle separation pour elle[14]. Cet homme sensible et tendre [15]a rassemblé[15] dans ce peu d'instans toutes Les forces de son génie, il ne s'est occupé que des autres, et il s'est endormi avec la sérénité de la vertu qui a toujours restée peinte sur son visage. O mylord pleurés avec nous sa perte[16], vous étiés son ami, vous sentés ce que nous perdons. [17]Vous le connoissiés, quel homme a jamais joint a un[18] tel degré les vertus du coeur, à un genie si[19] sublime.[17] [20]O mylord faites moy la faveur d'envoyer l'image de l'homme respectable dont M. Rousseau a consenti de recevoir un bienfait, à celuy qui vous honore et vous respecte.

G.

MANUSCRIT

*Chaalis, fonds Girardin D^{4} 29, n° 8, p.2-3; brouillon.

NOTES CRITIQUES

[1] mylord ⟨pleurés avec nous la perte de M^{r}⟩ ⟨homme genereux et bienfaiteur⟩ [2] ⟨dont⟩ ⟨du⟩ ⟨auquel⟩ ⟨seu⟩ ⟨Le seul⟩ ⟨c'est de vous seul⟩ [3] ⟨qu'il⟩ [4] a ⟨vou⟩ [5] ⟨vient de mourir en un Instant dans nos bras⟩ ⟨n'est venu jouir de quelques⟩ [6] repos ⟨que pour passer en quelques min⟩ [7] ⟨qu'il aimoit⟩

[8] bonheur ⟨s'evanouit comme⟩ [9] passé ⟨de la m⟩ [10] tombé ⟨sans connoiss⟩
[11] femme ⟨en ne s'occupant que de la douleur des autres, et il s'est endormi avec la serenité de la vertu. O Mylord pleurés avec nous La perte⟩ ⟨vous etiés son ami, vous sentés sa perte et La notre. Qu'il consoloit⟩ ⟨cherchoit a consol⟩ ⟨dont [?] il la⟩ ⟨il Luy a laissé⟩ [12] sera ⟨des⟩ [13] famille ⟨et n'y manquera de rien⟩ [14] elle. ⟨Ah Mylord, cet homme Sensible et tendre, aussi⟩ [15] ⟨rassemblant⟩ [16] perte ⟨vous le connoissiés⟩ [17] [cette phrase, commencée plus haut, est insérée ici par un signe de renvoi] [18] un ⟨degré⟩ [19] ⟨aus⟩si [20] [cette phrase est écrite au bas de la page. Elle remplace une première version:] ⟨My lord faites moy la faveur d'envoyer L'image de l'homme⟩ un portrait de vous [ces quatre derniers mots, non biffés, se trouvent au bas de la page précédente]

NOTES EXPLICATIVES

Girardin perdait son latin: Mylord Maréchal était mort le 28 mai 1778.

7183

Noël Lemire au rédacteur du Courier de l'Europe

Dammartin, 4 juillet [1778]

Monsieur,

J. J. Rousseau est mort avant-hier, 2 de ce mois, au château d'*Ermenonville*[1]; son corps a dû être ouvert hier dans l'après-midi, & peu de temps après enterré dans une petite isle, en face du château. J'ai vu creuser l'endroit destiné à recevoir les restes inanimés de ce grand génie, & le spectacle m'a rappelé une belle ode d'*Horace* qui commence par ces mots: *Te maris & terrae*[a] &c. applicable ici sous certains rapports. On attribue l'accident que je vous mande à un refroidissement causé par des fraises & de la crême que M. Rousseau avait mangées la veille; il a succombé aux douleurs d'une colique qui l'a saisi entre 9 et 10 heures du matin. Un remede qu'on lui a donné paroissait le soulager, mais bientôt le mal augmenta; on recourut au Médecin (l'un de ses amis) qui arriva trop tard[1] & le trouva froid.

M. *Girardin* est désolé, & *Ermenonville* est un théâtre de tristesse.

Voici ce que l'on peut dire de plus précis, et ce que je vous donne pour certain; la proximité des lieux m'a facilité l'éclaircissement nécessaire.

Je suis, &c.

Lemire, Abonné.

IMPRIMÉ

* Le *Courier de l'Europe* du 10 juillet 1778, n° 3, iv.19.

NOTE CRITIQUE

[1] [je corrige une coquille de l'imprimé]

NOTES EXPLICATIVES

L'auteur de cette lettre ne signe que 'Lemire'. Il s'agit sans doute de Noël Lemire (1724-1800), graveur originaire de Rouen. Dès 1760 il avait été associé à l'illustration de l'œuvre de Rousseau (planches de *La NH*), et après sa mort il dessina un portrait de JJ d'après le buste de Houdon. Son œuvre la plus connue est une gravure satirique intitulée *Le Partage de la Pologne* (1772), devenue excessivement rare, l'autorité ayant fait détruire la planche.

a. Horace, *Odes* I.xxviii.

7184

Denis Ivanovitch Fonvizine à mademoiselle Fonvizine

Paris [le 5 juillet 1778][1]

[1] [. . .]. Maintenant, j'en viens à une histoire qui t'attristera autant que moi, car je sais combien tu aimes Rousseau. Écoute ce qui lui est arrivé.

[2] Je t'ai écrit que Rousseau avait promis de se montrer à moi et que le jour de notre rencontre avait déjà été fixé. Or, la veille de ce jour, il est venu chez moi un certain *abbé*[2], par l'entremise de qui j'avais cherché à faire connaissance avec Rousseau, et il m'a apporté des nouvelles: il avait été à la maison de Rousseau et avait trouvé sa femme en larmes et au désespoir; elle lui a demandé s'il n'avait pu savoir où se trouvait son mari, qui avait déjà passé deux nuits hors de chez lui, et elle craignait qu'il ne fût jeté en prison par ordre du gouvernement. Deux ou trois jours étaient passés ainsi dans l'incertitude; finalement, on a appris qu'il était allé chez un de ses amis, une personne influente, dans un village à quelque [3]onze lieues[3] de Paris. La cause de ce départ est la suivante. Rousseau a composé des *mémoires* de sa propre vie, dans lesquels il raconte très librement toutes les intrigues des grands d'ici, en les nommant. Il composait ce livre dans l'idée de le faire imprimer après sa mort par sa femme, de façon que celle-ci en reçoive des revenues sûres et précises; c'est pour elle qu'il écrivait ce livre, pour le lui laisser comme héritage. Sa femme est tellement rapace que le monde n'en a jamais produit de pareille! Attendre la mort de son mari lui a semblé trop long. Elle s'est mise d'accord avec un libraire pour lui vendre le manuscrit, elle lui a permis de le recopier en douce, pendant que Rousseau

dormait. Il n'en savait rien, il ignorait totalement cette infortune, quand, soudain, il a reçu une lettre de Hollande de la part d'un libraire qui lui écrivait qu'il avait en mains son manuscrit, qu'il avait acheté cent louis d'or, et qui lui demandait, en toute bonne foi, sur quel papier et avec quels caractères d'imprimerie Rousseau lui conseillerait de réaliser cette édition. Rousseau a été saisi d'une frayeur terrible en se rendant compte du méfait de sa femme, et il a écrit au libraire pour lui demander, pour l'amour de Dieu, de ne pas imprimer le livre avant sa mort. Puis, quittant sa femme ingrate, il est parti pour la campagne, chez son ami.

[3] A présent, il s'avère déjà que le libraire ne lui a pas obéi, car le livre a été imprimé, et les exemplaires qui ont fait leur apparition ici ont été confisqués. Et le pauvre Rousseau, visiblement de peur et d'indignation, a mis fin à ses jours. Aujourd'hui, on a reçu la nouvelle qu'il est mort, et qu'on a trouvé sur son corps une petite plaie, au cœur même. On raconte qu'il s'est percé le cœur avec une épingle; d'autres disent avec un petit couteau. Quoi qu'il en soit, c'est lui qui a attenté à sa vie; c'est, du moins, ce bruit qui s'est répandu dans toute la ville. Mon ami Houdon, le célèbre sculpteur, vient de se rendre chez lui pour faire son masque mortuaire, car son visage, à ce qu'on entend dire, est encore exactement comme il était pendant qu'il était en vie.

[4] Ainsi donc, la destinée n'a pas voulu que je voie l'illustre Rousseau! Mais tu as raison: parmi tous ces messieurs les philosophes de notre siècle, c'est lui sans doute qui est le plus honorable et le plus honnête. Son désintéressement, du moins, était des plus intransigeants. Je suis tellement fâché contre sa femme que, si j'étais juge, je la ferais pendre [. . .]

IMPRIMÉS

[1. *Œuvres de Denis Ivanovitch Fonvizine*, éd. G. P. Makogonenko, Moscou et Leningrad, 2 vol., 1959.]

*2. Joseph Suchy, *Les Confessions à la mort de Rousseau* [. . .], *Œuvres et Critiques* iii n° 1 (été 1978), p.126-127 (traduction française).

NOTE CRITIQUE

Cette traduction française est de m. Joseph Suchy.

[1] [les imprimés sont datés d'août 1778. Ce doit être une conjecture de l'éditeur russe. Il ressort de la lettre même qu'on 'a reçu la nouvelle de la mort' de Rousseau 'aujourd'hui', et qu'Houdon 'vient de se rendre' à Ermenonville.] [2] [en français dans le texte] [3] [je remplace par cette expression les 'cinquante kilomètres' de l'impr. 2, afin d'éviter l'anachronisme]

NOTES EXPLICATIVES

L'auteur de cette lettre (1745-1792) était un écrivain russe très connu, auteur de plusieurs pièces de théâtre, dont certaines ont été réimprimées de nos jours, et traduites en anglais et en français. Secrétaire du comte Nikita Ivanovitch Panine (1718-1783), précepteur du grand-duc Paul et ministre de Catherine II, il vint en France en 1777, accompagné de sa femme. A Paris, il fréquenta Marmontel, d'Alembert, Benjamin Franklin etc. 'Il semble admirer profondément Jean-Jacques: les autres philosophes de France sont, dans l'ensemble, d'aussi grands charlatans, dans leur genre, que ceux que l'on rencontre quotidiennement sur les boulevards ou ailleurs (les Diderot, les d'Alembert ...): ils trompent le peuple pour de l'argent' (article de m. Suchy, p.126).

La destinataire de cette lettre était la sœur de l'écrivain.

On voit que le bon Fonvizine, tout partisan de JJ qu'il était, accueillait et répandait sans aucun sens critique toutes les sornettes qu'il entendait raconter à son sujet. Thérèse était parfaitement au courant du départ de JJ pour Ermenonville, elle n'a jamais volé le ms. des *Confessions*, il n'y en a jamais eu d'édition subreptice en 1778, etc. etc. Quant au coup d'épingle ou de canif par lequel JJ se serait donné la mort, il n'eut pas plus de réalité que le coup de pistolet ou la coupe de poison imaginés par Corancez.

7185

La mort de JJ vue par les journalistes et par quelques contemporains

a. La Harpe.

[vers le 5 juillet 1778]

[...] J'apprends dans ce moment la mort du célèbre Rousseau. Il est mort presque subitement à Ermenonville, chez M. de Girardin qui lui avait fait bâtir dans son parc une petite maison rustique, avec cette inscription: *Maison de Jean-Jacques*. Il était né en 1708, et par conséquent était âgé de 70 ans. Il a survécu de bien peu à Voltaire. Il y a quelque temps que le bruit s'est répandu que les mémoires de sa vie, composés par lui-même, couraient imprimés dans Paris, et ce qu'il y a de plus singulier, c'est qu'il n'a pas encore été possible d'approfondir si ce bruit est fondé ou non; je n'ai rencontré personne qui pût dire, je les ai vus. Il est bien sûr que ces mémoires existent manuscrits, puisque nombre de gens en ont entendu la lecture; mais l'impression est encore une chose problématique. Au surplus, ils ne tarderont pas à être publiés, si le gouvernement n'a pas pris des précautions secrettes pour s'en emparer, comme on a fait pour l'histoire de France qu'avait écrite feu M. Duclos. Le sculpteur Houdon est parti tout de suite pour aller modeler Rousseau à Ermenonville, ce qui fait croire que la mort ne l'a pas défiguré.

[*Correspondance littéraire* [...] An XI-1804, ii.260.]

La lettre (adressée au grand-duc ou aux Schouvalov) est peut-être un amalgame, mais le passage cité dut être rédigé vers la date indiquée.

b. Le *Journal de Paris*

Dimanche 5 juillet 1778

i. *Variété*

On apprend dans l'instant que le célèbre *Jean-Jacques Rousseau*, Génevois, vient de mourir dans la soixante-neuf ou dixième année de son âge, à Armenonville, Village à onze lieues et demie de Paris, où il s'étoit retiré depuis environ six semaines [*JP*, 1778, p.743].

Lundi 6 juillet 1778

ii. *Variété*

Jean Jacques Rousseau, Citoyen de Genève, dont nous avons annoncé la mort dans la Feuille d'hier, avoit dessein depuis quelque tems de quitter Paris; il a cédé aux instances de l'amitié, & s'est établi sur la fin de Mai dernier dans une petite maison appartenant à M. le Marquis *de Girardin*, seigneur d'Ermenonville, & située très-près du château. Il eut Jeudi dernier, 2 de ce mois, à neuf heures du matin, en revenant de la promenade, une attaque d'apoplexie qui dura deux heures & demie, & dont il mourut. Les honneurs funèbres lui furent rendus par M. le Marquis *de Girardin*; son corps, après avoir été embaumé & renfermé dans un cercueil de plomb, fut inhumé le Samedi suivant 4 du present mois, dans l'enceinte du Parc d'Ermenonville, sur l'Isle dite des Peupliers, au milieu de la Piece d'eau appellée le petit Lac & située au midi du château, sous une tombe décorée & elevée d'environ six pieds. Il est né le 28 Juin 1712. [*JP* 1778, p.747]

[La rubrique '*Variété*' du *JP* peut prêter à confusion. Elle a indisposé Foulquier (voir le n° 7202) et induit en erreur quelques commentateurs modernes. Il n'y avait là aucune intention désobligeante. Le *JP* ne disposait que de deux rubriques générales: *Variété* et *Evénement*. Sous cette dernière, on plaçait les incendies, les noyades, les voies de fait etc. On voit donc qu'elle ne convenait pas du tout à la nouvelle de la mort de JJ.]

c. Bachaumont.

le 5 juillet 1778.

i. Le fameux Jean-Jaques Rousseau n'a pas survêcu de longtems à Voltaire; il vient de mourir dans le lieu de sa retraite à Ermenonville.

On dit aujourd'hui que les bruits qui ont couru sur lui et ses Mémoires, viennent d'un *Supplément* à ses œuvres, en effet imprimé, & où il y a beaucoup de choses singulières.

le 7 juillet 1778.

ii. C'est le 2 de ce mois que Rousseau revenant de la promenade à neuf heures du matin, est mort d'une attaque d'apoplexie, qui n'a duré que deux heures & demie. Il avoit dessein depuis quelques tems de quitter Paris; il a cédé aux instances de l'amitié, & s'est établi sur la fin de Mai dernier dans une petite maison qui appartient au Marquis de Girardin, Seigneur d'Ermenonville, & située près du château.

Ce Seigneur lui a rendu les honneurs funebres: son corps, après avoir été embaumé & enfermé dans un cercueil de plomb; fut inhumé le samedi suivant 4 du présent mois, dans l'enceinte du Parc d'Ermenonville, dans l'isle dite *des Peupliers*, au milieu de la place d'eau appellée *le petit lac*, & située au midi du château, sous une tombe décorée & elevée d'environ six pieds. Rousseau étoit né le 28 Juin 1712. [xi (1780). 35 et 36.]

[On voit que Bachaumont suit de très près le texte du *JP*.]

d. Métra.

[le 7 juillet 1778]

Mais une nouvelle qui vous fera presqu'autant de sensation que celle de la mort de Voltaire, c'est celle que Jean-Jacques Rousseau est mort au château d'Ermenonville, à douze lieues d'ici. A neuf heures du matin il a été frappé d'apoplexie & trois heures après il étoit déjà mort. Depuis long-temps il était très-incommodé de la gravelle & d'une rétention d'urine. M. le Marquis de Girardin, seigneur du lieu, lui avoit donné depuis quelque temps une petite maison attenante à son château pour calmer les inquiétudes dont étoit tourmenté ce Philosophe, depuis le vol du manuscrit qui lui avoit été fait par sa femme, ci-devant sa servante, portée à cette affreuse perfidie par une somme de mille louis que lui a payée un certain libraire. Je n'ai pu encore me procurer même la lecture des

Mémoires de ce cynique Moderne, tant la Police en a surveillé le débit; je sais que des personnages de considération y sont maltraités, & entr'autres Madame la Maréchale de Luxembourg, qui pourtant a eu beaucoup de bontés pour l'auteur, il y a quelques années, lorsqu'il s'étoit retiré à Montmorency.

M. de Girardin a fait embaumer le corps de Rousseau & l'a fait inhumer dans une petite Isle dite *des Peupliers*, au milieu d'un étang. Le corps a été mis dans une tombe décorée & élevée à dix pieds de terre. [vi (1787). 314-315.]

e. *Gazette à la main* de Marin.

A Paris le 9 juillet 1778.

Le trés illustre Jean Jacques Rousseau est mort le 3 d'une Colique néphrétique à la maison de Campagne de M. le M[qs]. de Girardin, renommée par ses beaux et singuliers Jardins; il y étoit allé, comme son ami, passer une partie de l'été sans autre motif que de s'amuser à botaniser; c'est [sur ce] fondement que ses ennemis, peu nombreux, ont répandu qu'il avoit été obligé de se cacher, parcequ'on lui avoit volé le manuscrit des mémoires satyriques de sa vie; il étoit si farouche que sa marche étoit ignorée de tout le monde, et qu'il n'avoit d'autre société que sa femme, ci devant sa servante, comme l'étoit d'Abraham la mere d'Ismaël; il avoit 70 ans; son enterrement ne causera pas autant de vacarme que celui de Voltaire, attendu qu'il étoit de la Religion de Genève. [BHVP, ms.26700, fol.115]

f. *Gazette de Berne*.

De Paris, le 6 Juillet.

Jean Jacques Rousseau après sa disparition de *Paris*, s'est retiré au Chateau d'Ermenonville, chez le Marquis de *Girardin*, entre cette Capitale & Senlis, où sa femme est venue le joindre. Il y vivoit paisiblement chéri du Maitre & de la Maitresse de la maison, couple aimable tout occupé de l'éducation de leurs enfans, trois garçons & deux filles. *Rousseau* y trouvoit la liberté qui étoit son idole, lorsqu'il a été attaqué mardi dernier d'une Colique nephrétique qui l'a enlevé dans la nuit. Il y avoit longtems qu'il étoit tourmenté par la gravelle, de sorte que c'est une maladie de vessie qui lui a donné la mort, ainsi qu'à M. de *Voltaire*. Le deuil a été general en cette Ville, à la nouvelle qui s'en est répandue vendredi. Il y étoit aimé & très estimé. [Supplément du Samedi 11 juillet 1778].

g. *Courier de l'Europe.*

vendredi 10 juillet [1778]

M. *Jean Jacques Rousseau*, retiré depuis un mois à Ermenonville, près *Montmorency*, chez M. le marquis de Girardin, y est mort Jeudi dernier (2), dans l'après-midi, d'une attaque d'apoplexie. On s'étoit apperçu le matin du même jour qu'il étoit fort abbatu, on lui conseilloit de ne pas sortir: 'Je vais toujours', avoit-il répondu: 'quoiqu'il n'y eût rien d'étonnant que je fusse mort dans une heure'.

M. *Rousseau* étoit né en 1706. [p.18].

h. *Gazette de Leyde.*

du mardi 14. Juillet 1778.

De Paris, le 6. Juillet.

La mort de Mr. de *Voltaire* a été suivie de celle d'un Homme non moins célèbre, mais qu'il ne comptoit point au nombre de ses Amis. *Jean-Jacques Rousseau*, Ex-Citoyen de *Genève*, est mort le 3. d'une Colique nephrétique à la Maison de Campagne du Marquis de *Girardin*, près du Village d'Armenonville, à 10. lieues d'ici, âgé d'environ 70. ans. Se cachant aux yeux du monde, évitant toute société, & n'en aiant d'autre que celle de sa Femme, il s'étoit retiré depuis environ 3. semaines à cette Maison, renommé par ses beaux & singuliers Jardins, pour y passer une partie de l'Eté dans la seule vuë de s'amuser à la Botanique, à l'étude de laquelle il s'étoit donné depuis quelque tems.

[On voit que le journaliste a utilisé la gazette de Marin: voir plus haut, e.]

---

i. *Nouveau Journal Helvétique* [. . .]

Le célebre J. J. Rousseau a fini sa carriere dans la soixante sixieme année de son âge. Les papiers publics ont assuré qu'il était mort d'une attaque de colique néphretique, occasionné par la gravelle; maladie dont il était affligé depuis long-tems. Des avis particuliers donnent une autre cause à cet événement, & en rapportent les circonstances suivantes. Rousseau avait quitté Paris & s'était établi, depuis quelques semaines, à Ermenonville, terre à dix lieues de Paris, appartenant à M. de Girardin, homme fort riche, & son ami particulier, qui lui avait proposé un pavillon & un jardin à l'anglaise. Il y jouissait de la liberté, du repos & de tous les agrémens possibles,

& employait une partie de son loisir à l'éducation des enfans de son bienfaiteur.

Le 3 de ce mois, comme il donnait une leçon de musique à l'un d'eux, il fut obligé de l'interrompre par une douleur violente à la tête. Il se retira dans son appartement; mme de Girardin l'y suivit. On lui fit prendre un lavement; mais il la pria de le laisser avec sa femme, en ajoutant: *je vois bien que je me meurs*. Il fut à la garde-robe, sa femme l'y suivit, & ferma la porte en dedans. Comme elle pleurait beaucoup, il lui dit: *consolez-vous, je suis bien heureux de mourir. Voyez ce ciel, comme il est serein; eh bien, c'est là où je vais*. En disant ces mots, il tomba mort. Sa femme se trouvant mal, on fut obligé d'en forcer la porte pour parvenir auprès d'eux.

On l'a ouvert, & l'on a trouvé près d'un verre d'eau dans le cerveau: on croit que c'est depuis la chute qu'il fit, il y a deux ans, que le dépôt s'est formé & l'a tué. On l'a Embaumé, mis dans un cercueil de plomb, & enterré dans le lieu le plus agréable du jardin, où son ami lui fait élever un mausolée, &c. [juillet 1778, p.119-120].

k. L'*Année littéraire*

Nouvelle Littéraire.

La mort du célèbre *Jean-Jacques Rousseau* a causé la sensation la plus vive & la plus générale; la calomnie n'a pas manqué de semer des bruits injurieux à sa mémoire sur le genre de mort qui en a privé la littérature: mais l'ouverture du corps faite en présence de M. *Louis Blondel*, lieutenant du bailliage & vicomté d'Ermenonville, assisté du procureur fiscal & d'un huissier, a prouvé qu'il étoit mort d'une apoplexie séreuse. Bien des personnes intéressées à le décrier, auroient été charmées qu'il se fût donné la mort de ses propres mains; mais il n'a pas cru devoir procurer cette joie à ses ennemis; ce qui cause leur acharnement, c'est la juste crainte de se voir démasqués dans les mémoires qu'il laisse sur sa vie; ils s'attendent à n'être point flattés par la main du peintre qui les a vus de si près, & qui avoit rapporté de leur commerce la haine & le mépris qu'ils inspirent à tous les honnêtes gens. Ce motif seul suffit pour exciter l'impatiente curiosité du public; le morceau suivant pourra donner une idée du style dont ils sont écrits, & des vues que l'auteur s'y est proposées. Ce morceau a déjà été imprimé dans le Journal de Paris; mais vous, Monsieur, qui ne lisez peut-être pas ce Journal, vous me saurez gré de le mettre sous vos yeux. [Suit le texte du préambule des *Confessions*. Ce texte n'est pas absolument conforme à celui des mss. Puisqu'il cite le *JP* du 30 juillet (voir le n° 7231, note *a*), ce n° de l'*AL* n'est pas antérieur à cette date.]

La circonstance dans laquelle nous nous trouvons par rapport à *Jean-Jacques Rousseau*, le peu de connoissance qu'on a de ses mémoires, le peu d'apparence qu'il y a de les voir imprimés de sitôt, m'engagent à réimprimer ici une lettre qui fut écrite il y a sept ans, par un homme qui avoit assisté à une lecture de ces mémoires; cette lettre fut insérée dans ce Journal, je suis persuadé que vous la relirez avec plaisir: la voici toute entière. [Suit le texte du n° 6818 (t.xxxviii), conforme à la (première) impression de 1771, et non à celle de 1778.]

Que *de géants changés en nains*! [citation empruntée à la lettre de Dorat] Ah! MM. *d'A****, *Di****, où vous cacher? qu'allez-vous devenir? [*AL* v, 1778, p.205-211 (lettre IX) 1778]

l. L'abbé de Véri.

[1] *Mort de J.-J. Rousseau.*—La France vient de le perdre le 2 juillet à la terre d'Ermenonville, près de Senlis, domaine que le marquis de Girardin avait mis à sa disposition. Quoiqu'il fût originaire de Genève, la France peut le réclamer à juste titre soit parce qu'il y a presque toujours vécu, soit parce que c'est dans la langue française que son génie supérieur s'est déployé.

[2] Aucun auteur français n'est arrivé à l'éloquence de sentiment dont ses ouvrages sont remplis. Aucun auteur n'échauffe ses lecteurs comme lui. Plusieurs écrivains avaient dit avant lui les vérités que lui seul a gravées dans le cœur de ses lecteurs. Les autres prouvaient, mais se laissaient oublier. La chaleur et les grâces de son style ont fait agir. C'est à lui que les enfants doivent les douceurs que le ton général a mis dans leur éducation. Leurs corps étaient aussi maladroitement gênés par les habillements de l'enfance que leurs esprits étaient gênés par les méthodes d'instruction. J'ai vu nos enfances asservies à ces deux jougs odieux. Jean-Jacques Rousseau est venu changer toutes les idées et toutes les méthodes par une persuasion à laquelle personne n'a pu résister.

[3] Aucun auteur n'inspire plus d'intérêt pour sa personne et plus d'enthousiasme pour ses sentiments. A quelques paradoxes près dont il est facile de se garantir, il allume l'amour de la vérité et de l'humanité dont sa plume paraît embrasée. Sa chaleur, toujours soutenue et toujours énoncée avec grâce, ne perd jamais la couleur de la simple vérité. S'il exagère quelquefois, ce n'est pas

en commandant à sa plume des paroles d'exagération: c'est parce que l'enthousiasme de son âme passe sur son papier.

[4] Quel dommage de ne pouvoir dire à la postérité que sa conduite répondait à ses écrits!

[5] Il y a des traits de lui qui seront aussi ineffaçables que la sublimité de ces écrits. Enthousiaste de la vertu et de l'amour de ses semblables, il n'a pu reconnaître dans ses vieux jours aucun homme vertueux et humain. Son humeur sombre et défiante les lui a tous fait voir vicieux et méchants. Défenseur éloquent et sublime des droits d'humanité pour les enfants, ceux que sa femme lui a donnés avant et après leur mariage ont été placés à l'hospice des Enfants Trouvés sans leur laisser même quelque marque pour les reconnaître un jour. Des amis les lui ont demandés inutilement pour en avoir soin. La répugnance à avoir obligation à quelqu'un a surmonté l'amour paternel. Cruel effet d'une volonté mal placée.

[6] Je suis affligé d'avoir à remarquer cette contradiction de l'esprit humain dans un génie et dans un auteur qui échauffe si fort pour les sentiments vertueux. L'impression que font ses ouvrages inspire de la bienveillance pour leur auteur; et je me sens encore un penchant secret pour lui malgré cette horreur relative à ses enfants. J'ai cru devoir la remarquer parce que l'histoire étant le miroir de l'expérience doit tout dire. Je crois toutefois qu'il y avait de la folie dans ses imaginations et non de la méchanceté dans son cœur. Ses confessions, qui s'imprimeront un jour, les apprendront à nos neveux. J'espère même qu'on en effacera quelques endroits que j'ai lus dans le manuscrit. La lecture de ses confessions et de ses rêveries fournira la preuve de sa folie, même sur l'article de ses enfants. La folie, fruit d'une âme ardente et exaspérée, est une excuse fâcheuse mais légitime . . .

[*Journal* [. . .] 1933, ii.133-135. Ce texte semble avoir été composé entre le 18 juillet et le 6 août, à la campagne.]

m. le *Journal Encyclopédique*

Notice sur la mort de M. Jean-Jacques Rousseau, avec une lettre écrite à une dame au sujet d'une lecture des mémoires de la vie de ce grand homme, faite par lui-même.

Mr. Jean-Jacques Rousseau, né à Geneve le 28 Juin 1712, avoit résolu depuis quelque tems de quitter Paris; cédant aux instances de l'amitié, il s'étoit établi, vers la fin du mois de Mai dernier, dans une petite maison qui appartient à M. le marquis de Girardin, seigneur d'Ermenonville, & située très-près du château. Le 2 Juillet, à 9 heures du matin, il eut au retour de la promenade, une attaque d'apoplexie qui dura deux heures & demie & dont il mourut. Les honneurs funebres lui furent rendus par M. le marquis de Girardin; son corps, après avoir été embaumé & renfermé dans un cercueil de plomb, fut inhumé le 4, dans l'enceinte du parc d'Ermenonville, sur l'isle dite *des peupliers*, au milieu d'une piece d'eau appellée *le petit lac*, & située au midi du château, sous une tombe décorée & de 6 pieds de haut. C'est une chose remarquable que dans l'espace d'environ un mois la littérature ait perdu le plus grand poëte & l'homme le plus éloquent de notre âge, deux écrivains aussi différens par leur caractere que par leur génie, mais à l'égard de qui la louange, la critique, la satyre, l'amitié & la haine semblent avoir également dit & fait, avant leur trépas, tout ce qu'elles pouvoient dire & faire.

L'illustre citoyen de Geneve a laissé sur sa vie des mémoires qui ont donné lieu à beaucoup de mensonges avant sa mort: on a assuré qu'ils étoient imprimés; on a même prétendu les avoir vus: cependant ils n'ont jamais existé que manuscrits & dans les mains de l'auteur, qui ne les a prêtés à personne; seulement il les a lus à quelques amis, comme on le verra par la lettre suivante: [suit le texte de la lettre de Dorat, t.xxxviii, n° 6818, dans la version de décembre 1770: *J Enc* août 1778, t.v, IIIe partie, p.523-525].

n. Je signale, à titre d'exemple, une notice d'une vingtaine de lignes parue dans un journal italien, et d'où j'extrais le passage qui suit: '[. . .] all'improvviso fu sorpreso Giovedi mattina da una colica nefritica, che lo tormentò per tutta la giornata; verso le 10 ore della sera pregò Madame Girardin di lasciarlo solo con sua Moglie, perché conoscendo di essere già vicino al suo termine, voleva sistemare con essa alcune sue disposizione; quindi verso la mezzanotte cessò di vivere in età di 66 anni, ed è stato sepellito in mezzo a quel bel parco nel luogo appunto dove aveva eletto il suo domicilio [. . .]' (*Gazetta di Bologna* du 28 juillet 1778, dépêche datée de Paris du 6 juillet, et citée par Paola Ambri Berselli, *Rousseau jugé par les gazettes* [. . .] *dans les légations*, *Revue des études italiennes*, 1955, p.9). Cette notice, qui comporte un certain nombre d'erreurs, n'a pu être composée intégralement à Paris dès le 6 juillet: un certain nombre de détails, mal compris, ont été empruntés indirectement au récit de Foulquier (n° 7202), imprimé vers le 16 juillet (voir le n° 7217, alinéa 2 et note *c*), et dont des copies manuscrites circulaient dès le 14.

7186

Marie-Jeanne Phlipon à Marie-Henriette Cannet

Du 7 juillet 1778 5^{hr}. du matin

Jean-Jacques est mort; cette nouvelle me fût annoncée hier à diner, je sentis aussitôt mon appétit Se fermer, mon Coeur se Serrer malgré moi et se Soulever Contre les Alimens que je voulois prendre. Pourquoi? . . . Ce qu'il y eût de meilleur en Rousseau nous demeure, Le reste n'est qu'arraché à La douleur: sa vie est remplie, Son Esprit et ses sentimens nous restent: d'où vient que je me sens attristée? – Voilà de ces impressions dont on ne sauroit rendre raison. Lorsque je jettois mes regards sur L'espèce, je distinguois avec complaisance cet être juste et bon, qui dans L'obscurité de sa retraite faisait Le Bien sans bruit après L'avoir prêché avec chaleur; je chérissois en lui L'Ami de L'humanité, Son Bienfaiteur et Le mien: il n'est plus: cette idée me fait verser des Larmes d'attendrissement qu'il n'est pas en mon pouvoir de retenir, elle m'occupe, me remplit et m'a forcée de te L'exprimer en prenant La plume pour m'entretenir avec toi. [. . .]

MANUSCRIT

*Toronto, Canada, bibl. de l'Université; première p. d'une lettre de 4 p.; orig. autogr.

Ce ms. était passé en vente à Paris le 22 novembre 1968, n° 144 du catalogue.

IMPRIMÉ

Roland 2 (1913) ii.291.

7187

Le pasteur Johann Heinrich Meister au professeur Johann Jakob Bodmer

Kussnach. Le 8. Juillet. 1778

[...] Pour juger jusques à quel point je dois partager avec vous l'angoisse que la nouvelle Hegire[a] de Jean-Jacques vous cause, il faudroit savoir, jusques à quel point le Manuscrit, dont l'enlevement l'a obligé de se sauver de Paris, le rend digne de nos plaintes[b]. Je ne desespere pas d'aprendre qu'il aura trouvé quelque part un asyle & que le Public profitera de la publication prématurée de son Histoire secrete, qui ne sauroit manquer d'être instructive d'une maniere ou d'autre. [...]

MANUSCRIT

* Zurich, ZB, mss. Bodmer 10, n° 357, p.7; orig. autogr.

NOTES EXPLICATIVES

La nouvelle de la mort de JJ n'était pas encore parvenue à Kussnach. En effet, elle n'était généralement connue à Paris que le 5 juillet.

a. allusion humoristique à la fuite de Mahomet qui quitta La Mecque en 622 pour se réfugier à Médine.

b. rappelons que le bruit avait circulé que l'on avait volé à JJ le ms. des *Confessions*, et que par conséquent il s'était cru obligé de s'éloigner de Paris.

7188

René-Louis, marquis de Girardin, à François Coindet

Ermenonville par Senlis 10 *Juillet 1778*

Vous avés connu M. Rousseau ainsi je ne doute pas Monsieur que vous ne partagiés vivement sa perte, et que vous ne sentiés par vous même combien elle doit être douloureuse pour nous. Je ne puis mieux honorer sa memoire que dans la personne qui lui etoit La plus chere. Il a laissé M[de]. Rousseau parmi nous, et j'espere qu'elle y trouvera touttes les Consolations qui seront en notre pouvoir. Elle n'en est pas moins sensible Monsieur, aux offres d'amitié que vous voulés bien luy faire[a], et me Charge de vous en temoigner sa sincere reconnoissance. Je luy ai remis La Lettre de M. Moultou[b]. C'etoit un ami cher a M. Rousseau. Je lui ai écrit dans L'instant fatal[c], ma Lettre adressée a Genève Luy reviendra sans doutte à Paris à son arrivée. Mais permettés moy de joindre encor un mot icy que je vous supplie de Luy remettre[d]. Puisqu'il se trouve aussi pres, ce seroit une grande consolation pour M[de]. Rousseau de Le voir, et pour moy de mêler mes regrets a ceux de ses amis. Je desirerois Monsieur, qu'il vous fut possible d'accompagner icy M. Moultou, cela me procureroit L'honneur de vous voir plutot, ne pouvant pas aller de quelque tems a Paris.

J'ay L'honneur d'etre Monsieur, Vôtre très humble et très obeissant serviteur

Gerardin.

MANUSCRIT

*Genève BPU, ms. fr.204, fol.20; 2 p.; orig. autogr.

IMPRIMÉ

François 4 (1922) p.xxiv.

NOTES EXPLICATIVES

a. dans une lettre inconnue.

b. lettre inconnue.

c. voir au t.xl le n° 7176.

d. lettre inconnue. Elle ne fut remise à Moultou qu'au moment où il partait pour Genève, de sorte qu'il n'y répondit pas: voir le n° 7280.

7189

François Mesnard de Conichard à Jacques-Henri Bernardin de Saint-Pierre

A Paris le 10. juillet 1778.

Je suis bien faché, Monsieur Le Chevalier, que La perte de votre amy M. Rousseau vous eloigne de nous; C'est dans [1]ses peines[1] qu'il faut se raprocher d'avantage des personnes qu'on est assuré d'y voir sensible, vous etiez certain[2] que nous partagerions vos regrets et pour vous même, [3]ainsi que[3] pour celuy qui en est L'objet; vous nous auriez trouvé[4] aujourd'huy en Comité de famille et vous nous auriez fait bien plaisir, d'ailleurs vous auriez pu prendre un autre jour depuis que vous avez eprouvé le chagrin dont je sens toute L'amertume pour vous, nous sommes Le plus souvent dans la solitude et retraite que vous aimez, et qui ne nous deplait pas du tout; je suis d'autant plus faché de ne vous avoir pas vû que nous partons samedy matin[a] pour Le reste du mois qui sera partagé entre Versailles et un petit voyage que j'ay permission de faire en Touraine[b], a Condition d'y porter des papiers et de les rapporter expediés; du moins j'auray pour recreation mes champs et mon verger et j'ay besoin de ce rafraichissement; on assure que la mort precipitée de M. Rousseau a eté La suitte D'un accident naturel, et qu'ayant eté ouvert on Luy a trouvé un epanchement d'eau dans Le cerveau[c]. Je le[5] regrette d'autant plus qu'il est[6] mort dans Les chagrins qu'on luy Connoissoit occasionés par quelque perfidie nouvelle[d], et que j'aurois desiré Luy voir couler Les années de sa vieillesse dans La satisfaction et La tranquillité que Sa philosophie auroit dû Luy assurer plus qu'a aucun autre. Je crois que tous Les gens auront ces sentimens pour Luy, ayant autant merité Comme vous le dittes, de L'humanité.

Je vous invite a vous dissiper et a ne pas vous livrer a votre chagrin, Les affections penibles vous sont Contraires, et vous sçavez bien que si Les regrets sont un juste hommage dû a la memoire de nos amis et des hommes de bien, ils ne peuvent rien changer aux coups du destin, ils sont bons tant qu'ils servent a nous Consoler et ils deviennent[7] marques de foiblesse portés a L'excès, personne n'est plus capable que vous de se garantir des extremités dans Les sentimens respectables que vous professez.

J'ay l'honneur d'etre avec Le plus sincere et parfait attachement Monsieur Le chevalier, votre tres humble et trés obeissant serviteur

MESNARD

MANUSCRIT

*Le Havre, bibl. municipale, ms.clix, fol.28-29; 4 p., p.4 bl.; orig. autogr.

NOTES CRITIQUES

Maurice Souriau a cité deux phrases de cette lettre dans son ouvrage *Bernardin de Saint-Pierre d'après ses manuscrits* (Paris 1905), p.141.

[1] ⟨l⟩es peines ⟨de la vie⟩ [2] ⟨assuré⟩ [en surcharge] [3] ⟨aussi bien (?)⟩ [en surcharge] [4] [Mesnard ne fait pas l'accord] [5] [ajouté dans l'interligne] [6] ⟨soit⟩ [en surcharge] [7] devien⟨droient⟩ [en surcharge partielle]

NOTES EXPLICATIVES

La lettre de Bernardin à laquelle Mesnard répond ici n'a pas été conservée.

L'auteur de cette lettre était adjoint à Thiroux de Monregard, l'un des deux Intendants généraux des Postes. D'après les mss conservés au Havre, c'était un ami fidèle de Bernardin, dont il contresignait les lettres et à qui il prêtait aussi de l'argent. De temps à autre, il intercédait en sa faveur à la Cour lorsque Bernardin avait des grâces à demander (renseignements aimablement communiqués par mme Nelly Dumont, conservateur-adjoint à la bibliothèque municipale du Havre: cp. *AR*).

a. le 10 juillet tombait un vendredi. Mesnard partait-il samedi 18, ou bien samedi 11?

b. Mesnard possédait en Touraine la petite propriété de La Boisnière, près de Châteaurenault.

c. Mesnard avait donc lu le procès-verbal mis en circulation par Girardin.

d. allusion au bruit selon lequel on aurait volé à JJ le ms. des *Confessions.*

7190

François de Chambrier à Louise-Jeanne-Marguerite de Bedaulx, née de Chambrier

[le 10 juillet 1778]

[. . .] La mort de J. J. m'a fort affecté, c'est un honnête hom̃e de moins; aussi singulier que respectable on l'aimoit malgré lui com̃e on le lit avec enthousiasme sans penser com̃e lui. Il venoit dès le mois de may de s'établir dans une petite maison du Marquis de Girardin dans sa terre d'Ermenonville. Jeudi 2. du cour[t]. revenant de la promenade, il eut une attaque d'apoplexie qui dura 2 h. et demie & dont il mourut. Les honeurs funèbres lui ont été rendu[1] par M. de Girardin. Son corps après avoir été embaumé fut inhumé le samedi 4. dans l'enceinte du parc d'Ermenonville, sur l'Isle dite des peupliers, au milieu d'un petit lac, sous une tombe décorée & élevée d'environ 6. pieds. On aura le buste de Rousseau par les soins de M. de Girardin qui fit appeller le plus habile sculpteur[a] (celui qui a fait le Buste de Voltaire) et fit prendre, du consentement de la veuve, l'empreinte en platre de la téte du défunt. [. . .]

MANUSCRIT

*Neuchâtel, Archives Chambrier, copie-de-lettres de F. de Chambrier, p.720; copie autogr.

IMPRIMÉ

Godet 3 (1895), p.14-15.

NOTE CRITIQUE

[1] [F. de Chambrier ne fait pas cet accord, mais Godet le fait pour lui]

NOTES EXPLICATIVES

Pour François de Chambrier, voir au t.xxxix le n° 7021, n.e., etc.

La destinataire de cette lettre (1722-1798) était la fille de Josué de Chambrier (-Travenet) et de Henriette de Cabrol. Elle était donc une cousine éloignée de l'expéditeur. Le 3 janvier 1749, elle avait épousé Isaac de Bedaulx (1716-1783), troisième fils d'Isaac, et d'Isabelle Brun. Il était alors lieutenant-colonel au service de Hollande, et fut promu plus tard major-général.

a. Houdon. A la mort de JJ, Girardin envoya au sculpteur un exprès qui ne put le contacter que vers minuit. Le lendemain, accompagné par deux mouleurs italiens, Houdon se rendit à Ermenonville pour prendre le masque mortuaire de JJ. Cette opération fut faite avant l'autopsie.

7191

Le pasteur Johann Heinrich Meister au professeur Johann Jakob Bodmer

Kussnach. Ce 13. Juillet 1778.

[...]Je me hâte maintenant, mon très-cher, de vous communiquer sans delais une nouvelle aussi tristement interessante pour vous à d'autres égards. Je viens de recevoir une Lettre de nôtre Parisien[a], qui m'écrit entre autres 'J'apprends dans ce moment que Jean Jacques vient de MOURIR à Ermenonville, ou M. Girardin lui avoit offert un azile' (au defaut des Princes d'Allemagne auxquels vous aviez destiné cet honneur). 'Sa fin a été aussi douce qu'elle a été subite. Il n'a pas souffert deux heures. – On croit que c'est une attaque d'apoplexie. – Il n'a donc survecu qu'un mois à Voltaire. Quelle année pour les grands hommes! En moins d'une demi-année, Haller, Voltaire, Von Linné, Rousseau, Heidegger, Chatham, Le Moine, Le Kain. Il y a long-tems que Rousseau étoit mort au monde et nous heriterons de son porte-feuille, mille fois plus interessant que celui de Voltaire. – On imprime dans ce moment deux Volumes de Manuscrits qui lui avoient été volés à ce qu'on croit par sa femme, la plus mechante Creature qui existe sur la terre' (heritiere de l'esprit de Xantippe) 'et qui n'a cessé de le brouiller avec ses meilleurs Amis. Qu'est-ce que l'homme et ce moment où l'on croit vivre!'

Si vous êtes content de ce petit eloge de feu votre ami Jean-Jacques, vous devriez bien le revaloir au panegyriste en lui envoyant une Copie de celui que [vous] avez fait de notre de Heros Republicain[b]. Il est impatient d'en voir un qui soit digne d'un si grand sujet. Sans cela il pourroit lui prendre envie d'en essaïer un à sa maniere. 'Si je le faisois comme je le sens' dit-il 'j'espere que M. Bodmer n'en seroit pas mecontent.'

A Monsieur / Monsieur le Professeur Bodmer / a Zurich.

MANUSCRIT

*Zurich ZB, mss Bodmer X, n° 358, p.2-3, l'ad. p.4; cachet (un homme barbu, profil à droite) sur cire rouge; orig. autogr.

NOTES EXPLICATIVES

a. Meister fils.

b. Bodmer dut s'exécuter, car le 21 Meister père lui écrit de nouveau: 'J'ai déjà communiqué par l'ordinaire de samedi dernier à nôtre Parisien tout ce que vous me marquez, soit pour épencher votre coeur en benissant la memoire de Jean-Jacques Rousseau [...]. Je n'en suis pas moins disposé que vous, mon très-cher, à mettre le martir Rousseau infiniment au-dessus du vieux pécheur absous et canonisé par ses amis comediens Encyclopedistes et autres. Il y a beaucoup d'apparences que le premier reposera plus doucement et plus honorablement dans son Cercueil de plomb deposé peut être bien sine cruce et sine luce au milieu d'une petite ile parsemée de peupliers, dans les terres du Marquis de Girardin, que l'autre dans son sepulcre obtenu furtivement en terre sainte dans le Couvent de Scellieres. [...] Les ouvrages posthumes du Philosophe J.-J. n'excitent pas moins ma curiosité que celle du Public. [...] A vûë de païs je pronostiquerai avec beaucoup de confiance à l'Excitoyen de Geneve une reputation plus durable et plus solide qu'à l'Hermite de Ferney. [...]' (ZB, mss Bodmer X n° 359, p.3-4; orig. autogr.).

REMARQUES

i. Dimanche 12 juillet on reprit le *Devin* à l'Opéra devant un public enthousiaste: 'On donna Dimanche dernier une représentation du DEVIN DU VILLAGE, cette charmante piece a le double avantage, malgré le nombre prodigieux de ses représentations, de trouver toujours un grand nombre de Spectateurs charmés de l'entendre, & des Acteurs toujours prêts a l'exécuter. Le premier coup d'archet fut applaudi avec des transports généraux auxquels la circonstance actuelle sembla donner plus de prix. L'administration [...] résolut sur le champ de donner Dimanche prochain une seconde représentation de cet Acte: elle eut la satisfaction de voir les premiers sujets tant du chant que de la danse s'empresser de donner dans ce moment des témoignages de respect & de sensibilité. Le rôle de Colin sera rempli par le sieur *le Gros*; celui de Colette par Dlle. Le Vasseur, & celui du Devin par le sieur *Gellin*. [...]' (*JP* du 16 juillet 1778, p.787-788).

Ce texte fut pastiché par Baumier, *Tableau des mœurs de ce siècle en forme d'epîtres* [...], p.128 en note.

Cette reprise triomphale du *Devin* trouva aussi un écho dans le *Mercure* du 5 août 1778, p.65-66: 'Peu de temps après la mort du célèbre Rousseau de Genêve, on donna une représentation du Devin du Village, dans laquelle M. le Gros & Mlle. le Vasseur jouerent les rôles de Colin & de Colette. Cet Ouvrage qui a joui d'un succès si constant & si unanime, fut plus goûté & plus applaudi qu'il ne l'avoit jamais été; car les applaudissemens ne sont encore plus vifs que lorsqu'ils sont mêlés de regrets, & le talent n'intéresse jamais plus qu'au moment où il disparoît sans retour. Lorsque l'Auteur donna autrefois sa lettre sur les Spectacles, se sentant déjà affoibli par l'âge & la maladie, il disoit: *Lecteur vous accueillerez mon ombre, car pour moi, je ne suis plus*. Il a depuis donné des productions pleines de vie & qui ont été accueillies de son vivant. Nous nous proposons dans un des numéros prochains de jeter un coup d'œil rapide sur les Ouvrages de cet éloquent Ecrivain.'

Cette promesse fut tenue dans le n° du 5 octobre 1778: voir le n° 7314.

ii. Un extrait de baptême de JJ, daté du 13 juillet 1778, et signé 'de Rochemond', passe à une vente Cornuau à Paris le 16 novembre 1935, n° 174 du catalogue. Peut-être Girardin avait-il fait demander cet extrait. Le signataire n'était pas Daniel de Rochemont (pasteur genevois: voir au t.iii le n° 251, note *i*, etc.), qui mourut en 1769, mais probablement son frère Ami (fils de François et de Marie-Madeleine Le Clerc). Né en 1727, il entra au CC en 1764 et au PC en 1770, fut secrétaire d'état de 1776 à 1793, et ne mourut qu'en 1798.

7192

Pierre-Alexandre Du Peyrou à René-Louis, marquis de Girardin

Monlezy 14 Juillet *1778*

N° 1

Ce n'est que de hier, Monsieur que m'est parvenüe la lettre dont vous m'avés honoré le deux du mois[a]. Je l'ay arrosée de mes larmes, en y trouvant la Confirmation d'une Nouvelle qui faisoit Saigner mon Coeur, et dont je cherchois à douter. Il est donc vray que M[r]. Rousseau n'existe plus que dans Ses ouvrages immortels, et dans le Coeur de Ses amis! Que cette Certitude est cruelle pour tous les coeurs honnêtes, et Surtout pour ceux qui jouïssoient de Sa Societé? Quel doit être le desespoir de Sa Veuve? Elle est chez vous, Monsieur, et je Suis rassuré sur les Soins et les consolations qu'exige sa position actuelle. Permettés Monsieur, que sous vötre couvert je lui fasse parvenir la lettre cy incluse[b]. Il y est question de quelques arrangemens á prendre de sa part pour la jouïssance de 400[tt] de rentes Viageres qui lui Sont Substituées entre mes mains, et dont j'espere que vous ne lui refuseriés pas les avances, Si elles lui faisoient faute. Quand au Depot dont je Suis nanti depuis bien dés années, il ne sortira de mes Mains que pour passer entre celles de la Veuve. Les lois de l'honneur autant que mon attachement pour un ami respectable et cheri, vous en Seront Monsieur, lés Garands. Mais Si vous daignés encore une fois m'écrire, puis je esperer Monsieur, de vötre Complaisance, quelques details Sur la Maladie et les derniers momens de l'homme Sensible et vertueux que nous pleurons? Avoit il appris la mort de Mylord Marechal d'Ecosse[c] qu'il aimoit et respectoit comme un Pére? Enfin est il vray qu'une partie des memoires manuscrits de Sa Vie lui ait été enlevée, et que ce Vol ait occasionné Sa retraite de Paris? Ces questions n'ont pas pour objet une Vaine Curiosité. Elles naissent du tendre interet que je porte á la Memoire de M[r]. Rousseau, et de l'influence que ces objets ont pü avoir Sur Son Ame.

J'ay l'honneur d'etre dans des Sentimens bien respectueux

Monsieur

Votre tres humble et
tres Obeïssant Serviteur
Du Peyrou

Mon addresse, si vous me faites la grace de me répondre, est toujours á Neufchatel en Suisse.

MANUSCRIT

*Chaalis, fonds Girardin D[4] 33, n° 2; 4 p., p.4 bl.; orig. autogr.

IMPRIMÉ

Annales vii (1911). 128-129.

NOTES EXPLICATIVES

a. voir au t.xl le n° 7176.

b. le n° 7193.

c. Milord Maréchal mourut le 28 mai 1778.

REMARQUE

Girardin a utilisé la p.4 de cette lettre pour calculer les sommes dues à JJ pour la première moitié de 1778, et sur lesquelles Thérèse pourrait compter:
'A recevoir P. m. Rousseau
6 mois de la veuve Duchesne echus au 1[r] juillet 150 ££
6 mois de Michel Rey echus au 1[r] juillet a Payer chés M Davyran Banquier 150 ££
de Messieurs Banquier Pache ordre de M. du Peyrou
Payé du 15 9bre 1778. . . .
6 mai au 1[r] juillet 300
Rente de M. du tens dix Livres Sterling a L'ordre de Messieurs Banquiers sur M ⟨du Tens⟩ Frederic du Tens negociant a Londres Par L'ordre de Mr Louis du Tens'

Girardin ignorait que la maison Duchesne payait toute l'année échue par avance (voir, par exemple, au t.xl le n° 7050). Elle ne devait donc rien à JJ.

7193

Pierre-Alexandre Du Peyrou à Marie-Thérèse Levasseur

Monlezy ce 14 Juillet *1778*

Ah! Madame, quelle douleur doit etre la vôtre, á en juger par celle que je ressens et que partage ma femme et Sés parens! Le lieu d'où je vous écris, me la rend encore plus Sensible, puis que c'est ici que je fis la premiére connoissance de M[r]. Rousseau[a]. Que je vous plains vous Madame, dont le Sort étoit Si intimement liée avec celui d'un Ami qui ne m'a pas toujours aimé, mais que je n'ay jamais cessé de cherir. Independament de mon attachement pour lui, les loix de l'honneur me sont trop Sacrées, pour que je trahisse la confiance de vôtre Epoux. Tous Ses papiers Sont chez moy, dans l'Etat ou il me les a laissé[1], á l'exception [de][2] quelques uns qu'il a retirés lui même, en quittant Bourgoin. Ces papiers resteront á vôtre disposition. Vous Savés de plus que la rente de 600 ££ vous est Substituée pour 400 ££, et vous la toucherés á volonté et Sur votre acquit. Mais il est nécessaire que vous m'envoyiés vôtre Signature, pour que j'en donne connoissance à Mes^rs^. Pache freres et Compagnie Banquiers á Paris[b], avec les ordres de Payer vos mandats Sur eux. Après cela, je me flatte, Madame, que vous me connoissés assés, pour être persuadée du tendre interet que je conserveray pour la Veuve de mon ami, et que je recevray des preuves de cette confiance que j'attends de vous, dans toutes les occasions ou vous me croirés bon á quelque chose. Le lieu ou je vous Sais, me tranquillise Sur votre position actuelle mais j'espere que vous me donnerez de vos nouvelles, des que la chose vous sera possible. Je vous embrasse Madame, le coeur Serré de douleur, et je Suplie le Bon dieu, de vous consoler. Il n'y a que le Grand Etre qui puisse remplacer celui que nous pleurons. Recevés aussi les larmes de ma femme et les assurances de son attachement et croyés Madame, que je Seray toujours, votre tout devoué Serviteur et ami

Du Peyrou

Vous m'excuserés aupres de M^r^. de Gerardin, Si manquant de tout ici, ma lettre est barbouillée et cachetée en cire rouge. J'ay pensé qu'il valoit mieux manquer á une petite formalité, que de retarder l'envoy de ma reponse.

A Madame / Madame Rousseau / Au Chateau de / Ermenonville.

MANUSCRIT

*Chaalis, fonds Girardin D4 33, n° 1; 4 p., l'ad. p.4; cachet de cire rouge; orig. autogr.

IMPRIMÉ

Annales vii (1911). 129-130.

NOTES CRITIQUES

[1] [Du Peyrou ne fait pas cet accord]

[2] [omis par inadvertance]

NOTES EXPLICATIVES

a. Rousseau avait fait la connaissance de Du Peyrou à Monlésy au cours de l'été de 1762: voir au t.xv le n° 2567, et notes *a* et *b*.

b. voir au t.xxxiii le n° 5981, alinéa 3 et note *d*.

7194

Madeleine-Catherine Delessert, née Boy de La Tour, à mme Arnal, née Brun

De Boulogne près Paris, le mercredy 14 juillet 1778

[. . .] Vous aurez partagé une partie des regrets et de la douleur que m'a causés la mort de l'illustre Rousseau. Il étoit dans un lieu superbe et où il se plaisoit; il s'étoit levé comme à son ordinaire et avoit déjeuné avec du caffé. Il sort à 7 heures; à 9 heures, il rentre, tombe aussitôt d'une attaque d'apoplexie, dont il est mort deux heures après, et durant lesquelles il a été parfaitement à lui, calme, consolant sa femme, et seulement priant avec instance qu'on le laissât mourir tranquille. Sa chambre donnoit sur la campagne; de son lit il la contemploit: 'Voyez, disoit-il, comme le ciel est serein, comme toute la nature est tranquille! Jusqu'à mon dernier soupir, je veux savourer ce spectacle. Laissez-moi aller en paix.' Il parloit beaucoup d'une autre vie. 'Elle a fait, disoit-il encore, ma consolation, mon soutien dans toutes mes peines, elle fait ma joye dans mes derniers momens'.[a] M. de Girardin, chez lequel il étoit, lui a rendu les honneurs funèbres; il est enterré dans une petite isle. On lui élève un monument; le premier de nos sculpteurs travaille à sa statuë.[b] En général, on le regrette, et sa mémoire est révérée de tous les honnêtes gens. Sa veuve est, avec raison, très désolée. L'on a, dans le château, pour elle mille attentions très-délicates; et dans son malheur elle est heureuse d'être aussi bien placée. Je sçai ces détails d'un ancien compatriote et ami de Rousseau[c], qui, dès qu'il se trouva mal, fut appelé, et qui a recueilli tout ce qui pouvoit le remplir de tendres souvenirs sur ce grand homme. L'on a Fait mille contes; l'on a dit qu'il S'était empoisonné. L'on répand des préfaces de ses Mémoires, qu'on prétend aussi imprimés. Tout cela est faux. Il avoit égaré, il est vrai, ses Mémoires; mais le manuscrit s'est retrouvé avec beaucoup d'autres. J'ignore encore quel sera leur Sort. Mais ne croyez pas légèrement aux ouvrages qu'on pourra répandre comme étant de lui. Aussitôt que je Saurrai que véritablement les siens paroissent, je vous en donnerai avis, sachant très-bien que vous ne serez pas des moins empressés à les connoître. J'ai eu bien des secousses dans la même semaine; la perte de cet amy m'a douloureusement affectée; l'heureuse délivrance de ma sœur[d] y fit une douce diversion. [. . .]

IMPRIMÉ

**L'Intermédiaire des chercheurs et des curieux*, n° 245 (25 juillet 1878), colonnes 417-418.

NOTES EXPLICATIVES

La destinataire de cette lettre était la tante par alliance de mme Delessert. Sa sœur, née Marguerite Brun (1708-1799), avait épousé Benjamin Delessert, beau-père de Madeleine-Catherine.

a. mme Delessert reproduit ici la fable pieuse concertée entre Girardin et Thérèse, et racontée à Foulquier, dont elle a sans doute vu une copie du récit (voir le n° 7202). Rousseau était mort subitement, probablement d'une hématome sousdurale, ou peut-être d'une hémorragie cérébrale ou même d'un infarctus, et vraisemblablement sans mot dire.

b. Houdon: pour 'statue' lire 'buste'. Pour ce chef-d'œuvre célèbre, voir surtout au t.xliv la lettre de Girardin à Choffard, novembre 1779.

c. Romilly, sans doute.

d. cette allusion est obscure. Mme Delessert n'avait que deux sœurs. Elisabeth-Emilie (la 'grand-maman' de JJ) n'a pas eu d'enfants. Quant à Emilie-Julie (la 'tante Julie' de JJ) elle n'a épousé qu'en 1778 Emmanuel Niklaus von Willading: elle n'était donc pas encore en état d'accoucher. Mais au XVIIIe siècle on disait souvent 'sœur' pour 'belle-sœur'. Il s'agirait dans ce cas soit de Madeleine-Françoise Mestral, femme de Jean-Jacques Delessert, soit de Marie-Anne-Suzanne Massé, femme de Paul-Benjamin Delessert.

7195

René-Louis, marquis de Girardin, à Jean-François Ducis

[vers le 15 juillet? 1778][1]

Mme. Rousseau me Charge, Monsieur de vous assurer pour elle combien elle est sensible[2] a La part que vous prenés à Ses justes regrets.[3] Elle perd a elle seule ce que perd tout L'univers Ensemble[4] Le meilleur [5]des maris[5]. Elle Conoissoit toutte [6]Son estime[6] pour vous, et elle Voit [7]avec reconoissance[7] La justice que vous luy rendès. Un Cœur Comme le vôtre doit avoir Senti [8]par la même[8] Le prix du sien. En mon particulier j'aurois desiré que votre Santé vous eut permis d'accompagner M. de Leyre. Cette triste occasion de meler nos larmes[9] eut du moins rassemblé trois de ses veritables amis, et[10] Ce sera toujours une grande douceur pour moy de reunir mes sentiments [8]avec les leurs[8] dans la memoire d'un homme qui doit etre Si cher a Ceux qui L'ont véritablement connu.[11] Dans la Promptitude fatale du Coup qui L'a frappé [12]Il a du[12] moins paru tranquille en laissant sa femme dans notre famille Si elle [13]a perdu[13] tout son bonheur de[14] Ce monde, du moins il luy reste[15] un appuy fidèle, et je tacherai de luy procurer tout Le repos qui sera en mon pouvoir. Elle n'en est pas moins [16]penetrée de reconoissance[16] [des][17] offres[18] de service que vous voulés bien luy faire, et[19] elle [20]y retrouve[20] [21] une preuve Sincere de votre veritable amitié. J'ai ecrit a Mr Le Comte D'Angivillé[22a] aussitot que j'ai appris ses liaisons avec M. Rousseau[23], je le Connois trop bien de reputation pour douter qu'il ne fasse tout ce qui dependra de luy pour honorer [24]sa memoire[24] en tachant [25]d'etre utile[25] à Sa malheureuse femme. [26]Elle ne merite que trop[26] par ce qu'elle perd[27] La Compassion de touttes Les honnetes gens, et Le Zèle[28] de la part de ses Véritables amis[29] de la personne de Son mari qui etoit encore S'il est possible plus[30] digne d'etre aimé que ses ouvrages ou pour mieux dire [31][ce] qui devoit etre un seul et meme sentiment[32] de la part de ceux qui L'avoient bien compris, puisqu'il[31] pensoit comme il ecrivoit, parce qu'il n'ecrivoit que ce qu'il pensoit,[33] C'est La[8] sans doutte Le Charactere [8]original et Sublime[8] qui distinguera a jamais ses[34] ecrits, c'est d'y avoir mis[35] son ame toutte entiere et quelle ame!

J'ay l'honneur d'être

Si vous ecrivés M. a votre doux[36] amy M de Leyre, rapellés Luy je vous prie combien je desire de pouvoir Cultiver plus particulierement[37] L'amitié que je[38] luy demande ainsi qu'à vous au nom de notre ami Commun, et ayez la bonté de luy faire passer[39] L'Inscription que m'a dictè[40] ma reverie autour de L'isle des Peupliers[b], et que j'ai osé y[9] placer parce qu'il n'y a point d'esprit.

MANUSCRIT

*Chaalis, fonds Girardin D4 38, no 13, p.1-2; 2 p.; brouillon.

NOTES CRITIQUES

Ce brouillon est le premier d'un cahier portant le titre: 'Brouillons de reponces aux Connoiss[ances] de Mr Rousseau'. Ce premier texte est intitulé: 'A M. Ducis Secretaire de Monsieur / rue de Tournelle, a Versailles'.

[1] [le ms. n'est pas daté. Ducis répond à cette lettre le 7 août, mais avec un certain retard (voir les nos 7245 et 7246). D'autre part, dans le cahier de brouillons, ce texte est suivi d'autres qui paraissent être du mois de juillet 1778.]

[2] ⟨sensible⟩ ⟨touchée⟩ sensible

[3] regrets. ⟨Elle ⟨a⟩ conoissoit le⟩

[4] Ensemble ⟨et il⟩ ⟨le plus⟩ ⟨et tant?⟩ ⟨et le plus Eloquent⟩

[5] mari ⟨et L'homme le plus sensible⟩ ⟨excellent⟩

[6] ⟨L'⟩estime ⟨de Mr. Rousseau⟩

[7] avec ⟨une sorte de⟩ reconoissance ⟨La j⟩ ⟨que⟩

[8] [ajouté dans l'interligne]

[9] larmes ⟨sur sa tombe de⟩

[10] ⟨et C'est⟩ ⟨et pour leurs qualités personnelles⟩ ⟨qualité⟩ ⟨[quelques mots biffés, indéchiffrables]⟩ ⟨dont les⟩ ⟨Lesquels il Sera⟩

[11] connu. ⟨Dans la mort rapide qui⟩

[12] [en surcharge sur une première ver-

sion en partie grattée] [13] ⟨n'a plus de Compagnie da⟩ a ⟨tout⟩ perdu ⟨tout plaisir d⟩ [14] ⟨dans⟩ [15] [en surcharge sur 'restera'] [16] ⟨sensible aux⟩ [17] [ce mot, nécessaire au sens, a été omis par Girardin en remaniant sa phrase] [18] offres ⟨obligeantes⟩ [19] et ⟨en est d'autant plus reconoissante qu'⟩ [20] [dans l'interligne, Girardin a écrit 'parce que', sans remanier son texte]

[21] retrouve ⟨une preu⟩ ⟨dans un Cœur non suspect⟩ [22] Angivillé ⟨dont j'ay Sçu⟩ ⟨je Sçavois de toutes do⟩ ⟨La Consideration⟩ [23] Rousseau, ⟨et⟩ [24] ⟨l⟩a memoire ⟨de M. Rousseau⟩ [25] ⟨de rendre service⟩ [26] ⟨Puis qu'elle Lui a eté Si chère elle doit L'etre a tous ses amis, ⟨et⟩ ⟨Elle merite La Compassion de L'univ⟩ [27] perd ⟨Elle merite La⟩ ⟨ne merite que trop⟩ [28] Zèle ⟨de ses⟩ ⟨a luy rendre sa vue⟩ [29] amis ⟨c'est a dire de Ceux⟩ ⟨a luy rendre sa vue⟩ [30] plus ⟨admira⟩

[31] ⟨qui avoit la meme ame que Ses ecrits, qui⟩ ⟨et qui devoit etre L⟩ [33] pensoit, ⟨et⟩ [34] ses ⟨œuvres originales, c'est⟩ [35] mis ⟨toutte entiere⟩ [36] ⟨tendre⟩ [37] particulierement ⟨L'avantage de⟩ [38] je ⟨vous⟩ [39] [cette phrase était tournée un peu autrement dans la lettre missive (actuellement inconnue), car Ducis la cite dans le nº 7245: 'quelques vers que m'a dictés l'épanchement de mon cœur autour de l'île des peupliers, et que je n'ai osé y placer parce qu'il n'y a point d'esprit'] [40] [Girardin ne fait pas cet accord]

NOTES EXPLICATIVES

a. cette première lettre à Angiviller, ainsi que la réponse de celui-ci, sont perdues. Pour la seconde lettre du marquis, voir le nº 7237.

b. pour la lettre de Ducis à Deleyre, voir le nº 7245.

7196

René-Louis, marquis de Girardin, à Marie-Anne de Franqueville, née Merlet de Foussomme

[vers le 15 juillet 1778][1]

A Mde Merlet de Francqueville, rue de faubourg St. Denis près la rue de Paradis

Mais[2] Comment Donc, Madame, Vous dites que vous avez connu M. Rousseau et vous parlés de sa[3] succession et [4]de son[4] executeur testamentaire[5] [6]. La seule disposition qu'il ait faitte, est ecritte dans mon Cœur. C'est d'avoir soin de sa femme[7], quant a ses papiers ou ils n'existent plus ou ils sont dans les mains D'amis fidèles qui en feront sans doute L'usage[8] prescrit par sa Confiance et leur honneur, que je les connoisse où non est une Chose dont je n'ai de Compte a rendre a personne et sur laquelle je[9] dois être[10] étonné que vous m'interrogiez. Du reste Madame retiré à la Campagne, je n'entends que tres[11] peu ce qu'ont dit a la ville, et j'y repons encore moins.

Ainsi M[de] dans le Cas ou vous m'honorieriés encor de quelque nouvelle question vous voudrés bien n'etre pas etonné[12] de n'en plus recevoir de reponce.

MANUSCRIT

*Chaalis, fonds Girardin D[4] 38, n° 13, p.3 du cahier; brouillon.

NOTES CRITIQUES

[1] [le ms. n'est pas daté. Mme de Franqueville n'a pu apprendre la mort de JJ avant le 5 juillet 1778. D'autre part, ce texte suit immédiatement dans le cahier celui de la lettre à Ducis, n° 7195.]
[2] [précédé d'un faux départ:] ⟨Mais Comment Donc, Madame⟩ [3] [ajouté dans l'interligne] [4] ⟨D'⟩ [5] testamentaire ⟨Le seul testament qu'il ait eu Le tems de fai⟩ ⟨son seul testament⟩ ⟨sa seule Intention verbale, et que La⟩ ⟨jette quelque tranquillité dans ses derniers moments⟩ ⟨non Madame vous ne l'avés pas connu et je n'ai plus rien a vous dire⟩ ⟨L'idée⟩ ⟨son executeur restam⟩ ⟨[3]Comme s'il eut eté homme[3]⟩ [6] [on trouve, écrite le long de la marge de gauche, une autre version, mise au net, de ce début:] Madame, Eudaminas de Chorinte Laissa ⟨a son⟩ a Aristée Ses dettes a payér Sa mere a nourrir, et sa fille a marier[a]. M. Rousseau m'a Laissé sa femme, Son testament est ecrit dans mon Cœur et c'est le seul executeur testamentaire que je luy Connoisse. [7] femme. ⟨quant a ses papiers s'il y a d'autres papiers que sa⟩ [8] L'usage ⟨que lui prescrira la Confian⟩ [9] ⟨vous⟩ [en surcharge] [10] ⟨etre etonné⟩ ⟨bien⟩ ⟨être fort⟩
[11] ⟨bien [en surcharge] moins qu'il⟩
[12] etonnée ⟨Si je n'ai⟩

NOTES EXPLICATIVES

Cette réponse étonne par sa brutalité, et il est inconcevable qu'elle ait été envoyée. Elle a été remplacée, semble-t-il, par le n° 7197. Sans doute, en soulevant tout à fait innocemment la question des dispositions testamentaires de JJ, la pauvre Marianne avait piqué au vif le marquis, qui tout en entendant avoir ses coudées franches en ce qui concernait le sort des papiers de JJ, n'en avait pas moins la conscience un peu inquiète.

Il ressort de ce texte que Girardin ignorait tout des relations épistolaires qui avaient existé entre JJ et mme de Franqueville, et du culte qu'elle vouait à son héros. S'il avait su qu'elle possédait plus de 150 lettres du promeneur solitaire, il aurait sans doute maîtrisé ses premières réactions.

a. allusion à une anecdote autrefois bien connue, et illustrée par une toile de Nicolas Poussin, perdue, hélas, dans un naufrage. Eudamidas, d'une pauvreté extrême, mais intimement lié avec deux amis riches, Arêté (Aretaios, et non Aristée) et Charixène, dicta sur son lit de mort un testament singulier: 'Je lègue à Arêté, ma mère, pour qu'il l'entretienne et qu'il ait soin d'elle pendant ses vieux jours; et à Charixène, ma fille, pour qu'il la marie et la dote aussi généreusement qu'il le pourra. Et s'il arrive malheur à l'un d'eux, que le legs que je lui ai fait revienne à l'autre' (Lucien, *Toxaris*, 22-23). Arêté, le survivant, ne manqua pas d'exécuter les intentions de son ami.

Il y a lieu de croire que ce passage dut figurer dans la lettre définitive, car mme de Franqueville y fait allusion dans sa lettre du 7 décembre 1778 (n° 7388, t.xlii).

7197

René-Louis, marquis de Girardin, à Marie-Anne de Franqueville, née Merlet de Foussomme

[le 15 juillet 1778?][1]

Pardonnés Madame, a un homme accablé de peines et de douleurs Si je n'ai pas repondu aussitot a La Lettre[a] que vous m'avés fait L'honneur de m'ecrire. Je n'aurois pu d'ailleurs vous instruire d'aucune autres Circonstances que Celles qui ont èté rapportées dans La feuille de Paris[b]. Elles ont èté recueillies avec plus de précision que je n'eusse èté capable de Le faire moi même dans ces tristes moments par le gendre[c] de son concitoyen et son ancien ami, M. de Romilly, qui ont eté temoins oculaires des derniers devoirs de L'amitié. Ceux qui ont[2] Lu et Compris [3]ses ouvrages[3] doivent sçavoir qu'ils ont toujours eté vrais parce qu'ils ont èté dictés par la nature et par son Cœur, par Consequent [4]vous ne [pouvez] avoir aucune incertitude[4] ni de ce qu'ils doivent croire, ni de ce qu'ils doivent penser des vaines rumeurs de Ceux qui ne Savent pas Lire. [5]Aucun Chagrin ne L'a conduit a sortir de Paris.[5] Son gout seul l'avoit conduit a La Campagne pour Sa Satisfaction et pour notre bonheur. [6]Il n'avoit apporté que de[s] papiers de musique et de botanique pour son amusement[7]. S'il avoit d'autres j'ignore S'il les a brulés ou deposés ainsi [je] ne [puis] vous point le dire [. . .][6]. Il a laissé Sa femme entre nos mains, et ce legs est trop cher a L'amitié pour ne pas L'avoir accepté avec reconoissance.[8] C'est La Seule disposition qu'il ait eu Le tems de faire. En peu d'instans il a passé de La santé à La mort. Il en a senti L'aproche rapide avec La tranquillité d'un homme qui n'a jamais voulu de mal a personne, mais ce qui distingue particulierement son caractere aimant et sensible, au lieu de S'occuper de luy il ne s'est occupé qu'à consoler Les autres. Vous pleurés disoit[9] il a sa femme en reprenant toutte La force de sa voix et de ses sentiments,[10] pleurés vous donc mon bonheur. Voyés comme Le Ciel est pur et serein, ne voyés vous pas que ses[11] portes S'ouvrent pour me recevoir, je n'ai jamais voulu de mal a Personne et je meurs en paix. Tels ont èté Ses derniers mots[d], et Son visage a toujours conservé après sa mort L'image du sommeil d'un homme juste.

MANUSCRIT

*Chaalis, fonds Girardin D4 38, nº 9; 2 p.; mise au net corrigée.

NOTES CRITIQUES

[1] [cette date fut ajoutée plus tard par Girardin en classant (!) ses papiers, puis biffée par lui. Il avait également ajouté, puis biffé: ⟨Rep a mde de Franqueville rue du faubourg st Denis pres la rue de⟩. L'interprétation de ces faits est incertaine, mais j'incline à croire qu'il s'agit ici d'un texte rédigé pour remplacer le nº 7196, vraiment trop brutal. Quoiqu'il en soit, cette lettre doit être postérieure au 7 juillet (voir la note *b*), et sans doute d'au moins une semaine, puisque la destinataire a eu le temps d'apprendre la mort de JJ, et d'écrire au marquis, qui ne lui répond qu'après un intervalle de quelques jours.] [2] ⟨L'⟩ont [3] [ajouté après coup dans l'interligne. Le mot 'ouvrages', nécessaire au sens, a été biffé par mégarde.] [4] ⟨ils ne peuvent être incertains⟩ ['incertitude' en surcharge partielle sur 'incertains'] [5] ⟨du reste je n'ai trouvé aucune lettre de vous. il n'avoit apporté⟩ il n'avoit apporté icy que des papiers de musique ou de bot [phrases ajoutées dans l'interligne, puis biffées en partie] [6] [ajouté dans l'interligne, et fort mal écrit, surtout vers la fin, dont la transcription est déjà incertaine, et qui est suivie d'un passage griffonné, très raturé et presque indéchiffrable: '[...] qu'il n'y a ⟨aucune⟩ ⟨nul esperance [?]⟩ ⟨n'y pour aucunes⟩ [...] trouver aucunes lettres [...]' (restitution en partie conjecturale)] [7] amusement ⟨il n'y avoit aucune Lettre⟩ [8] [la version définitive de cette lettre dut comprendre une allusion au testament d'Eudamidas: voir le nº 7388, alinéa 4 et note *a*] [9] ⟨a-t-il dit⟩ [en surcharge] [10] sentiments, ⟨vous⟩ [11] ⟨l⟩es [en surcharge]

NOTES EXPLICATIVES

a. lettre perdue.

b. voir le nº 7185, b ii.

c. Corancez.

d. voir le nº 7194, note *a*.

REMARQUE

Dans son *Supplément* [...] du mercredi 15 juillet 1778, p.2, la *GB* notait: 'De Paris, le 10 Juillet. / Le Marquis de *Girardin* regrette vivement son Ami *J. J. Rousseau*. Dans ses jardins & son Parc qui sont des choses les plus agréables & les plus curieuses qu'il y ait aux environs de *Paris*, il se trouve une Isle qui se nomme Isle des *Peupliers*, parce qu'il y a fait planter beaucoup de ces arbres. Au milieu de l'Isle s'éléve un Mausolée à l'antique. C'est là qu'il compte déposer le Corps qu'il a fait embaumer & mettre dans un cercueil de plomb'.

7198

Marc-Michel Rey à René-Louis, marquis de Girardin

[le 16 juillet 1778]

[1] Je Vous remercie, Monsieur, de la complaisance que vous avés eue de me faire part, par l'honneur de la Votre du 2 Juillet[a] de la mort de notre Illustre Ami, j'ay eu le tort après 20 ans d'une correspondance plus ou moins Suivie d'en etre come rejetté.

[2] Si ce qu'on m'a dit en differentes occasions est vray, Mad. Rousseau a de quoi vivre & passer ces jours tranquilement, S'il convient a Ses intérêts de me fournir les Memoires qu'il doit avoir laissé[1] on pourroit S'arranger & je nom̃erois un ami à Paris très galant hom̃e en qui l'on peut prendre confiance.

[3] Vous m'obligerés, Monsieur, de me donner quelques détails de Sa mort, je le Suppose enterré chez vous, quel parti prendra la Veuve, je vous demande pardon de ma franchise.

[4] J'ay l'honneur d'etre Monsieur Votre très humble & très ob. Serviteur

Rey

le 16 Juillet 1778.

MANUSCRIT

*Chaalis, fonds Girardin D⁴ 34, n° 26; 2 p., p.2 bl.; orig. autogr.

IMPRIMÉ

Schinz 4 (1935), p.147.

NOTE CRITIQUE

[1] [Rey ne fait pas cet accord]

NOTE EXPLICATIVE

a. le n° 7177 (t.xl).

REMARQUES

i. A la date du 16 juillet 1778, Métra écrivait: 'Voici quelques circonstances de la mort du vraiment célébre J.J. Rousseau. Il avoit recommandé instamment qu'on le fit ouvrir après sa mort, de crainte d'être enterré vivant. Sa femme étoit aussi à Armenonville; elle pleuroit amérement à côté de son mari mourant. Il fit ouvrir les fenêtres de sa chambre, et dit à sa femme: *Consolez-vous, vous voyez combien ce ciel est pur & serein; eh bien: j'y vais.* & en même temps il expire. Depuis peu, Monsieur, voilà pour la France, pour l'Europe, deux pertes irréparables, Voltaire & Rousseau, et quoique à la honte de la littérature, ces deux grands hommes n'aient pas été amis, il semble que la mort doit les mettre pour le talent au même niveau. Rousseau étoit plus éloquent, et malgré les calomnies de ses ennemis, sa probité étoit incontestable. Il est difficile de peindre la vertu avec tant de sensibilité sans en éprouver tous les charmes. Voltaire avoit beaucoup plus d'esprit: mais il était jaloux, vindicatif, & son ame n'étoit pas aussi belle. La guerre de Geneve sera une tache éternelle à sa mémoire. Voltaire au fond du cœur n'en sentoit pas moins tout ce que valoit l'immortel auteur d'*Emile*. Un jour un homme de sa connoissance lui parloit de lui. *Ah! le bourreau!* dit Voltaire, *s'il avoit voulu que nous nous entendissions, nous aurions fait une révolution dans la maniere de penser*, & le public n'y auroit pas perdu. N'étoit-ce pas convenir qu'il lui manquoit ce que possédoit éminemment l'auteur du *Contrat Social*?' (éd. de 1787, vi.337-338).

La première partie de ces observations montre que Métra a lu le récit de Foulquier; voir le n° 7202.

ii. a la même date, Métra reproduisait un épitaphe satirique de JJ, attribué à l'abbé de Launay:

'Jean-Jacques vint comme il s'en est allé
Pauvre Cynique et grand cerveau brûlé.
Paradoxiste sans créance,
Systématique avec outrance.
Poëte naturel, orateur véhément,
Dissertateur abstrait, Musicien charmant.
L'éducation domestique
Lui dut autant que la musique,

Aux arts, il fit beaucoup de bien,
En dit du mal, n'en tira rien.'

(éd. de 1787, vi.338-339).

iii. Le même jour, Bachaumont consacrait à Girardin une notice brève: 'M. le Marquis de Girardin est par sa mere un petit-fils du fameux *Ath*, ce fermier général renommé pour ses richesses, dont il a eu une grande partie. Il étoit un des plus dociles disciples de Rousseau, & lui & sa femme l'imitoient en tout dans leur genre de vie très cynique. Ils ont regardé comme une bonne fortune de recueillir le cadavre du Philosophe: outre ce devoir rempli envers un grand homme, ils rendent ainsi leur jardin à l'Angloise le plus curieux par un monument unique, & l'on assure qu'ils ont commandé un Mausolée à un fameux sculpteur' (éd. de 1780, xii.42-43).

7199

L'abbé François Rozier à René-Louis, marquis de Girardin

Paris 17 juillet 1778

Monsieur

Vous avés Eu La Triste consolation de fermer Les yeux de L'homme unique, du vrai philosophe dont je Regrete vivement La perte. Autrefois son compagnon sur Les alpes dans Ses excursions Botaniques, j'ai appris à Le connoitre, à juger L'homme Lorsque La masse du public ne Le jugeoit que par ses ouvrages ou par Les diatribes imprimées contre Lui. Ma vénération pour cet homme qui meritoit d'etre mieux connu a toujours èté extrême Et Sa mort ajoute à Sa vivacité. J'ai son portrait en medaillon, dessiné et modelé pendant qu'il feuilletoit mon herbier [1]Lors du[1] séjour qu'il fit à Lyon[a]. Sa mort me Le Rend Plus cher & je Le vois avec plus de sensibilitié; mais Monsieur je viens d'apprendre que vous L'avés fait modeler après sa mort, que vous aurés son Buste; je vous conjure Les mains jointes de me permettre de vous en demander un, ou plutot de permettre à votre sculpteur d'en tirer un Pour moi. Je ne sais monsieur Si vous Trouverés ma demande indiscrete, mon excuse est dans son motif et dans le plaisir que vous goutés á obliger.

Je suis avec Respect

Monsieur

Votre tres humble
et très obeissant serviteur
ROZIER
Place Ste Genevieve

MANUSCRIT

*Chaalis, fonds Girardin D[4] 22; 4 p., p.2-4 bl.; orig. autogr.

NOTE CRITIQUE

[1] ⟨pendant le⟩

NOTES EXPLICATIVES

Pour l'auteur de cette lettre, voir au t.xxxvi le n° 6372, note *a*, et au t.xxxix le n° 6921, premier alinéa.

a. ce médaillon paraît être tout à fait inconnu des rousseauistes.

7200

René-Louis, marquis de Girardin, à Louise-Marie-Madeleine Dupin, née Fontaine

Ermenonville Par Senlis 18 juillet 1778

Je ne viens que d'apprendre, Madame, Combien vous éties et deviés etre Chére a M. Rousseau; je vous supplie de me pardoner Si je ne vous ai pas fait part plutot du fatal évenement qui nous en a privé. Vous Sçavés qu'aucun Chagrin ni persecution ne L'avoit engagé en dernier lieu a quitter Paris, mais uniquement son gout pour La Campagne et la Botanique. C'est au moment où il paroissoit Le plus Content, et jouir de la meilleure Santè, qu'en une heure de tems il est mort d'une apoplexie. C'est une grande perte pour L'univers, mais qui La Sentira jamais autant que ceux qui ont Connu Le plus aimant et Le plus Sensible des hommes? Il est si consolant de parler ensemble de Ce qu'on aime. Venés donc Madame, si cela peut vous convenir, Venés avec nous réunir Les regrets de ses amis Communs, C'est a ce titre que nous osons vous prier de venir mêler vos larmes aux notres autour de sa tombe. Quelque triste que soit Cette occasion Elle me sera precieuse en me procurant L'avantage de faire connoissance avec vous, et de vous assurer moimême des sentiments d'estime et de respect avec les quels J'ay L'honneur d'etre

Madame,

Votre très humble et tres obeissant serviteur Gerardin

MANUSCRIT

*Cambridge, collection R. A. Leigh; 4 p., p.4 bl.; orig. autogr.

Ce ms. provient des archives de Chenonceaux. Une chemise, dans laquelle on avait classé ce ms. et celui du n° 7205, porte la mention suivante: 'Mort de J.J. Rousseau. Lettre de M. de Gérardin chez qui il mourut à Madame Dupin pour le lui annoncer; et réponse de Madame Dupin', et plus bas, biffé: '⟨deux lettres écrites à George Sand par son neveu le Baron Léonce de Villeneuve⟩'.

7201

François-Joseph de Foulquier à René-Louis, marquis de Girardin

[le 18 juillet 1778]

Monsieur

Voicy une lettre[a] que l'on a, dit-on, ecrite aux Redacteurs du journal de Paris, et qui n'a pas pu être imprimée. Je vous en Envoie cette copie, Monsieur, parce que je crois qu'elle vous interessera et que je trouve par la l'occasion de vous remercier de l'accueil que vous avez daigné me faire a Ermenonville[b].

J'ai l'honneur d'estre avec l'attachement le plus respectueux Monsieur

Votre tres humble
et tres obeissant Serviteur
Foulquier Rue de Mail
vis a vis l'hotel des Milords

Paris ce 18[e] juillet 1778

Je n'ai pas encore eu le temps de transcrire le morceau de traduction du Tasse[c], que M[r] Rousseau m'a donné, mais je le transcrirai Sous peu de jours et j'aurai l'honneur de vous l'envoyer pour le remettre à Ma[de]. Rousseau. Si je pouvois rassembler tout Ce que m. Rousseau a laissé Epars je vous l'enverrois de même.

MANUSCRIT

*Chaalis, fonds Girardin D[4] 37, dossier A, n° 10; 4 p., p.2-4 bl.; orig. autogr.

NOTES EXPLICATIVES

L'auteur de cette lettre (21 février 1744-13 février 1789), fils de Louis Foulquier, négociant et capitoul de Toulouse (†vers 1760?), put jouir de bonne heure d'une grande fortune qui le dispensait de gagner sa vie. En 1764, après un séjour à Paris, il revint à Toulouse, où il étudia le droit, et en 1766 fut reçu conseiller au parlement du Languedoc. Mais il passait déjà le plus clair de son temps à Paris, où il s'adonna à l'étude de la musique, du dessein, de la gravure et de la peinture. Il fréquenta l'atelier de Loutherbourg, dont il grava quelques tableaux, composa de la musique et quelques pièces de théâtre qui sont apparemment perdues, fit des dessins et grava quelques estampes, s'intéressa aux médailles et à l'histoire naturelle. Exilé lors du coup d'état Maupeou avec tous ses confrères, il s'établit en 1775 à Paris, où il fréquenta les encyclopédistes et se fit aussi recevoir par JJ, ayant en commun avec le solitaire de la rue Plâtrière non seulement un intérêt pour la musique et la composition musicale, mais aussi un goût vif pour le Tasse, l'Arioste et Métastase. Elu membre de l'Académie des Sciences, il fut nommé peu après président au Parlement de Toulouse, où cependant il n'alla que très rarement. Le 2 février 1782, il se vit nommer intendant de Guadeloupe, où il se consacra à la science et à l'administration, et où il fonda un observatoire. En 1786, il passa à l'intendance de la Martinique. Il mourut au Fort Saint-Pierre le 13 février 1789 (*Eloge* de Foulquier par Philippe Picot, baron de La Peyrouse, 1744-1818, *Histoire de l'Académie de Toulouse*, iv (1790). 6-18: voir aussi la remarque). Foulquier, qui figure dans les *Rêveries IV*, n'a pas été identifié ou a été mal identifié par les éditeurs de ce texte. C'est à tort que les éditeurs de la *Pléiade* le prénomment 'Jean' (i.1930). Dans son excellente édition des *Rêveries* (1978) mme Marie-Madeleine Castex indique (p.279) qu'il s'agit 'probablement' de 'J.-F. Foulquier graveur, plus tard intendant de la Martinique'. On le voit, Foulquier était graveur un peu comme Ingres était violiniste!

a. le ms. d'un récit de la mort de JJ, signé 'F. de Francenville'. Voir le n° 7202.

b. comme il ressort des textes qui suivent, Foulquier avait eu des entretiens à Ermenonville avec Thérèse et Girardin, qui lui ont fourni l'essentiel de ce qui devait constituer les fameuses 'dernières paroles' de JJ.

c. le fragment d'*Olinde et Sophronie* (*Œuvres*, Genève 1782, éd. in-8°, xiv.288*s*). Le brouillon se trouve à la BV de Neuchâtel, ms.R21.

REMARQUE

[1] La notice consacrée à Foulquier par le baron de La Peyrouse contient d'intéressants détails sur ses rapports avec JJ. Non seulement La Peyrouse possédait de nombreuses lettres de Foulquier où il était question de Rousseau, mais il eut avec son ami des entretiens qui roulaient souvent sur le philosophe genevois. Les 'fréquentes conversations' de JJ 'avec M. Foulquier avoient mis celui-ci à portée de savoir sur son compte et sur celui de ceux qu'il appelait ses ennemis, bien des choses qui resteront dans un éternel oubli' (p.17). Une note ne satisfait que très imparfaitement la curiosité éveillée par cette affirmation énigmatique: 'La traduction de la Jérusalem délivrée, par M. Lebrun, venoit de paroître; Rousseau conversant un jour avec M. Foulquier, lui témoigna combien il étoit fâché qu'on l'en crût l'Auteur [voir au t.xxxix le n° 7039]. "Est-il possible", disoit-il, "qu'on se soit ainsi mépris? Personne, peut-être, n'a autant senti que moi les beautés du Tasse. J'ai essayé de le traduire: voilà mon travail, je vous le donne . . ." Aussi-tôt il lui remit un grand cahier contenant plusieurs morceaux, & un livre entier de la Jérusalem, traduits. M. Foulquier lui ayant demandé quelle raison l'avoit détourné de cette entreprise: "c'est", lui répondit Rousseau, "que je me suis convaincu qu'il n'y a qu'une seule maniere de ne rien faire perdre au Tasse de ses beautés". Et aussi-tôt il s'approche de son clavecin, & d'une voix rauque, mais passionnée, il chante différens morceaux de ce Poème, en s'accompagnant. M. Foulquier ajoutoit qu'il n'avoit jamais été aussi frappé des beautés du Tasse, que dans ce moment, dont le Souvenir le plongeoit encore dans l'enthousiasme.'

[2] 'M. Foulquier a raconté a M. de Lapeyrouse, que lorsque J.J. se fut retiré à Ermenonville, il déposa entre ses

mains le manuscrit entier de ses *Confessions*. "Je connois" lui dit-il, "les ruses & les moyens de mes ennemis: s'ils savoient jamais que ce manuscrit, dont ils connoissent l'existence, & dont ils redoutent la publication, fût au pouvoir de ma femme, ils tâcheroient de la séduire, ils la tromperoient: & pour dérober au public la connoissance de toute leur méchanceté, dont je veux qu'il soit instruit, ils parviendroient à lui arracher cet ouvrage; ils le mutileroient sans pudeur & sans pitié. Gardez-le, & je vous charge de le publier après ma mort au profit de ma femme. Vous ne le lui remettrez jamais, à moins qu'elle ne se trouvât dans le plus pressant besoin."

[3] Quelque temps après, J. J. écrivit à M. Foulquier de lui apporter ses *Confessions*, ayant promis à deux ou trois personnes de leur en faire la lecture, à laquelle M. Foulquier assista. Peu de temps avant la mort de Rousseau, M. Foulquier en écrivant de Paris à M. de La Peyrouse, lui envoya le début de cet ouvrage qu'il avoit retenu, & une analyse de la totalité.'

[4] 'Après la mort de l'Auteur' (continue M. Lapeyrouse) 'Sa veuve demanda le ms. à Foulquier, qui lui fit part des ordres précis que son mari lui avoit donnés. Elle revint à la charge, il refusa encore; elle insista: M. Foulquier, touché de sa détresse, lui remit enfin le ms., non sans la prévenir des pièges que lui tiendroient les deux personnes les plus intéressées à le supprimer ou à le dénaturer; il eut la probité, peut-être coupable, de le rendre, & de n'en pas en retenir une copie.

[5] Ce qui a paru de cet ouvrage, immédiatement après la mort de J.J., est véritablement de lui; mais tout ce qu'on a publié depuis, est supposé. M. Foulquier avoit assuré M. de Lapeyrouse que les premiers volumes avoient été publiés, pour s'indemniser de ce qu'avoit coûté le ms. entier. Il est vrai que les derniers volumes qui ont paru depuis quelque temps, sont si inférieurs aux autres, qu'ils ne paroissent pas du même Auteur' (p.17-18, en note).

[6] Que faut-il penser de ce récit, en ce qui concerne les *Confessions*? Laissons de côté l'alinéa 5, car, bien entendu, l'authenticité de la seconde partie des *Confessions*, parue en 1789, ne saurait faire de doute. Mais si JJ avait en effet confié à Foulquier un manuscrit des *Confessions*, ce manuscrit est totalement inconnu, à moins de pouvoir l'identifier avec celui remis par Thérèse à la Convention, et conservé aujourd'hui à la bibliothèque de l'Assemblée nationale, à Paris. Mais dans ce cas, les détails fournis par La Peyrouse (alinéa 4) doivent être inexacts: au lieu de restituer le ms. à Foulquier, JJ a dû le garder. On aura remarqué que La Peyrouse fait état de certains documents qui sont aujourd'hui inconnus (sa correspondance avec Foulquier, une lettre de JJ adressée à celui-ci). Par contre, dans toute la correspondance échangée entre Foulquier et Girardin, il n'est jamais question de ce manuscrit des *Confessions*: mais comme les deux (autres) dépositaires ont débité tant de mensonges à cet égard, la réticence de Foulquier ne serait pas étonnante. Toutefois, tant que la correspondance de celui-ci avec La Peyrouse n'aura pas été retrouvée, un certain scepticisme est sans doute permis.

7202

Récit de la mort de Rousseau, daté du 13 juillet 1778 et envoyé à Girardin le 18

Monsieur[1]

[1] Vous avez annoncé dans vôtre[2] journal du dimanche 5 de ce mois la mort de J. J. Rousseau Sous le titre de *Varieté*: Permettez moi de vous representer Messieurs que rien ne merita plus le titre d'*Evenement*[a] *que la mort d'un écrivain le plus pur*[3] *et le plus exact de son siecle*, d'un philosophe dont l'amour pour *la*[4] *Sagesse ne Se* dementit jamais, d'un homme enfin qui Consacra touts Ses talents a reculer les bornes morales de l'ame et a rendre les hommes meilleurs et plus heureux.

[2] On a beaucoup parlé de J. J. Rousseau Sans le Connoitre, et Comme l'on parle de Sa mort sans en Connoitre les Circonstances je vous en envoie le rècit et vous prie de le rendre public. Il est d'autant plus interessant qu'il peut, je crois, Servir de réponse a presque tout Ce qui a esté et qui Sera, peut etre encore dit Contre ce grand Homme.

[3] Jean Jacques Rousseau avoit cedé depuis un[5] mois aux prieres instantes de Monsieur et de madame de Gerardin*. [7]Il S'Estoit retiré a Ermenonville[7] et[8] Habitoit avec Sa femme dans une petite maison voisine, mais Sèparée par des arbres du chateau et tenant à un bosquet[9] dans lequel il alloit chacque jour Se[10] promener et Ceuillir des plantes qu'il arrangeoit après dans un Herbier. Il faisoit quelques fois de la musique avec la famille de m. de Gérardin et S'estoit déja attaché de telle Sorte a l'un de Ses enfants, agé de dix ans, qu'il paroissoit aux Soins Continus qu'il lui donnoit, vouloir en faire Son èlève. Il Se leva le Jeudi deuxieme juillet, a Cinq Heures du matin, C'étoit l'heure ordinaire de Son lever en été, jouissant en apparence de la Santé la plus parfaite. [11]Il fut[11] promener avec Son

[6]* M. Le marquis et madame la marquise de Gerardin sont deux epoux unis par l'amitié la plus parfaite. Qui les voit ne peut s'empecher de concevoir pour eux l'estime la plus respectueuse et la plus proffonde. Il n'existe peutetre pas ailleurs des jardins plus interessants et plus ingenieux que ceux qu'ils ont fait aranger a Ermenonville, lieu distant de Paris de dix lieues.[6]

élève [12]qu'il[12] pria plusieurs fois de [13]*S'assoir dans le Cours de cette promenade lui disant qu'il Se Sentoit incommodé*[13]. Il revint seul à Sa maison vers les Sept heures, demanda a Sa femme Si le dejeuner estoit preparé? 'Non mon bon ami' répondit madame Rousseau, il ne l'est pas encore' – 'Et bien je vais dans le Bosquet, je ne m'eloignerai pas; appellez moi quand il faudra dejeuner'. Madame Rousseau l'appella; il revint prit une tasse de Caffé au lait et Sortit. Il rentra peu de moments aprés; Huit Heures Sonnoient; Il dit à Sa femme 'Pourquoi n'avez-vous pas payé le compte du Serrurier? C'est, lui repondit-elle, parceque j'ai voulu vous le faire voir et Savoir S'il n'en faut rien rabbattre. Non, repondit M. Rousseau, je Crois Ce Serrurier Honnêtte Homme; Son Compte doit estre juste: prènèz de l'argent et payèz le'. Madame Rousseau prit aussitôt de l'argent et descendit. A peine estoit elle au bas de l'escalier qu'elle entendit M. Rousseau Se plaindre: Elle remonte en hâte et le trouve assis Sur un Siege de paille ayant le visage deffait et le Coude appuyé Sur une Commode. 'Qu'avez vous, mon bon ami, lui dit-elle, vous trouvez vous incommodé?' – 'Je Sens, répondit il, une grande anxiété et des douleurs de Colique'. Allors Madame Rousseau feignant de chercher quelque chose, fût prier le Concierge d'aller dire au chateau que M. Rousseau Se trouvoit mal. Madame la Marquise de Girardin accourut aussitôt elle même, et prénant un prètexte pour ne pas effrayer m. Rousseau, elle vint lui démander ainsi qu'à Sa femme S'ils n'avoient pas été eveillés [14]*par la musique*[14] que l'on avait faite pendant la nuit [15]*devant le chateau?*[15] M. Rousseau lui répondit avec un visage tranquille, 'Madame, [16]vous ne venez pas pour la musique[16]: je Suis tres Sensible a vos bontés, mais je Suis incommodé et je vous Supplie de m'accorder la grâce de rester[17] Seul avec ma femme a qui j'ai beaucoup de choses a dire. Madame de Girardin Se retira aussitôt. Allors M^r^. Rousseau dit a Sa femme de fermer la porte de la chambre a Clef et de venir S'asseoir à côté de lui Sur le même Siege. . . . . Vous étes obei mon bon ami, lui dit Madame Rousseau, me voilà: Comment vous trouvez-vous? – Je sens un frisson dans tout mon Corps: donnez moi vos mains et tachez de me réchaufer. . . . . . [16]ah! comme Cette chaleur m'est agreable![16] – Eh bien mon bon ami? – Vous me réchauffez . . . . . mais je Sens augmenter mes douleurs de Colique . . . . . elles Sont bien vives!. . . . . – Voulez-vous prendre quelque remède? – Ma chère femme! rendez-moi le Service d'ouvrir les fenêtres afin que j'aie le bonheur de voir encore une fois la verdure. . . . . Comme elle est belle!. . . . . [16]que Ce jour est pur et Serein!. . . . . . O que la nature est grande![16] – Mais mon bon ami, lui dit madame

Rousseau en pleurant: pourquoi dittes vous tout cella? – Ma chère femme, répondit tranquillement M. Rousseau, j'avois toujours demandé a Dieu de me faire mourir [18]avant vous: mes vœux vont être exaucés[18]: Voyez Ce Soleil dont il Semble que l'aspect riant m'appelle: Voyez vous même Cette lumière immense: voila Dieu, oui, Dieu lui même qui m'ouvre Son Sein et qui m'invite enfin a aller gouter Cette paix eternelle et inaltèrable que j'avais tant désirée. . . . . Ma chere femme, ne pleurez pas: vous avez toujours Souhaité de me voir Heureux et je vais l'estre . . . . . . ne me quittez pas un Seul instant: je veux que Seule vous restiez avec moi et que Seule vous me fermiez les yeux.[19] – Mon ami, Mon bon ami Calmèz vos Craintes et permettez moi de vous donner quelques chose; j'espere que ceci ne Sera qu'une indisposition. – Je Sens dans ma poitrine des Epingles aigûes qui me Causent des douleurs très-violentes. . . . . . . ma chere femme Si je vous donnai jamais des peines, Si en vous attachant à mon Sort je vous exposai a des malheurs, que vous N'auriez jamais connus pour vous même, je vous en demande pardon. – C'est moi, mon bon ami, dit madame Rousseau, C'est moi qui dois au contraire vous demander pardon des moments d'inquiétude dont j'ai été la Cause pour vous. – [20]ah ma femme, qu'il est Heureux de mourir quand on n'a rien à Se repprocher. . . Etre éternel! l'âme que je vais te rendre Est aussi pure en Ce moment qu'elle l'estoit quand elle Sortit de ton Sein: fais-la jouir de ta félicité. . . . . ma femme,[20] j'avais trouvé en M. et Mad^e de Gerardin un père et une mère des plus tendres. Dittes-leur [21]que j'honorois leurs vertus et[21] que je les remercie de toutes les[22] bontés dont ils m'ont comblé. . . . . Je vous charge de faire, aprés ma mort, ouvrir mon Corps par des gens de l'art et de faire dresser un procès-verbal de l'estat dans lequel on en trouvera toutes les parties. . . . . . . Dittes à m. et à mad^e. de Gerardin que je les prie de permettre que l'on m'enterre dans leur jardin et que je n'ai pas de choix pour la place. – je suis désolée, dit madame Rousseau; mon bon ami je vous Supplie, au nom de l'attachement que vous avez pour moi, de prendre quelque remede. – Et bien, repondit-il, je le prendrai puisque Cela peut vous faire plaisir[23]. Ah! je Sens dans ma tête un Coup affreux. . . . . . . des tenailles qui me déchirent!. . . . . . . Etre des Etres! Dieu! . . . . . . (il resta longtemps les yeux fixés vers le Ciel.). . . ma chere femme. . . . . embrassons-nous . . . . . . [24]aîdez-moi a marcher (il voulut Se lever de Son Siege, mais sa foiblesse estoit extrème) . . . menez-moi vers mon lit.[24] Sa femme le soutenant[25] [26]avec beaucoup de peine, il Se traina jusqu'au lit où il avait Couché, il y resta quelques moments en

Silence et puis il voulut en descendre.[26] Sa femme [27]l'aidoit, il tombe au milieu de la Chambre entrainant Sa femme avec lui:[27] elle veut le relever, elle le trouve Sans parole et Sans mouvement, elle jette des cris on accourt on Enfonce la porte on rèléve M. Rousseau, Sa femme lui prend la main il la lui Serre, exhale un Soupir [28]et meurt. – (onze heures du matin Sonnoient.)[28]

[4] [29]Vingt et quatre Heures[29] après on a ouvert le Corps. Le procès verbal qui en a esté fait atteste que toutes les parties estoient Saines et qu'on n'a trouvé d'autre Cause de mort qu'un Epanchement de Serosité Sanguinolente dans le Cerveau.[30]

[5] M. le Marquis de Girardin a fait embeaumer le Corps, l'a fait renfermer dans une double Caisse de plomb et dans une forte Caisse de bois de chêne. En cet ètât, accompagné de plusieurs amis, et de deux Genevois, il a été porté Samedi 4 juillet a minuit dans l'isle que l'on appelloit l'*isle des peupliers*, et que l'on appelle appresent *l'Elisée*. [31]M. de Gérardin y a resté jusqu'à trois heures du màtin pour ſaire bâtir lui-même a chaux et a Sable autour de Ce dépot un fort massif Sur lequel on[31] èlève un mausolée [32]qui aura Six pieds de Haut et[32] qui Sera d'une decoration Simple mais belle.[33]

[6] Cette isle que l'on appelle l'Elisée est un lieu enchanté. [32]Sa forme et son étendue sont un ovàle ayant environ Cinquante pieds sur trente cinq[32]. L'eau qui l'entoure Coule Sans bruit et le vent Semble craindre toujours d'en augmenter le mouvement presqu'insensible. Le petit lacq qu'elle forme est environné de Coteaux qui le dérobent au reste de la nature et répandent Sur cet azile un mystère qui entraine à là mèlancolie. Ces côteaux Sont Chargés de bois et terminés au bord de l'eau par des routes Solitaires dans lesquelles on trouve depuis quelques jours, comme l'on trouvera longtems des Hommes Sensibles regardants l'elisée. Le Sol de l'isle est un Sable fin Couvert de gazon. Il n'y a pour arbres que des peupliers, et pour fleurs dans Cette Saison, que quelques roses Simples. C'est là que repose Jean Jacques Rousseau, la facc tournée vers le lever du Soleil.

[7] Vous pouvez Messieurs regarder toutes les Circonstances de ce recit Comme bien Certaines. Je les ai apprises et m'en Suis pennetré dans la chambre, devant le lit, Sur la place même ou Mr Rousseau est[34] tombé et mort. J'estois Seul avec Sa veuve, [35]qui[36] est bonne et honnètte femme et ne pourroit pas inventer Sur Ce Sujet.[35] J'ai eu le bonheur d'aborder à l'èlisée: j'ai baisé la tombe de Ce philosophe Cèlèbre dont la vie rare et la mort sublime ont exalté mes Sens et m'ont inspiré la vènèration la plus proffonde;

C'est-là que j'ai dit de lui, en[37] répandant bien des larmes Ce qu'il disoit lui même de Sa chere Julie:

Non lo Conobbe il mundo mentre l'Ebbé.[38b]

J'ai l'honneur d'Estre
Messieurs
votre très humble et tres
obeissant Serviteur
F. de Francenville

Paris ce 13e juillet 1778.

MANUSCRIT

*1. Chaalis, fonds Girardin D^4 37, dossier A, n° 11; 8 p., p.7-8 bl., le tout noué d'un ruban bleu; copie (de la main de Foulquier: voir les notes explicatives), corrigée par Girardin.

Quelques passages du ms. ont été soulignés par Girardin.

2. Genève BPU, ms. fr. 250 II C, fol. 8-11; 8p.; copie ancienne.

Le dossier ms. fr. 250 comprend surtout des mss provenant des papiers de Lebègue de Presle. Cette copie offre quelques particularités dignes de remarque. 1° elle est datée du 12 juillet 1778. 2° l'écriture est de deux mains différentes, dont la première n'a transcrit que la première page et demie, circonstance qui indique parfois une transcription subreptice. 3° on y a ajouté, en 1780, une note sur les vers destinés par Girardin au tombeau de JJ.

NOTES CRITIQUES

Corrections de la main de Girardin, sauf indication contraire:

[1] Messieurs [2] ⟨le⟩ [3] [ici, Girardin a mis un signe qui renvoie à l'addition suivante, écrite le long de la marge de gauche:] touchant et Le plus energique [4] [ici, Girardin a mis un signe qui renvoie à l'addition suivante, écrite le long de la marge de gauche:] ⟨de Son Siecle⟩ *Le bien de L'humanité* [5] deux [6] [biffé de plusieurs traits obliques] [7] ⟨aucune autre Raison que Son gout pour le Campagne⟩ aucune autre Raison que Le besoin de Repos et ⟨le⟩ Son gout vif ⟨de Mr Rousseau⟩ Pour la Campagne et ⟨la botanique⟩ L'observation de la nature et les plantes, m. Rousseau avoit cedé [aux instances de M. et de Mde de Girardin] pour se retirer de preference a Ermenonville [inséré dans l'interligne] [8] ⟨il y⟩ [9] [l'auteur de ce texte avait d'abord écrit: 'bois'. Girardin a biffé 'bosquet' pour y substituer 'Paiis varié'] [10] [inséré dans l'interligne]

[11] [biffé par Girardin, qui y a substitué 'Le mecredy après diner il avoit été ⟨L'apres-diner⟩' et a noté dans la marge de gauche:] Cette circonstance Se rapporte à La *veille au soir* ⟨et n'influe pas sur le reste du recit⟩ [12] comme de coutume, et L'avoit Seulement [13] [Girardin a souligné ce passage puis l'a biffé] [14] [souligné par Girardin, qui a mis ici un signe qui renvoie à une correction écrite le long de la marge de gauche:] du bruit [15] [souligné par Girardin, qui a mis ici un signe qui renvoie à une correction écrite le long de la marge de gauche:] dans Le Village[16] [biffé] [17] me laisser [18] [biffé par Girardin, qui a substitué dans l'interligne:] sans maladie et sans medecins, et que vous puissiez me fermer les yeux, mes vœux vont ètre exaucés. Je n'ai jamais voulu de mal a personne, et je dois compter Sur La miséricorde de Dieu [19] ms.: fermiez ⟨les paulpieres (?)⟩ [gribouillé, peut-être par Girardin] [20] [biffé par Girardin, qui y a substitué:] ma femme dit-il je sens que je meurs, mais je meurs tranquille

[21] [biffé par Girardin qui y a substi-

tué:] je vous Laisse entre leurs mains ils vous en serviront [22] ms.: le⟨urs⟩ · [en surcharge] [23] [dans l'interligne, Girardin a écrit, puis biffé, la phrase qui suit:] Peu ⟨de tems⟩ après ce dernier acte de Complaisance pour elle il S'écria [?]⟩ [24] [biffé par Girardin, qui a écrit, puis rayé, dans l'interligne:] de me mettre dans [?] mon lit [25] Soutint [en surcharge] [26] [ce passage a été biffé par Girardin, qui a mis au mot 'descendre' un signe qui renvoie au passage qui suit, écrit le long de la marge de gauche:] Ce fut alors que ⟨sentant lui meme⟩ ⟨Receuillant toutte L'energie de Son ame⟩ il luy dit ⟨avec une vo⟩ hé quoy! vous ne m'aimez donc pas Si vous pleurez mon bonheur, bonheur eternel que Les hommes ne troubleront plus, et ⟨puis en lui montrant Le Ciel⟩ avec une voix forte ⟨recueillant toute l'energie de son ame il luy montra le Ciel avec un [quelques mots indéchiffrables] Voyez Comme Le Ciel est pur, il n'y a pas un Seul nuage! N'en voyez vous donc pas La porte qui S'ouvre pour me recevoir et Dieu qui m'attend? A ces mots il tomba la tete sur Le Carreau. [27] [biffé par Girardin, qui avait d'abord essayé de corriger ce passage en ajoutant dans l'interligne, après 'l'aidoit', 'en se desolant', et après 'chambre' 'en entraînant sa femme avec luy'.] [28] [biffé par Girardin qui a mis au début de la parenthèse un signe qui renvoie au passage qui suit, écrit au bas de la page:] et ses yeux se fermerent comme S'il n'eut fait que S'endormir en paix du Sommeil de L'homme juste, et pendant Les deux jours entiers qu'il a resté Sur son lit Son visage a toujours conservé toutte La Serenité de Son âme. [29] trente-six heures [30] [Girardin a mis ici un astérisque qui renvoie à la note qui suit, écrite au bas de la page:] il etoit agé de Soixante et Six ans.

[31] [biffé par Girardin, qui a inséré dans l'interligne, 'on y a', et transformé 'èlève' en 'èlèvé'] [32] [biffé par Girardin] [33] [Girardin a ajouté:] avec cette Inscription (cy aprés) [34] ms.: est ⟨mort et⟩ [35] [biffé par Girardin, qui a écrit dans l'interligne, sans s'apercevoir qu'il rendait la phrase incohérente:] de qui je les tiens [36] ms: ⟨elle⟩ [en surcharge] [37] ms: en ⟨versant⟩ [38] [sur un papillon, Girardin a noté son épitaphe sur Rousseau:] Icy Sous ces ombres paisibles / Pour les restes mortels de Jean Jacque Rousseau / L'amitié posa ce tombeau: / Mais c'est dans tous les cœurs sensibles / que cet homme divin qui fut TOUT SENTIMENT / doit trouver de son cœur L'éternel monument.

NOTES EXPLICATIVES

Ceci est le texte communiqué par Foulquier à Girardin le 18 juillet 1778 (voir le nº 7201). Le ms. me paraît de l'écriture de Foulquier, mais fort négligée et peut-être un peu déguisée. Le texte est très proche de celui que j'ai déjà donné (t.xl, nº A682), sans y être absolument identique. Je le réimprime ci-dessus afin de faire ressortir l'intérêt des corrections de Girardin, lesquelles rapprochent le récit de Foulquier de ce qui sera la version définitive selon Girardin de la mort de JJ. Pour l'évolution ultérieure du texte, voir les nºs 7224 et 7276.

Il est assez curieux de voir Girardin accepter ici et dans le nº 7208, le terme 'Elysée', dont l'emploi devait l'inciter plus tard à envoyer une mise-au-point au *JP* (voir le nº 7335).

Comme on le verra, ce texte fut imprimé presque immédiatement. Des copies manuscrites furent aussi mises en circulation, et l'une d'entre elles tomba entre les mains de Meister, qui la recopia pour la *CL*: voir le t.xl, nº A682, ms.2.

a. voir le nº 7185, b ii.

b. le premier des deux vers de Pétrarque utilisés par JJ comme épigraphe de *La NH*. Pour 'lo' lire 'la' (adaptation de la citation), et pour 'mundo' (forme ancienne) lire 'mondo'.

REMARQUES

Comme pièce de comparaison, je reproduis ci-dessous le récit d'Antoine Maurice, cabaretier d'Ermenonville: [1] '[. . .] Nous fimes arrêter la voiture, en arrivant dans le bourg d'Ermenonville, à la porte d'un modeste cabaret, tenu alors par le nommé Antoine Maurice, homme entre deux âges, dont les cheveux commençaient à blanchir, mais qui paraissait jouir de la meilleure santé et dont la simplicité, la candeur nous prévinrent tout d'abord en sa faveur. Le ton d'enthousiasme, avec lequel nous lui dimes être venus d'une extrémité du royaume pour visiter les lieux, où reposaient les cendres de Jean-Jacques, nous valut bientôt de sa part la confiance, dont il nous apprit que le célèbre philosophe l'avait honoré lui-même. [...]

[2] Antoine Maurice fut en effet très-communicatif. Il commença par se plaindre de la légèreté et même de la fausseté, avec laquelle Mme de Staël avait imprimé, lui avait-on dit, que Jean-Jacques était mort empoisonné; et voici, autant que je puis me le rappeler, ce qu'il nous raconta sur cet événement:

[3] Jean-Jacques s'était promené, suivant son usage et malgré la rosée, depuis 5 heures jusqu'à 7 heures du matin, emportant le mouron qu'il avait cueilli pour ses oiseaux. En rentrant, il se plaignit d'un mal de tête, qui le tourmentait plus fort qu'à l'ordinaire; il s'assit d'abord, mais la douleur devenue plus insupportable l'obligea bientôt de se lever. Il allait et venait dans sa chambre, lorsque sur les 9 heures 1/4 il tomba sur le plancher. Sa femme, qui était présente, cria au secours. J'arrivai le premier; M. et Mme de Girardin, suivis de quelques domestiques, s'empressèrent d'accourir, et bientôt après le chirurgien, qu'on avait envoyé chercher et qui essaya en vain de le saigner. Il en fut de même pour tous les soins qu'on put lui prodiguer; il ne donna aucun signe de vie.

[4] On procéda le lendemain à l'ouverture du cadavre. Le procès-verbal, qui en fut dressé, constate que l'estomac et la poitrine étaient dans le meilleur état, et que ni l'un ni l'autre n'avaient éprouvé la moindre lésion: mais on reconnut dans le cerveau une petite capsule remplie d'eau, ce qui rendit à la fois raison et des maux de tête, auxquels il était fort sujet, et de sa mort occasionnée par l'hydropisie séreuse, qui s'était formée au cerveau [. . .]' (François-Yves Besnard, *Souvenirs d'un nonagénaire*, éd. Célestin Port, Paris 1880, ii.5-7).

7203

Nicolas-François Tricot de Lalande à René-Louis, marquis de Girardin

A Turin ce 18 Juillet 1778

Permettés moi, Monsieur, de profiter de l'occasion malheureuse de la mort de votre ami pour avoir[1] l'honneur de renouveller connoissance avec vous. Recevez je vous prie mon compliment de condoleance de la perte que vous avez faite de Jean Jacques Rousseau, estimé même de ceux que le prejugé tyrannise et universellement regretté, ou si ce n'est universellement, au moins de ceux qui ont dans l'ame quelqu'energie. Je ne peux pas trop vous dire si l'intérêt que plusieurs personnes prennent ici à cet événement part du coeur, ou de la curiosité, ou de l'envie d'avoir l'air de savoir apprécier; je vous laisse la question à décider, vous connoissés le pays, mais on desire de connoitre les circonstances et les causes de sa mort. On m'en ecrit de Paris si diversement que je ne sais pas au juste sur quoi compter: est il mort a Ermenonville? Est ce le chagrin de l'impression subreptice de ses memoires qui a avancé sa terme? Tels sont, Monsieur, les objets sur les quels on n'est pas plus d'accord que sur le lieu de la sépulture de Voltaire ce charlatan, cet escamoteur si habile, qui haranguoit l'assemblée avec tant de hardiesse et d'agrémens que nul ne prenoit garde à ses mains, et on[2] admiroit sur sa parole beaucoup de tours de passe passe assez communs. J'ai peut être poussé un peu loin la métaphore, surtout dans une lettre; mais à cela près je vois que l'idée principale qu'elle renferme, et qui est très ancienne chez moi, est celle qui s'etablit assez généralem[t]. Il n'en sera jamais de même de votre ami que j'ai toujours admiré et dont [3]l'ame etoit[3] faite pour attirer la vénération de la postérité bien plus que des contemporains. Dans un tableau les traits de grande force ne peuvent etre vûs de près et appreciés que par un petit nombre de connoisseurs. Les memoires de Rousseau doivent etre très interessans. Il me paroit fort difficile de se les procurer. On dit que par la voie de Lausanne on peut les avoir moins difficilement. Je n'ose vous prier, Monsieur, de me dire ce que vous en savez, et le prix qu'ils peuvent couter, mais j'aurois fort envie de me les procurer.

J'ai lu avec le plus grand plaisir la description de votre Eudiometre[a] à mon arrivée ici a la fin de mars. Si mon jugement quelqu'il puisse être n'est pas d'un grand poids, du moins celle du P. Beccaria[b] le sera-t-il auprès de tout le monde. Il a trouvé cet instrument fort ingénieux et nous devons le faire exécuter dès qu'il sera débarrassé de quelques affaires. La politique, carriere dans laquelle on m'a fait entrer, ne m'occupe pas considérablement. Les habitans de ce pays ci sont morts au monde comme des moines. Il y régne dans les ames une sorte d'apathie qui n'est pas plus favorable au progrès des sciences et des arts qu'au bouleversement de l'Europe. Je vegete et si je ne recevois quelques lettres de Paris, je m'accoutumerois a nourrir mes idées du siroco, et du tramontana.[c]

J'ai l'honneur d'ètre, Monsieur, avec[1] une très parfaite considération et un respectueux attachement

Votre très humble et très
obeissant serviteur

De Lalande secretaire de
l'ambassade de France.

MANUSCRIT

*Chaalis, fonds Girardin D[4] 22; 4 p., p.4 bl.; orig. autogr.

Ce ms. semble avoir été classé par erreur dans le dossier D[4] 22 où se trouvent principalement des documents concernant la polémique entre Stanislas de Girardin et Musset-Pathay (1820 et *s*).

NOTES CRITIQUES

[1] [en surcharge sur un autre mot devenu indéchiffrable] [2] [ajouté dans l'interligne] [3] ⟨le nom est⟩

NOTES EXPLICATIVES

L'auteur de cette lettre (né probablement vers 1750) était le fils d'un avocat au parlement de Paris. Dans une supplique rédigée en 1795, il prétend avoir commencé sa carrière publique dès 1771, ayant accompagné à Parme le comte Louis de Durfort à l'occasion de la commission instituée conjointement par Louis XV et Charles III, roi d'Espagne, pour juger des différends survenus entre l'Infant de Parme et son premier ministre, Guillaume-Léon Du Tillot. Comme Durfort et son collègue espagnol, Dom Pedro de Cavallos, n'arrivèrent à Parme que vers le 15 juillet 1771 et que leur arbitrage se solda vers le début de septembre par un échec, cette première mission de Lalande ne fut ni longue ni glorieuse. De retour à Paris, il poursuivit son éducation politique, et aurait rédigé pour le ministère des affaires étrangères quelques mémoires sur la guerre d'Amérique, mais sans aucun titre officiel. En mars 1778, il succéda au chevalier de Sainte-Croix comme secrétaire du baron de Choiseul, ambassadeur de France à Turin, et, ce qui était courant à cette époque, remplissait les fonctions de chargé-d'affaires pendant les absences du ministre plénipotentiaire. Lalande resta en poste à Turin jusqu'en 1792. A cette date, le ministre sarde ayant refusé de recevoir l'ambassadeur de la République française (Charles-Louis Huguet de Sémonville, 1759-1839), Lalande (qui préférait maintenant le nom de 'Tricot' tout court) se rendit à Genève, conformément à ses instructions, et de là à Paris, où il sollicita à plusieurs reprises, oralement et par écrit, un nouveau poste (par exemple, le 22 janvier et le 6 juin 1795). J'ignore la suite de son histoire, ainsi que la date de sa mort (Paris, AE, dossiers personnels, première série, t.42, fol.132*s*: je corrige quelques dates inexactes).

a. 'instrument servant à faire l'analyse volumétrique de certains mélanges gazeux ou la synthèse certains corps dont les composés sont gazeux, en faisant passer une étincelle électrique au sein du mélange'. Cet instrument semble avoir été inventé vers 1777 par Alexandre Volta (1745-1827).

b. Giovanni Battista Beccaria (1716-1781), professeur de physique à l'université de Turin, où il s'occupa surtout d'électricité.

c. le siroco est un vent chaud venant du sud, la tramontane un vent froid venant du nord. Lalande fait ce mot masculin, peut-être en pensant à 'vent'.

7204

Isaac Bardin à Marc-Michel Rey

Genève ce 18 Juillet 1778

[...] Voilà nôtre ami Rousseau dans le Tombeau. Si vous n'avez pas deja ses Memoires sa Veuve vous les remettra vraisemblablement. J'en prendrai 7 à 800 8. Alors vous n'en enverrez ni dans la Suisse, ni dans Lyon, ni ici; c'est la mon premier nombre. Aprenez-moi d'abord que vous le pourrez quand vous les aurez & pour quel tems ils paroitront; dans l'interval[le] j'essayerai d'en placer un plus grand nombre. [...]

MANUSCRIT

* La Haye, collections de S.M. la Reine des Pays-Bas, G 16 – A340, n° 1; orig. autogr.

NOTES EXPLICATIVES

Pour l'auteur de cette lettre, voir au t.xviii le n° 3043, premier alinéa et note *b*, etc.

7205

Louise-Marie-Madeleine Dupin, née Fontaine, à René-Louis, marquis de Girardin

Paris ce 21. Juillet 1778.

[1] Je n'ai appri qu'hier Monsieur, la mort de M. Rousseau, par quelqu'un qui ne pouvoit pas Supposer que je l'ignorasse[1], un grand nombre d'années n'a pu me donner encore l'abitude de voir mourrir, cet Événement Si fréquent et Si naturel est toujours une peine pour moi quand je connois ceux qui payent ce tribut à la naturc. [2]Jc Suis fort affligée et Surprise de cette nouvelle.[2]

[2] Je Suis malade depuis Six Semaines, depuis plus de quinze jours j'ai été obligé[3] de fermer ma porte ayant trop Souffert pour voir compagnie, cela a rendu facile de me cacher l'Evènement pour lequel vous me faites l'honneur de m'écrire.

[3] J'avois appri le départ de Paris de M. Rousseau, avec inquiè-

tude, je regrettois de n'être plus apportée de Savoir de Ses nouvelles, quand j'appris qu'il étoit chez vous, Monsieur, je fus tranquillisé[3] Sur ce qui le regardoit, mais quelques jours après je repris [4]mon inquietude[4], on me dit qu'il n'avoit fait que passer dans votre charmante demeure, et qu'on ne savoit où il étoit allé. Je regrette fort aujourdhui de Savoir qu'il est disparu de la terre, Son age lui permettoit de vivre encore longtems, il ne paroissoit point du tout menacé du Genre de Sa mort.

[4] J'ignorois ossi qu'il eut le merite[5] et l'avantage d'être de vos amis, c'est un bon office qu'il me rend après lui que la proposition dont vous m'honorés, d'aller vous faire une visite et a Mad[e]. de Gerardin dans votre belle et rare habitation. [6]J'ai fort l'honneur de Connoitre Mad[e]. de Baye[a] quoiqu'il y ait long tems que je ne l'ai vue, mon respect et mon attachement pour elle n'en sont pas diminués.[6] Je[7] m'informerai si vous faites a Paris quelques voyages pour devancer le tems de vous remercier, a[8] Ermenonville, Jusqu'á ce que ma santé me permette[9] de faire ce petit voyage. J'ai l'honneur d'etre M. avec tous les Sentimens qui vous sont dus[10] &c[a].

[5] Permettez moi M. de vous demander des nouvelles de Mad[e]. Rousseau.

MANUSCRIT

*Cambridge, collection R. A. Leigh; 4 p., p.4 bl.; brouillon.

NOTES CRITIQUES

[1] l'ignorasse ⟨la mort de tout ce que je connois m'afflige, mais⟩ [2] [ajouté après coup, à la fin de l'alinéa] [3] [mme Dupin ne fait pas ces accords] [4] m⟨es⟩ inquiètude⟨s⟩ [5] merit⟨é⟩ [6] [commencé dans l'interligne et continué le long de la marge de gauche] [7] Je ⟨va⟩ [8] ⟨Jusqu'a ce que⟩ [9] ⟨le⟩ permette [10] dus ⟨M.⟩

NOTES EXPLICATIVES

Mme Dupin répond ici au n° 7200.

a. c'était la mère de mme de Girardin. En effet, Brigitte-Adelaïde-Cécile Berthelot de Baye, épouse du marquis, était la fille de François Berthelot, baron de Baye, maréchal de camp, et d'Elisabeth Riault de Curzay.

REMARQUES

i. Le 20 juillet 1778, Bachaumont écrivait: 'M. Diderot est un de ceux qui craignent le plus la publicité des Mémoires de Rousseau; il dit qu'ayant passé près de vingt ans de sa vie dans la plus grande intimité avec lui, il ne doute pas que ce cynique ne dissimulant rien, & nommant chacun par son nom, n'ait relevé beaucoup de choses qu'il préféreroit de voir rester dans l'oubli. On jugeroit par ses discours, que Rousseau étoit un méchant homme au fond.' (éd. de 1780, xii.46).

Ainsi, bien avant la publication des fameuses notes de la *Vie de Sénèque*, Diderot se mettait en campagne.

ii. Le 20 juillet 1778, le *JP* imprima, sous la rubrique 'Variété', un article qui de nouveau irrita vivement le marquis de Girardin: 'Lorsque nous avons donné dans notre Feuille N° 187, le récit des circonstances de la mort de J.J. *Rousseau* [voir le n° 7185, b ii] nous nous sommes bornés aux faits dont nous avions la certitude physique. La diversité des récits sur les circonstances de sa mort auxquels donnent lieu les différentes expressions dont se sont servis quelques papiers publics, nous a engagé à fixer enfin l'opinion générale: en conséquence nous nous sommes procurés & nous avons actuellement entre les mains un extrait des minutes du Greffe du Bailliage & Vicomté d'Ermenonville, daté du Vendredi 3 du courant. Il porte, sur le réquisitoire du Procureur fiscal Me. Louis Blondel, Lieutenant du Bailliage, assisté du Procureur fiscal & d'un huissier, s'est transporté en la demeure du sieur J.J. Rousseau, pour y constater son genre de mort; qu'à cet effet, il a fait comparoir les personnes des sieurs Gilles-Casimir *Chenu*, Maître en Chirurgie, demeurant à Ermenonville, & Simon *Bouret*, aussi maître en Chirurgie, demeurant à Montagny; & après avoir pris & reçu d'eux le serment en tel cas requis sous lequel ils ont juré de bien & fidellement se comporter en la visite dont il s'agit, *après visite faite du corps & l'avoir vu & examiné dans son entier, qu'ils ont tous deux rapporté d'une commune voix que ledit sieur Rousseau est mort d'une apoplexie séreuse, ce qu'ils ont affirmé véritable*, &c.

Nous avons avancé dans le même Numéro que cet homme célèbre avoit depuis longtems le desir de quitter Paris pour se retirer à la campagne. Ceux de nos Lecteurs qui ont éprouvé quelqu'enthousiasme à la lecture des ouvrages de ce grand homme, nous sauront gré sans doute de leur donner les motifs de cette retraite. Nous savions de son vivant que, forcé par différentes circonstances de ne plus copier de la musique, son modique revenu avoit peine à suffire aux frais de sa consommation: mais nous ignorions jusqu'à quel degré sa fortune étoit bornée [. . .] [suit le texte du mémoire de février 1777, sans le dernier alinéa: voir au t.xl le n° A649. Ce texte provenait probablement du chevalier de Flamenville: voir au t.xl le n° A688, alinéa 18, et note *o*.]

Nous laissons aux gens sensibles le soin de répondre à l'objection que sa pauvreté étoit volontaire. Il paroît au surplus, qu'il avoit enfin trouvé ce qui pouvoit lui convenir, lorsque la mort est venue le frapper' (p.803-804).

iii. Le 21 juillet 1778, Bachaumont s'inspire visiblement de l'article du *JP* en revenant lui aussi sur les circonstances de la mort de Rousseau: 'M. Jean Jacques Rousseau étoit fort lié avec un horloger, beau-pere du Sr. Corencé, l'un des entrepreneurs utiles du *Journal de Paris*. On croit que c'est cet horloger qui est dépositaire des papiers & autres effets littéraires de la succession de ce Philosophe. Comme on avoit fait courir des bruits sinistres sur sa mort, qu'on prétendoit volontaire, il se répand un extrait des minutes du Bailliage et Vicomté d'Ermenonville du 3 juillet, par lequel il est constaté juridiquement, & d'après la visite des gens de l'art, que Rousseau est mort d'une apoplexie séreuse.

Quant aux motifs de sa retraite, ils sont également contenus dans un écrit de sa main, daté du mois de Février 1777, par lequel l'on voit que, forcé de quitter Paris par la modicité de son revenu, il demande une retraite. Il ne rend point compte, au surplus, des raisons qui l'avoient obligé de se priver des secours qu'il se procuroit, en copiant de la musique, genre de travail dont il s'étoit abstenu depuis quelque tems. Voici ce singulier Mémoire domestique [. . .]' [suit le texte du Mémoire de février 1777] (éd. de 1780, xii.46-48).

7205bis

Charles-Joseph Panckoucke à la Société typographique de Neuchâtel

Paris 21. juillet 1778

MM de la Société typographique

[...] P. S. Faites je vous prie agréer mes respects à m^r^ et m^de^ Duperrou. Je n'oublierai jamais Leurs bontés. Mr Duperrou Doit avoir Les manuscrits, ou au moins une partie, de J. Jacques Rousseau, il faudroit que vous traitassiez avec La Ve et de tout ce qu'elle a, j'entrerai pour moitié mais je ne veux pas paroitre. L'un de vous pouvoit[1] faire un voyage ici à ce sujet, vous pourez Donner jusqu'à trente mille Livres, Le tiers comptant, Les deux autres tiers par acte remboursable en 2 payemens; je vous en ferai faire une grande affaire et vous vienderez au Secours de cette malh[e]ureuse. Il faut Surtout avoir ces memoires. Occupez vous De cela, parlez en avec m^r^ Duperrou et ne perdez pas de tems.

MANUSCRIT

*Neuchâtel BV ms. 1189 (arch. STN), fol. 368*v*; p.s. d'une lettre de 4p. (fol. 367-368); orig. autogr.

IMPRIMÉ

Suzanne Tucoo-Chala, *Charles-Joseph Panckoucke* [...], Pau et Paris (1977), p.134 (fragments).

NOTES CRITIQUES

P. 4, Ostervald a noté: 'R $\frac{26}{28}$': cette réponse du 28 juillet m'est inconnue.

[1] [il y a bien 'pouvoit' et non 'pouroit' dans le ms.]

7206

Pierre Prévost aux Auteurs du Journal de Paris

[vers le 21 juillet 1778][1]

Messieurs

Comme vous avez donné dans votre Feuille du 21 courant l'Extrait d'une Tragédie Grecque[a], il sera intéressant pour vos Lecteurs de leur rappeller l'opinion de J.J.R. sur cette Poèsie; c'est pourquoi je transcris ici le morceau suivant tiré d'un manuscrit de cet Auteur, qui n'a point été publié.

J'ai l'honneur d'être, &c.
Fragment de J.J.R. [. . .][b]

IMPRIMÉ

**JP* du 24 juillet 1778, n° 205, p.819.

NOTE CRITIQUE

[1] [la lettre n'est pas datée: elle doit avoir été écrite entre le 21 et le 24 juillet 1778]

NOTES EXPLICATIVES

L'auteur de cette lettre n'est pas nommé dans le *JP*. A cette date, seul Pierre Prévost possédait le ms. de JJ cité par l'auteur de cette lettre. C'est sans doute en conséquence de cette publication que Prévost le remit à Thérèse: voir au t.xl le n° 7134, mss 2 et 5, et notes critiques.

a. Tragédies d'Euripide, traduites par M. Pr. . . . Oreste. A Paris, chez Esprit [. . .], un vol. in-12 de 132 p.

b. suivent deux passages tirés, non de la lettre à Burney (t.xl, n° 7134), mais des fragments ajoutés à cette lettre par Prévost, et tirés des brouillons de JJ. 1° 'Quant au rhythme, en quoi consiste la plus grande force de la Musique [. . .] qui ne peut même s'associer avec lui que très-rarement & très-imparfaitement'. 2° [alinéa qui suit immédiatement] 'C'est un grand & beau problême à résoudre [. . .] mais d'une mauvaise application d'un bon genre'.

Ces deux alinéas se trouvent au t.xvi de l'édition de Genève, in-8°, p.400-402.

7207

René-Louis, marquis de Girardin, à François-Joseph de Foulquier

Ermenonville 22 juillet 1778

A Mr Foulquier conseiller au Parlement de Toulouse rue du Mail vis avis L'hotel des Mylords

Je reçois avec reconoissance Monsieur, La marque que vous voulés bien me donner de votre souvenir[a]; Il est si doux de reunir ses Sentiments dans La memoire de quelqu'un qui nous est Cher, que je me rapelle avec attendrissement Les moments que vous avés passé[1] icy, et je désirerai toujours que vos affaires vous permettent d'y venir meler quelque fois vos[2] regrets aux notres.

J'ay L'honneur d'être avec L'attachement Le plus respectueux
Monsieur

Votre très humble et tres
obeissant serviteur Gerardin

P.S. Je vous suis obligé de La Lettre[b] dont vous avés bien voulu m'envoyer copie. Cette Lettre est fort touchante. Elle est ecrite avec le langage du sentiment, et vraie en general. Il n'y a que quelques details ou il pourroit y avoir un peu plus D'exactitude, [3]je prends[3] La Liberté de[4] vous renvoyer [5]une autre[5] Copie[c] avec les petits changements que j'ai pensé qu'il seroit a propos d'y faire, dans Le Cas ou vous Connoitriés L'auteur et ou il voudroit La rendre Publique. [6]Il me semble qu'il vaudroit mieux que Ce fut dans Le Courier de L'Europe qui est plus généralement répandu, que dans Le Journal de Paris, qui est Ephemère, et borné a L'enceinte d'une seule ville.

MANUSCRIT

*Chaalis, fonds Girardin D[4] 37, dossier A, n° 8; 4 p., p.2-4 bl.; copie autogr.

NOTES CRITIQUES

[1] [Girardin ne fait pas l'accord] [2] [je corrige le 'nos' de Girardin, inadvertance] [3] j⟨'ai pris⟩ [en surcharge] [4] de ⟨Souligner⟩ [5] ⟨Cette⟩ [6] ⟨Dans ce Cas⟩ il

NOTES EXPLICATIVES

a. voir le n° 7201.

b. le n° 7202.

c. une copie de cette 'autre copie', entièrement de la main de Girardin, se trouve également dans le dossier D37: voir le n° 7208.

7208

Récit de la mort de JJ – troisième version

au Redacteur du journal

Monsieur

[1] Comme on a beaucoup parlé de J. J. Rousseau sans Le connoitre, et qu'on parle également de sa mort sans en connoitre Les Circonstances, je vous en envoye Le recit et vous prie de Le rendre public. Il est d'autant plus Interessant qu'il peut servir de reponce a presque tout ce qui a èté et sera peutetre encor dit contre un homme dont Le[1] Sublime genie ne S'est employé qu'a tacher de rendre Les hommes meilleurs et plus heureux.

[2] Sans aucun autre motif que Le besoin de repos, et Son gout pour La Campagne et La botanique M. Rousseau avoit cédé depuis environ deux mois aux[2] instances que luy avoient faites M et Me. de Gerardin pour se retirer de preference a Ermenonville. Il y habitoit avec sa femme dans une petite maison voisine du Chateau mais separée par des arbres. [3]Rejoui dès Le matin par la verdure et Le chant des oiseaux, et se trouvant environné de toutes parts du Spectacle d'une nature champetre et Variée[3], il alloit chaque jour se promener [4]observer, ou[4] Ceuillir des plantes qu'il arrangeoit ensuitte dans[5] un herbier.[6] Livré a des amusements doux, Entouré de personnes qui Le Cherissoient [7]son cœur en paix[7] se retrouvoit dans son état naturel, et il avoit repris une gaieté franche et naive comme Celle de L'enfance. Quelquefois[8] il faisoit de la musique avec la famille de M. de Gerardin et S'etoit déjà attaché de telle sorte a L'un de Ses enfants âgé de dix ans qu'il paroissoit aux soins continus qu'il luy donnoit vouloir en faire son élève. Le mercredy [9]au soir[9] 1r juillet se promenant Comme de Coutume avec Cet enfant [10]qu'il apelloit Son gouverneur[10] Il le pria plusieurs fois de S'assoir dans Le Cours de la promenade en se plaignant de quelques douleurs de Colique; mais Elles ne parurent avoir aucunes suittes, il soupa et Se Leva Le Lendemain a cinq heures[11] jouissant en

apparence de la santé La plus parfaitte, et[9] fut se promener comme a son ordinaire [9]respirer L'air du matin[9] autour de Sa maison et revint dejeuner avec sa femme. Quelque tems après [12]comme elle[12] sortoit pour Les soins du menage, il Luy recomanda de payer en passant un serrurier qui venoit de travailler pour luy[13] Sans luy rien rabattre sur son memoire parce qu'il paroissoit honête homme, et il La pria de ne pas tarder a rentrer pour L'aider a S'habiller parce qu'il vouloit aller au Chateau donner une Leçon de musique a la fille ainée de M. de Gérardin. M[de]. Rousseau avoit a peine eté un quart d'heure dehors, qu'elle retrouve en rentrant son mari Sur une grande Chaise de paille, Le visage défait, et Le Coude appuyé Sur une Commode. Qu'avés vous mon bon ami Luy dit'elle, vous trouvés vous incomodé! Je sens repondit il une grande anxieté et des douleurs de Colique. Alors M[e]. Rousseau feignant de Chercher quelque Chose fut prier Le Concierge d'aller dire au Chateau que M. Rousseau Se trouvoit mal. M[de]. de Gerardin ayant èté avertie La premiere y accourut aussitot[14] et comme Il n'étoit[15] que neuf heures et demi du matin, et que ce n'etoit point une heure ou elle eut Coutume d'y aller, afin de ne point Inquieter M. Rousseau Elle y[16] Vint[17] sous prètexte de luy demander ainsi qu'a Sa femme, S'ils n'avoient pas eté reveillés par du bruit que L'on avoit fait La nuit dans Le village. M. Rousseau luy répondit Madame je Suis tres Sensible a vos bontês. [18]Vous voyez que je Souffre et[18] vous n'etes ni d'un Charactere ni dans un état a Supporter Le Spectacle de La Souffrance, et pour vous, et pour moy que cela gène vous m'obligerés de vouloir vous retirer, et me Laisser Seul avec ma femme pendant quelques instans. Lorsque[19] Me de Gerardin [20]Se fut retirée[20] M. Rousseau dit a Sa femme de fermer la porte de Sa Chambre et de venir S'asseoir a Côté de luy. 'Vous etes obei, mon bon ami, Lui dit M[de]. Rousseau, me voila. . . . comment vous trouvés vous? Je sens un grand froid partout Le Corps, donnez moi vos mains et tachés de me rechauffer. . . . . . . Eh bien mon bon ami, – vous me réchauffés. . mais je sens augmenter mes douleurs de Colique, ... Elles sont bien vives! [21]Ma Chere femme[21] ouvrés je vous prie Les fenetres que je voye encor une fois la verdure. Comme elle est belle!. . Mon bon ami, lui dit M[de] Rousseau en pleurant, pourquoi dites vous tout cela? Ma chère femme répondit tranquillement M. Rousseau, j'avois toujours demandé à Dieu de mourir Sans maladie et sans medecins, et que vous puissiés me fermer les yeux; mes vœux vont être exaucés.[22] Je sens dans ma poitrine des Epingles aigües qui me Causent de violentes douleurs . . . . . . ma Chere femme Si je vous donnai jamais des peines, Si en vous attachant à mon Sort, je vous ai exposé [23]a des malheurs que vous n'auriés jamais connû[23] Sans moi, je vous en demande pardon. . . – C'est à moi, mon bon ami, dit Madame Rousseau, c'est moi au Contraire qui dois vous demander pardon des moments d'inquiétude dont j'ai èté La Cause pour vous. Ma femme, dit il, je Sens que je me meure, mais je meurs tranquille. Je n'ai jamais voulu de mal à personne, et je dois compter Sur la miséricorde de Dieu. Je vous laisse entre les mains de M. et Me de Gerardin, ils vous serviront de Peres. Dites leur que je Les[24] prie de permettre que l'on m'enterre [25]du Côté de L'hermitage, ou de la maison de Jean Jacque, et que je n'ai pas de Choix pour la place[25]. Je vous charge de faire après ma mort ouvrir mon Corps, par des gens de L'art, et d'en faire dresser un procès verbal de L'etat dans lequel on en[9] trouvera touttes les parties. Ah je sens dans ma tête un Coup affreux, des tenailles qui me dechirent! . . . . Etre des Etres! . . . . . Dieu! . . . . (Il resta[26] quelque tems Les yeux fixés au Ciel). Sa malheureuse femme Se désoloit. Ce fut alors que voyant Son Desespoir, Hé quoy dit il vous ne m'aimés donc pas si vous pleurés mon bonheur, Bonheur éternel que les hommes ne troubleront plus. . . . . Puis receuillant toutte [27]L'energie de son ame[27] il ajouta d'une voix forte en luy montrant le Ciel Voyez comme Le Ciel est pur. . . il n'y a pas un seul nuage, ne voyés vous pas que La Porte m'en est ouverte, et que Dieu m'attend. . . . A ces mots, il est tombé La tête Sur le Carreau en entrainant sa femme avec luy. Elle veut Le relever elle le trouve Sans parole et sans mouvement. Elle jette des cris, on accourt, on enfonce la porte, on Le[9] releve[28], on Le[9] met sur son lit, sa femme lui prend la main il la lui serre, Exhale un Soupir, ses yeux Se ferment[29] comme s'il ne fait que s'endormir en paix du sommeil de L'homme juste, et pendant Les deux jours qu'il a resté sur son lit Son visage a toujours conservé [30]toutte la[30] serenité de son ame.

[3] Ce n'est que [9]plus de[9] trente Six heures après qu'on a ouvert Le Corps.[31] Le procès verbal qui en a èté fait atteste que touttes Les parties étoient parfaitement Saines, et que L'on n'a trouvé d'autre cause de mort, qu'un Epanchement de Serosité Sanguinolante dans Le Cerveau.

[4] M. de Gerardin a fait embeaumer Le Corps L'a fait renfermer dans un Cerceuil de plomb. En cet état accompagné de plusieurs amis et de Deux Genevois il a èté porté Samedy 4 juillet a minuit dans L'isle que L'on apelloit L'isle des Peupliers[32]. On y a elevé un Mausolée[33] d'une Dècoration Simple avec cette Inscription.

Icy Sous ces ombres paisibles,
Pour les restes mortels de Jean Jacque Rousseau

L'amitié posa ce tombeau
mais c'est dans tous les cœurs Sensibles
Que cet homme divin qui fut tout Sentiment
doit trouver de son Cœur L'Eternel monument[a]

---

[5] Cette isle qu'on apellera desormais L'Elisée merite, En effet[34] le nom tant par Les Manes[35] du grand homme dont elle conserve La memoire que par sa Situation naturelle. [36]Le sol de l'isle est un[37] Sable fin couvert de gazon. Il n'y a pour arbres que des Peupliers et pour fleurs dans cette saison que des roses Simples.[36] L'eau qui L'entoure coule Sans bruit, et Le vent semble craindre d'en troubler La tranquillité. Le Petit Lac qu'elle forme est environné de Coteaux qui Le dérobent au reste de La nature et repandent Sur cet azyle un mistère qui entraine à une tendre melancolie. Ces Coteaux Chargés de bois, et terminés au bord de L'eau par des routes solitaires, ou on trouve depuis quelques jours, comme L'on trouvera longtems des hommes [38]Sensibles regardants L'*Elisée*[38]. C'est la surtout que les femmes qui ont un Cœur Comme le sien, viendront[39] lui rendre les douces larmes que[40] Leur a fait tant de fois verser L'homme Le plus aimant et Le plus sensible qui ait jamais èxisté.

[6] Vous pouvés Monsieur regarder touttes Les Circonstances de Ce recit comme bien Certaines. Je Les ai apprises et m'en suis pénétré dans La Chambre, devant Le lit, sur la place même ou M. Rousseau est tombé mort. J'etois Seul avec sa veuve de qui je les tiens. J'ai du Le bonheur d'aborder a L'Elizée, j'ai baisé la tombe de[41] Ce Philosophe Célèbre dont La vie rare, et La mort Sublime ont exalté [42]mon ame[42], et m'ont Inspiré La veneration La plus profonde. C'est La que j'ai dit de luy en arrosant la tombe de mes larmes ce qu'il disoit lui même de Sa Chere Julie

Non lo Conobbé il mundo, mentre l'ebbé:

J'ay l'honneur d'etre
Monsieur

Votre tres humble et tres
obeissant serviteur

MANUSCRIT

*Chaalis, fonds Girardin D[4] 37, dossier A, n° 9; 8 p., p.7-8 bl.; mise au net et brouillon (cahier noué d'un ruban bleu).

NOTES CRITIQUES

[1] Le ⟨genie⟩ [2] aux ⟨prieres⟩ [3] ⟨Entouré⟩ ⟨la⟩ ⟨Environné du Spectacle d'une nature variée⟩ [la version définitive écrite le long de la marge de gauche et insérée ici par un signe de

renvoi] [4] ⟨et⟩ [5] [en surcharge sur un autre mot devenu indéchiffrable] [6] herbier. ⟨Il faisoit quelquefois de la⟩ [7] ⟨Son ame avoit⟩ ⟨cœur se retrouvoit dans son etat naturel⟩ ⟨Le Cœur de cet homme Le plus aimant et le plus sensible qui ait jamais existé,⟩ [8] [le début de ce mot en surcharge sur un autre, en partie gratté, et devenu indéchiffrable] [9] [inséré dans l'interligne] [10] [écrit le long de la marge de gauche et inséré ici par un signe de renvoi]

[11] heures ⟨comme a son ordinaire⟩ [12] ⟨Sa femme⟩ [13] luy ⟨et surtout⟩ [14] aussitot ⟨et pour ne point inquieter⟩ [15] n'etoit ⟨point une heure⟩ [16] ⟨prit Le pretexte de luy⟩ [17] ⟨dire(?)⟩ [en surcharge] [18] ⟨Mais⟩ [19] [biffé et rétabli dans l'interligne] [20] ⟨Se fut retiré⟩ ⟨Sçachant qu'il alloit prendre un premier⟩ ⟨Se retira⟩

[21] ⟨Ah ma bonne amie⟩ [22] exaucés. ⟨Je n'ai jamais voulu de mal a personne, et je dois Compter Sur La misericorde de Dieu⟩ [23] [Girardin ne fait pas l'accord] [24] Les ⟨remercie de leurs bontés⟩ [25] ⟨dans leur jardin⟩ ⟨Leur jardin⟩ ⟨Le Parc⟩ ⟨Le parc⟩ ⟨dans leur jardin et que je n'ai pas de choix pour la place⟩ [la version définitive est écrite le long de la marge de gauche et insérée ici par un signe de renvoi] [26] resta ⟨alors[9]⟩ [27] ⟨L'energie de son ame⟩ ⟨La force⟩ [28] releve ⟨M. Rousseau⟩ [29] ferme⟨rent⟩ [en surcharge] [30] ⟨L'air de⟩

[31] Corps. ⟨en presence de deux medecins assistés de trois Chirurgiens.⟩ [32] Peupliers, ⟨et que L'on apelle a présent L'Elisée.⟩ [33] Mausolée ⟨qui sera⟩ [34] effet ⟨ce nom⟩ ⟨de recevoir⟩ [35] ⟨cend (?)⟩ [en surcharge] [36] [écrit le long de la marge de gauche et inséré ici par un signe de renvoi] [37] un ⟨terrein⟩ [38] ⟨qui Luy rendent justice, et des femmes.⟩ [39] ⟨un Cœur Si bien fait pour aimer voudront longtems⟩ [40] qu⟨il⟩ [en surcharge]

[41] de ⟨cet homme⟩ de ['de' répété par inadvertance] [42] ⟨mes sens⟩

NOTES EXPLICATIVES

Troisième version, les deux précédents étant 1° le texte de 'Francenville' (Foulquier) (n° 7202) et 2° ce même texte corrigé et développé par Girardin (n° 7202, notes critiques). Pour la quatrième version voir le n° 7276. La version définitive sera la *Lettre à Sophie* (t.xl, n° A680).

Girardin reprend ici le texte de Foulquier, déjà remanié, pour l'étoffer davantage et y ajouter de nombreux détails. Ce manuscrit constitue une étape intéressante de l'évolution du récit 'officiel' des dernières heures de JJ. A noter l'absence de toute mention des legs faits aux enfants de Girardin, et surtout l'absence de toute allusion aux 'papiers' de Rousseau. Outre ces adjonctions, la *Lettre à Sophie* appuiera davantage sur l'esprit charitable de JJ (les pauvres du village, le mariage qu'il aurait arrangé) et sur le rôle joué par Girardin. D'autre part, l'étude des différentes versions de ces 'dernières paroles' suggère un véritable travail de composition, plutôt qu'un effort de mémoire. De ce point de vue, voir aussi les nos 7224 et 7276.

a. Girardin était très fier de ces vers, et les envoyait à tout un chacun. Ils furent critiqués par Ducis et par Deleyre: et quand Le Tourneur fit son second pélerinage à Ermenonville, entre 1782 et 1789, l'épitaphe, gravée non sur la tombe même, mais sur une large pierre à côté, avait été corrigée comme suit:

Là, sous ces peupliers, dans ce simple tombeau
Qu'entourent ces ondes paisibles
Sont les restes mortels de Jean-Jacques Rousseau:
Mais c'est dans tous les cœurs sensibles
Que cet homme si bon, qui fut tout sentiment
De son ame a fondé l'éternel monument

(*Œuvres* de Rousseau, éd. Poinçot, Paris, 1788*s*, i.246).

7209

René-Louis, marquis de Girardin, à Pierre-Alexandre Du Peyrou

Ermenonville Par Senlis 22 juillet 1778

[1] J'ai remis, Monsieur, a Mad[e]. Rousseau La Lettre[a] qui etoit jointe a celle que vous m'avés fait L'honneur de m'ecrire et que je viens de recevoir[b]. Nous avons trouvé dans ces deux Lettres ainsi que nous en étions bien assurés d'avance, L'ami digne de toutte La Confiance de M. Rousseau. Eh! Croyés! Monsieur, que S'il S'est elevé quelquefois de légers nuages entre luy et vous ils n'ont jamais été produits que par L'extrême vivacité de Cet homme sensible qui aimoit Le genre humain comme sa femme et ses amis comme sa maitresse, [1]de sorte[1] que le moindre Soupçon de haine ou de trahison étoit pour luy Le tourment, qu'est La jalousie pour un amant. Si L'excès de Cette manière d'aimer a fait souvent son malheur, Elle a répandu tant de Charmes dans ses écrits que L'univers peut L'en plaindre, non L'en blâmer; et elle etoit trop flatteuse pour ses amis pour qu'ils dussent s'en facher. Un homme sans passions est nécessairement un homme faux, ou Nul; Si M. Rousseau en avoit de violentes elles etoient toutes en luy L'effet du tempérament et du besoin d'aimer, non L'effet de La haine où de L'envie; Elles provenoient en luy des vertus de La nature, tandis que dans presque tous Les hommes Elles proviennent des vices de La Societé. Tel M Rousseau m'a toujours paru dans ses ecrits comme dans la Societé! et j'eusses moins aimé le sage Socrate, que L'amoureux Le jaloux et Le pétulant Jean Jacque.

[2] S'il est doux de vous parler de ce qu'il étoit, il est bien Cruel de vous dire Comment il n'est plus. Cependant Je[2] dois a son digne ami Le recit de ces tristes Circonstances Lorsqu'il me les demande et La fin tranquille et Sublime d'une vie rare peut etre du moins une triste consolation our ceux qui Luy survivent.

[3] Les bruits qui se Sont repandus sur La Cause de sa sortie de Paris ont tous été denués de fondement. L'economie de La vie des Champs jointe a son extreme sobrieté[3] pouvoit Le mettre en état de subsister[4] Sans Le secours d'un travail que L'affoiblissement de Sa vüe Luy rendoit de jour en jour plus penible; Le besoin de repos,

et son gout Constant pour La Campagne, et pour La Botanique L'avoient donc seuls déterminé depuis environ trois mois a Ceder a nos prieres pour se retirer de preference a Ermenonville, ce qu'il avoit fait d'autant plus volontiers que L'endroit lui plaisoit, et qu'il luy étoit impossible de se méprendre sur Le sentiment qui dictoit nos instances. Depuis environ deux mois, il habitoit donc avec Sa femme une petite maison voisine au Chateau mais separée par dés arbres;[5] se trouvant environné de toutes parts du spectacle d'une nature Champetre et Variée, sa passion pour La Contemplation de La nature et pour La botanique S'etoit tellement ranimée, qu'il alloit du matin au soir Se promener, observer, ou Ceuillir des plantes qu'il S'amusoit ensuitte à arranger dans un herbier, car Vous sçavés que Si Le repos etoit pour luy un plaisir L'oisiveté étoit une fatigue. Il Se Couchoit des que La nuit paroissoit et se levoit avec le soleil. Il alloit alors autour de La maison[6] élever Son ame a ce brillant spectacle et respirer L'air pur du matin. Il rapportoit quelques plantes pour ses oiseaux, et revenoit dejeuner avec sa femme. Ensuitte il venoit Souvent nous voir a notre dejeuner de famille, Cette Scène plaisoit a son Coeur. Dela nous allions nous promener ensemble revant, jasant, herborisant a L'aventure. Quelquefois il dinoit avec nous, ou bien lorsqu'il n'y dinoit pas nous Le retrouvions Communement dans un petit verger voisin assés Semblable a celuy de *Clarens*.[7] Ce Reduit luy plaisoit Infiniment, et tous Les jours après son diner il ne manquoit jamais d'y venir apporter, ce qu'il apelloit Sa petite offrande, aux Poissons et a La volaille aquatique qui peuplent La pièce d'eau qui est dans ce verger. Dela pendant Le reste de L'aprés diner il alloit[8] ordinairement se promener avec le plus jeune de mes enfans[c] qu'il appelloit son gouverneur, et au quel il S'etoit tellement attaché qu'il paroissoit en vouloir faire son Elève. Vers le soir il revenoit souvent nous trouver pour se promener Sur L'eau ou il prenoit Si grand plaisir[9] a Ramer lui meme, que nous L'apellions Notre Amiral d'eau douce. Il aimoit aussi a entendre sur L'eau notre musique Champetre de Clarinettes, et il avoit repris deja Le gout de La musique au point de Composer quelques airs pour nos petits concerts de famille. Ma fille ainée ayant paru désirer d'apprendre a Chanter pourvû que ce fut une musique simple et touchante comme la sienne, il S'etoit offert de lui même a venir tous Les jours luy donner des Lecons, trop heureux s'etoit il ecrié avec transport, de trouver enfin une occasion de temoigner Sa reconnoissance, Sentiment d'autant plus touchant qu'il etoit Bien reciproque luy pour etre avec nous, et nous pour etre avec luy.

[4] Lorsque j'appris qu'on débitoit à Paris que Ses memoires paroissoient, craignant qu'il ne les eut confiés a quelqu'un qui en eut abusé, je fus très allarmé, dans L'aprehension que cette nouvelle ne luy causat beaucoup de Chagrins. Cependant Lorsque nous luy en parlames, il n'en parut affecté en aucune manière; il nous dit qu'il en avoit entendu parler lui meme avant de partir de Paris, mais que n'y ayant jamais eu qu'un seul Chapitre d'egaré, il etoit sur du reste, et tranquille a Cet egard, parceque L'ouvrage du quel on parloit, ou n'existoit pas; où n'étoit pas de luy.* Enfin Livré du matin jusques au soir a des amusements doux et suivant son gout, jouissant avec transport des beautés de La nature qu'il aimoit passionément, entouré de personnes qui Le respectoient et Le Cherissoient comme un Pere; aimant mes enfans comme S'ils eussent eté Les siens, son âme avoit repris Sa serenité, son Cœur en paix se retrouvoit dans son etat aimant et naturel c'est-à dire cherchant a se répandre Sans cesse autour du luy par des actes de bienfaisance et de Charité, et il avoit si bien repris cette gaieté Simple et franche comme tous ses mouvements, que souvent sur le grand banc de gason du verger, il nous disoit des Contes qui faisoient rire petits et grands. S'il etoit heureux de Son repos, nous L'etions doublement de Sa tranquillité. Il L'avoit payée de tant de tourments qu'il eut été bien juste qu'il eut gouté Longtems ce foible dédomagement de tous Les maux qu'il avoit soufferts. Mais helas! faut-il donc que Le bonheur ne soit qu'un rêve dans la Vie, et qu'il n'y ait que le malheur de reel?

[5] Le mercredy premier juillet il Se promena l'aprés midy comme de Coutume avec son petit gouverneur. Il faisoit fort chaud, il s'arreta plusieurs fois a se reposer, chose qui ne luy etoit pas ordinaire; et il se plaignit de quelques Légères douleurs de Coliques mais elles furent dissipées Lorsqu'il est revenu pour Souper, et on n'imagina pas meme qu'il fut indisposé. Le Lendemain il se Leva comme a son ordinaire, alla faire sa petite promenade autour de La maison, et revint prendre son Caffé au Lait avec sa femme. Quelque tems apres[3] comme elle sortoit pour les soins du menage, il Luy recomenda de payer en passant Le serrurier, et surtout de ne lui

* Il a été avéré depuis que ces pretendus memoires ne Sont autre chose qu'une miserable friponerie d'un libraire de Bruxelles qui a ramassé quelques Lettes courantes de luy a differentes personnes et Les a fait imprimer en faisant courir le bruit que C'etoient Ses memoires[d]. Quoi que ces Lettres ne Contiennent rien d'important ni de nature a etre prohibé neanmoins tout ce qui a passé à Paris de Cette edition vient d'etre arrêté comme Contrebande.

rien rabattre sur son memoire parce qu'il paroissoit un honnête homme. Il la pria aussi de rentrer Le plutôt qu'elle pourroit afin de L'aider a S'habiller pour venir donner une Lecon de musique a ma fille ainée. A peine Sa femme avoit eté dehors un quart d'heure, qu'en rentrant elle trouva son mari sur une grande chaise de paille, Le Coude appuyé Sur une Commode. 'Qu'avés vous donc mon Bon ami', Lui dit elle, 'vous trouvés vous incommodé'. 'Je sens', repondit il 'une grande anxieté, et des douleurs de Colique'. Alors M[de]. Rousseau, feignant de Chercher quelques Chose, fit prier La Concierge d'aller dire au Chateau que M. Rousseau se trouvoit mal. Ma femme aiant été avertie la première, y Courut aussitôt, et comme il n'étoit que neuf heures du matin, et que[10] ce n'etoit point une heure[11] où elle eut coutume d'y aller, elle prit Le pretexte afin de ne point Inquieter M. Rousseau de venir luy demander ainsi qu'a sa femme[12], si le repos de leur nuit n'avoit point eté troublé par du bruit que L'on avoit fait dans le village. M. Rousseau Luy repondit d'un ton attendri, 'Madame, je suis tres sensible a vos bontés, Vous voyez que je souffre, c'est une Contrainte de Souffrir devant les autres, et vous même n'êtes ni d'un Charactère ni dans un état a Supporter La vüe de La Souffrance. Ainsi tant pour vous que pour moy vous m'obligeriés de vouloir vous retirer, et de me laisser Seul avec ma femme pendant quelques Instants.' Elle se retira aussitot pour ne le point gener Surtout Sachant qu'il alloit prendre un remede. Dès qu'elle fut sortie M. Rousseau dit a sa femme de fermer La porte de sa Chambre et de venir s'asseoir a coté de luy. 'Vous êtes obei, mon bon ami,' luy dit Madame Rousseau, 'me voila, comment vous trouvés vous?' 'Je sens un grand froid partout Le corps', lui dit il, 'donnés moy vos mains ma Chere femme, et tachés de me réchauffer.' 'Eh bien mon bon ami?' 'Vous me rechauffés . . . mais je sens augmenter mes douleurs de Coliques. . . Elles sont bien vives. . . .' 'Mon bon ami voulés vous prendre votre remède?' Il y Consentit, sa femme L'aida a se trainer vers son lit. . . . Quelque tems après il Lui dit, 'Ma Chere femme ouvrés je vous prie Les fenetres que je voye encor une fois La verdure. Comme elle est belle!' 'Mon bon ami' lui dit Madame Rousseau en pleurant, 'pourquoi me dites vous tout cela?' 'Ma Chere femme' repondit tranquillement M. Rousseau; 'j'avois toujours demandé à Dieu de mourir sans maladie et sans medecins, et que vous pussiés me fermer les yeux: mes voeux vont etre exaucés.[13] Ma Chere femme si je vous donnai jamais des peines si en vous attachant a mon sort, je vous ai Causé des malheurs que vous n'aurés jamais connus sans moi, je vous en demande pardon.' 'C'est moi mon bon ami, C'est a moi de vous demander pardon des moments d'inquiétude dont j'ai été La Cause pour vous.' 'Ma femme', Reprit il, 'je sais que je me meure mais je meurs tranquille, je n'ai jamais voulu de mal a personne, et je dois Compter sur La misericorde de Dieu. . . Ecoutés moi ma Chere femme. . . Mes amis fidèles m'ont promis de ne point disposer de mes papiers sans votre aveu. M. de Gerardin voudra bien reclamer Leur parole et leur amitié; j'honore et je remercie M. et Me de Gerardin, je vous Laisse entre leurs mains, et je suis sur qu'ils vous serviront de pères; dites leur que je Les prie de permettre que L'on m'enterre *du Côté de L'hermitage*, ou de *La maison de Jean Jacque* dans Le desert*, et que je n'ai pas de choix pour La place. . . . . Vous donnerés a mon petit gouverneur mon souvenir[e], ma botanique a mademoiselle de Gerardin[f], et je vous Charge après ma mort de faire ouvrir mon corps par des gens de L'art, et de faire dresser un procès verbal de L'état dans Lequel on en trouvera touttes Les parties'. . . . . Puis il voulut descendre de son lit. Sa femme L'aida a se mettre sur un fauteuil, et bientot apres il S'ecria[14] 'Je Sens dans ma poitrine des epingles aigues qui me Causent de violentes douleurs et un Coup affreux dans ma tête, il Semble qu'on me la déchire avec des tenailles. . . Être des Etres . . . Dieu . . .' (il resta quelquetems les yeux fixés au Ciel) sa malheureuse femme se desoloit. . . Ce fut alors que voyant son Désespoir, 'Eh quoy' dit-il 'vous ne m'aimés donc pas Si vous pleurés mon bonheur . . . Bonheur éternel que Les hommes ne troubleront plus.' (Puis recueillant toutte L'énergie de son âme, il ajouta d'une voix forte en luy montrant Le Ciel) 'Voyés comme Le Ciel est pur, il n'y a pas un seul nuage, ne voyés vous pas que La porte m'en est ouverte et que Dieu m'attend.'. . . A Ces mots il est tombé La tete sur Le Carreau en entrainant sa femme avec luy. . . Elle veut Le relever, Elle Le trouve sans parole et sans mouvement. . . . Elle jette des cris, on accourt on en force la porte, on les releve, on Le met sur son lit, je m'aproche, je lui prends la main, un reste de Chaleur, une espèce de mouvement que je crois Sentir me laisse encor une Lüeur d'espérance. J'envoye chés Le Chirurgien voisin; j'envoye a Paris chés Le Medecin, je cours Chercher de L'alkali volatil fluor, je luy en fais respirer, avaler a differentes reprises. . . Soins superflus! Cette mort si douce pour lui et si fatale pour nous, Cette perte irreparable etoit a jamais Consommée!

[6] J'ai voulu du moins conserver a L'univers Les traits de Cet homme immortel. M. Houdon fameux sculpteur que j'ai envoyé

*Ce sont deux petits batiments dans Le parc qui Se nomment ainsi.

avertir est venu promptement mouler son buste, et pendant deux jours entier qu'il a resté sur son lit son visage a toujours Conservé toutte La serenité de son ame; sans la Blessure qu'il S'etoit faite au front en tombant son visage n'eut point paru Changé, on eut dit qu'il dormoit en paix du sommeil de l'homme juste, et sa malheureuse femme ne cessoit a tous momens de L'embrasser, sans qu'il fut possible de Luy arracher cette douloureuse et derniere consolation.

[7] Ce n'est que plus de trente-six heures après qu'on a ouvert Son Corps ainsi qu'il L'avoit exigé. Le procès verbal qui en a été fait atteste que toutes Les parties en etoient parfaittement saines, et que L'on n'a trouvé d'autre cause de mort qu'un Épanchement de sérosité sanguinolente dans Le Cerveau.

[8] J'ai fait embeaumer son Corps[15] et renfermer dans un Cerceuil de plomb, et dans cet état accompagné de plusieurs amis, et de son ami M. de Romilly Genevois avec son gendre que j'avois invités a venir m'aider a luy rendre Les derniers devoirs de L'amitié Suivant Les *rites de son païs*. Il a été porté Samedy 4 juillet a minuit dans L'isle que L'on apelloit L'isle des Peupliers[g]. On y a élevé un mausolée d'une decoration simple avec cette inscription.

Icy Sous ces ombres paisibles,
Pour Les restes mortels de Jean Jacque Rousseau
L'amitié posa Ce tombeau!
Mais c'est dans tous Les Cœurs Sensibles,
Que Cet homme divin qui fût Tout Sentiment
Doit trouver de son cœur L'Eternel monument.

---

[9] Cette Isle voisine de l'hermitage qu'il avoit indiqué[16] m'a paru La plus Convenable par sa situation à cette triste et honorable destination. Le Sol en est couvert d'un beau gazon, il n'y a pour arbres que des peupliers, et pour fleurs que des roses Simples. L'eau qui L'entoure coule sans bruit, et Le vent semble Craindre d'en troubler La tranquillité. Le petit Lac qu'elle forme est renfermé par des Coteaux qui Semblent Le separer du reste de La nature, et repandent Sur cet asyle un Mystère solemnel qui entraine à une Tendre Melancolie. Ces Coteaux sont Chargés de bois, et terminés au bord de L'eau par des routes Solitaires ou L'on voit depuis quelques jours, comme L'on y verra Longtems des hommes sensibles regardant La tombe de ce grand homme. C'est la surtout que Les femmes qui ont un Cœur Comme le sien, [17]viendront sans doute luy rendre[17] Les douces Larmes que leur a fait [3]tant de fois[3] verser l'homme le plus[18] aimant, et le plus Sensible qui ait jamais existé.

[10] Pardonés Monsieur je ne puis vous en Ecrire davantage, mon Cœur brisé ne peut plus ni contenir, ni exprimer Ses sentiments. Permettés moy de finir en me reunissant a vous dans La memoire de L'homme qui nous fut si Cher.

[11] Madame Rousseau me Charge de vous remercier avec toutte La reconoissance dont elle est pénétrée pour votre fidèle et sincère amitié. Son mari m'a Laissé sa femme en mourant, et je tacherai toujours qu'elle ne manque d'aucune Consolation qui soit en mon pouvoir.

[12] Nous n'avons appris qu'avant hier La mort de Mylord Maréchal D'Ecosse. Je luy avois ecrit des Le Lendemain[h] Celle de L'homme qui L'avoit assés aimé et estimé pour Consentir a recevoir de Luy un bienfait. Il eut sans doute Laissé Les 600# a sa Veuve, mais elle n'en est pas moins reconoissante de son genereux souvenir et de cette derniere marque D'affection de sa part, puisque de lui meme, Il a bien voulu penser a Luy en Laisser quatre.

[13] Il sera Cependant a propos, Monsieur, que je puisse me reunir quelque jour avec vous, soit dans Ce païs cy Soit a Neufchatel, ou j'irai vous joindre dans Le Cas ou vous n'auriés pas occasion de venir icy, afin de prendre les mesures convenables a Sa memoire et a L'avantage de sa Veuve, qui n'est pas en état de Voyager.

MANUSCRITS

*1. Neuchâtel ms.R118, fol.4-11, 16 p., p.14-16 bl., noué d'un ruban bleu; orig. autogr.

2. Chaalis, fonds Girardin D^4 33, n° 41, fol.2-6; 10 p.; brouillon.

Ce cahier (noué d'un ruban bleu) est le premier de cinq cahiers contenant les brouillons, mises au net, etc., des lettres adressées à Du Peyrou par Girardin. Les deux suivants sont cotés 41 (1) et 43 (il n'y a pas, paraît-il, de n° 42), et les deux derniers portent la même cote, n° 44. Je ne relève les variantes de ces brouillons que lorsqu'elles présentent un intérêt exceptionnel, un détail significatif ou un passage supprimé dans la missive.

IMPRIMÉ

J.S. Spink, *Annales* xxiv (1935). 161-170.

NOTES CRITIQUES

Variantes du ms.1:

[1] ⟨de maniere⟩ ⟨façon⟩ ['façon' en surcharge sur 'maniere'] [2] je ⟨le⟩ [3] [ajouté dans l'interligne] [4] subsister ⟨en repos⟩ [5] arbres; ⟨Réjoui des le matin par La verdure et le chant des oiseaux et⟩ [6] maison ⟨jour⟩ [7] Clarens. ⟨Cet end⟩ [8] alloit ⟨plus⟩ [9] ⟨se plaisoit [?] tellement⟩ [en surcharge partielle] [10] que ⟨c'etoit⟩

[11] heure ⟨a laquelle⟩ [12] femme, ⟨s'ils n'etoient⟩ [13] exaucés. ⟨je sens dans ma poitrine des Epingles aiguës qui me Causent de violentes douleurs.⟩ [14] ⟨ah je sens dans ma tête un Coup affreux. . . . il semble qu'on me La déchire avec des tenailles⟩ [la version définitive a été ajoutée le long de la marge de gauche et insérée ici par un signe de renvoi] [15] ⟨et renfermer après L'. . .r⟩ [16] [Girardin ne fait pas l'accord] [17] [ajouté dans la marge de gauche et

inséré ici par un signe de renvoi] [18] plus ⟨aimant et⟩

NOTES EXPLICATIVES

Girardin utilise ici quelques éléments du récit qu'il venait de composer. A noter cependant l'entrée en scène des papiers de JJ, la situation privilégiée que Girardin assume à cet égard, et les legs faits à ses enfants.

a. le n° 7193.

b. le n° 7192.

c. Amable-Ours-Séraphin: mais il n'était pas 'le plus jeune' des enfants de Girardin. Alexandre-Louis-Robert n'avait que deux ans, et Alexandre-François-Louis en avait onze.

d. il s'agit sans doute du t.viii de l'édition de Boubers.

e. ce legs paraît assez bizarre, mais il y a bien 'souvenir' dans les deux mss. Plus tard, Girardin substituera 'Plutarque'. Voir aussi le n° 7276, alinéa 9 et note *d*, et au t.xlii le n° 7313, alinéa 20 et note *gg*.

f. Sophie-Victoire-Alexandrine, née probablement vers 1763. Elle devait épouser, le 18 mars 1781, le comte Alexandre de Vassy (tué en 1795 à l'affaire de Quiberon), et en secondes noces le comte de Bohm. Sa 'botanique', c'est à dire son grand herbier, conservé dans la famille Girardin pendant tout le XIXe siècle, se trouve actuellement à la BV de Neuchâtel.

g. dans sa lettre à 'Joséphine', n° 7276, alinéa 14, Girardin affirmera qu'il a lui-même creusé la fosse destinée à recevoir le cercueil de JJ. Cp. le n° 7202, alinéa 5.

h. voir le n° 7182.

7210

Marie-Thérèse Levasseur à Pierre-Alexandre Du Peyrou

[le 22 juillet? 1778][1]

Monsieur g'ai recu votre obligante lettre[a] qui m'a fait ensensible plaisir. Ge ne suis pas surpris de votre part de la douleur o vous avés eté du tendre ami auquel vous avés eté att[a]ché, vous le Conoissiés Lame honet de ce digne epoux sicher amon quer. Non ge noublierai gamais Ce que dieu ma oté, g'ai pardu en luy tout omonde mai il ma laissé a monsieur de Geraden Comme aun pere et sincere ami pourtout Ce qui me regarde ge [2]comptout Ce qui[2] monssieur pouvoir[3] aller vou sanbraces en vous un autre vrori[4] a mi de mon digne epoux mas mon eta ne me permet pas a present de faire le voyage et vous remercier de vos bontez, gy suit tres sinsible es reconoisante des votres es de celles de mylord marichal a mon egard Conservés moi tougours vo bonté pour moi ge vous en suplie C'est a grace que gattens de vous

mille amitiés a madamevotrEpouse ge vous prie de vouloir dire bien des Choses demapart amonsieur et amadame Pury ge suis avec tout l'attachement et La recconissance possible Monsieur

Votre tres obeissante Sarvante
fameu Rousseaus

[5]A Monsieur / Monsieur du Peyrou / a Neufchatel[5]

MANUSCRIT

*Neuchâtel ms.R118, fol.109-110; 4 p., p.3 bl., l'ad. p.4; cachet à la lyre sur cire rouge; orig. autogr.

NOTES CRITIQUES

[1] [le ms. n'est pas daté, mais la lettre fut probablement envoyée sous le même pli que celle de Girardin à Du Peyrou du 22 juillet] [2] [Thérèse transcrivait probablement un brouillon (car sa lettre est bien écrite pour elle) et au lieu d'écrire 'comptoit Monsieur pouvoir aller' elle aura été égarée par le 'tout ce qui' de la ligne précédente, d'où l'incohérence du texte] [3] [je supprime ici les mots (?) 'a la', qui, quoique non biffés, ne sont probablement qu'un faux départ pour 'aller'] [4] [c'est-à-dire 'vrai': il ne semble pas possible de lire autre chose] [5] [de la main de Girardin]

NOTES EXPLICATIVES

Les lettres de Thérèse sont plus intelligibles si on les lit à haute voix.

a. le n° 7193.

7211

Madeleine-Catherine Delessert, née Boy de La Tour, à René-Louis, marquis de Girardin

Boulogne près Paris 23 Juillet [1778]

C'est hier seulement, Monsieur, que Monsieur Prévost à reçû la Lettre que vous avez pris la peine de Lui ecrire le 15 Cou^t^.[a] Agrées ma reconnoissanse pour celle que vous aviez bien voulut m'addresser et qui malheureusement ç'est égarée[b]. Il m'eut été doux, Monsieur, de profiter de vôtre obligeante Invitation, et de connoitre Les respectables Amis de celui que j'aimai si tendrement et a la perte du quel ma pensée ne peut S'accoutumer. La certitude qu'il a été heureux auprès de vous au moins quelques momens, porte une teinte plus douce dans ma douleur. Vos procèdés envers Sa Veuve m'otent toute Inquietude Sur Son Compte. Vous qui avez sçû le connoitre pouviez Seul comprendre quels droits[1] ceux qui lui ont appartenû ont auprès des êtres qu'il honnoroit de son Amitié. Il m'est impossible de me transporter auprès de vous Et[2] de jouir du precieux Tableau qu'offre[3] aux ames sensibles Vôtre famille, et vôtre charmante habitation, mais J'ai mon frere L'ainé[c] ici pour quelques Jours, qui a été aussi favorisé de L'amitié de Mon[r]. Rousseau et qui sera charmé de vous rendre ses Devoirs et de porter nos sentimens à Sa Veuve. Si Ses affaires le lui permettent il partirra dans peu de Jours avec Monsieur Prévot notre amy, que J'ose croire digne de vous Connoitre, et je trouverai dans la Satisfaction qu'ils aurront un dédomagement à la privation qui m'est imposée. Recevez Monsieur, L'assurance de L'estime et de la Considération distinguée avec laquelle j'ai L'honneur D'être

Votre très humble
S.
DeLessert Boy de la Tour[4]

A Monsieur / Monsieur De Gerardin / A *Ermenonville* / Par Senlis / frontiere de Picardie.

MANUSCRIT

*Chaalis, fonds Girardin D[4] 34; 4 p., l'ad. p.4; traces de cachet armorié sur oubie; orig. autogr.

Ce ms., comme d'autres documents exposés en vitrine à Chaalis, ne semble pas avoir été coté.

NOTES CRITIQUES

[1] [inséré dans l'interligne] [2] [remplace une première leçon gribouillée] [3] [leçon conjecturale] [4] [Girardin a noté, au-dessous de la signature:] rue Mauconseil visavis le Cloitre / a Paris.

NOTES EXPLICATIVES

a. cette lettre manque.

b. l'original n'a pas été retrouvé. Pour le brouillon, voir le n° 7181.

c. Jean-Pierre Boy de La Tour.

7212

Brooke Boothby à George Simon Harcourt, comte Harcourt

Matlock Bath. July 23.1778

[1] I received your lordship's letter[a] yesterday, & am much obliged to you for this kind mark of attention. Your last had already alarmed me when I saw the account in the newspapers strengthened with many probable circumstances; however I had still some hope which is now changed into very miserable certainty.

[2] Your lordship will I think acquit me of affectation when I tell you that this event afflicts me out of measure. To a person whose passions are awake to few objects the loss of one is heavily felt, &

indeed I believe all that remained in me of enthusiasm was directed to this one point. Well had I hoped to drink wisdom & delight at this living fountain for many years to come. The contemplation of that mind so infinitely more beautiful than any other I ever met with was always capable of raising mine to a pitch far above its own; but this brightest part of my future prospect is now closed in darkness for ever. You too my lord I am sure feel much on this occasion, & I will not offer you any consolation.

[3] I must beg of you to convey the enclosed[a] to poor Madame Rousseau; I fear she may be in immediate necessity, & I want some directions from her in regard to disposing of the manuscript[b] for her advantage. I send the letter unsealed that you may see what is said of endeavouring to obtain a continuation of the pension. The letter is written in bad French, without care, & just as it came, but if I am understood it is all I want.

[4] Within about a month Europe has lost the only two really great men of this age, & both of them worthy of the best times: you will not suspect I mean Voltaire for one, for he was *bien de son siecle*.[c]

Adieu my lord, beleive me with very sincere regard & esteem your

faithfull humble servant,

Brooke Boothby.

[5] [1]I beg the favour of your lordship to present my respects to Lady Harcourt.

[6] If your lordship should hear any interesting circumstances in regard to our poor friend I shall take it as the utmost kindness if you will be at the trouble of writing them to me. My direction is always at Lichfield.

[7] I have taken the liberty to desire M^{de}. Rousseau to direct to me under cover to your lordship.[1]

MANUSCRIT

*Archives Harcourt, Stanton Harcourt, Angleterre: 4 p., p.4 bl.; orig. autogr.

IMPRIMÉ

Harcourt Papers viii.219-220 (texte incomplet).

NOTE CRITIQUE

[1] [ce p.s., omis dans les *Harcourt Papers*, est inédit.]

NOTES EXPLICATIVES

a. lettre inconnue.

b. celui du premier *Dialogue*, conservé aujourd'hui à la BL, à Londres.

c. l'autre grand homme était sans doute lord Chatham (William Pitt), décédé le 11 mai 1778.

7213

René-Louis, marquis de Girardin, à Madeleine-Catherine Delessert, née Boy de La Tour

[vers le 25 juillet 1778][1]

C'est une chose bien etonante Madame, qu'une Lettre[a] que J'ai remis[2] moi-même entre Les mains de M. de Romilly que vous Connoissés au moment même des tristes devoirs qu'il[3] m'a aidé a rendre a notre ami commun, Se trouve egarée et ne vous ai point èté remise. Daignés Madame, en parler vous même a Mr de Romilly pour qu'il La fasse retrouver. Il etoit venu icy[4] avec Mr de Corancé son gendre. Je n'ajouterai rien Madame a nos regrets superflus, vous L'aimiés, il vous aimoit, Je sens votre perte et vous sentés La notre. Sans doutte c'eut eté une triste consolation pour nous Si vous eussiés pu venir repandre avec nous des Larmes sur sa tombe,[5] mais puisque vos affaires s'opposent en ce moment aux besoins de notre Cœur M^{r} votre frere et Mr Prevost que vous m'annoncés, seront reçus icy comme des personnes qui vous appartiennent et Les amis de M. Rousseau dont la memoire est bien plus en possession de Ce paiis cy que moi meme.

J'ay l'honneur d'etre Madame avec une tendre et respectueuse Consideration &c.

[6]A M^{de} de Lessert Boy de la Tour rue Mauconseil vis avis le Cloitre ou a Boulogne Pres Paris[6]

MANUSCRIT

*Chaalis, fonds Girardin D^{4} 34 (?); brouillon.

NOTES CRITIQUES

[1] [le ms. n'est pas daté. Girardin répond ici au n° 7211, qui est du 23 juillet 1778.] [2] [Girardin ne fait pas cet accord] [3] qu'il ⟨m'a bien voulu⟩ [4] ⟨chés moy⟩ [5] tombe ⟨Les douces Larmes des meres de famille sont faittes pour honorer La Cendre, de L'homme le plus aimant et Le plus sensible qui ait jamais existé, et Les femmes⟩ ⟨Le tendre Cœur des femmes⟩ ⟨meres de famille⟩ ⟨doit bien luy rendre quelqu⟩ ⟨et elles doivent bien luy rendre celles qu'il leur a fait tant dc fois verser⟩ ⟨je recevrai avec⟩ ⟨mais puisque vos affaires ne vous perm[ett]ent de tels⟩ [6] [j'emprunte l'adresse au titre de la lettre:] '2e Lettre A M^{de} de ⟨Leysserre⟩ Lessert Boy de latour [le nom de jeune fille ajouté après coup et d'une autre encre. Girardin semble aussi avoir noté, en même temps

que cette adjonction: 'a propos de nos larmes'] rue Mauconseil vis avis le Cloitre ou a Boulogne Pres Paris'.

NOTE EXPLICATIVE

a. le n° 7181.

REMARQUE

Dans une lettre adressée au grand-duc Paul, et que diverses allusions permettent de situer autour du 25 juillet 1778, La Harpe écrivait, à propos de la guerre entre les partisans de Gluck et ceux de Piccinni: '[...] Leur rivalité réchauffera encore les querelles de musique qui sont bien loin d'être amorties, et qui ont allumé des divisions et des haines qu'il semble que rien ne doive jamais éteindre. C'est une chose bien remarquable, que dans une nation qui a paru jusqu'ici sentir la musique moins vivement que toute autre, cet art ait été cependant une source de discorde si furieuse, et pour ainsi dire une affaire d'état, depuis J. J. Rousseau et le *Petit Prophète*, jusqu'aux enthousiastes de Gluck et de Piccini' (La Harpe, *Correspondance littéraire* [...], seconde édition, an XII – 1804, ii.263).

7214

René-Louis, marquis de Girardin, à Guillaume Olivier de Corancez

[vers le 25 juillet 1778][1]

a Mr de Corancéz hotel Leblanc rue de Clery.

J'ai differé Monsieur de quelques jours a repondre a La dernière Lettre[a] que vous m'avez fait L'honneur de m'ecrire parce que Mr de Presle avoit bien voulu Se Charger au sujet de ce qu'elle Contenoit de vous voir aussitot son retour[2] a Paris Lequel devoit suivre immediatement la Conf[irm]ation[3] reguliere du Procès verbal d'ouverture. Il me semble qu'il eut eté bien plus Convenable de ne donner au public qu'un seul Article qui en rassemblant toutes Les Circonstances essencielles et authentiques Etablit Incontestablement La Verité du fait dans L'evenement fatal qui prive L'univers d'un aussi grand homme.

Mais cette Lettre ou mémoire[b] dont tout Le monde parle, et que tous Les journaux repetent d'après celuy de Paris[c], je vous avoue que j'ai eté bien ètonné de Sa publication. J'ignore d'ou peut vous en etre venu Le manuscrit mais ce qu'un homme ecrit a un autre, Il ne L'ecrit pas au Public, et vous Monsieur[4], et vous qui etiés de ses amis comment n'avés vous pas eté Le premier à sentir que La publication actuelle d'aucun ecrit de m. Rousseau sans la participation et L'aveu de sa veuve est une sorte D'infidelité a ce qu'on doit a sa memoire, et a ce qu'on se doit a soi meme. J'espère

Monsieur que vous voudrès bien excuser ce que Le premier mouvement de L'amitié me porte a vous dire a ce sujet. Accoutumé comme Les solitaires a juger des choses par la premiere Impression[5] dont elles me frapent, Il est possible que je me trompe, et que vous ayés eu pour en agir ainsi quelques raisons particulieres que je n'imagine pas.

J'ai l'honneur d'etre[6] [7]

MANUSCRITS

1. Chaalis, fonds Girardin D^4 38, n° 13, p.5 et 6; brouillon.

*2. Chaalis, fonds Girardin D^4 38, n° 13, p.6 et 7; mise au net.

NOTES CRITIQUES

Je ne relève les variantes du ms.1 que lorsqu'elles apportent des éléments supprimés dans le ms.2.

Variantes du ms.2 (sauf indication contraire):

[1] [les mss ne sont pas datés. La lettre fait allusion à l'article du *JP* du 20 juillet 1778. Dans le cahier, les deux mss de cette lettre suivent immédiatement le brouillon de celle adressée à mme Delessert, n° 7213, qui doit être du 25 juillet environ.] [2] ms.1: retour ⟨Cependant vous ne L'avés pas attendu, je vous avoue⟩ ⟨qui devoit⟩ qui devoit suivre immediatement La conclusion Reguliere du Procès verbal d'ouverture. Vous n'avez pas jugé a propos de L'attendre ⟨et vous avés ⟨mieux⟩ ⟨Donné⟩ Inseré Les noms de Mr Louis Blondel et Casimir Chenu qui ne signifioient rien⟩ [3] [Girardin semble avoir écrit 'Confation': dans le ms.1 il avait employé le mot 'conclusion' (voir ci-dessus, note 2)] [4] Monsieur, ⟨qui etiés⟩ [5] Impression ⟨qu'elles me font⟩ [6] [j'emprunte l'adresse au titre de la lettre, lequel précède le texte] [7] ms.1 [p.s.]: ⟨La Lettre que j'avois remise a M de Romilly pour m^{de} De Lessert se trouve egarée et elle ne l'a pas reçue⟩

NOTES EXPLICATIVES

'Olivier' est bien le nom de famille de Corancez, et non pas un prénom.

Pour l'article du *JP* dont il s'agit ici, voir le n° 7205, remarque ii.

a. cette lettre manque.

b. le mémoire de février 1777: voir au t.xl le n^o A649.

c. le *Mercure* le réimprimait le 25 juillet 1778.

7215

Frédéric-Samuel Ostervald à Pierre-Alexandre Du Peyrou

[le 26 juillet 1778]

[1] Permettréz vous, Monsieur, que je vienne aujourdhui vous chercher jusques dans votre retraite & vous demander une grace. L'importance de son objet & vos bontés pour moi constamment éprouvées pourront me Servir d'excuses. Rousseau est mort. Cet événement, interressant pour les Philosophes & les gens de Lettres,

ne l'est pas moins, quoi que par d'autres motifs, pour les gens de mon métier. Ce Seroit assurément une excellente affaire que celle de publier une Edition complette & bien exécutée de ses oeuvres & nous la couchons en joue. Il doit exister encore en manuscript une Seconde partie d'Emile & les mémoires de cet homme célèbre. Les informations que j'ai prises à Paris, m'ont rapporté, que l'un & l'autre devoient être entre les mains d'un ami du deffunt. Vous avés eu autrefois, Monsieur, de grandes liaisons avec lui, & quoi que vous m'ayés fait l'honneur de me dire il y a quelque tems qu'elles étoient rompues & que même il vous avoit redemandé ses manuscripts, il m'est venu en pensée que vous pourriés Savoir à peu prés quels étoient les gens d'autour de lui qu'il voyoit le plus fréquemment, en qui il prenoit le plus de confiance & m'aider, Si vous aviés la complaisance de me les indiquer, à découvrir ce bien heureux dépositaire & à le faire solliciter convenablement. Comme il se pourroit aussi que ces manuscripts seroient encore au pouvoir de la veuve, il m'importeroit egalement de connoitre quelque voye sure pour arriver jusques à elle; & nous lui ferions certainement des propositions dorées. On m'ecrit encore de Paris que suivant toute apparence les mémoires de Jean Jacques ne paroitront pas de longtems parce que bien des gens en place & vivants S'y trouvent trop-barbouillés pour ne pas en empêcher la publication S'ils le peuvent. Tel est Monsieur, le bon office que j'ose vous demander, de vouloir me donner quelque direction, quelque renseignement pour arriver à mon but, & je me flatte que si vous pouvés le faire je vous devrai encore ce nouveau bienfait. Au reste, vous aurés Sçu peut être, que les circonstances de la mort de Rousseau Sont bien différentes de ce que les gazettes en ont publié. C'est un dépot, suite de la chute qu'il fit il y a deux ans qui l'a emporté. Sa fin a été aussi tranquile que celle de Voltaire le fut peu.

[2] Une ville aussi deserte que l'est actuellement la notre pourroit elle me fournir quelques événements interressants à vous apprendre, Monsieur? La brusque disparution du ministre Allemand[a] & les affaires des gens du Loto[b] occuppent ici le public. On vous aura marqué Sans doute que ceux-cy Se Sont battus entr'eux, mais malheureusement tout s'est réduit à quelques contusions. Maurer[c] les plaide à outrance, & qui pis est revéle bien des mystéres odieux. On parle même de fausses listes des tirages produites & qui Suffiroient pour faire pendre gens moins bien appuyés. D'autre part la Bourgeoisie de Valangin, croyant ses droits blessés par un arrest récent du Conseil d'Etat[d], S'est assemblée par abbreger, a fait une Protestation en forme, doit conférer Samedi prochain[e] avec les

délegués du gouvernement, & parle déja de reclamer les autres corps de l'etat. Ce Seroit vraiment bien prendre son tems.

[3] Permettés que madame Du Peyrou & vos aimables hotes trouvent l'assurance de mon respect.

[4] Je fais mille voeux pour votre Santé & pour que vous pui[ssiés] vous passer toujours d'Algébre dans ce charmant Séjour & j'ai l'honneur d'être dans les sentiments les plus distingués & les plus vrais

Monsieur,

Votre trés humble & trés obéissant Serviteur
L'A. Banneret Ostervald.

Neuchatel le 26. Juillet *1778*.

[5] P.S. Nous venons de recevoir quelques bonnes nouveautés à votre service, telles que Lettres de J. A. Deluc sur les montagnes[f] des Observations sur le militaire Prussien[g] &c avec un bon portrait du roi.

A Monsieur / Monsieur du Peyrou / chés Monsr. le Colonel Pury / à Monlézy, recommandée à Mr. le / Justicier Motta / *A MOTIERS TRAVERS*.

MANUSCRIT

*Neuchâtel ms.R118, fol.129-130; 4 p., l'ad. p.4; cacheté d'une oublie; taxe postale: '2 cr.'; orig. autogr.

NOTES EXPLICATIVES

Sur le banneret Ostervald, l'un des fondateurs de la STN, voir au t.xi le n° 1927, etc.

a. Jean Gaspard Schulthess, pasteur zurichois en fonctions à Neuchâtel de 1770 à 1778, s'était lourdement endetté, et avait pris la fuite afin de se soustraire aux poursuites. Le 22 septembre 1778, le Conseil d'Etat de Neuchâtel accorda un décret de faillite, et le 16 novembre l'autorisation d'arrêter le pasteur, autorisation demeurée inexécutable. Le 2 décembre, la Compagnie des Pasteurs de Neuchâtel accorda à la famille Schulthess un certificat où elle affirmait n'avoir rien appris de désavantageux sur le pasteur 'jusqu'à l'époque du dérangement de ses affaires'.

b. en 1776 Frédéric II avait octroyé au Hofrat Venceslas Maurer le monopole d'une loterie dans la principauté de Neuchâtel, pour le terme de six ans. Malgré l'opposition du Conseil d'Etat, qui s'était élevé énergiquement contre 'cet établissement funeste', les tirages finirent par avoir lieu. Cependant, il y eut des irrégularités, des listes falsifiées, et d'autres escroqueries. Un rescrit royal du 17 juin 1778 ayant suspendu Maurer, qui avait perdu tout crédit à la Cour, le Conseil d'Etat le destitua le 14 juillet. Il fut remplacé par un certain U[h]den. Le 16 juillet, il y eut entre Maurer et sa femme d'un côté et Seiff, agent de l'administration de la loterie, de l'autre, des incidents violents où celui-ci et madame Maurer reçurent des blessures et des contusions attestées juridiquement par le chirurgien Perrelet et le dr Lichtenhahn respectivement. Uden eut à subir de nombreux procès intentés par Maurer. Un rescrit royal du 19 mars 1779 ordonna l'arrestation de Maurer, qui avait déguerpi. En fin de compte son successeur Uden, décrété lui aussi par le roi, prit également le parti de s'enfuir. Ainsi finit le loto royal de Neuchâtel, nouvelle épreuve de force entre le roi de Prusse et ses sujets neuchâtelois récalcitrants. Voir Max Diacon, 'La loterie royale de 1776', *MN* xxx (1893). 101*s*, et AEN, *Manuel du Conseil d'Etat*, 1779, p.219*s*.

c. Venceslas Maurer: voir la note *b*.

d. cet arrêt regardait deux maisons situées à Chaumont. La Bourgeoisie de Valangin, s'estimant lésée par cet arrêt, avait fait des remontrances.

e. samedi 1er août.

f. *Lettres physiques et morales sur les montagnes, et sur l'histoire de la Terre et de l'homme* [. . .], La Haye 1778, 1 vol. in-8°.

g. il s'agit sans doute des *Observations sur la constitution militaire et politique des armées de S.M. prussienne, avec quelques anecdotes de la vie privée de ce monarque*, Berlin 1777, et Amsterdam 1778, un in-8° de 196 p. Cet ouvrage était du comte Jacques-Antoine-Hippolyte de Guibert, l'amant de Julie de Lespinasse.

7216

Pierre-Alexandre Du Peyrou à Frédéric-Samuel Ostervald

Monlezy 27 Juillet 1778.

Je n'ay qu'un moment, Monsieur, pour repondre à la lettre que je viens de recevoir[a], étant pressés[1] par le porteur de ma lettre á Couvet. Je n'ay aucune idée des dispositions faites par M[r]. Rousseau de Ses papiers. Ce que je pense, c'est qu'ils apartiennent à Sa Veüve, et que vraisemblablement M[r]. de Gerardin[2] de qui j'ay reçü une lettre[b] relative au peu de papiers du défunt qui me reste en mains, Sera en état de Satisfaire aux informations que vous prendrés auprès de lui, et de faire passer à la Veuve les propositions que vous voudriés lui faire. M[r]. de Gerardin est à Son Chateau d'Ermenonville par Senlis. Voila Son adresse et je Supose que la Veuve de Rousseau est encore auprés de lui.

Je me reserve Monsieur á profiter des nouveautés que vous avés reçus à notre retour en Ville fixé de demain en huict, Si rien ne dérange ce projet.

Recevés, Monsieur, les Salutations empressées de tous les habitans de Monlezy et en particulier lés assurances du[3] parfait devouement, avec lequel j'ay l'honneur d'être

Monsieur

Votre tres humble et tres Obeissant serviteur

Du Peyrou

A Monsieur / Monsieur l'Ancien/Banneret Ostervald / à *Neufchatel*

MANUSCRIT

*Neuchâtel, archives de la STN, ms.1144, fol.176-177; 4 p., p.3 bl., l'ad. p.4; traces de cachet sur oublie rose; taxe postale: '2 cr.'; orig. autogr.

NOTES CRITIQUES

[1] [inadvertance] [2] Gerardin ⟨est⟩ [3] du ⟨sincere⟩

NOTES EXPLICATIVES

a. le n° 7215.

b. le n° 7209.

REMARQUES

i. Le 27 juillet 1778, Bachaumont notait qu'on faisait circuler en manuscrit le préambule des *Confessions*: 'On montre manuscrite la Préface des Mémoires de Rousseau. Si elle est authentique, elle donneroit lieu de croire qu'ils contiennent les faits étranges dont on a parlé & bien d'autres. C'est vraisemblablement ce qui a fait courir tous les bruits, qui ont mis en l'air les amateurs & les curieux, mais inutilement jusqu'à présent' (éd. de 1780, xii.51).

Le 29, Bachaumont put faire connaître à ses lecteurs le texte du préambule: 'Voici cette Préface que Rousseau destinoit à ses Mémoires; elle est courte & en forme d'Avertissement, mais d'une tournure originale & vraiment éloquente'. Le texte qui suit montre un certain nombre d'inexactitudes. Il remonte peut-être à une version que l'un de ceux qui avaient assisté aux lectures données par JJ avait apprise par cœur.

ii. Le 27 juillet 1778 le *JP* irrita vivement le marquis de Girardin en publiant (n° 208, p.831-832) la *Romance du Saule* de JJ: 'La Romance que nous publions aujourd'hui est un des derniers Ouvrages de J. J. *Rousseau*; les paroles sont tirées de la Tragédie d'*Othello* de *Shakespeare*, Traduction de MM le Comte de Cathuelan, le Tourneur & Fontaine Malherbe; la difficulté consistoit à lui donner le caractere qui lui convenoit. [suivent quelques lignes sur le contexte de la romance dans la pièce] / M. *Rousseau* n'a pas oublié que c'est une chanson, une vieille chanson; mais il a senti que l'air devoit avoir un caractere qui put s'allier avec l'excessive mélancolie'.

7217

François-Joseph de Foulquier à René-Louis, marquis de Girardin

[le 27 juillet 1778]

Monsieur

J'ai trouvé ici en arrivant de Versailles, ou j'etois depuis plusieurs jours la lettre que vous m'avez fait l'honneur de m'ecrire d'Ermenonville[a], et l'ouvrage que vous avez eu la bonté d'y joindre.[b]

Vous avez vraiement Corrigé cellui que j'avois eu l'honneur de vous adresser[c] et vous y avez ajoutté le mérite pretieux et necessaire de la verité dans les details. Je suis assuré que l'auteur du manuscrit que vous avez reçu par moi voudroit bien, depuis qu'il a vu vôtre ouvrage n'avoir pas laissé echapper des Copies du Sien. Mais Comme il n'attachoit aucun merite, aucun prix a Sa production il la Céda a un de Ses amis qui l'avoient engagé a l'ecrire et qui en repandit des Copies de telle Sorte que le premier auteur reçut luy meme trois jours après son pauvre ouvrage imprimé et tel que j'ai l'honneur de vous l'envoyer[d] et Se donna aussitot touts les mouvements possibles pour en empecher la distribution et je crois qu'il y a reussi[e]. Ainsi, monsieur, Si vous voulez que l'on imprime le tout tel que vous me l'avez envoyé, j'attends vos ordres en Consequence et Sur l'expression exacte de vos volontés a cet egard j'envoirai votre recit au Courier de l'Europe ou je fairai en Sorte Si vous l'aimez mieux qu'il Soit imprimé Seul.

J'ay l'honneur d'Estre avec le devouement le plus respectueux et le plus Sincere

Monsieur

Votre tres Humble et
tres obeissant Serviteur
Foulquier

Paris Ce 27 juillet 1778.

Je serois bien flatté Si Mad[e] de Girardin daignoit Se rappeller de mon nom et recevoir les assurances de mon profond respect. Je profiterai avec reconaissance des Offres flateuses que vous voulez bien me faire et des que mes affaires me laisseront quelques moments de libres j'irai voir Ermenonville et vous Saluer[1] – il me Convaincra sur l'Elisée qu'il ne reste d'un tres grand homme après sa mort qu'un tombeau et des os.

MANUSCRIT

*Chaalis, fonds Girardin D[4] 37, dossier A, n° 4; 4 p., p.4 bl.; orig. autogr.

Girardin a utilisé l'espace laissé en blanc de la p.3 pour y copier sa réponse, n° 7223.

NOTE CRITIQUE

[1] Saluer ⟨et revoir L'Elysée⟩

NOTES EXPLICATIVES

a. le n° 7207.

b. la version des 'derniers instants' de JJ, revue et corrigée par Girardin: voir le n° 7208.

c. le n° 7202.

d. d'après Foulquier, donc, son texte fut imprimé dès le 16 juillet.

e. c'est ce qui explique que cette brochure soit devenue si rare; mais il a été réimprimé et a circulé aussi en ms.: voir au t.xl le nº A682.

7218

Marc-Michel Rey à Marie-Thérèse Levasseur

à Amsterdam le 28 Juillet 1778

[1] Mon ami Monsieur P. Pourtales[a] me mandant, Madame, qu'il Ce proposoit de passer à Ermenonville je lui adresse ce mot de billet pour vous le remettre, vous réiterer la part que je prend a votre afliction & vous réiterer mes Services Si je puis vous etre bon a quelque chose.

[2] Je le prie en meme tems de vous demander des nouvelles des MC. de feu Mr. Rousseau, Si vous etes dans le dessein de les vendre, ou S'ils ont passé en d'autres mains.

[3] On débite tant de bruits a ce Sujet que je ne puis y ajouter foy & que je crois que vous etes plus que personne en état de m'en donner des nouvelles.

[4] Vous me donnerés, Madame, Votre adresse pour pouvoir vous faire passer votre pention par la Suite.

[5] Si je pouvois avoir quelques détails au Sujet de la mort de Mr. Rousseau, vous me feriés plaisir.

[6] L'Intérêt que j'ai toûjours pris au bonheur de Mr. Rousseau est cause que j'ay passé bien de mauvais quart d'heure, aujourd'huy je ne cherche qu'a me retirer des affaires.

[7] Les Morts de ma fille, filieule de Mr. Rousseau[b], de ma feme il y a bien tot 3 mois[c], me dégoute des affaires, me détache de la vie & me fait aspirer a une retraite que je ne gouterai probablement jamais.

[8] J'ay l'honneur de Vous Saluer & d'etre très parfaitement, Madame, Votre très Humble Serviteur

Rey

A Madame / Madame la Veuve J.J. / Rousseau

MANUSCRIT

*Chaalis, fonds Girardin D4 35, nº 25; 4 p., l'ad. p.4; orig. autogr.

IMPRIMÉ

Schinz 4 (1935), p.147-148.

NOTE CRITIQUE

Sur la page de l'adresse, à l'envers, Girardin a noté: 'Chez Mr Davyran banquier'.

NOTES EXPLICATIVES

a. sur Paul Pourtalès, voir au t.xxvii le n° 4796, alinéa 6 et note *f*, etc.

b. elle était morte le 16 janvier 1777.

c. elle était décédée le 14 mai 1778.

7219

René-Louis, marquis de Girardin, à l'abbé François Rozier

[vers le 28 juillet 1778][1]

Vous avés Connû[2] Personellement[3] Monsieur L'homme [4]veritablement unique[4] que nous venons de perdre. [5]Je suis bien sur que[5] La Candeur de votre âme a du sentir aussitot La sensibilité de la sienne. Incapable de médire de personne, vous avés[6] rendu justice aussitot[7] a L'homme dont tant de gens disoient du mal tandis qu'il[8] vouloit du bien a tout Le monde[9]. On[10] pourroit bien dire de luy ce qu'il disoit lui même de sa Julie. Non lo Conobbe il mundo mentre l'ebbe.[11a] Si cette perte est[12] grande pour l'univers, vous[13] sentés monsieur Combien elle est douloureuse pour[14] ceux qui [15]L'ont veritablement connu[15], combien Elle est irreparable [7]Pour sa femme[7] pour moy [16]pour mes enfans[16] qu'il aimoit Comme les siens,[17] et aux quels il prodiguoit deja ses soins.

Au moment ou Ramené a la Campagne par son gout naturel, Livré a ces mêmes amusements doux que vous avés partagé avec luy[18] et aux quels se pretoit icy[7] La varieté du terrein et des productions[19] icy, Entouré de personnes qui Le Cherissoient[20] [21]il a paru gouter[21] [22] le bonheur [7]ou du moins, le repos[7] pendant quelques Instants. [23]Il avoit deja repris cette gaité que vous avés du luy Conoitre qui etoit naive et franche comme[24] celle de L'enfance, avec laquelle il ne dedaignoit pas de jouer lui meme[23]. Helas[7] il avoit payé Cete tranquillité de tant de tourments qu'il eut eté bien juste qu'il eut gouté longtems ce foible dedomagement de tous Les maux qu'il avoit soufferts mais Dieu ne l'a pas permis, et c'est Sur ceux qui L'ont perdu que tombe tout le poids de L'affliction, car Pour Eux Sa mort a èté aussi Sublime que sa vie,[25] ce qui[26] distingue a jamais L'un[e] et L'autre de celle de tous les autres Philosophes, c'est que son ame y a toujours èté au dessus de son esprit.[27] C'est qu'il a toujours èté homme Sans affecter de cesser de l'etre. Au milieu des douleurs de colique et des Dechirements de tête Les plus aigus, son cœur[28] Si tendre, S'occupoit encor plus[29] de Consoler les autres que de [30]ses souffrances[30]. Ma femme[31] disoit il dans son dernier Instant,[32] je sens que je me meure, mais consolés vous. Je meurs tranquille je n'ai jamais voulu du mal a personne et je dois Compter sur la misericorde de Dieu, et voyant qu'elle Continuoit de se désespérer, hé quoy dit-il vous ne m'aimés donc plus puisque vous pleurès mon bonheur, Bonheur eternel que les hommes ne troubleront plus; et en luy montrant le Ciel avec un[33] transport [34]vraiment celeste[34], Voyés [7]s'ecria t il[7] comme le Ciel est pur, il n'y a pas un seul nuage, ne voyés vous pas que La porte m'en est ouverte et que Dieu m'attend. C'est a ces mots qu'il est tombé mort, mais on eut dit pendant Les deux jours qu'il a resté sur son lit qu'il n'eut fait que dormir du sommeil de L'homme juste tant Son visage a toujours confessé LA SERENITÉ de son ame.[35]

[7]J'ai fait[7] avertir [7]M. Houdon[7] afin de conserver[36] [7]a la posterité[7] Les traits[37] de cet homme Immortel; [38]M. Houdon[38] est venu sur le Champ, et sitot que Le buste sera fait,[39] il est bien juste que vous aiés devant Les yeux L'image de celui dont[40] [vous] avés Le Charactere dans Le Cœur, et j'espere que vous voudrés bien L'accepter des mains de L'ami qui a eu La triste, La bien triste consolation [41]de luy[41] fermer les yeux, et[42] qui[43] vous estime et vous honore avant que vous n'eussiés de titre. [44]Soyez assuré, Monsieur, que[44] toutes Les occasions de vous en donner des marques seront toujours cheres a mon[45] Cœur.[46]

MANUSCRIT

*Chaalis, fonds Girardin D[4] 38, n° 13, p.7-10 du cahier; brouillon.

NOTES CRITIQUES

Le ms. est intitulé: 'Lettre a M. L'abbé Rozier'.

[1] [le ms. n'est pas daté. Dans le cahier de brouillons, il se trouve placé entre une lettre du 25 juillet environ et une autre datée du 30.] [2] Connû ⟨Mons. Per⟩ [3] Personellement ⟨M. Rousseau⟩ [4] ⟨excellent⟩ [5] ⟨et⟩ [6] avés ⟨du donner⟩ [7] [inséré dans l'interligne] [8] qu⟨e son Cœur⟩ [9] monde. ⟨Il aimoit la solitude. Il ⟨etoit bien Loin⟩ S'en falloit bien que ce fut par Misantropie au Contraire⟩ ⟨Son Cœur aimant se Laissoit toujours⟩ ⟨Laissoit entrainer facilement entrainer a la moindre ⟨Caresse⟩ occasion et ne Cherchoit⟩ ⟨toujours pressé du besoin d'aimer cherchoit a se repandre sans cesse autour de luy par des actes de bienfaisance et de Charité. ⟨S'il eut des passions⟩ [remplacé par une mise au net écrite le long de la marge de gauche, et biffée à son tour par deux traits en croix:] ⟨car loin d'etre misantrope comme on le luy a reproché parce qu'il etoit solitaire il aimoit au contraire Le genre humain avec une telle passion que Le moindre Soupçon d'etre haï ⟨ou trahi⟩ de qui que ce fut devenoit pour luy un tourment pareil a celuy de la jalousie Si L'Excès de cette maniere d'aimer [rédaction abandonnée] [10] ⟨Non lo Co⟩ on

[11] l'ebbe ⟨Ce n'est qu'au moment⟩ [12] est ⟨irreparable pour⟩ [13] ⟨vous⟩ vous

[14] pour ⟨ses amis, et vo⟩ [15] ⟨conoissoient Ses vertus, mais⟩ [16] ⟨et mes⟩ [17] siens, ⟨et qu'il⟩ [18] luy ⟨et pour le⟩ ⟨et dont il trouvoit icy beaucoup d'objets⟩ ⟨et qui luy pro⟩ [Girardin ne fait pas l'accord du participe 'partagé'] [19] productions ⟨aux paiis⟩ [20] Cherissoient ⟨Le veneroient comme un Père⟩

[21] [répété par inadvertance après les ratures] [22] gouter ⟨Le bonheur pendant quelques Instans ⟨helas⟩ qui etoient heureux de sa s⟩ [23] ⟨helas falloit il que ce foible dedomagement de touttes Les peines qu'il avoit souffert fut aussi court.⟩ ⟨helas falloit il donc qu'ils fussent aussi Courts⟩ ⟨ah ne pouvoit'il donc trouver sur la terre un bonheur qui fut digne de lu⟩ ⟨falloit il donc que ce foible dedomagement⟩ ⟨S'il etoit heureux de son repos nous L'etions doublement de la tranquillité qui avoit rendu son Cœur a luy même, et qui eut bientot rendu son esprit au monde, car⟩ [24] comme ⟨tous les mouvements de son ame⟩ [25] vie, ⟨c'est dans cet Instant⟩ [26] qui ⟨La distin⟩ [27] esprit. ⟨Malgré⟩ [28] cœur ⟨encor plu⟩ [29] plus ⟨de Consoler Les autres que de ses sou⟩ [30] s⟨a douleur⟩ [31] femme ⟨a t'il⟩ [32] Instant, ⟨je⟩ ⟨Le Coup est frappé⟩ [33] ⟨le⟩ [34] ⟨d'un homme exalté⟩ [35] ame ⟨dans ces dernier Instans. C'est dans cet état que M^{r}. Houdon L'a mo⟩ ⟨M. Houdon desiroit depuis longtems de faire son buste, il m'avoit fait parler depuis peu⟩ ⟨je L'ai fait⟩ [36] conserver ⟨s'il est possible à L'Univers⟩ ⟨au monde⟩ [37] traits ⟨une image de ce grand homme, montrer⟩ [38] ⟨il⟩ [39] fait, ⟨vous pouvés⟩ [40] ⟨qui⟩ dont

[41] ⟨de⟩ [42] yeux, ⟨et qui vous estime et vous honore, Monsieur⟩ [43] qui ⟨vous Le donnera Comme L⟩ ⟨Comme un⟩ ⟨et qui vous Le presentera Comme une preuve⟩ [44] ⟨et qui se fera, monsieur, un devoir dans toutes les⟩ [45] ⟨s⟩on [46] [signé] ⟨Gerardin⟩

NOTE EXPLICATIVE

a. voir le n° 7202, alinéa 7 et note *b*. En empruntant à Foulquier cette expression, Girardin adopte la leçon 'mundo' pour 'mondo'. Il savait bien l'italien. Son anglais, par contre, était exécrable.

7220

Frédéric-Samuel Ostervald à Pierre-Alexandre Du Peyrou

[le 28 juillet 1778]

[1] Je vous rends mille graces, Monsieur, de la direction que vous avéz la bonté de me donner[a] pour aider aux succès de nos vues rélativement aux oeuvres en question. Nous écrirons à mr. de Gerardin dont vous nous donnez l'addresse, mais comme nous ne Sommes Sans doute pas connus de lui, il ne feroit pas grande attention à notre lettre, a moins que vous n'eussiez la complaisance de lui écrire & de l'informer que nous Sommes gens avec qui l'on peut traiter confidemment. Puis je esperer que vous voudréz bien

nous rendre encore ce bon office, digne de toute notre reconnoissance.

[2] Je pense comme vous, Monsieur, que la veuve doit hériter des manuscripts du deffunt & ce ne Sera pas une Succession indifferente pour elle. Il lui conviendra même de ne pas trop Se presser de conclure & de mettre ce tresor là un peu à l'enchere. Au reste Si nous arrivons à tard, il nous restera une ressource; nous contreferons bravement & pour rien. Cependant nous aimerions mieux pour une aussi bonne affaire, aller devant les autres & payer.

[3] Vous verrés Monsieur, dans le journal de ce mois[b] qui va paroitre non Seulement la lettre du prieur qui vous est connue, mais encore les deux piéces sur lesquelles il fonde son apologie, la confession de foy de Voltaire & la déclaration du Curé de S[t]. Sulpice.[c]

[4] Toujours je vous prie mes devoirs empressés à tous les heureux habitans de Monlesy.

[5] J'ai l'honneur d'être avec autant de considération que de dévouement,

Monsieur
Votre trés humble &
trés obeiss. Serviteur
L'A. Banneret Ostervald

Neuchâtel le 28. Juillet *1778*

A Monsieur / Monsieur du Peyrou, / chés monsr. le Colonel Pury, / A *Monlesy* / Recommandée a m[r] le Justice Motta / *A Motiers-Travers*

MANUSCRIT

*Neuchâtel ms. R118, fol.131-132; 4 p., p.3 bl., l'ad. p.4; cacheté d'une oublie; taxe postale: '2 cr.'; orig. autogr.

NOTES EXPLICATIVES

a. voir le n° 7216, premier alinéa.

b. le *Nouveau Journal helvétique*, imprimé par la STN.

c. ces documents se rapportent à la mort de Voltaire et au refus que le clergé de Paris opposait à son inhumation. Pour quelques-uns des documents authentiques, voir Besterman D xlv, D21221 et app.497-500. Le 'curé de Saint-Sulpice' s'appelait Louis-Laurent Gaultier. Le 'prieur' en question était celui de l'abbaye de Scellières, où Voltaire fut enterré provisoirement. La lettre de l'évêque de Troyes, défendant cette inhumation, était arrivée trop tard. On imprima de bonne heure la lettre de l'évêque (datée du 2 juin), la réponse du prieur (datée du 3), et une lettre du 15 juillet 1778, signée par l'abbé Mignot et par [Alexandre-Marie-François de Paule de] Dompierre d'Hornoy, neveux de Voltaire, déclinant toute responsabilité pour la séparation du cœur de Voltaire d'avec son corps. Cette lettre, imprimée dans le *Mercure* du 25 juillet 1778, p.312, fut aussi distribuée aux abonnés de Bachaumont à la date du 27 juillet 1778. Dans le *Nouveau JH*, la lettre de l'évêque se trouve p.114 du volume de juillet 1778 et la réponse de l'abbé p.114-119. Quant à la 'confession de foi' de Voltaire, il en est question dans la lettre de l'abbé, p.115-116. On y apprend que l'abbé Mignot, neveu de Voltaire, avait montré la 'copie collationnée par ce même curé [de Saint-Sulpice] d'une profession de la foi catholique, apostolique & romaine, que M. de Voltaire a faite entre les mains d'un prêtre approuvé, en présence de deux témoins' [Mignot et le marquis de Villevieille]. La 'déclaration' dont parle Ostervald paraît être 'un consentement de M. le Curé de S. Sulpice, signé de ce pasteur, pour que le corps de M. de Voltaire pût être transporté sans cérémonie'. Le prieur de Scellières ajoute: 'Il ne m'est pas venu dans la pensée que M. le curé de S. Sulpice ait pu refuser la sépulture à un homme dont il avait légalisé la profession de foi, faite tout au plus six semaines avant son décès, & dont il avait permis le transport tout récemment au moment de sa mort. D'ailleurs je ne savais pas qu'on pût refuser la sépulture à un homme quelconque, mort dans le sein de l'église [. . .]'.

7221

La Société typographique de Neuchâtel à René-Louis, marquis de Girardin

[le 28 juillet 1778]

Monsieur,

Vous recevrés Sans doute avec quelque Surprise la lettre qu'osent vous écrire aujourdhui des gens de Lettres, chargés de la direction d'une imprimerie considérable & qui n'ont pas l'honneur d'être connus de vous. Mais nous y avons été authorisés en quelque sorte par Mr. du Peyrou[a], avec qui nous avons l'avantage d'être liés & qui nous a fait espérer que vous ne désaprouveriés pas cette démarche de notre part. Informés de la mort imprevue de cet homme célébre avec qui vous Souteniés, Monsieur, des rélations Si intimes & Si douces, & desirant de donner les premiers au public une collection complette de Ses oeuvres, nous avons crû ne pouvoir mieux faire, que de suivre l'avis de Mr. Du Peyrou, en reclamant directement vos bontés, & en vous Suppliant de vouloir favoriser nos vues, Sur le Succés desquelles votre protection ne peut qu'influer essentiellement. Nous ne doutons point que la partie de ces mêmes oeuvres qui n'a point encore parû ne Soit à la disposition de la Veuve soit que les manuscripts se trouvent entre Ses mains, Soit qu'on les ait déposés chez quelque ami de confiance, tel que Mr. du Peyrou, qui nous a dit en avoir en effet une partie. Nous présumons qu'ils

Monsieur,

Vous recevrez sans doute avec quelque surprise la lettre qu'osent
vous écrire aujourd'hui des gens de Lettres, chargés de la direction
d'une imprimerie considérable & qui n'ont pas l'honneur d'être-
connus de vous. Mais nous y avons été authorisés en quelque
sorte par Mr. du Peyrou, avec qui nous avons l'avantage d'être liés,
& qui nous a fait espérer que vous ne désaprouveriez pas cette-
démarche de notre part. Informés de la mort imprévue de cet-
homme célèbre avec qui vous souteniez, Monsieur, des rélations si
intimes & si douces, & desirant de donner les premiers au public-
une collection complette de ses oeuvres, nous avons crû ne pouvoir-
mieux faire, que de suivre l'avis de Mr. Du Peyrou, en reclamant
directement vos bontés, & en vous suppliant de voulöir favoriser
nos vues, sur le succès desquelles votre protection ne peut qu'influer-
essentiellement. Nous ne doutons point que la partie de ces mêmes-
oeuvres qui n'a point encore paru ne soit à la disposition de la veuve
soit que les manuscrits se trouvent entre ses mains, soit qu'on les ait

qqqqq. Lettre de la Société typographique de Neuchâtel à Girardin
du 28 juillet 1778: première page de l'original, de la main d'Ostervald.

peuvent consister dans la seconde partie d'Emile & Surtout dans les mémoires de la vie de l'auteur, qui ne devoient être publiés qu'après Sa mort. En Supposant donc que Madame Rousseau en est devenue proprietaire, nous serions dans l'intention de traiter avec elle & d'en faire l'acquisition pour la somme ou sur le pied dont on seroit convenû, & nous vous demandons très humblement la grace, Monsieur, de nous apprendre Si une telle négotiation pourroit avoir lieu & dans ce cas de vouloir engager Mad^e^ Rousseau a entrer en Négotiation avec nous & à nous traiter favorablement. Nous osons même dire que la preference Sur d'autres qui auroient peut être les mêmes vues nous Seroit due par les Sentiments particuliers qui nous animoient pour un philosophe dont on a trop peu joui dans ce pays & que nous partagions avec Mr. du Peyrou, Mr. le Colonel Pury & la plus saine partie de nos concitoyens. Nous vous en aurons Monsieur, une obligation infinie & nous joindrons constamment la plus vive reconnoissance à tout le respect avec lequel nous avons l'honneur d'être

Monsieur

Vos très humbles & très
obeissants Serviteurs
La Société Typographique
de Neuchâtel en Suisse.

Neuchâtel le 28e Juillet 1778.

Si vous daignés Monsieur, nous honnorer d'une réponse, voici notre adresse la plus Sure.
A Mr. Junet, directeur de postes pour M^rs^ la Societé Typographique à Pontarlier en Franche-Comté.

MANUSCRIT

*Chaalis, fonds Girardin D^4^ 37, dossier B, n° 1; 4 p., p.3-4 bl., avec quelques traces de cire rouge; orig. de la main d'Ostervald.

NOTE EXPLICATIVE

a. voir le n° 7216.

7222

René-Louis, marquis de Girardin, à Salomon Gessner

Ermenonville par Senlis. 29[1] juillet *1778*

[2]Je profitte, Monsieur, de L'occasion de plusieurs de vos concitoyens qui en revenant du Palais de Chantilly Sont venus aujourd'huy voir ma Campagne en revenant, pour vous faire parvenir Le petit ouvrage[a] dont je vous ai parlé a Zurick, et qui a eté Imprimé pendant mon absence.[2] Je n'ai point La témerité de [3]me flatter[3], qu'ayant tant de bonnes choses a penser, vous ayés du tems à perdre a me lire, Aussi je ne prends La liberté de vous offrir Ce foible essay que Comme un homage que doit a Son maitre L'ecolier qui a Cherché à réalizer quelques'unes des idées qu'il a reçu[4] de luy; o mon Sçavant maitre en peinture, et mon doux ami en Apollon, je Serai trop Content, Si vous daignés seulement vous rapeller Le souvenir de Celuy a qui vous avés bien voulu permettre de vous distraire pendant quelque tems de La Compagnie des muses qui vous Cherissent, pour vous offrir Le tribut des sentimens que vous Inspirés à tous ceux qui vous Lisent et qui Sentent Le Charme attendrissant de vos douces peintures. Elles peignent Si bien La belle ame de Leur auteur, qu'il est Impossible de n'être pas penetré pour luy, des mêmes affections que L'homme sensible a pour la belle nature.

J'ay l'honneur d'etre avec La plus affectionée Consideration

Monsieur

Votre tres humble et tres
obeissant serviteur Gerardin

P.S. Je pense trop Souvent a vous, ou pour mieux dire je me promène Si Souvent avec vous, que vous devés être bien assuré, que je n'ai jamais oublié votre recommendation pour L'officier des hussards de Zitten au quel vous vous Interessiés. Mais depuis mon retour D'Italie, notre Constitution militaire a tellement Changé de forme[b], que C'eut èté rendre un mauvais Service a votre ami, que de Le faire tomber de Charibde en Silla[c]: a present ce qu'un honnête homme peut faire de mieux C'est de ne point faire de mal, trop heureux encor Si on ne luy en fait pas! [2]Mon fils[d] qui a eu Le

Bonheur de vous voir avec moy prend La Liberté de vous assurer de son respect, et du plaisir qu'il a de lire, et relire Votre[5] belle edition que nous avons rapportée.[2]

[6] [2]Je viens de faire une perte bien douloureuse, et que vous partagés Surement, celle de M. J. J. Rousseau. Son gout passioné pour La Campagne l'avoit engagé a se retirer dans La même que j'habite. Il y etoit tranquille et Content, et commençoit à gouter dans un doux repos quelque dédommagement de touttes Ses peines, et nous étions heureux de sa Satisfaction. Hèlas en moins d'une heure paroissant dans La meilleure Santé du monde, il est mort d'une Apoplexie Séreuse Le deux de Ce mois. Les manes de cet homme Si intéressant reposent maintenant a L'abri de La persécution des hommes, dans une Isle Couverte de gazon, Il n'y a pour arbres que des peupliers et pour fleurs que des roses simples, L'eau qui L'entoure coule sans bruit, et Le vent Semble craindre d'en troubler la tranquillité. Le Petit lac qu'elle forme est environé de Coteaux [7]couverts de bois[7] qui Le derobent au reste de La nature, et répandent Sur cet azyle un Mistère qui entraine a une tendre melancolie. C'est là que luy est érigé un simple monument avec Cette Inscription que j'ai osé y mettre;[8]

Ici sous ces ombres paisibles
Pour les restes mortels de Jean Jacque Rousseau
L'amitié posa ce tombeau:
mais c'est dans tous Les Cœurs Sensibles
Que cet homme divin, qui fut TOUT SENTIMENT
Doit trouver de Son Cœur L'Eternel monument.[2] [6]

MANUSCRITS

*1. Zurich ZB, fonds Gessner, n° 122; 4 p., p.4 bl.; orig. autogr.

2. Genève BPU, ms.2584, n° 3; copie faite (vers 1902?) d'après le ms. 1 par Paul Usteri, qui n'en indique pas la source.

3. Chaalis, fonds Girardin D⁴ 38 n° 8; 2 p.; brouillon.

IMPRIMÉ

Annales iii (1907). 243-244 (fragments).

NOTES CRITIQUES

Je ne relève pas ci-dessous les variantes du ms.3, qui est assez lourdement corrigé, comportant une trentaine de ratures, et dont le texte définitif diffère encore sensiblement de celui du ms.1. Il y manque notamment le texte de l'alinéa 3, sur Rousseau.

[1] [le ms.3 porte, p.2, la date du 27 juillet, mais si c'est là la date du brouillon, ce qui n'est pas certain, la lettre missive n'aura été expédiée que le surlendemain] [2] [fragments reproduits dans l'imprimé de 1907] [3] ms.1: ⟨penser⟩ [en surcharge] [4] [Girardin ne fait pas l'accord] [5] ms.1: ⟨La⟩ [en surcharge] [6] [cet alinéa manque au ms.3] [7] ms.1: [ajouté dans l'interligne] [8] ms.1: mettre; ⟨parce qu'il⟩

NOTES EXPLICATIVES

a. De la composition des paysages sur le terrein ou des moyens d'embellir la Nature autour des habitations en y joignant l'agréable à l'utile, suivie de réflexions sur les avantages de la contiguïté des possessions rurales, et d'une distribution plus générale en petites cultures, pour facilitier la subsistance du peuple et prévenir les effets funestes du monopole, un vol. in-8°, Genève et Paris 1777.

b. allusion à toute une série de réformes introduites entre 1775 et 1777 par le comte Charles-Louis de Saint-Germain, ministre de la guerre pendant ces années-là, et dont on ne peut donner ici qu'une idée générale: augmentation des effectifs, transformations structurales, refonte (et réduction) des pensions, amélioration de l'instruction des officiers, de la tenue, de la tactique, de la discipline; importance accrue accordée à l'artillerie et au génie.

c. écho d'un vers faisant allusion à Homère (*Odysée* XII.85-110) et qu'on cite le plus souvent sous la forme 'incidit in Scyllam qui vult vitare Charybdin', adaptation d'un vers de Gaultier de Lille: 'Incidis in Scyllam cupiens vitare Charybdin' (*Alexandreis* V.301).

d. Stanislas, qui avait accompagné son père en Suisse et en Italie.

7223

René-Louis, marquis de Girardin, à François-Joseph de Foulquier

[vers le 29 juillet 1778]

Je reçois dans L'instant Monsieur La Lettre que vous m'avés fait L'honneur de m'ecrire Le 27[a] avec L'imprimé que vous avés bien voulu y joindre[b]. Les observations que j'avois pris la Liberté de vous envoyer a cet egard n'etoient que pour une plus grande exactitude. Ainsy je vous prie actuellement de vouloir bien n'en faire aucun usage et qu'elles ne sortent pas même de vos mains.[c] Je serai tres flatté ainsi que M[de] de Gerardin que vos affaires vous permettent de revenir icy et de pouvoir vous y reiterer Les assurances de L'attachement respectueux et sincere avec lequel &c

MANUSCRIT

*Chaalis, fonds Girardin D4 37, dossier A, n° 4; p.3 de la lettre de Foulquier du 27 juillet 1778 (n° 7217); copie autogr.

NOTES EXPLICATIVES

a. le n° 7217.

b. un exemplaire de l'impr. 1 du n° A682 (t.xl).

c. on peut conjecturer que ce qui motivait cette demande, ou plutôt cette espèce de défense, était l'intention qu'avait Girardin de composer un récit encore plus long et plus détaillé de la mort de JJ. Mais il a pu avoir d'autres raisons: voir au t. xlii le n° 7336, et note *a*.

7224

René-Louis, marquis de Girardin, à Marie-Françoise Augustine-Ursule Le Danois de Cernay, comtesse de La Marck

Erm[enonville] 30 juillet [1778][1]

[2]a M[de] L. Josephine ches / M[de]. Campion rue des Chandelliers au grand Saint Vittel a Bruxelles[2]

[1] Que ne m'est'il Madame aussi aisé de vous Consoler que de vous rassurer! J'espere que votre Secret est encor en Sureté. Lorsque votre exprès est arrivé icy je n'etois pas a la maison; mais il n'a voulu dire a personne de quelle part il venoit. C'est a moy uniquement [3] [4]j'etois[4] [3] seul dans mon Cabinet, [5]qu'il n'a pas cru devoir me le Cacher[5] et S'il ne L'a dit[6] a aucun autre c'est Comme S'il ne l'avoit dit a personne. Quant aux Lettres madame [3]que vous m'avés fait L'honneur de m'ecrire[3] je Les brulerai, vous Les renverrai ou vous[4] Les remettrai a vous même Suivant L'ordre que vous m'en donnerés,[7] en attendant vous en pouvés être aussi assurée que Si elles etoient dans vos mains.[8] On ne se donne pas L'excellence de M.[9] Rousseau mais j'ai[10] reçû Ses principes, et ils doivent etre bons car ce sont ceux de La nature et du Cœur,[11] S'ils ne Conduisent pas toujours a vivre plus heureux du moins ils conduisent a mourir tranquillement[12]. Je meurs tranquille a t'il dit a son dernier moment, je n'ai jamais voulu de mal a personne et je dois compter Sur la misericorde de Dieu. Belle et sublime Leçon de morale et de religion [13]qui comprend dans un seul mot toute Sa vie et tous ses principes, morale qui force l'homme d'etre juste parce qu'il ne peut pas Impun[ément] pour sa sureté personelle, et pour Le repos de sa vie ou du moins de sa mort – troubler l'ordre de la nature qui est[14] LA JUSTICE, Religion qui ne suppose pas un Dieu Injuste qu'on doive crainde mais [4]qui presente[4] un Dieu[15] consolateur qu'on doit aimer[13].

[2] J'ai reçû depuis peu de jours Madame Votre premiere Lettre[a], c'est donc a celle qui S'est nommée que je m'adresserai desormais[16]. [17]Mlle Josephine[17] a Le cœur trop grand pour avoir besoin d'un grand nom[18] et il m'est bien plus doux [19]d'obeir[19] a ses sentiments qu'[20] a ses ordres. Si M. Rousseau eut[21] bien Connu [3] [17]m[lle]

Josephine[17] [3] Il etoit trop Sensible[22] au besoin d'aimer et a la douceur de L'etre pour avoir èté capable de S'y refuser. Mais gêné par des amis protecteurs, trahi par des amis qui n'aimoient qu'eux,[23] persecuté par l'autorité, attaqué par Le ridicule,[24] poursuivi par une Indiscrete Curiosité, Se defiant de lui même, et de La facilité de son propre Cœur dont on avoit si souvent abusé, et[25] [26]depuis que la[27] reputation [3]de ses ecrits[3] [ne] l'avoit entouré [3]que d'envieux ou[3] de gens qui ne voyoient en luy que L'auteur,[26] [28]il devenoit si difficile pour luy de retrouver ce[28] sentiment delicat fidele, et sensible de L'union Intime des ames, après lequel son Cœur [29]Sans cesse brulant du besoin d'aimer et d'etre aimé se consumoit vainement[29], qu'[3]il falloit bien qu'il tachat de trouver au moins quelque repos dans une solitude que [30]troubloit encor[30] trop souvent L'importunité et L'indiscretion. Telle doit être Son excuse auprès de tous les Cœurs qui eussent eté dignes du sien; il avoit été Si Souvent trompé [31]en luy[31] presentant comme vrai ce qui etoit faux, qu'il pouvoit bien a la fin se tromper sur le[32] vray, mais ses fautes n'ont jamais eté que des Erreurs, parce que[33] ses passions n'ont jamais eté des vices. Tout homme [sans][34] passions est[35] faux ou nul. Mais ce qui distingue Les passions de cet homme [36]de feu de[37] presque tous les autres, c'est [38]qu'en luy elles[38] ne provenoi[en]t[36] que de la nature, dont touttes les passions sont aimantes[39], parce qu'elles ne derivent que de L'amour de Soy, qui porte[40] a se reunir, tandis que chés presque tous Les hommes Les passions proviennent[41] des vices de La societé[42] [3]et[43] elles sont[3] haineuses [44]parcequ'elles[44] derivent[45] de L'amour propre qui tend a Se[46] désunir, par la haine Contre les superieurs, et le mepris pour les Inferieurs.[47] [b] [4]Tel il[48] était dans ses écrits tel il etoit dans son Charactere, parce qu'il [49]n'ecrivoit[49] qu'avec son ame et[50] il ne parloit qu'avec son Cœur. C'est pourquoy j'eusse bien moins aimé Le Sage Socrate, que L'amoureux, Le jaloux, L'ombrageux, et [51]L'impetueux[51] Jean Jacque.[4]

[3] Mais pardon, Madame, L'amitié m'emporte. Je vous parle de mon opinion, et du Charactere[52] que j'aimois dans un homme [53]sublime [54]parce qu'il[54] étoit toujours homme [55]ou pour mieux dire parce qu'il estoit un etre unique qui avoit L'ame d'un homme et le Cœur d'une femme[55] [53] [56]et je ne songe pas que c'est dans[57] votre premiere lettre a laquelle je dois maintenant repondre[56] et que vous m'y demandés[58] Les details qui ont precedé et accompagné L'evenement fatal qui nous en ont privé. Quelques cruels qu'il soit pour moy [59]de me rapeller qu'[59] il n'est plus, je conviens qu'il y a une sorte de[60] douceur a rapeller ce qu'il etoit a [4]quelqu'un[4],[61] et je dois essayer [62]de faire passer une partie de Cette amere[63] consolation

dans votre Cœur puisque vous m'assurés qu'il en a besoin. [4]Mais Mad[e]. ce qui doit etre Le plus consolant pour vous est precisement ce que vous regrettés[64]. Ses[65] ecrits[66] que vous avez Connu[67] vous restent[68] et heureusement pour vous vous n'avez pas Connu La persone que nous avons perdu[67], car alors vous seriés inconsolable.[4] [62]

[4] Il ne falloit qu'avoir lu avec attention Ses ouvrages et surtout La conversation de Milord Edouard et de St Preux [4]dans sa Julie[4c], pour être bien convaincu que L'acte d'atrocité[69] [70]d'etre le meurtrier d'un autre et celuy de foiblesse[70] d'être son propre meurtrier [71]etoit contraire[71] aux sentiments de son Cœur et a L'energie de son ame[72] en[73] supposant ce qui est presqu'impossible Lorsque des principes sont[74] aussi profondement pensés qu'etoient Les siens, que la violence extrême des passions dans un homme aussi inflammable que luy, eut pu dans un moment de transport luy faire oublier ses principes. Loin qu'il [75]se trouvoit[75] à[76] un[77] aussi violente situation quc cellc[78] qu'il avoit souvent eprouvée et Soutenue, [79]il n'avoit jamais paru plus gai plus tranquille et plus content[79]. Tous[80] les rumeurs[81] sur sa sortie de Paris [82]n'avoient[82] eu[3] [83]d'autres causes[83] que le besoin de jaser[84] dans cette ville de [85]boue, de fumée et de cailletage[85*d*]. [86]On luy avoit si peu volé Ses memoires, que lorsque Le bruit S'est repandu avec fureur et que je luy en parlai[87] [86] [4]dans la Crainte que venant à l'apprendre icy d'une maniere indirecte, et sans precaution, il n'en fut vivement affecté, il me repondit[88] avec une tranquillité dont je fus moy même etonné,[89] où Le [90]pretendu ouvrage[91] imprimé ne l'etoit pas[90] ou[92] bien que comme il etoit sur qu'il n'etoit pas de luy, il ne prenoit aucun Interest a L'ouvrage d'un autre.[4] Vous pouvés etre donc[4] bien assurée, M[e]. que son gout seul,[93] ou plutot sa passion pour La Campagne L'y avoit ramené seule[3] [4] [94]et cette passion [4]pour[95] la Campagne[4] etoit si vive[94] qu'il n'avoit jamais pu [96]ecrire dans aucun autre cabinet[96] qu'au pied d'un arbre, et[97] son genie toujours Inspiré par la nature, ne pouvoit ecrire sous sa dictée[98] que Lorsqu'il se trouvoit[99] tête a tête avec elle. Il auroit quitté Paris depuis Longtems[100] Si Le motif de faire du bien n'eut eté bien plus puissant Chés luy que Le motif de son bienêtre. Tout le produit de [101]Ses copies [4]de[101] musique[4] [3]travail qui devenoit [102]de plus en plus[102] fatiguant pour ses yeux qu'il affoiblissoit[3] etoit employé a [103]faire vivre [3]sa[104] tante[3], et une[103] Dame qui l'avoit elevé[105] [106]pendant sa jeunesse et[107] dont la vieillesse se trouvoit[106] reduite a la plus grande misère:[108*e*] et son extreme sobrieté Le faisoit vivre avec Environ 11 a 1200[lt]. de rentes viageres [109]Sur sa tête provenant[109] [tant] de L'impression de ses ouvrages que de

Mylord Keith Marechal d'Ecosse, Le seul homme dont il eut jamais voulu accepter un bienfait, parce qu'il n'en vouloit recevoir que de L'amitié, [110]ayant une[110] Si haute idée[111] de La reconoissance, qu'il croyoit n'en pouvoir Soutenir Le sentiment que pour celuy qu'il etoit auparavant de luy rien devoir bien sur de pouvoir toujours aimer [112]ou du moins[112] estimer.[107] Après La mort des[113] deux femmes [114]qui vivoient[114] de la moitié de Sa vie, Son travail[115] dont il S'etoit passé pour ses besoins, cessoit[116] D'être necessaire a son Cœur[f]. Il S'occupa du projet de Se retirer a la Campagne.[117] En attendant, il avoit commencé[118] de La Chercher dans Paris, en[119] faisant de plus longues et de plus frequentes promenades, Et en[120] Se livrant de nouveau à Son gout pour la Botanique, Ce gout[121] n'etoit point Chez[122] luy une affaire D'etude ni[3] de sisteme[123], c'etoit une jouissance de sentiment. [4]Dans ses PROMENADES SOLITAIRES[4] L'examen [124]des plantes[124] qu'il rencontroit[125], Luy[126] faisoit sentir[127] presque dans la moindre Chose [4]LA NATURE que son Cœur adoroit[4]; cette prodigieuse varieté [128]de productions[128] La[129] merveilleuse organisation de [130]la moindre de leurs[130] parties Elevoit Son ame a L'auteur de toutes ces merveilles[131] et S'il rencontroit une fleur qui luy rapellat[132] Le Souvenir de circonstances qui eussent eté cheres a son Cœur, tel que La Compagnie d'un ami, où[133] [134]Les doux Instants[135] [134] dont il avoit joui[136] pendant[137] sa jeunesse dans le sein de L'amitié et de La nature[138], Son Imagination [139]etoit si vive que son cœur se trouvoit alors aussi emu[139] que si tous les objets[140] retracés par une simple violette, ou un Lys des vallées, eussent èté presents a ses yeux. C'est ainsi que pour un homme si sensible Les graces de La nature [141]devenoient des[141] sentiments, et qu'une étude[142] sterile pour d'autres étoit un Charme puissant[143] qui le faisoit jouir tout a la fois [144]dans l'objet present du passé et du futur.[144] Mais Comme[145] il luy falloit [3]a Paris[3] [146] chaque jour un long et penible voyage avant d'arriver a une promenade[147], chaque jour il desiroit de plus en plus se[148] raprocher de sa[149] chere[3] nature dont il se trouvoit separé par tant d'obstacles. Pensant[150] que puisque[151] son petit revenu avoit suffi [4] [3]si longtems[3] [4] a Paris a[152] son necessaire,[153] à plus forte raison[154] [4]il pourroit y suffire a la Campagne[4] sans[155] aucun travail [4]et en luy donnant non[3] le plaisir[156] de ne rien faire mais celuy[3] de n'avoir rien a faire.[4] Dans cette Idée qui Le preoccupoit de plus en plus [4]depuis plusieurs mois[4], son eloignement pour toutte espèce d'affaires[157] et de tracas domestiques, entraves [158]serviles qui [159]s'oposent a la Liberté continuelle chere au[158] genie[159] luy[160] fit imaginer de Se mettre en pension à La Campagne chès quelqu'un à qui il abandoneroit tout ce qu'il avoit pour Le faire vivre Le reste de ses jours, ou et comme bon luy sembleroit. J'appris que tel etoit Son projet. Nous courumes[161] chés luy ma femme[162] mon fils et moy[163] [164], [4]nous luy demandames[4] la preference[165] [166]non pour etre chés nous, mais pour etre chés luy[166]. Je n'oublierai jamais Les douces[167] Larmes qu'il repandit alors et qui ont fait passer dans mon Cœur toute La Conoissance du sien. C'étoit precisement[3] à ma Campagne qu'il desiroit depuis longtems se retirer, parce que les varietés de la nature[168] [169] et differents objets Interessants pour luy S'y trouvoient rassemblés[170], il n'avoit osé nous en parler Dans le Crainte d'apporter a une nombreuse famille comme la notre un surcroit d'embarras: mais aussitot que nous luy en fimes la proposition, Le bon L'excellent homme[171] nous embrassa tous en pleurant de joye, en nous disant que nous luy faisions La seule proposition qui put encor L'attacher a La vie[g]. Helas, et ce repos de la sienne, et Le Charme de la notre devoit durer si peu! Permettés M[e] que je m'arrete[172], [173]alors que[173] Le Cœur est trop serré, La parole expire. Je vous continuerai ce long et douloureux recit une autre fois si vous L'exigés absolument[3] mais pour Le moment, [174]je ne puis[174] poursuivre, et ce n'est pas à un homme de[175] pleurer surtout dans le sein d'une femme qu'il ne[176] connoit que[177] de maniere a luy rappeller Le respect qu'il luy doit.[178]

MANUSCRITS

*1. Chaalis, fonds Girardin D[4] 38, p.9 bis, 9 ter et 10-14 du premier cahier de brouillons; premier jet et brouillon très raturé.

2. Chaalis, fonds Girardin D[4] 22, n° 1; p.1-6 d'un cahier noué d'un ruban bleu; mise au net de la main de Girardin.

Cette transcription est suivie d'une mise au net de la seconde lettre à 'Joséphine' (n° 7276), de la main d'un secrétaire.

NOTES CRITIQUES

Variantes du ms.1 (sauf indication contraire):

[1] [en haut de la première p., dans la marge de gauche:] 1re Rep. à M[de] L du 18 juillet; ms.2 [en haut de la p.1, dans la marge de gauche, au dessous de l'adresse:] 1re reponce a sa Lettre du 18 juillet. [ce ms. comporte aussi un titre fallacieux:] Lettre du 13 juillet à Sophie C de ***. [C'est la première fois que paraît dans ces deux lettres le nom de Sophie, substitué tardivement à 'Joséphine' et à 'Augustine'. Quant à la date du '13 juillet' elle est tout simplement empruntée à la lettre composée par Foulquier, n° 7202. Sans doute, en rapprochant la date de ce texte de la mort de Rousseau, a-t-on cru pouvoir faire accepter plus facilement l'authenticité des détails qui s'y trouvaient.] [2] ms.2: C[omtess][e] Aug[ustine] de L. M. M[adam][e] Cam[pion]. r. des Ch[andelliers] au gr[and] St V[ittel] a B[ruxelles] [3] [ajouté dans l'interligne] [4] ms.2: [omis] [5] [la phrase est devenue incohérente à force de retouches successives:] qu'il me[3] ⟨L⟩a ⟨dit⟩ ⟨confié[3]⟩ ⟨il etoit Simple dans La Circonstance que je Luy en fisse La demande, ⟨il etoit⟩ n'avoit point⟩ ⟨Le seul excepté de Londres qu'il a ce qu'il m'a⟩ ⟨de Londres, qu'il avoit reçû, et S'il L'a observé aussi exac-

tement⟩ [3]pas cru devoir me le cacher[3]; ms.2: qu'il n'a pas cru devoir Le Cacher [6] ms.2: dit depuis [7] donnerés, ⟨et⟩ [8] mains ⟨S'il est Impossible de ressembler aussi⟩ [9] ⟨JJ⟩ [en surcharge] [10] j'ai ⟨du moins compris et⟩

[11] Cœur ⟨et⟩ [12] tranquilement ⟨Je n'ai jamais⟩ ⟨je n'ai jamais voulu de mal a perso⟩ [13] [ajouté dans la marge de gauche et inséré ici par un signe de renvoi] [14] ms.2: repose sur [15] Dieu ⟨qu'on doit a⟩ [16] desormais ⟨et⟩ [17] ms.2: Sophie [18] nom. ⟨Je ne Comtois d'elle que Ses Sentiments, et ils Suffisent⟩ ⟨ils Suffisent⟩ [19] ms.2: de me rendre [20] ms.2: que d'obeir

[21] ⟨Les⟩ eut [22] Sensible ⟨pour ne S'y etre pas laissé entrainer⟩ [23] qu'eux, ⟨poursuivi par⟩ [24] ridicule, ⟨et⟩ [25] et ⟨occupé de Ses⟩ ⟨profondement de ses sentiments, ⟨et d⟩ et du feu Concentré qui bruloit ⟨[3]dont il[3]⟩ sans cesse. Il etoit ⟨Simple⟩ juste que L'homme Le moins misantrope, cherchat a être Le plus solitaire et au Contraire ⟨il⟩ ne pouvant ⟨pas⟩ plus[3] avoir Ce bonheur après Lequel son Cœur⟩ ⟨et dans⟩ ⟨des gens trop⟩ [26] ms.2: depuis que sa Celebrité L'avoit entouré d'envieux ou de gens qui ne voyoient en Luy que L'auteur [transposé après 'difficile pour Luy'] [27] ⟨S⟩a [en surcharge] [28] ⟨ce⟩ [29] ms.2: Se Consumoit sans cesse [30] ⟨ne⟩ troubloit encor ⟨que⟩; ms.2: ne troubloient encor que

[31] [biffé et remplacé dans l'interligne par trois mots difficiles à déchiffrer:] 'par le . . . .'; ms.2: en luy [32] ms.2: ce qui etoit [33] qu⟨'il n'a eu que⟩ [34] [omis par inadvertance à la fin de la page] [35] ms.2: est necessairement [36] ms.2: singulier d'avec les passions des hommes, c'est qu'elles ne provenoient en luy [37] de ⟨celles de tous L⟩ [38] ⟨que ses passions etoit⟩ [39] ⟨aimantes⟩ aimantes, [40] porte ⟨a Chercher⟩

[41] ⟨derivent⟩ [42] societé ⟨dont⟩ ⟨qui ont donné naissance à toutes Les passions⟩ dont[3] [Girardin a négligé de biffer 'toutes' et 'dont' inséré dans l'interligne] [43] ms.2: et alors [44] ⟨qui⟩ [45] derivent ⟨necessairement⟩ [46] Se ⟨Separer⟩ ⟨separer des autres⟩ [47] Inferieurs ⟨mais L'amitié m'emporte.⟩ Pardon, M^e^.L'amitié m'emporte, je vous⟩ ⟨C'est parce que j'ai toujours vu⟩ ⟨C'est parce que j'ai toujours vû dans ses⟩ ⟨toutte La morale tous Les ecrits, touttes Les passions⟩ ⟨meme les⟩ ⟨Les defauts meme de Mr Rousseau m'ont paru être Le pur⟩ ⟨m'ont⟩ [48] il ⟨m'a pa⟩ [49] ⟨n'a jamais ecrit⟩ [50] et ⟨jamais avec sa plume; En un mot Madame il etoit rempli⟩

[51] ⟨Le Petulant⟩ [52] Charactere ⟨de L'homme qui etoit⟩ ⟨que [mon] Cœur [?] conoissoit jusques⟩ [53] ms.2: qui pour le public etoit grand et pour Le particulier etoit bon [54] ⟨mais⟩ qui [55] [ajouté dans la marge de gauche et inséré ici par un signe de renvoi difficile à repérer dans le texte] [56] [passage très raturé et devenu incohérent à force de retouches] ⟨C'est Le recit des derniers moments de Sa vie que v⟩ ⟨de ces rapides Instants que Le tems ⟨[deux mots lourdement biffés]⟩ sont confondus maintenant dans une eternité de regrets que vous m'avez ordonné de vous faire, puissent ils faire⟩ ⟨for⟩ ⟨de ses derniers moments que vous m'avés ordonné de⟩ [57] ms.2: a [58] [la phrase est vicieuse. Girardin avait d'abord songé à écrire 'c'est dans votre premiere lettre [. . .] que vous me demandés'. Ensuite, il a préféré 'c'est à votre premiere lettre [. . .], et que vous m'y demandés'. La faute est corrigée dans la mise au net, mais la phrase telle qu'elle est restée dans le brouillon est incohérente. De telles phrases abondent dans les brouillons de Girardin, et je ne signale celle-ci qu'à titre d'exemple.] [59] ⟨les retracer⟩ ⟨de songer qu'⟩ [60] de ⟨tristesse⟩

[61] quelqu'un, ⟨d'⟩ [62] [écrit le long de la marge de gauche de la page qui suit, et inséré ici par un signe de renvoi] [63] ms.2: triste [64] regrettés. ⟨C'est de ne l'avoir pas Connu personnellement, car alors vous seriés inconsolable.⟩ [65] ⟨Vous avés⟩ Ses [66] ecrits ⟨qui sont

Il réfléchit qu'avoir lu avec attention votre ouvrage [illegible]
la connaissance de Milord Edouard aussi pour dans sa jeune
[illegible] bien convaincu que [illegible] foiblesse [illegible]
[illegible] son propos [illegible]
[illegible], ce sont aussi [illegible] que ceux [illegible] en supposant
[illegible] mais en supposant ce qui me paroit impossible lorsque
les principes sont [illegible] aussi profondément gravés
[illegible], que la violence excessive des passions dans
un homme aussi inflammable que lui [illegible]
moment [illegible] lui faire oublier ses principes. Comme
qu'il [illegible] à un âge aussi violent
[illegible] que celle qu'il avoit [illegible]
[illegible] il a accompagné [illegible]
[illegible] comme [illegible] vous
[illegible] plutôt en forme [illegible]
Tous les bruits [illegible]
d'autres [illegible] que le besoin de [illegible] dans cette ville de
[illegible] on [illegible] peu volé de mémoire, que lorsque
le bruit de sa séparation avec [illegible] parler [illegible]
[illegible] apprendre [illegible]
[illegible], il [illegible]
affecté, il me répondit [illegible] avec une tranquillité dont
je fus [illegible] étonné, [illegible]
[illegible] que vous
[illegible] bien que
comme il étoit bien qu'il n'étoit pas de lui, il ne prenoit
aucun intérêt à l'ouvrage d'un autre. Vous pouvez être
donc bien assurée Mde que toujours fidèle [illegible]
sa passion pour la campagne, il [illegible],
tout qu'il n'avoit jamais pu écrire [illegible]
qu'auprès d'[illegible]. Et son génie toujours inspiré par la
nature, ne pouvoit connoître [illegible] que
lorsqu'il se trouvoit tête à tête avec elle. Il [illegible]
[illegible] depuis longtemps [illegible]
le motif de faire du bien [illegible] plus puissant [illegible]
aucun motif de son bien-être. Tout le produit de ses [illegible] ce

rrrrr. Première lettre à 'Joséphine': page du brouillon.

Immortels et⟩ [67] [on aura constaté que dans ses brouillons Girardin néglige assez souvent des accords qu'il a l'habitude de faire lorsqu'il y pense. Je ne signale pas toutes ces négligences afin de ne pas alourdir démésurément ces notes.] [68] restent ⟨ils contiennent Son ame toute entiere⟩ [c'est encore une phrase incohérente, car Girardin paraît avoir biffé non seulement 'Vous avés' (note 65) mais aussi 'vous restent'. Or, l'un de ces éléments est essentiel à sa phrase.] [69] atrocité et de foiblesse [en remaniant sa phrase, Girardin a négligé de biffer ces trois derniers mots] [70] ⟨de⟩ ⟨d'attentat a sa vie⟩ ⟨d'etre son propre meurtrier⟩; ms.2: d'etre le meurtrier des autres et celuy de foiblesse d'etre le sien propre.

[71] ⟨repugnoit⟩; ms.2: etoient absolument contraires [72] ame ⟨en suposant même⟩ ⟨mais⟩ [73] ms.2: Mais en [74] sont ⟨énergiquement etablis⟩ [75] ⟨put etre conduit a la violence d'⟩ [76] ms.2: dans [77] [voir au t.iii le n° 272, note *i*]; ms.2: une [78] celle ⟨que⟩ [79] ⟨jamais il n'avoit pu⟩ ⟨jamais; depuis bien longtems il ne s'etoit trouvé dans une situation aussi⟩ ⟨plus Conve⟩ dans une situation plus Conforme a son gout⟩ ⟨Tous les bruits⟩ [Dans la marge de ce passage biffé, Girardin a inséré un gros signe, mais on ne trouve aucun ajout qui y corresponde, et ici le ms.2 est conforme au texte corrigé du brouillon] [80] [ayant fait l'accord avec 'bruits', Girardin a négligé de le corriger en substituant 'rumeurs'; ms.2:] toutes

[81] ⟨bruits qui s'etoient repandus⟩; ms.2: rumeurs qui se sont repandues [82] ms.2: n'ont donc [83] d'autre ⟨fondement⟩ [84] ⟨bavarder⟩ ⟨parler[3]⟩; ms.2: bavarder [85] ⟨caillette⟩ [86] ms.2: [ce début de phrase a bien été transcrit, mais biffé] [87] parlai ⟨il me dit qu'il ne pr⟩ [88] repondit ⟨Le plus tr⟩ [89] etonné, ⟨qu'il ne prenoit aucun I⟩ ⟨qu'il ne prenoit aucun Interet a cette vaine rumeur parce qu⟩ [90] ⟨livre n'existoit pas ou⟩

[91] ouvrage ⟨n'etoit pas⟩ [92] ou ⟨qu'il n'etoit pas de luy⟩ [93] seul, ⟨L'avoit⟩ [94] ⟨et C'etoit tout (?)⟩ [95] [en surcharge sur un autre mot, devenu indéchiffrable] [96] ms.2: Composer [97] ms.2: parce que [98] dictée ⟨ne pouvoit⟩ [99] ms.2: trouvoit pour ainsi dire [100] Longtems ⟨S'il n'eut prefe⟩ ⟨n'y eut été retenu⟩

[101] [c'est la fin de la page; ces mots ont été répétés par inadvertance en haut de la page qui suit] [102] ms.2: de jour en jour [103] ms.2: soutenir la vieillesse d'une [104] ⟨une de⟩ s⟨es⟩ a [ce dernier mot en surcharge] [105] ms.2: soutenu [106] ⟨et qui se trouvoit alors⟩ [107] ms.2: [tout ce passage remplacé par:] celle d'une de ses tantes [108] misère; ⟨apres La m⟩ [109] ⟨qu'il avoit tant des libraires qui avoient Imprimé⟩ [110] ⟨Il avoit une Idée⟩

[111] Idée ⟨de L'amitié et⟩ [112] ⟨et⟩ [113] ms.2: de ces [114] ms.2: qu'il faisoit vivre [115] travail ⟨Luy devenant moins necessaire⟩ ⟨dont il S'etoit [...] qui⟩ [116] ⟨et⟩ cessoit [117] campagne; ⟨ou⟩ ⟨et⟩ [118] commencé ⟨des grand (?)⟩ [119] en ⟨rendant⟩ [120] ms.2: et en

[121] gout ⟨Luy procuroit dans ses premenades solitaires une jouissance⟩ ⟨compagnie⟩ [122] ms.2: en [123] sisteme ⟨et de⟩ [124] de ⟨chaque fleur⟩; ms.2: de chaque plante [125] rencontroit ⟨sous ses pas⟩; ms.2: rencontroit dans ses promenades solitaires [126] Luy ⟨presentoit⟩ ⟨procuroit une⟩ ⟨procuroit⟩ [127] ⟨voir⟩; ms.2: admirer la nature [128] ⟨de plantes⟩ [129] L⟨eur⟩ [en surcharge] [130] ms.2: leurs plus petites

[131] merveilles ⟨et chaque aimable fleur⟩ ⟨La Simple et jolie fleur des champs rapelloit a son Cœur Les Idées⟩ ⟨La douceur après laquelle il soupiroit, et⟩ [132] rapellat ⟨des Circonstances et des sc⟩ [133] ou ⟨Le bonheur⟩ [134] ms.2: Les Instants de bonheur [135] ⟨Cœurs [?]⟩ [136] joui ⟨Loin du present hor⟩ ⟨dans le sein du repos⟩ ⟨La nature⟩ [137] ⟨dans⟩ [138] nature ⟨Sa vive Imagination⟩ [139] ms.2: se trouvoit alors aussi

vivement émue [140] objets ⟨que luy rapelloit cette humble fl⟩

[141] ms.2: se changeoient en autant de [142] ms.2: étude minutieuse ou [143] puissant ⟨qui luy faisoit jouir⟩ ⟨rassembloit pour⟩ [144] ms.2: du passé du present ou de l'avenir, [145] Comme ⟨a Paris⟩ [146] ms.2: Paris faire [147] promenade ⟨suivant son goût⟩ ⟨cœur⟩ [148] ms.2: de se [149] ⟨L⟩a [en surcharge] [150] ms.2: Il pensoit

[151] puisqu⟨'il avoit⟩ [152] ms.2: pour [153] ms.2: necessaire et pourroit y suffire [154] ms.2: raison a la Campagne [155] ms.2: sans avoir besoin d' [156] plaisir ⟨non⟩ [157] affaires ⟨et d'irritation [?]⟩ [158] ms.2: pesantes et journalieres qui interceptent effectivement les efforts du [159] Envelopent comme dans un brouillard epais La lumiere [. . .]du genie [160] ⟨L'avoit d'abord⟩ luy

[161] ms.2: courumes aussitot [162] femme ⟨qu'il a⟩ [163] moy, ⟨nous luy demandames la preference en laissant⟩ [164] ms.2: moy, je Luy representai qu'en Croyant trouver plus de Liberté par cet arrangement c'etoit aliener toute La sienne, parce que S'il pouvoit assez Compter Sur sa propre patience pour supporter la Contrainte et sa gene personelle, dans le Cas ou cet arrangement par quelque Circonstance fortuite viendroit à gener celuy avec lequel il L'avoit fait, Chacun d'eux n'osant De son Coté demander à Le rompre La gêne et l'ennui des autres deviendroit pour luy un tourment Insupportable. Cette objection Le frappa et je lui demandai [165] preference ⟨en L'assurant de La Liberté a toutte chance⟩ ⟨de sa Liberté.⟩ ⟨je me rapellerai toujours⟩ [166] [ajouté dans la marge de gauche et inséré ici par un signe de renvoi] [167] ms.2: tendres [168] nature ⟨et differents objets capables de [. . .] a son cœur⟩ ⟨Interessants⟩ ⟨et differents objets Interessants pour⟩ [169] ms.2: nature, Celles du terrein et des productions [170] rassemblés, ⟨il nous emb⟩ ⟨Le bon L'excellent homme nous embrassa alors en pleurant de joye, mais⟩

[171] homme ⟨nous embrassa⟩ ⟨L'accepta aussitot⟩ [172] m'arrete ⟨quelques instans, mon Cœur est S⟩; ms.2: m'arrete icy. [173] ms.2: Lorsque [174] ms.2: il me devient impossible de [175] ms.2: a [176] ne ⟨doit connoitre⟩ [177] que ⟨pour la rapeller⟩ ⟨Luy rapeller⟩ [178] doit. [le long de la marge de gauche, Girardin a noté quelques pensées qui n'ont rien à voir avec la présente lettre:] Pour Penser il ne faut que se livrer aux pensées qui vous viennent dans la tête mais pour ecrire il faut s'occuper a faire ⟨en sorte⟩ passer ses pensées dans La tête des autres. Voila pourquoy L'un est mouvement passif et un repos, L'autre est un mouvement actif et par consequent une fatigue. Le vivant est ⟨Le Sentiment⟩ la jouissance de notre existence sans aucune distraction. Ce doit etre Le bonheur de l'eternité, il doit etre exempt de plaisirs et de peines puis que certains [. . .] et certains une souffrance [la fin de la phrase est indéchiffrable, et la restitution proposée ici conjecturale]

NOTES EXPLICATIVES

Ce texte, ainsi que le n° 7276, pose plusieurs problèmes délicats. Sous leur forme définitive, ce sont évidemment des lettres ostensibles destinées à réfuter la thèse du suicide de Rousseau, en appuyant lourdement sur le bonheur quasi-extatique dont il aurait joui à Ermenonville, et en dressant contre les calomnies de ses ennemis toute l'autorité d'une légende hagiographique. Mais par la précision de certains détails, la première au moins des deux lettres à 'Joséphine' semble bien avoir eu pour point de départ une vraie lettre missive, quels que soient les remaniements qu'elle ait subis par la suite (voir par exemple les variantes du ms.2).

Ceci étant, on est tout naturellement amené à se demander qui pourrait être la destinataire de ces lettres. Une comtesse à qui Girardin donnait le prénom d'Augustine, qui demandait qu'on l'appelât 'Joséphine', qui possédait l'un ou l'autre de ces deux prénoms, ou bien tous les deux, qui en 1778 était domiciliée à Bruxelles (ou s'y trouvait de passage), dont le nom de famille ou de terre est représenté par les initiales 'L.M.' (note critique 2), et qui était d'un rang si élevé que même Girardin, malgré sa profession de sentiments égalitaires, lui prodiguait des expressions de respect et de déférence qui côtoyaient la flagornerie – voilà une dame dont l'identification, croirait-on, ne devrait pas s'avérer bien difficile.

Il y a même un indice supplémentaire qui devait être presque concluant, à condition de pouvoir s'y fier. Dans la seconde lettre du 23 août (n° 7276), premier alinéa, Girardin parle de 'l'empressement et la générosité avec laquelle' la comtesse aurait 'offert un azyle et des secours' à JJ lorsqu'elle a cru qu'il 'essuyoit de nouvelles persécutions'. Or, il y avait bien une comtesse de L. M., très grande dame, qui en 1762 avait offert un asile à JJ. C'était Marie-Anne-Françoise de Noailles, comtesse de La Marck (1719-1793), dont la famille avait des attaches avec les Pays-bas autrichiens, et qui en juin 1762 avait mis à la disposition de l'auteur de l'*Emile* le château de Schleyden (voir au t.xi le n° 1910, alinéa 7). Mais dans ce cas, les termes employés par Girardin seraient difficiles à expliquer: 'Lorsque vous avés cru qu'Elle [la vertu] essuyoit de nouvelles persecutions'. 'Vous avés cru' serait une expression singulière si elle s'appliquait aux poursuites contre l'*Emile* et à la fuite de Rousseau, lesquelles relevaient du domaine des faits plutôt que de celui d'une interprétation subjective et peut-être mal fondée. De même 'nouvelles persécutions' semble s'appliquer mal à l'affaire de l'*Emile*. Il faut avouer que l'interprétation la plus naturelle de ces phrases indiquerait une dame qui aurait offert un asile à JJ assez récemment, à un moment où elle avait pu croire, à tort, qu'il risquait de 'nouvelles persécutions'; par exemple, lorsque Rousseau était parti pour Ermenonville, et que le bruit circulait qu'il avait été obligé de quitter la capitale à la demande du lieutenant de police, à cause du vol du manuscrit des *Confessions* et de leur publication imminente.

Il faut donc écarter mme de La Marck, née Noailles, d'autant plus qu'elle ne s'appelait ni Augustine ni Joséphine.

En réalité, comme on le verra dans un instant, il s'agit d'une dame alliée à cette famille. L'indice décisif est apporté par la liste des souscripteurs des *Consolations*, où l'on trouve une 'Madame la Comtesse Auguste de La Marck', qui souscrit pour deux exemplaires. Qui était cette dame? La lignée mâle des comtes de La Marck s'éteignit avec Louis-Engelbert (1701-1773), mari de Marie-Anne-Françoise de Noailles (voir plus haut). Celle-ci, sa seconde femme, n'eut pas d'enfants (ou du moins n'en eut pas de survivants). La première femme du comte, Marie-Anne-Hyacinthe Visdelou de Bienassis (†1731) n'avait eu, outre un fils mort en bas âge, qu'une fille, Louise-Marguerite (1730-1820), qui avait épousé en 1748 Charles-Léopold-Marie-Raymond de Ligne (1721-1778), prince d'Aremberg. Elle lui avait donné plusieurs fils, dont le second survivant, Auguste-Marie-Raymond de Ligne, prince d'Aremberg (1753-1833, né et mort à Bruxelles), fut longtemps connu sous le nom de comte de La Marck, condition que lui avait imposée son grand-père maternel (Louis-Engelbert: voir plus haut) en lui laissant le régiment de La Marck (service de France), dont il était le propriétaire.

Ce personnage n'abandonna le nom de La Marck pour reprendre celui d'Aremberg qu'en quittant la France définitivement en 1793, et c'est sous le nom de comte de La Marck qu'il est entré dans l'histoire. En effet, gros propriétaire des Pays-bas autrichiens et de la

Flandre française (grâce en partie à la fortune de sa femme) il put se faire élire aux Etats-généraux de 1789 comme député de la noblesse pour la sénéchaussée de Quesnoy (Nord), mais sans acquérir la nationalité française. De 1789 à 1791, il fut l'intermédiaire entre Mirabeau et la cour (voir leur correspondance, publiée en 1851). Mais sa carrière politique ne nous regarde pas ici. Il suffit de signaler qu'en mars 1774, ce 'comte de La Marck' avait épousé Marie-Françoise-Augustine-Ursule Le Danois, marquise de Cernay (1757-1810), riche héritière qui lui apporta en dot entre autres la belle terre de Raismes, située entre Valenciennes et Tournai. C'est elle qui doit être la femme dont il s'agit ici. Sortie d'une vieille famille de la Lorraine et du Hainaut, elle était la fille de François-Joseph (ou Joseph-François) Le Danois (né en 1731), marquis de Joffreville, vicomte de Ronchères, etc., appelé le marquis Le Danois, et d'une cousine éloignée, Marie-Françoise-Colette Le Danois de Cernay (née en 1739), marquise de Bousies, mariés en 1754. – Le rang exalté du mari de notre 'Augustine' (il appartenait à la fois aux Ligne et aux Aremberg, et le sang des Noailles, des Poix et des Rohan coulait dans ses veines) explique la déférence dont témoigne Girardin à son égard; et l'on conçoit facilement toutes les raisons qu'elle put avoir pour cacher sa correspondance avec Girardin au sujet de Rousseau, pour désirer la poursuivre sous un nom d'emprunt, et pour donner au marquis une adresse de convention.

a. cette lettre (du 18 juillet?) est inconnue.

b. ces observations sont d'un lecteur de l'*Inégalité*.

c. allusion aux deux lettres célèbres sur le suicide (*La NH*, III, xxi et xxii, *Pléiade* ii.377-393).

d. allusion à la fin du Livre IV de l'*Emile*: 'Adieu donc Paris, ville célébre, ville de bruit, de fumée et de boüe [. . .]' (*Pléiade* iv.691). Quant au 'cailletage', c'est aussi un mot employé par Rousseau (*Confessions* II, *Pléiade* i.51): cp. 'caillette', t.xxvi, 4573 bis, alinéa 34 et note *c*.

e. cette affirmation a été répétée à plusieurs reprises par Girardin. La pension accordée par JJ à sa tante était de cent livres par an, ce qui faisait, au tarif de 6 sous la page, l'équivalent de trois cent trente trois pages par an. Comme JJ copiait au moins 1.400 pages par an, et demandait parfois 10 sous la page, on voit que Girardin était loin de compte. Du reste, mme Goncerut mourut en novembre 1774, et JJ apprit cette nouvelle au début de février 1775. Il n'abandonna son métier de copiste qu'en août 1777.

f. c'était pour d'autres raisons que JJ a renoncé à son métier de copiste: il vieillissait, sa vue baissait, plusieurs chalands ne venaient que pour faire de la conversation et lui faisaient ainsi perdre son temps, d'autres ne revenaient même pas chercher leur copie, et ne payaient pas.

g. cette version, bon exemple de la sensiblerie mythomane du marquis, se laisse difficilement concilier avec le récit sobre de Lebègue de Presle (t.xl, A679, alinéas 11-15), dont Girardin passe sous silence le rôle.

7225

René-Louis, marquis de Girardin, à George Simon Harcourt, comte Harcourt

Ermenonville Par Senlis.
30 juillet *1778*

[1] Vous n'avés Sans doutte, Mylord, que trop appris La perte cruelle et fatale que nous avons faitte de M. Rousseau. Aucun autre motif que Son seul gout pour La Campagne ne L'avoit engagé a se retirer dans la mienne, où Livré depuis quelque tems a des amusements doux, et entouré de personnes qui Le Chérissoient, il avoit[1] repris Sa gaieté franche et naive comme celle de L'enfance; son cœur se retrouvoit dans Son état naturel c'est a dire aimant tout Le monde, et Cherchant a se repandre par des actes de bienfaisance. Nous étions tous heureux de son repos, Et il eut été bien juste qu'il eut pu jouir Longtems de quelque tranquillité comme un dedomagement des persecutions qu'avoit éprouvé[2] dans ce monde pervers, un homme qui vouloit du bien a tout Le monde, et a qui tant de gens ont voulu du mal. Mais hélas Le 2 de Ce mois, de neuf a dix heures du matin, il a passé de la santé à La mort par L'effet de ce que Les Medecins qui L'ont ouvert ont apellé une Apoplexie Cereuse. Sa fin a été aussi Sublime que sa Vie. *Je meurs tranquille*, (a t il dit à son dernier moment) *je n'ai jamais voulu de mal a personne, et je dois compter Sur la misericorde de Dieu.*[a] Belle et sublime Lecon de Morale et de Religion, qui Comprend dans un seul mot toutte Sa vie, et ses principes. Morale, qui force L'homme d'etre juste, comme ne pouvant pas impunément pour sa Sureté et pour son repos troubler L'ordre de La nature qui est La Justice, Religion qui ne suppose pas Un Dieu qui puisse etre injuste et qu'on doive craindre, mais qui presente un Dieu juste, objet D'amour ou de Consolation pour L'homme dans les Misères de la Vie.

[2] Vous l'avés aimé, Mylord, et vous avés du L'aimer, car vous L'avés connu, et votre Ame simpathisoit [3]avec La[3] sienne. Vous pouvés etre utile maintenant a sa malheureuse femme qu'il a Laissée a mes soins, et je suis Sur que vous le serés de tout votre pouvoir a La personne qui luy a tenu fidèle Compagnie pendant tous ses malheurs. A Son Depart de L'Angleterre, il a Laissé toutte La

musique qu'il avoit alors, a Mademoiselle DAVENPORT. Comme ce qui peut rester d'Ecrits de luy en différentes mains devient actuellement La plus grande ressource de Sa Veuve, Il S'agiroit d'abord sur sa musique dont une partie est icy, et dont L'autre et notamment son Opera des Muses Galantes non représenté et dont il n'a pas meme Conservé de brouillon, est[4] en Angleterre entre Les mains de Mlle. Davenport, de faire en sorte de s'assurer tres exactement qu'elle ne La Confiat a personne, afin qu'on ne la fit point Imprimer que de L'aveu, et a L'avantage de sa Veuve. Mon Idée a cet égard afin de tacher d'en tirer un meilleur parti pour elle, Seroit D'ouvrir une souscription tant en France qu'en Angleterre pour La Collection de tout ce qu'il Laisse de musique, a L'opera près dont je tacherois de traitter icy avec Les Directeurs de L'opera, d'après lequel traitté je prierois Mlle Davenport de me faire passer où a Sa veuve, toutte la musique manuscritte qu'elle a de luy, afin de La faire graver icy avec Celle qu'il a Laissée entre mes mains.

[3] [5]J'imagine aussi Mylord que vous Connoissés Monsieur BOOSBY, gentilhome qui demeuroit dans son voisinage a Vooton qui a voyagé depuis en Italie, et qui étoit cet hyver a Paris[b]. Il Luy a remis un manuscrit très important dont nous ignorons le nom[c], et Le Contenu mais qui pourroient bien etre Ses memoires parce qu'il ne S'en trouve point icy de brouillon. J'ignore La direction où pouvoir m'adresser a M. Boosby, Si vous La Connoissés, Mylord, j'espere que vous voudrés bien luy ecrire de ma part comme Chargé des derniéres intentions de M. Rousseau, et Le prier instamment de remettre a La Veuve Le Manuscrit que son mari Luy avoit confié.

[4] Je ne vous fais aucune excuse Mylord, de vous faire partager tous ces soins. En vous procurant L'occasion de rendre service, je suis sur au contraire que vous regarderés ce temoignage de mes sentiments pour vous, Comme la plus grande preuve que je puisse vous donner de L'estime et de L'attachement respectueux avec le quel j'ay l'honneur d'etre[5]

Mylord,

Votre tres humble et tres
obeissant Serviteur
Gerardin

[5] Oserois je vous prier de presenter à Mylady Harcourt Les respects de M^{e}. de Gerardin et les miens.

MANUSCRITS

*1. Stanton Harcourt, archives du regretté vicomte d'Harcourt; 4 p.; orig. autogr.

2. Chaalis, fonds Girardin D^4 34; mise au net corrigée.

3. Chaalis, fonds Girardin D^4 38, n° 4; 4 p.; copie autogr. très soignée.

4. Chaalis, fonds Girardin D^4 37; 2 p., p.2 bl.; mise au net corrigée des alinéas 3 et 4.

IMPRIMÉ

Schinz 4 (1935), p.144-145 (une partie du premier alinéa, d'après le ms.2) et p.137 (quelques phrases tirées des alinéas 2 et 4).

NOTES CRITIQUES

Je ne relève pas les variantes des mss 2 et 3, qui s'écartent par ci par là de la version définitive, me contentant de donner, à titre d'échantillon, le texte du ms.4 (note 5).

[1] ms.1: [en surcharge sur une première leçon devenue difficile à déchiffrer:] ⟨paroissoit (?)⟩ [2] [Girardin ne fait pas l'accord] [3] ms.1: [en surcharge sur une première leçon devenue difficile à déchiffrer:] ⟨surement avec la (?)⟩ [4] ⟨se tr⟩ [en surcharge]: ms.2: se trouve [5] ms.4: Il y a aussi M. Bootby gentilhomme Anglois qui demeuroit dans Son voisinage Lorsqu'il etoit a Vooton, et auquel il a remis un manuscrit très precieux dont nous ignorons Le nom et Le Contenu, mais nous imaginons que Ce pourroit bien etre Les memoires de sa vie qui ne se trouvent point icy parmi Ses papiers. Ce M. Bootby a voyagé depuis en Italie, et en France, il etoit même cet hyver a Paris mais j'ignore actuellement Sa direction, Si vous le conoissés comme je L'imagine puisqu'il habite dans ⟨Le voisinage de Newnha⟩ non loin de Newnham j'espere que vous voudrés bien luy écrire où il est maintenant, pour Le prier Instamment de remettre a La veuve Le manuscrit que son mari luy a Confié; car L'intention de Son mari en mourant a èté qu'aucun de ses amis a qui il auroit remis ou laissé des papiers n'en fit aucun usage Sans les luy remettre et sans ⟨son avœu⟩, sa participation et son aveu. Je ne vous fais aucune excuse, Mylord, de vous ⟨donner⟩ faire partager tous ces soins. Je ne crois pas au Contraire pouvoir mieux vous temoigner mes sentiments pour vous qu'en vous procurant L'occasion de rendre service, et je suis sur que vous ⟨trouverés⟩ Regarderés cette assurance comme la meilleure que je puisse vous donner de L'estime et de L'attachement ⟨respectueux⟩ ⟨et L'affection respectueuse⟩ avec lequel j'ay l'honneur d'etre

NOTES EXPLICATIVES

a. version bien sobre et bien succincte des plats discours que Girardin a attribués à Rousseau dans ses entretiens avec Foulquier et dans les textes qu'il continuait à élaborer.

b. comme il ressort du n° 7239, alinéa 4, Girardin avait fait la connaissance de Brooke Boothby chez JJ.

c. c'était un ms. du premier *Dialogue*, que Brooke Boothby devait faire imprimer en 1780.

7226

René-Louis, marquis de Girardin, à Nicolas-François Tricot de Lalande

[vers le 30 juillet 1778][1]

A M[r] De Lalande secretaire de L'Ambassadeur de France à Turin

Je ne me rapelle pas Monsieur, ou j'ai eté assez heureux pour avoir L'honneur d'etre Connu de vous, mais comme il n'y a que ceux qui ont de La sensibilité et de[2] La verité dans l'ame qui eussent une .veritable Consideration pour L'homme excellent que nous venons de perdre a ce titre monsieur je m'empresse d'avoir L'honneur de vous repondre. [3]Vous pouvez etre tres assuré que[3] Ce n'est point[4] aucun motif de Chagrin qui L'avoit Conduit a la Campagne, mais uniquement son gout [3]pour la botanique et pour [4]les beautés[4] de la nature[3], il y paroissoit tranquille et heureux, Lorsqu'en une heure de tems il a passé[5] de la santé à la mort par l'effet[6] de ce que les medecins qui L'ont ouvert ont apellé une[7] apoplexie sereuse[8]. Tout grand homme est[9] respectable après sa mort. [10]L'incertitude de la sepulture de Mr de Voltaire est honteuse pour la nation que Sa vie a honorée.[10] Quant à Celle de M. Rousseau La[11] veneration La plus profonde en a pris soin. Du reste monsieur je ne[12] sache point et je ne Crois pas que ses memoires aient paru[13] et j'ignore meme s'ils[14] existent encore.

J'ay L'honneur d'etre Monsieur

Je suis[15] tres flatté de votre suffrage et de Celuy du Pere[16] Beccaria[17]. C'est par mes sentiments pour luy que je pourrai seulement avoir quelque titre a son estime, mais non[18] par[19] Le foible merite d'avoir pu ajouter quelque chose a une Invention qui peut devenir tres utile mais[20] dont L'honneur est entierement du a Mrs LANDRIANI[a], et de MAGELLAN.

MANUSCRIT

*Chaalis, fonds Girardin D4 38, n° 13, p.3-4; brouillon.

NOTES CRITIQUES

[1] [le ms. n'est pas daté. Girardin répond ici au n° 7203. En été, les lettres de Turin devaient mettre une bonne dizaine de jours pour arrriver à Paris,

d'où la date proposée ci-dessus.] [2] de ⟨L'honnete⟩ [3] [ajouté dans l'interligne] [4] [leçon conjecturale] [5] passé ⟨de La santé⟩ ⟨d'une santé⟩ [6] effet ⟨d'un épanchement de sero⟩ ⟨d'une serosité sanguinolente qui luy a tombé sur la cervelle⟩ [7] une ⟨ser⟩ [8] séreuse ⟨quelque part ou soit La sepulture de M de Voltaire⟩ ⟨A la se⟩ ⟨j'ignore ou elle est la sepulture de Mr de Voltaire, il est honteux pour notre siecle que Ce puisse etre une ⟨equivoque⟩ enigme⟩ [9] est ⟨respectable⟩ ⟨considerable de son vivant et⟩ [10] [après 'mort', Girardin a mis un signe qui semble renvoyer à la phrase imprimée ci-dessus, écrite dans la marge de gauche, et précédée d'un faux départ: ⟨Il est honteux Pour notre Siècle⟩]

[11] ⟨L'ami⟩ [12] ne ⟨sais⟩ [13] paru ⟨et j'ignore meme s'ils existent⟩ [14] s'ils ⟨ont existé où⟩ [15] suis ⟨fla⟩ [16] Pere ⟨Becharia⟩ [17] Beccaria ⟨dont je⟩ ⟨si estimé⟩ ⟨tres⟩ ⟨reverendissime parmi⟩ ⟨Lés⟩ ⟨je desirerois pouvoir meriter Son estime par quelque motif plus⟩ [18] non ⟨par La foible⟩ [19] par ⟨L'invention⟩ [20] ⟨et⟩

NOTE EXPLICATIVE

a. on est mal renseigné sur Marsilio Landriani (né à Milan vers 1751, mort à Vienne, Autriche, avant 1817), auteur d'un ouvrage intitulé *Ricerche fisiche intorno alla salubrità dell'aria* (1775), et professeur de physique à Milan (1776), où il fonda plus tard l'Ecole vétérinaire. Son nom est associé aux diverses inventions de Volta, surtout à celle de l'eudiomètre.

7227

Madeleine-Catherine Delessert, née Boy de La Tour, à Jean-André Deluc

Boulogne près Paris 1 aoust [1778]

[1] [...] Vous aurrés appris la Cruelle Perte que J'ai faite en la personne du respectable Rousseau. Vous aurrés pris part à mes regrets qui Serront *amers* long-temps; et qui ne peuvent Etre Compris que de ceux qui avoient L'avantage de le Connoitre. Oh! J'ay bien pensé à vous, en répandant des larmes sur cet Amy. Peut étre vous n'avez eu aucun détail sur Sa fin et vous les apprendrés avec intérrêt car l'on aime à se repaître de tout ce qui nous retrace ceux qui nous étoient cher[s]. Je vous en envoie donc un Circonstancié et fort Exact[a]. Mon. Prévost, mon frere, ma soeur[b], Se Sont transportés chez ce Monsieur de Girardin et vous Jugez avec quels Soins ils se sont Enquis des plus petites circonstances. Dans son affreux malheur Sa femme est heureux d'Etre auprès de Gens capable et dans la Puissance de sentir le plaisir d'obliger ce qui a appartenu à Rousseau. Elle reste Excessivement à L'Etroit et n'ayant que les seules Pensions de Michel *Rey* de la *Duchesne* d'ici, et Celle que la Générosité

de Milord Maréchal lui a assuré même après la mort de son mari[c], cela forme à peu près 1000 Livres, sa Santé très mauvaise à present lui donne des besoins qui vont au delà enfin, nous avons crû pouvoir vous engager à combiner la possibilité qu'il y aurroit a présenter celà a vôtre Bienfaisante Reine, et en lui rappellant la Pension que la Bonté du Roy avoit bien voulût faire a Rousseau et dont il n'avoit pas profiter, l'engager à en accorder une petite partie à Sa Veuve. Tout cela mon cher Monsieur! est absolument soumis à la connoissance que vous *avez du Pais* qui vous ferra juger plus sainement qu'à nous de la possibilité qu'il y a de presenter la Chose à vos augustes souverains. Cette femme ne demande point et l'on est dans le cas d'espérer que la Mémoire de nôtre ami soutiendra toujours pour elle la bonne Volonté de Ceux qui le révéroit mais vous comprenez combien la dépendance dans laquelle cela la mêt lui est sensible.

[2] Mr Prevost qui croit dans Son désir de lui Etre utile la chose plus aisée que moi, en Ecrit aussi à Mr Duval[d] dans l'idée qu'en se consultant avec vous celà pourra fournir quelques moyens de plus de réussir. Si comme Je le Crain il n'y en a aucun et que vous vouliez pas même mettre la chose Sur le Tapis vous me ferrez Je vous prie un petit mot a part et positif que je puisse remettre entre les mains de Mr Prevost. Pardon mon cher Monsieur! de cette Requètte. Mais non! point d'excuses car il n'y en a point a demander, quand on Vous adrèsse quelques moyens d'obliger. [. . .]

[3] Monsieur Prévost addrèsse par le Courrier d'aujourd'hui à Monsieur Duval le Détail des derniers momens du Pauvre Rousseau pour ne pas augmenter le volume de cette Lettre il est chargé de vous le communiquer et vous pourrez Je crois le lui faire facilement demander.

[4] Quand aux ouvrages de Rousseau L'amis chez le quel il a décèdez dit n'avoir rien trouvé après lui, mais qu'il croit que ces Manuscrits Existent dans l'Etranger en mains sures, ont peut donc espérer qu'ils ne sont pas perdus quoiqu'on dise qu'il a beaucoup brûlé. On parle toujours de ces mémoires mais quelques recherches que j'aie pû faire je n'ai rien découvert de positif. Sa femme dit que si on lui en a volé ce n'est que des morceaux informes. En attendant voici une Préface[e] qu'on répand comme étant destinée à être à la Tête et qui me parroit être assez marquée de son Sceau pour mériter de vous être envoyée, ditte moi ce que vous en pensés, et croyez que je ne négligerai point de vous donner avis du moment où parroittra L'ouvrage.

Préface des Mémoires de J. J. Rousseau

[suit le texte du préambule]

A Monsieur / Monsieur Deluc at / Mr Hutton's / Queens row Pimlice / LONDON

MANUSCRIT

*Genève BPU, ms. fr. 2463, fol. 195-197; 6 p., l'ad. p.6; cachet arraché; m.p.: timbres: 'P' (dans un triangle), '$\frac{AU}{6}$' dans un cercle, '1 O'clock' (dans un autre cercle); taxe: '10'; orig. autogr.

NOTES EXPLICATIVES

a. il s'agit sans doute du récit de Foulquier (n° 7202), dont mme Delessert avait déjà vu peut-être un ms. (voir le n° 7194), et qui semble avoir été imprimé dès le 16 juillet.

b. probablement Elisabeth-Emilie, la 'grand-maman' de JJ. Emilie-Julie, la 'tante' de JJ semble s'être trouvée en Suisse à cette époque.

c. il y avait en plus la petite rente servie par Dutens, qui cependant semble avoir disputé vers cette époque la validité du mariage de Thérèse.

d. probablement Jean-Pierre Duval (1715-1781), négociant d'origine genevoise établi à Londres. Fils de Louis (1684-1760), il semble avoir suivi à Londres son frère François (1713-1790), qui s'y trouvait dès avant 1750 (Lüthy ii.85, 103*n*). En 1775, Jean-Pierre faisait partie des ouailles du pasteur A.-J. Roustan, à l'Eglise helvétique de Londres, et était même membre du Consistoire. – Un autre frère Louis-David (1727-1788) avait quitté Londres pour s'établir à Saint-Pétersbourg, où il fut nommé joaillier de la Cour. Il s'y lia avec Bernardin de Saint-Pierre, et, lecteur de Rousseau, de Voltaire et de Montesquieu, paraît avoir été un homme cultivé. – Il pourrait également s'agir d'un autre Jean-Pierre (1741-1819), fils de David (frère de Jean-Pierre I et de Louis-David, 1711-1791). Cet autre Jean-Pierre s'établit fort jeune à Londres, s'y fit naturaliser, épousa à Londres le 17 décembre 1767 Catherine Black, et y fit souche.

e. c'est le fameux préambule: voir le n° 7230, note *a*.

REMARQUE

A la date du 1er août, Bachaumont écrivait: 'L'existence des Mémoires de Rousseau en manuscrit n'est plus douteuse; M. Le Miere atteste lui en avoir entendu faire la lecture en 1771. Ce fut en faveur du Prince Royal de Suede, alors à Paris; elle eût lieu chez M. le Marquis de Pezay, & ce fut le philosophe Genevois qui lui-même en régala l'assemblée peu nombreuse. La lecture dura depuis sept heures du matin jusqu'à honze heures du soir, sauf l'intervalle du dîner & du souper; en sorte qu'on voit que l'ouvrage est long, & doit faire deux volumes bien conditionnés.

Il passe pour assez constant encore que Rousseau étant malade dangereusement, craignant de mourir, & envisageant le sort funeste de Mademoiselle le Vasseur, sa femme, lui dit de ne point s'affliger sur ce qu'elle deviendroit après lui; qu'il lui donna en même tems la clef de son secrétaire, lui en fit tirer un paquet, en lui apprenant que c'étoient ses Mémoires manuscrits qu'elle pourroit vendre, & dont elle tireroit bon parti. Si l'on en croit la suite de l'anecdote, elle se seroit laissé séduire par les offres d'un libraire étranger qui lui en auroit donné mille Louis, qui en auroit même imprimé un volume; mais qui, touché du chagrin & des plaintes du philosophe, avoit suspendu & promis de ne rien mettre en lumiere qu'après sa mort. Voici le moment où il a la liberté de le faire.

On veut qu'en outre il y ait dans Paris un autre manuscrit de ces Mémoires, que tout le Parti Encyclopédique cherche à soustraire par le rôle qu'y jouent les coryphées, & qu'ils savent ne devoir pas être à leur honneur' (éd. de 1780, xii.59).

7228

Jean Ranson à Frédéric-Samuel Ostervald

La Rochelle le premier Aout 1778.

Monsieur

[...] Nous avons donc perdu, Monsieur, le sublime Jean Jacques: je gémis de ne l'avoir ni vu ni entendu, la lecture de ses ouvrages m'avoit donné pour lui l'estime la plus singuliere. Si quelque jour je passe près d'Ermenonville cela ne sera pas sans visiter sa tombe & peut-être sans y répandre des larmes[a]. Dites-moi, je vous prie, ce que vous pensez de cet homme célébre, sur le sort du quel je me suis toujours attendri, tandis que Voltaire a toujours excité mon indignation. On avoit répandu le bruit que le vol qu'on avoit fait à Rousseau des mémoires de sa vie qu'on fesoit imprimer lui avoit fait abandonner Paris[b] & que sa mort etoit une suite des chagrins que ce vol lui avoit occasionné. On alloit jusqu'à dire que le poison y avoit eu quelque part. Le courier de l'Europe l'attribue aux suites d'une indigestion[c] ce qui me paroit plus vraisemblable. Il a trop bien écrit contre le suicide pour qu'il ait pu s'en rendre coupable[d]. Je ne sais ce que devient sa femme, ni s'il a laissé quelque ouvrage qui n'ait pas encore vu le jour. Peut-être aura-t-il chargé M. Girardin (qui m'est absolument inconnu) de publier les trésors secrets de son Portefeuille. Fréron a parlé dans ses anciennes feuilles d'un grand Opera que l'ex-citoyen de Geneve avoit presenté à l'Academie royale de Musique, intitulé les *Muses*[e], le quel avoit été rebuté: unique cause si l'on en croit le folliculaire de tout le mal que Rousseau a dit de ce spectacle. Je n'ai jamais vu ailleurs rien qui annonçât cet ouvrage. Il peut en exister de cet illustre auteur de plus interessans, sans compter ses Mémoires, & je le desire beaucoup. Il avoit annoncé il y a quelques années qu'aucune des editions nouvelles de ses oeuvres n'etoit exacte[f]; mais au contraire que toutes etoient remplies de falsifications, suppressions & alterations, même celle de Rey, dont il se plaignoit griévement. J'espere qu'il aura laissé des Manuscrits d'après les quels on pourra en avoir une exempte de toutes ces fautes. Si vous apprenez quelque chose à cet égard, ou toute autre chose qui concerneroit Rousseau, vous me feriez un sensible plaisir de me le communiquer. Si Fauche[g] donne les 15. planches qui doivent accompagner le Devin du Village & qui sont même notées dans la table du premier volume, vous me ferez plaisir de me les envoyer à l'occasion.

Nous sommes bien sensibles, ma femme & moi à ce que vous nous dites d'obligeant sur l'heureux naissance de notre fille que la Maman continue de nourrir avec le plus grand succès & sans avoir éprouvé la moindre incommodité[h]. Nous présentons nos devoirs à vos Dames & je suis avec un profond respect & le plus sincere attachement

Monsieur

Votre très humble serviteur

Jean Ranson.

A Monsieur / Monsieur le Banneret Ostervald, / *à Neuchâtel, / en Suisse, / Par Pontarlier*

MANUSCRIT

*Neuchâtel ms.1024 (arch. de la STN), fol.42-43; 4 p., l'ad. p.4; cacheté d'une oublie; m.p.: timbre: 'LA ROCHELLE' (mal venu); taxe: '20'; orig. autogr.

NOTES EXPLICATIVES

Pour l'auteur de cette lettre, voir au t.xl le n° 7065, rem.

Depuis l'impression du t.xl j'ai pu me documenter davantage sur Ranson. Il était le fils de Barthélemy, marchand de drap de soie, et d'Elisabeth-Judith Seignette. Baptisé le 13 novembre 1747, il devint marchand de drap de soie comme son père, et joua comme lui un grand rôle dans la communauté protestante de La Rochelle. En 1768 il fut reçu officier monnayeur, puis lieutenant du prévôt de la Monnaie. Le 24 juin 1777 il épousa, dans l'Eglise réformée de La Rochelle, Madeleine Raboteau, et le 1er décembre 1788 Jeanne-Françoise Raboteau, cousine de sa première femme. Nommé membre du Conseil municipal en octobre 1793, il fut aussi membre du Conseil des prisons et président du Bureau de bienfaisance. Il mourut le 5 août 1823, veuf, à La Rochelle.

a. on a déjà vu que tout de suite, à la mort de JJ, Ermenonville était devenu un lieu de pélerinage.

b. pour ce bruit (vol du ms. et impression des *Confessions*) voir au t.xl les nos 7170 et 7173, remarque. Pour l'association de ce bruit à la mort de JJ, voir, par exemple, dans le présent volume le n° 7227, remarque.

c. voir le n° 7183.

d. voir *La NH* III.xxii (*Pléiade* ii.386-393).

e. *Les Muses galantes*. Après l'échec de la représentation avortée chez La Popelinière, Rousseau fit en effet 'quelques tentatives pour faire passer à Paris mon Opéra; mais j'éprouvai des difficultés qui demandoient bien du tems pour les vaincre [...]' (*Confessions* VII, *Pléiade* i.340-341).

f. voir au t.xxxix le n° A633.

g. voir au t.xiii le n° 2146, note *c*, etc.

h. voir au t. xl le n° 7065, remarque.

7229

Pierre-Gédéon Dentand à Jean-Pierre Bérenger

Sacconex, 1er août 1778.

[1]. [. . .] Comme vous, j'aimerais à répandre des fleurs sur la tombe d'un homme qui fit si souvent couler les pleurs de l'attendrissement, qui me pénétra du sentiment de la vertu, de son ébranlement jusqu'au frisson, et m'inspira l'enthousiasme dont son âme était remplie pour elle. Mais ce que je tirerais de ce coeur reconnaissant, toutes les âmes qui me ressemblent, les seules auxquelles je souhaite de parler, l'auront senti, et cent autres le disent mieux que moi. Tout le monde a ses ouvrages, tout le monde les a lus, et ceux à qui je voudrais m'adresser en parlant de lui les savent presque par coeur. Les détails de sa vie que j'ai pu apprendre, on les sait aussi; ceux de sa mort, on va les apprendre. Ainsi, en attendant qu'il nous ait fait lui-même son éloge en faisant son histoire, je me bornerai à dire, surtout dans le sein de l'amitié qui partage mes sentiments, combien Rousseau était cher à mon coeur, combien ses ouvrages avaient animé mon âme du feu de la vertu, combien il me semblait intéressant jusque dans ses écarts; puisqu'en les effaçant de sa vie, si cela m'était possible, en passant l'éponge comme je voudrais le faire sur quelques instants qui en obscurcissent un peu l'éclat, je me dirai encore: Mais sans cela serait-il un homme? Il parlait en Dieu, il sentait comme un ange; il faut bien qu'il ait quelquefois agi en homme.

[2] Ses mémoires sont en sureté; soyez tranquille, le public les lira. Rousseau y a tracé sa vie, ses erreurs, ses égarements, il a dit la vérité telle qu'elle était dans son coeur. Les ennemis y trouveront de quoi repaître leur vengeance; ils lui reprocheront ses enfants abandonnés. Ses amis s'affligent de ce qu'il ait pu s'oublier ainsi; mais un égarement avoué, pleuré, qui eût été réparé si cela avait été possible, trouvera grâce auprès de ceux qui voudront voir ce qui le couvre et le rachète. On dit que m. d'Ermenonville lui élève un monument dans son jardin; j'espère qu'il ne chargera pas la modeste cendre de Rousseau d'ornements avilis par leur usage et leur ordinaire destination; tant pis pour m. de Girardin s'il y met d'autre épitaphe que: *J. J. Rousseau*. Tout me paraît froid à côté de celle-là, jusqu'à la devise même: *Vitam impendere vero*.

[3] J'ai été chargé d'envoyer au *Journal de la Haye* quelques vers faits à la louange de J.-J.[a] Leur auteur, que je vous nomme entre nous, jusqu'à ce que le journal paraisse, est M. Reybaz-de-Roches[b]. J'en ai retenu quelques-uns; voila le commencement:

Il n'est plus, ce puissant génie
a qui la langue des Français
Doit sa chaleur, son énergie,
La raison, sa marche hardie,
Et la liberté ses succès!

[4] Puis, après avoir dit qu'indigné de voir les lois complices des forfaits, des arts les fureurs meurtrières, et l'homme accablé de leurs maux, il rendit l'homme à la nature, le poète peint ainsi l'effet que produisirent ses ouvrages:

Aussitôt l'ardent fanatisme
Accourut, la croix à la main,
Pour dénoncer au despotisme
Ce bienfaiteur du genre humain.
Les décrets, l'exil, les outrages,
Jusque sur nos ingrats rivages,
Poursuivirent son coeur flétri.
Hélas! il n'eut dans ces orages
Que sa vertu pour tout abri.

[5] Je cesse, mon ami, de vous entretenir de cet intéressant sujet, parce que je me sens trop ému encore quand je m'occupe de lui. Surtout je m'indigne quand je trouve des gens assez . . . je ne sais quoi, pour comparer deux hommes que la fureur des antithèses peut seule rapprocher. Le vieillard de Fernex meurt dans le temple de la vanité[c], étouffé d'encens et de fumée; il y meurt désespéré de mourir, implorant en vain le secours de l'art, maudissant l'heure où il abandonna sa retraite; et cependant se traînant encore, du reste de ses forces, là où la fumée de la vanité l'attire. Quels hommes que ceux qui ont la fureur de les comparer! Quels êtres que ceux qui ont la bassesse de préférer le poète au sage! [. . .]

IMPRIMÉ

*'J.-J. Rousseau jugé au lendemain de sa mort', l'*Alliance libérale* (Genève) du 22 juin 1878, ix.98-99.

NOTE CRITIQUE

Dans l'imprimé de 1878, la source du texte n'est pas indiquée.

NOTES EXPLICATIVES

Pour le destinataire de cette lettre, voir au t.xxxv le n° 6345, alinéa 6 et note *n*.

L'auteur (1746-1780) appartenait à une famille qui était bourgeoise de Genève dès avant la Réforme. Fils d'un autre Pierre-Gédéon (1704-1783), pasteur, et de Marie Delolme, il avait été ministre, mais dut abandonner la carrière ecclésiastique à cause de sa mauvaise santé. Il s'adonna à la recherche scientifique, fit imprimer des traités sur l'agriculture, et était lié avec J.-A. Deluc. Il n'avait, paraît-il, aucun lien de parenté avec Julien (1736-1817), fils de Jean, pasteur, et d'Anne Maurin, lequel devait acquérir une grande notoriété par son activité politique. Dévoué à la cause des Représentants, il entra au CC en 1770, et au PC en 1778, fut élu Syndic en 1780, et fut l'un des proscrits de 1782. Il revint à Genève en 1789, fut président du Conseil en 1792, député à l'Assemblée nationale en 1793, et président du Tribunal révolutionnaire de Genève en 1794.

a. pour ces vers, voir au t.xliii la lettre de Reybaz du 14 février 1779, n° 7475. La *Gazette* de La Haye dut les refuser, car la première impression semble avoir été celle de la Société typographique de Genève, fin 1778.

b. Etienne-Salomon Reybaz (1737-1804), fils de François-Louis et de Madeleine Givel. Originaire de Nyon, il s'était fait ordonner ministre à Genève (1765) et avait été reçu Bourgeois le 18 mai 1772. Après le triomphe des Négatifs en 1782, il prit le chemin de l'exil, et s'établit à Paris, où il collabora de 1789 à 1790 avec Mirabeau. En 1792, et de nouveau de 1794 à 1796, il fut le représentant diplomatique de Genève à Paris.

c. le Théâtre français? ou Paris?.

7230

René-Louis, marquis de Girardin, à Jean-Pierre-Charles Le Noir

[vers le 1er août 1778][1]

Monsieur

C'est[2] au nom [3]de la memoire[3] d'un homme que vous estimés[4] C'est au nom de Sa malheureuse femme [3]que vous[5] plaignez[3] que je dois [6]vous mettre sous les yeux[6] La malhonnêteté du journaliste de Paris.[7] Dans sa feuille du 30 juillet N° 211, article Varieté, il raporte a ce qu'il dit mot pour mot[8] La préface des memoires de Mr Rousseau.[a] Sa Conduitte a cet egard [9]se resout dans et entraine cette[9] reflexion bien simple, ou il est Infidele, ou il est Imposteur, Infidele Si Les memoires sont entre ses mains, ou qu'il[s] Luy aient èté montrés par un Depositaire de la Confiance de M. Rousseau, Imposteur, [10]Si les memoires ne sont pas entre Ses mains[10], ou qu'il ne les ait pas vus[11]. De plus Monsieur C'est troubler [3]inevitablement[3] L'ordre public [12]que vous savez si bien maintenir[12], que D'exciter La curiosité generale[3] sur un [13]Ecrit particulier[13] que peut-etre Les Circonstances, et Certainement Les Intentions formelles[14] que je tiens de M. Rousseau luy meme ne permettent pas de rendre public[15] quelque part ou puisse[16] exister[17] cet ecrit si tant[18] est qu'il existe encore. [19]C'est par [20]consideration pour[20] la tranquillité publique[21]

MANUSCRIT

* Chaalis, fonds Girardin D[4] 38, n° 10, p.1; brouillon inachevé, très raturé.

NOTES CRITIQUES

[1] [le ms. n'est pas daté et le nom du destinataire n'est pas indiqué. La date approximative est déterminée par l'allusion au *JP*. La lettre s'adresse à une personne responsable de l'ordre public, donc probablement au lieutenant de police.] [2] [faux départ:] ⟨C'est au N⟩ [3] [inséré dans l'interligne] [4] estimés ⟨surement⟩ [5] vous ⟨desiriés de (?) proteger⟩ [6] ⟨me plaindre a⟩ vous ⟨de la⟩ [7] Paris ⟨je vois⟩ ⟨je trouve dans⟩ ⟨il annonce dans⟩ ⟨il raporte⟩ [8] met ⟨une f⟩ [9] ⟨emporte une⟩ [la version définitive est en partie conjecturale] [10] ⟨S'il ne les a pas⟩

[11] ⟨vus, et de maniere ou D'autre, il ne doit pas⟩ ⟨inouis par S⟩ ⟨D'ailleurs, C'est quoiqu'il en soit c'est⟩ [12] ⟨dont vous etes Le gardien⟩ [13] ⟨objet⟩ [14] ⟨formelles de Mr Rousseau⟩ [15] public ⟨en quelques mains qu'il se trouve⟩ ⟨quelque part où il soit⟩ ⟨Soit a⟩ [16] puisse ⟨encor⟩ [17] [biffé par mégarde] [18] tant ⟨qu'il⟩ [non biffé, par inadvertance] [19] [écrit le long de la marge de gauche: la place de cette addition est incertaine] [20] ⟨egard meme pour⟩

[21] [rédaction abandonnée]

NOTES EXPLICATIVES

Girardin a probablement renoncé à envoyer cette lettre, s'étant rendu compte de l'absurdité de sa démarche.

a. effectivement, dans le *JP* du 30 juillet 1778, p.843, on lit sous la rubrique 'Variété': 'Nous pouvons fixer les incertitudes du Public sur l'existence des Mémoires imprimés dont on parle depuis si longtems & dont on raconte même différentes circonstances. Ces Mémoires ne sont imprimés nulle part: mais nous croyons faire plaisir à nos Lecteurs en leur procurant l'écrit qui étoit destiné à leur servir de préface: [suit le texte du préambule, 'Je forme une entreprise [. . .]' etc.]

Une particularité de cet entrefilet sur les '*Mémoires*', c'est que nulle part le nom de JJ n'y est mentionné.

7231

René-Louis, marquis de Girardin, à Paul-Claude Moultou

[le 2 août 1778][1]

Je vous ai ecrit[2] a Geneve[a]. Je vous ai ecrit a Paris[3b]. Vous ne m'avés fait aucune reponce. M. [4]Coindet a dit [que] vous voulés m'écrire[4] . Vous etes venu a Paris vous avés habité les lambris dorés de la faveur[c] et vous [5]avés pu[5] repartir sans[6] verser une seule larme sur la tombe de votre ami. L'etes vous encore Monsieur. Regardés moy en face Si vous etes fidele[7]. Je reconoitrai L'ami de Mr Rousseau[8]. Le depot ne vous a eté confié qu'a La Condition expresse qu'il ne[9] [put] etre jamais rendu Public que longtems après La mort de celuy qui vous l'a confié et après celle de toutes les personnes Interessées[10d]. Si vous etes jamais Capable d'y manquer[11] ce seroit a moy depositaire[12] de ses derniers moments a[13] venger sa memoire[14]

Ermenonville par Senlis 2 aoust 1778

MANUSCRIT

*Chaalis, fonds Girardin D[4] 37, dossier F, n° 6; 2 p., p.2 bl. (un demi-feuillet plié en deux); brouillon très raturé.

NOTES CRITIQUES

[1] [le nom du destinataire n'est pas indiqué. Un 'ami' de Rousseau, venu habiter à Paris les 'lambris dorés', reparti sans venir à Ermenonville, et dépositaire des *Confessions* de Rousseau, ne peut être que Moultou.] [2] écrit ⟨d'icy (?) une fois⟩ [3] Paris ⟨Sans reponce⟩ [4] [inséré dans l'interligne, après coup, d'une encre beaucoup plus noire] [5] ⟨etes⟩ [6] sans ⟨avoir Daigné vous⟩ [7] fidele ⟨je Suis le plus ⟨grand⟩ vrai de vos amis, Si vous etes Infidèle je Suis Le plus feroce de vos ennemis. C'est a vous de⟩ ⟨Repondés et songés qu'il y va de votre honneur, et de votre Salut et songés qu'il⟩ [8] Rousseau ⟨Si vous ne L'etes pas je Saurai Le défendre car je n'ignore pas que vous n'etes⟩ [9] ne ⟨fut jamais pub⟩ [en changeant de tournure, Girardin a négligé de suppléer le mot 'put'] [10] Interessés. ⟨Ce sera moy qui serai lors obligé de faire conoitre Ses Intentions, et de poursuivre L'⟩

[11] manquer ⟨il faudroit bien pour vous areter⟩ [12] depositaire ⟨de ses d⟩ [dans l'interligne, Girardin a ajouté au-dessus de 'dépositaire': 'ami et aussi (?)'] [13] a ⟨faire⟩ [14] memoire ⟨trahi par L'ami⟩

NOTES EXPLICATIVES

Ce texte incohérent et violent (surtout si l'on tient compte des passages biffés) n'a sans doute pas été envoyé.

a. voir le n° 7176 (t.xl).

b. lettre inconnue: voir le n° 7188, note *d*.

c. Moultou était descendu chez les Necker.

d. les *Confessions*.

7232

René-Louis, marquis de Girardin, à Guillaume Olivier de Corancez

Ermenonville 2. Aoust *1778*.

Je n'ai pas attendu Monsieur, Ce que vous m'ecrivés[a] pour avoir regret a ce que je vous avois ecrit. Aussitot que j'ai vû La pretendüe préface Exhibée dans votre journal[b], j'ai bien Senti que tout ce qu'on pouvoit vous observer étoit pour le moins inutile. Je ne Sçais pas pourquoi vous *craindriés d'user de tous vos avantages*: quelques nombreux [1]que soient Les votres[1], je n'en ai qu'un Seul que je

Sçaurai vous faire respecter c'est Celuy de L'honneteté. J'ay L'honneur d'etre[2]

MANUSCRIT

*Chaalis, fonds Girardin D^4 37, dossier F, nº 5; 1 p., au recto de la copie de la lettre à Romilly du même jour, nº 7233; copie autogr.

NOTES CRITIQUES

[1] qu⟨'ils⟩ soient [2] [compliment inachevé]

NOTES EXPLICATIVES

a. dans une lettre qui manque.

b. voir le nº 7230, note *a*.

REMARQUE

Le 2 août 1778, mme Du Deffand écrivait à Horace Walpole: '[. . .] Les *Mémoires* de Rousseau ne paraissent point, on en a seulement la *Préface*, je vous l'envoie; je crains de vous l'avoir déjà envoyée. [. . .]' (Walpole, 1937, v.64).

7233

René-Louis, marquis de Girardin, à Jean Romilly

2 aoust 1778

Je vous plains sincerement Monsieur des procedés du journaliste de Paris vis avis de la memoire de M. Rousseau de sa femme et de moy parce que je suis sur que dans le fonds de votre Cœur vous les désaprouvés autant et peutêtre plus que tous ceux qui en ont Conoissance. Mais quelque soit sa Conduitte je vous prie Monsieur d'etre bien persuadé que je n'en Conserverai pas moins pour vous tous les sentiments que vous m'avés Inspiré[1] particulierement Lorsque j'ai eu L'honneur de vous voir, ainsi que Ceux de la veritable estime avec la quelle &c.[2]

MANUSCRIT

*Chaalis, fonds Girardin D^4 37, dossier F, nº 5, p.2; 1 p., au verso de la copie de la lettre à Corancez de la même date, nº 7232; copie autogr.

NOTES CRITIQUES

Le ms. est intitulé, de la main de Girardin, 'A M^r. de Romilly'.

[1] [Girardin ne fait pas cet accord] [2] [au verso, à la suite de la copie de la lettre à Corancez, on trouve une première version, biffée, du présent billet:] Quelque soit, Monsieur, La Conduitte du journaliste de Paris vis avis de la memoire de M. Rousseau de Sa femme et de moi, je n'en distinguerai pas moins Ces sentiments que vous m'avés inspiré particulierement Lorsque j'ai eu l'honneur de vous voir, et je vous prie d'etre persuadé Monsieur, que je n'en Conserverai pas moins pour vous ⟨L'Estime⟩ La plus veritable estime et la plus

sincère reconnoissance de vous etre rendu à notre Invitation, en vous plaignant des procedés⟩. Je vous plains Monsieur des procedés du journaliste de Paris vis avis de la memoire [rédaction abandonnée]

7234

René-Louis, marquis de Girardin, à Madame .....

Ermenonville 2e aoust *1778*

Madame,

Accablé de Chagrin, et poursuivi d'affairres depuis La perte que j'ai faite, il me seroit impossible de pouvoir répondre a touttes Les Lettres que j'ai receües de la même nature que La votre, mais Le Malheur vous distingue. C'est pourquoy Madame, [1]je dois au[1] moins vous rassurer. Il ne s'est trouvé aucune[2] Lettre[3] icy. M. Rousseau [4]n'avoit pas assés de tems ni assés d'argent pour en recevoir[4] par la poste et avoit[5] Coutume de bruler touttes celles qui lui parvenoient autrement [6]et pour que vous ne soiés pas plus inquietée de Celle cy j'ay l'honneur de vous La rendre cy joint.[6]

Je suis avec respect Madame

MANUSCRIT

*Chaalis, fonds Girardin D[4] 38 (1); 2 p., p.2 bl.; brouillon.

NOTES CRITIQUES

[1] j⟨'ai le devoir de⟩ [en surcharge] [2] [en surcharge sur une première leçon devenue indéchiffrable] [3] Lettre ⟨de vous⟩ [dans l'interligne, entre 'aucune' et 'Lettre', Girardin a ajouté un mot indéchiffrable] [4] ⟨n'en⟩ recevoi⟨t aucune⟩ [5] ⟨les⟩ [en surcharge] [6] ⟨J'ay l'honneur d'etre⟩

7235

Le docteur Achille-Guillaume Lebègue de Presle à René-Louis, marquis de Girardin

[le 2 août 1778]

[1] Après avoir passé toute la journée a jardiner a Chatillon, elle se trouve agreablement terminée par le plaisir de recevoir votre lettre[a]. J'etois rassuré depuis trois jours sur votre Santé Monsieur

et sur celle de Madame de Girardin, non par ma correspondante infiniment honorable, et qui repond on ne peut plus rarement[b]; mais par une lettre de Mad[e] Aldy[c] a un de mes amis. Cependant j'ai eté fort content d'en avoir la confirmation de votre main; et je vous en remercie avec attention pour le moment et promesse pour la suite de le faire dans la forme que vous ordonnés.

[2] Je m'attendois que vous seriez beaucoup moins satisfait de toutes les peines que se donne le Bavard[d] qu'il ne L'est de son zele et de ses succès. Il veut faire croire, a ce que j'imagine, qu'il a, comme Elisêe, été legataire du manteau et de L'esprit d'Elie[e]. Vous devez avoir vu, Monsieur, des dessinateurs, des sculpteurs, envoyés par lui, gens qu'il protege et eclaire de ses conseils ou dont il a fait la reputation par les idées heureuses qu'il leur a communiquées et aidé a executer. Enfin vous ne sauriez croire combien ce galant homme se tourmente pour vous obliger mais je vois[1] que vous n'avez pas toute la reconnoissance qu'il s'en promet, tant L'ingratitude est commune aujourd'hui. Votre lettre le detrompera; mais je ne sçai pas si dans son enthousiasme il sentira que vous L'avez menagé, et qu'il auroit du se taire. La Préface fait encore plus mal parler que le memoire.[f]

[3] Dans trois lettres que j'ai ecrites a ma tres silentieuse correspondante[b], je lui ai parlé de ce m[r] parcequ'il me semble qu'elle l'a distingué; mais je ne sçai pas si je lui ai marqué que le censeur de la feuille du jour[g] m'a dit n'avoir pas voulu lui laisser mettre un long recit de divers propos [2]peu avant la mort[2h]. Comme cet homme est remuant, je m'attends qu'il fera mettre ce beau travail dans quelque autre papier pourque le public n'en soit pas privé. J'avois remis un extrait des principales circonstances qui contredisent les calomnies des papiers publics et je ne leur avois donné que moitié de ce recit pour qu'on ne put rien changer ni ajouter. Il m'a ecrit pour avoir le tout en me disant qu'on ne donneroit la permission qu'en voyant le recit entier. Je me suis assuré que ce sont des menteries et je ne lui ai fait aucune reponse. Il est venu chez moi et n'en ai pas tenu compte. J'aime mieux mettre ce recit ailleurs ou on peut relever les redacteurs de la feuille.[i]

[4] C'est je crois a m[r] de Leyre que vous avez donné copie du Saule[k]: ainsi ils auront eté deux a faire la malhonneteté de la publier. Il n'y a que moi a qui il arrive que mes amis S'accordent pour me faire tort, [3]dit m[r] R s'il sait ce qui se passe ici[3]. Au reste toutes ces petites copies ne feront aucun tort aux cahiers de m[r] R. aussi au lieu de dire a ce M[r] qu'on lui sauroit gré d'avoir empeché la gravure d'une douzaine d'airs je lui ai dit froidement que cela ne feroit

aucun tort qu'au marchand, parce qu'on previendroit aussitot le public que cette gravure est faite sur des copies; et qu'on va [4]graver sur[4] L'original qui en contient un plus grand nombre de morceaux et presque toujours deux autres airs sur les memes parolles. Mais c'est trop vous occuper des sottises ou pretentions de ce bavard.

[5] J'attendois que m[r] Dangevillé eut repondu pour parler du contrat de Mad[e] Duchene[l].

[6] Je vais mettre votre lettre dans une adressée a Magellan en recommandant a celui ci de s'assurer de la reception.

[7] On debite ici la nouvelle du gain d'un combat naval[m]. M[r] D'Orvilliers[n] a dit on attiré m[r] Keppel[o] dans L'ocean par une ruze l'a attaqué le 27 au soir. Les Anglois se sont attachès au S[t]. Esprit en bons chretiens croyant pouvoir le prendre aisement par ce qu'un coup de vent venoit de renverser ses mats. Le Sphinx dont j'ai oublié le commandant est venu se mettre en travers pour [5]sauver le saint Esprit qui n'avoit plus ses ailes[5]. La nuit est venue finir le combat qui duroit depuis une heure et demie. Le lendemain on n'a plus retrouvé les Anglois quelque perquisition qu'on ait faite; et comme on a Sçu ensuite qu'ils etoient rentrés dans leurs ports, nous sommes rentré[6] a Brest. M[r] De Chartres[p] est de retour; madame[q] a eté au devant de lui. Mr Duchaffault[r] est blessé dangereusement. On compte 150 morts et 400 ou 500 blessés. On nous mettra cela dans la gazette en forme de bataille et de victoire. Mes connoissances marines ne vont pas jusques la. Cette campagne n'a eté ni longue ni meurtriere. Il paroit qu'il y a partout un esprit de paix; car l'Empereur et le Roy de Prusse ont cessé dit on les hostilités pour six semaines. J'oubliois de vous dire qu'il n'y a point de vaisseaux pris ni coulés a fond. Mais je finis pour ne pas manquer Cannivet[s], a qui j'envoye cette lettre, comme il est arrivé il y a huit jours.

ce 2 Aout 78

---

[8] P.S. On dit l'amiral Keppel tué[t].

[9] On dit m. de Rochechouart[u] mis au conseil de guerre pour n'avoir pas obei et pris part a l'action.

[10] Les uns disent que m[r] de Chartres repartira les autres pretendent le contraire[w]. Les vaisseaux doivent remettre a la voile dans la huitaine.

MANUSCRIT

*Chaalis, fonds Girardin D[4] 34, n° 24; 4 p.; orig. autogr.

NOTES CRITIQUES

[1] [en surcharge sur un autre mot, en partie gratté] [2] [inséré dans l'interligne] [3] [la concordance des temps est difficile

à suivre, mais il est impossible de lire autre chose] [4] ⟨donner (?)⟩ [en surcharge] [5] ⟨garder (?) le Saint Esprit⟩ [6] [Lebègue ne fait pas cet accord]

NOTES EXPLICATIVES

a. lettre inconnue.

b. il s'agit vraisemblablement d'une des filles de Girardin, probablement de Sophie-Victoire-Alexandrine, née vers 1763/4.

c. je n'ai pu l'identifier.

d. ce qui suit, alinéa 3, semble montrer qu'il s'agit de Foulquier.

e. *II Rois* ii.13-15.

f. cette phrase énigmatique est d'une interprétation difficile. La 'Préface', c'est le préambule des *Confessions*, le 'mémoire', c'est celui de février 1777 (t.xl, n° A649), tous deux publiés peu avant dans le *JP*. Lebègue et Girardin soupçonnaient-ils Foulquier de cette 'infidélité'?

g. le *JP*.

h. pour le texte refusé par le *JP*, voir au t.xl le n° A682, et dans le présent volume le n° 7202.

i. à première vue, cela paraît une allusion à l'opuscule dont on trouvera des passages cités au t.xl, n° A679. Cependant, en 1789, Lebègue déclarera (dans un ms. inédit) que cette brochure n'est pas de lui; elle aurait été confectionnée par Magellan d'après des lettres que lui avait adressées Lebègue: 'cet ami en les donnant [des extraits de ces lettres] sans ma participation a été cause que je n'ai pas publié moi meme dans un plus grand detail, les circonstances de la mort de M. Rousseau'. Dans la présente lettre, donc, il doit s'agir de ce récit plus ample, dont le texte semble malheureusement perdu.

k. la 'romance du Saule', paroles françaises d'après Shakespeare, n° 65 des *Consolations*. Elle venait d'être imprimée dans le *JP* du 27 juillet 1778, p.831-832 (voir le n° 7216, remarque ii). Le 23 novembre, le *JP* devait réimprimer (p.1309-1312) une autre romance de JJ, sur des paroles de Deleyre, 'Au fond d'une sombre vallée'. C'est la 'Romance d'Edwin et Emma' (*Consolations* n° 30, où cependant on lit 'Au fond d'une heureuse vallée'). Voir le n° 7369, note *b*. Cette romance était parue précédemment dans le *Mercure*: voir le n° 7359, premier alinéa et note *b*.

l. allusion aux difficultés soulevées par la Veuve Duchesne, qui prétendait avoir des droits sur l'édition générale des ouvrages de Rousseau. Afin de se couvrir à cet égard, Girardin devait faire dépouiller et résumer la correspondance de JJ avec Guy. Les résultats de ce dépouillement existent toujours dans le fonds Girardin, et ont été utilisés de temps à autre dans la présente édition de la correspondance de Rousseau.

m. le 8 juillet 1778, l'amiral français Orvilliers (note *l*) sortit de Brest, et le 27 livra bataille à la flotte de l'amiral anglais Keppel (note *m*) au large d'Ouessant. Le sort semblait d'abord favoriser les Anglais, mais l'habileté d'Orvilliers rétablit la situation, de manière que l'issue resta indécise. – 'Succès' et non 'victoire', dira l'abbé Véri dans son *Journal* ii.137, où on lira (ii.135-138) un récit intéressant de la bataille, assorti de remarques curieuses sur le mécontentement qu'avait inspiré à Sartine la rentrée prématurée de la flotte à Brest, et sur la conduite du duc de Chartres (note *s*).

n. Louis Guillouet (1708-1792), comte d'Orvilliers; son père fut gouverneur de Cayenne. Il était entré dans la marine dès 1728. Enseigne en 1741, capitaine de vaisseau en 1754, il fut nommé chef d'escadre, et fut promu en 1777 lieutenant-général des armées navales. Malgré son demi-succès contre Keppel, sa carrière active s'acheva bientôt dans le découragement et l'échec.

o. Augustus Keppel (1725-1786), fils de William Anne, comte d'Albemarle. Cet amiral anglais, qui avait en une carrière distinguée, venait d'être nommé commandant-en-chef de la flotte britannique.

p. Louis-Philippe-Joseph (1747-1793), le futur 'Philippe-Egalité'. Son inactivité au moment critique de la bataille d'Ouessant, disait-on, avait privé les Français d'une victoire décisive (voir la note *u*). C'est le duc de Chartres qui commandait *Le Saint-Esprit*.

q. Louise-Marie-Adelaïde de Bourbon (1753-1821), fille du duc de Penthièvre. Elle avait épousé le duc de Chartres en 1769.

r. Louis-Charles (29 février 1708 – 29 juin 1794), comte Duchaffault, fils d'Alexis-Augustin (qui vivait sur ses terres, mais qui acquit assez tardivement une charge de conseiller au parlement de Bretagne), et de Marie Boux, fit toute sa carrière dans la marine, où il entra en novembre 1725. Enseigne en 1733, lieutenant en 1746, et capitaine en 1754, il servit dans les Antilles et au Canada, où il participa en 1758 à un débarquement à Québec. Chef d'escadre en 1764, il fut nommé adjoint à Orvilliers en 1772. Il eut la grand'croix de Saint-Louis en 1775 et une pension annuelle de 6000 livres. En 1777 il fut promu lieutenant général des armées navales. Il avait épousé en 1732 Pélagie de La Roche-Saint André (†1793), qui lui donna deux fils et trois filles. Il se retira en 1780 et se consacra à la culture de ses terres. – 'Le Comte Duchaffault est très-grièvement blessé à l'épaule, d'une mitraille qui lui a fracassé l'os; [. . .] M. Duchaffault fils, a eu un des deux os de la Jambe cassé, & on espère qu'il sera bientôt rétabli' (*Mercure* du 15 août 1778, p.228). Cet espoir fut mal fondé. Le chevalier Marie-Augustin, fils aîné du comte, lieutenant de vaisseau, qui se retira du service avec 1000 livres de pension, devait mourir, hélas, de ses blessures.

s. sans doute un expéditionnaire: cp. aussi les n°s 7262, alinéa 20, et 7274, alinéa 6.

t. ce bruit était dénué de tout fondement. L'amiral devait être traduit en conseil de guerre, mais il fut acquitté.

u. Pierre-Paul-Etienne (1723-1799), appelé le vicomte de Rochechouart, fils posthume de Charles de Rochechouart, comte de Clermont, et de Françoise de Montesquiou. Son père mourut le 11 mai 1723, et son fils cadet ne vint au monde qu'en juillet. Il avait été nommé capitaine des vaisseaux du roi en 1757. Chef d'escadre à Ouessant, le bruit courut avec persistance à cette époque qu'il avait été traduit devant un conseil de guerre pour avoir désobéi à l'ordre que lui aurait intimé Orvilliers d'attaquer le *Marlborough*, qu'il avait été condamné à être congédié, mais qu'il avait fait appel au roi. Ce bruit était sans fondement, paraît-il.

w. on avait reproché au duc de Chartres d'avoir facilité la retraite de la flotte anglaise, faute d'avoir compris un signal d'Orvilliers. Le bruit avait couru qu'il serait rappelé. En l'occurrence, le duc devait bientôt repartir pour Brest rejoindre son vaisseau.

7236

Antoine Barthès de Marmorières à Frédéric-Samuel Ostervald

Versaille ce 2d Aout 1778

[. . .] Je les[a] avois specialement chargés de me déterrer pour ainsi dire à tout prix, un exemplaire du portefeuille volé, dit-on, à Rousseau et soy disant imprimé[b]. [. . .]

A Monsieur / Monsieur Osterwald / ancien Banneret / A *NEUF-CHATEL* en Suisse.

MANUSCRIT

*Neuchâtel, archives de la STN, ms.1117, fol.332 (première page de la lettre); cachet armorié sur cire noire; m.p.: timbre: 'VERSAILLES'; taxe: '15' [?]; orig. autogr.

NOTES EXPLICATIVES

L'auteur de cette lettre (1736-1811) était le fils de Guillaume Barthès (ou Barthez), ingénieur, cartographe et agronome, anobli en 1781 par Louis XVI, et de Marie Lerey. Guillaume Barthès, originaire de Narbonne, fit en 1735 avec sa femme un voyage en Suisse, et c'est ainsi qu'Antoine naquit à Saint-Gall. Secrétaire de l'ambassade de France en Suisse, à Soleure (1764-1768), il eut à remplir à plusieurs reprises les fonctions d'un chargé d'affaires, en l'absence de l'ambassadeur, Beauteville. En 1765, il fit la connaissance de JJ. En effet, en octobre de cette année-là, il était venu dans l'Ile Saint-Pierre, afin d'ajouter ses instances à celles des personnalités biennoises qui souhaitaient que JJ, expulsé de sa retraite par les autorités bernoises, acceptât de se réfugier chez eux: '[. . .] des sollicitations moins prévues et plus pondérantes furent celles de Mr Barthès, secrétaire d'Ambassade de France qui vint me voir avec Wildremet, m'exhorta fort de me rendre à son invitation, et m'étonna par l'intérest vif et tendre qu'il paroissoit prendre à moi. Je ne connoissois point du tout M. Barthès; cependant je le voyois mettre à ses discours la chaleur, le zèle de l'amitié [. . .]'. Croyant que Barthès n'agissait pas de son propre chef, JJ conclut qu'il devait cette démarche à la compassion de Beauteville, ce en quoi il se trompait (*Confessions* XII, *Pléiade* i.653-654).

En 1776, Barthès entra dans les Gardes suisses, et le 16 février 1777 fut nommé 'maréchal général des logis des Gardes Suisses et secrétaire du comte d'Artois'. Le 25 mai 1783, il fut promu capitaine d'Infanterie. C'était un homme instruit, un peu lié avec Malesherbes et avec d'Alembert (mais pas aussi intimement que son frère aîné Paul-Joseph Barthès, 1734-1806, médecin célèbre, l'un des chefs de l'école vitaliste de Montpellier, à qui d'Alembert avait demandé des articles pour l'*Encyclopédie*). En 1781, il devait faire imprimer par la Société typographique de Neuchâtel le premier volume, in-4°, de ses *Nouveaux Essais sur la Noblesse* [. . .]. Cet ouvrage ayant eu peu de succès, le reste ne vit jamais le jour. Sa carrière et son évolution politique sont désormais assez difficile à suivre. En 1792, licencié par les autorités révolutionnaires, il parut à la diète de Frauenfeld en qualité d'agent des princes émigrés, et fut porté lui-même sur la liste des Français émigrés (quoique, du point de vue juridique, il fût sujet du prince-abbé de Saint-Gall). En 1798, il se rallia à la république helvétique, et fut commandant à la suite de la première légion helvétique. En 1793 il devait faire imprimer une tragédie intitulée *La Mort de Louis XVI* (du moins on l'imprima sous son nom), et en 1802 un roman intitulé *Einathan* [. . .]. Le 17 décembre 1809, on lui accorda une solde de retraite de 300 fr. Le 30 octobre 1779 il avait épousé Marie-Françoise Lortillon, qui lui donna au moins six enfants (Vincennes, AG: DHBS).

a. ses deux commissionnaires à Paris.

b. voir au t.xl le n° 7156, remarque ii, et dans le présent volume le n° 7184, alinéa 2, etc.

7237

René-Louis, marquis de Girardin, à Charles-Claude Flahaut, comte de La Billarderie d'Angiviller [?]

[début août 1778][1]

[1] Je n'ai jamais douté un instant, Monsieur, des[2] Sentiments[3] dont vous honorés la mémoire de Mr Rousseau, Sentiments qu'il meritoit autant par L'excellence de son Cœur que par celle de ses ecrits. Si cette Sensibilité extrême a[4] fait souvent son malheur Elle a repandu dans ses[5] ouvrages, dans ses amours, dans son amitié des charmes[6] si touchants, qu'on peut l'en plaindre mais jamais L'en blamer.[7] Un homme sans passions seroit Sans Contredit un homme faux ou nul,[8] mais celles de M. Rousseau quelques reelles qu'elles pussent être avoient ceci de particulier, qu'elles[9] n'etoient en luy que L'effet du temperament, du besoin d'aimer, et de La Crainte d'etre hai, jamais L'effet [10]d'une basse jalousie[10] de L'envie, de L'ambition, ou de La haine. [11]Les passions n'etoient[12] [11] chés luy que[13] l'excès des vertus de la nature [14]aussi n'avoit'il que des passions[14] [15] aimantes, tandis que chés presque tous les hommes, c'est L'excès des vices de la societé qui leur donne des passions haineuses. Tel m'a toujours paru M. Rousseau dans ses ecrits comme dans sa société, et quant a moy, j'eusse moins aimé Le sage Socrate que L'amoureux [16]L'ombrageux et Le petulant[16] Jean Jacques. Quant aux ecrits eparpillés qui peuvent rester encor de luy[17] Ses Intentions ont èté que je [18]fasse parvenir[18] une prière a tous ses amis ou de les remettre, ou du moins de n'en jamais disposer

[19]comme de raison[19] sans la participation ou l'avœu de sa femme De laquelle vous sentès Monsieur, qu'une nouvelle edition des œuvres de son mari deviendroit[20] La ressource la plus convenable pour elle et pour La memoire de son mari.

[2] Le projet et le vœu general de tous Ses amis me paroit donc devoir [21]se reduire d'abord a se[21] Concerter emsemble, pour reunir[22] Les differents ecrits qui pourront[23] enrichir Sans aucun Inconvenient une nouvelle edition, et de Supprimer ou de Suspendre la publication des autres, soit que cette edition puisse Se faire dans ce paiis cy ou en paiis ètranger ou[24] La plus grande partie de ses ecrits est deposèe en manuscrits.[25]

[3] [26]J'ai cherché partout, Monsieur, et il ne s'est trouvé icy aucune note ni sur ce que vous avés ni sur ce que vous me[27] demandès.[a] J'ignore ce qu'il a fait de tout cela avant de partir de Paris. [28]Sa femme m'a dit[28] qu'il a beaucoup brulé. Vous sçavés qu'elle n'est pas fort au fait de ses papiers dont la pluspart ne luy ont jamais èté lus par son mari et dans L'etat ou elle est c'est meme avec beaucoup de peine que je puis en tenir les renseignements dont j'ai besoin [...][29] [26]

[4] Quant a la musique[30] comme il a laissé en Angleterre[31] toutte celle qu'il avoit composé[32] avant d'y aller,[33] j'ai écrit pour tacher de la reunir[b], à celle qu'il a faitte après son retour[34] et qui m'est remise, afin d'en faire une Collection Complette[35] et la proposer tant en France qu'en Angleterre par voye de souscription que me paroit devoir être La plus avantageuse pour m[de] Rousseau.[36] Elle me charge de vous temoigner de sa part[37] toutte La reconoissance qu'elle a de vos bontés. Je connois trop votre façon de penser pour n'être pas bien persuadé[38] que[39] vous voudrés bien les luy Conserver, et chercher a luy rendre service[40] jusqu'a ce qu'elle reçoive son aisance ou du gouvernement dont Son mari a honoré La langue, ou du produit de la souscription de sa musique et d'une nouvelle edition de Ses ouvrages. Je tacherai[41] de repondre dans ce qui me Concerne a la derniere Intention de son mari en ne la laissant manquer de rien. Si vous daignés, Monsieur, me recevoir Lorsque j'irai à Paris, je serai fort aise d'y faire plus particulierement Connoisance avec vous, et de m'y reunir[42] dans tous Les sentiments qui nous sont communs Pour l'ami que nous avons perdu, [43]Sentiments, Monsieur, que j'ai conçus d'avance sur votre réputation, et dont je serai tres empressé de vous donner des preuves ainsi que de la Consideration avec laquelle[44] [43]

MANUSCRIT

*Chaalis, fonds Girardin D^4 38, n° 10, p.2 et 3; brouillon très raturé et premier jet de certains passages.

NOTES CRITIQUES

[1] [le ms. n'est pas daté, et le nom du destinataire n'est pas indiqué. 1° C'est au mois de juillet 1778 que Girardin s'est livré à toute une série de démarches pour recouvrer les mss dispersés de JJ. 2° Ce brouillon se trouve p.2 et 3 d'une feuille de 4 p., dont la première est occupée par la lettre à Lenoir du 1er août, n° 7230. Il est suivi, p.4, par le n° 7238. Quant au destinataire, le ms. qu'il détient et dont Girardin ignore le nom ne peut être qu'une copie des *Dialogues*. Or, il n'y avait en France que Condillac et Angiviller qui en possédaient une copie. Il ressort de la présente lettre que le destinataire est un admirateur de JJ qui l'a fréquenté pendant les dernières années de sa vie, qui aurait eu des 'bontés' pour Thérèse, qui est domicilié ou qui a un logement à Paris, et pour qui Girardin montre une déférence exceptionnelle, petit faisceau d'indices qui conviennent plutôt au comte d'Angiviller qu'à Condillac.] [2] de ⟨vos⟩ [en surcharge partielle] [3] Sentiments ⟨à L'egard de la mémoire de M. Rousseau⟩ [4] a ⟨fait Souvent Le ma⟩ ⟨Souvent⟩ [5] ses ⟨ecrits⟩ [6] charmes ⟨tellement uniques⟩ [7] blamer. ⟨Tout ho⟩ [8] nul, ⟨mais si M. Rousseau⟩ [9] qu'elles ⟨devoi⟩ [10] ⟨de la jalousie⟩

[11] ⟨C'etoit⟩ [12] n'etoient ⟨point⟩ [13] [inséré dans l'interligne] [14] ⟨tandis que chés presque tous les hommes c'est L'ex⟩ [15] passions ⟨qui sont toutes⟩ [16] ⟨Le jaloux de ses amis⟩ ⟨[13]L'orageux humain[13]⟩ ⟨et Le bouillant⟩ ⟨pétulant Jean Jacques⟩ ⟨et Le passioné⟩ [17] luy ⟨voicy ses dernieres Intentions dont⟩ ⟨voicy ce me semble a quoy doit se reduire⟩ [18] ⟨reclame de sa part auprès de tous ses amis⟩ [19] ⟨d'aucune manière⟩ [20] deviendroit ⟨La plus grande ressource⟩

[21] ⟨se reunir⟩ ⟨concerter[13]⟩ ⟨a tacher de Se⟩ [22] reunir ⟨et⟩ [23] pourront ⟨entrer⟩ [24] ou ⟨se trouve effectivement⟩ ⟨existe[13]⟩ [25] ⟨quant a Celuy, M., dont vous etes Le depositaire⟩ ⟨En attendant Monsieur, De⟩ ⟨L'ecrit que vous avés entre Les mains dont j'ignore Le nom et le genre ne s'etant trouvé aucunes notes a cet egard, ⟨il ne⟩ ne peut etre mieux que dans des mains aussi fidèles que les votres d'ou il ne sera certainement communiqué a personne⟩ ⟨[13]Si vous daignés me recevoir lors que j'irai a Paris[13]⟩ [26] [ce passage écrit sans signe de renvoi le long de la marge de gauche, au-dessous de la souscription (également écrit le long de la marge de gauche), et continué en haut de la page, à l'envers. Girardin ne semble pas avoir arrêté définitivement son texte dans le présent brouillon, car on trouve écrit le long de la marge de droite un ajout fort difficile à déchiffrer, non biffé, et destiné à complémenter ou à remplacer le texte imprimé ci-dessus:] et ⟨sa femme même⟩ ne les a ⟨jamais lû⟩ meme jamais lu à sa femme, tout ce qu'elle sçait c'est qu'il a beaucoup brulé. [27] me ⟨faites L'honneur⟩ [28] ⟨mais⟩ je sçais [ces deux derniers mots non biffés] [29] [deux ou trois mots indéchiffrables] [30] musique ⟨je m'occupe de la rassembler, car il n'y a⟩

[31] Angleterre ⟨cher son hote⟩ [32] [Girardin ne fait pas l'accord] [33] aller, ⟨j'ai ecrit pour tacher de la reunir à⟩ [34] retour ⟨et qu'il m⟩ [35] Complette, ⟨qui⟩ [36] Rousseau. ⟨Si vous daignés me recevoir Monsieur lorsque⟩ [37] part ⟨La Sensible⟩ [38] persuadé ⟨du⟩ ⟨que vous⟩ [39] [en surcharge sur un autre mot ou commencement de mot devenu indéchiffrable] [40] service ⟨si elle⟩

[41] tacherai ⟨qu'elle trouve icy tous⟩ [42] reunir ⟨par Les⟩ [43] [écrit le long de la marge de gauche] [44] [compliment inachevé]

NOTES EXPLICATIVES

Pour le destinataire de cette lettre,

grand admirateur de JJ, voir au t.xxi le n° 3575, alinéa 11 et note *h*.

a. le comte d'Angiviller possédait un ms. des *Dialogues*, et il avait sans doute cherché à se renseigner sur le sort des *Confessions*.

b. voir le n° 7225, alinéa 2.

7238

René-Louis, marquis de Girardin, à Etienne Bonnot, abbé de Condillac [?]

[début août 1778][1]

Ayant[2] été chargé Monsieur de reclamer auprés de tous Les amis de M^r^. Rousseau Leur parole, de ne point[3] Communiquer ni Disposer d'aucun des Ecrits qu'il pourroit Leur avoir remis sans[4] La participation et L'avœu de sa femme, ce qui est une reclamation[5] trop honête et trop juste pour qu'elle ne soit pas dictée[6] d'avance[7] dans le Cœur de tous les honetes gens, je me suis acquitté Monsieur de ce Devoir auprès de vous[8], avec d'autant plus D'empressement qu'il me procuroit en même tems L'avantage de vous assurer de mes sentiments pour vous. J'ignore le nom, et Le genre du manuscrit que vous avés,[a] et par Consequent Les raisons qui doivent en suspendre La publicité,[9] ne s'etant trouvé icy aucunes notes où brouillons a cet egard. Mais comme [10]Les plus veritables amis de m. Rousseau [ne] desirent[10] de rassembler[11] dans une nouvelle edition qui pourroit être faitte pour l'avantage de sa veuve que les seuls[12] ecrits qui peuvent y entrer convenablement aux[13] Circonstances actuelles, je serai tranquille sur le sort de tous Les autres, Lorsque je serai assuré qu'ils seront dans des mains aussi fidèles que Les votres, et Incapables de manquer en rien aux dernieres Intentions[14] de Mr Rousseau.

MANUSCRIT

*Chaalis, fonds Girardin D[4] 38, n° 10, p.4; brouillon.

NOTES CRITIQUES

[1] [le brouillon n'est pas daté, et le nom du destinataire n'est pas indiqué. Comme ce texte se trouve p.4 de la même feuille que les n°s 7230 et 7237, il est probable qu'il soit de la même époque. Quant au destinataire, il pourrait s'agir de Condillac.] [2] [précédé de plusieurs faux départs:] ⟨La seule mission⟩ ⟨Puisque vous pensés, Monsieur⟩ ⟨Le manuscrit⟩ [3] point ⟨disposer ni⟩ [4] sans ⟨l'avoir⟩ [5] ⟨condition⟩ [6] ⟨Imprimée⟩ [7] d'avance ⟨par Le sentiment⟩ [8] vous, ⟨qu'il me pr⟩ [9] publicité, ⟨ne s'etant⟩ [10] ⟨mon projet ne seroit⟩ [la leçon définitive est en partie conjecturale]

[11] ⟨faire entier⟩ [12] [inséré dans l'interligne] [13] ⟨dans les⟩ [14] Intentions ⟨de Mr Rousseau et a la memoire de M^r⟩

NOTE EXPLICATIVE

a. JJ avait confié à Condillac un ms. des *Dialogues*: voir au t.xl le n° 7076.

7239

René-Louis, marquis de Girardin, à Brooke Boothby

[début août 1778]

My Dear Worthy Sir

[1] Do Allow me those Tender words being comitted[1] by the unhappy widow to thank you[2] for your kind letter[3a] of[4] which the franckness and true honesty moves one to the heart. Alas he is dead the man of our heart, I Liv'd with him but to See him dye, and bury myself his tomb. We have no better means to acquit our sentiments for him[5], but to respect his Last intentions, and[6] to[7] join our friendly Cares for the only person who was[8] til his death the[9] constant Companion of his life [10]and his unjust suffering[10]. He left her to[11] my fatherly protection as he Sayed,[12] being Impossible neither[13] to[14] give her any Comfort for[15] Such an absolute loss,[16] at least I will endeavour as much as possible not to let her want any rest or necessary in my power. But to procure her a little more easy way of living She depends only after the Death of her husband on the productions of his immortal Spirit.[17] Such were on that regard his[18] Constant Intentions[19] and any man who[20] would presently[13] [21] Intend to print any writing of him without the formal consent and Interest of his widow would be the rober of the widow's penny. I don't make any doubt My dear Sir for you as welle as Lord Harcourt will assist me[22] in this double prospect the honour of the memory of our Dear man, and the Interest of his widow. I have according[23] of his last[13] directions wrote to anybody I[24] know being depositary of some papers; as soon as I shall be answered as I hope we vill[25] register all which may be printed to make a new edition[26] for which we must consider the faculties capacityes, and the propositions the more advantageous and Convenient to the widow.[27] For[28] the musick It seems to me the more beneficial way for her would be to propose by Suscription[29] tutta la musica di camera and persuaded as I am there would be in the whole world a great number of honest sensible[30] people who[31] will[32] for a guinea concert themselves to get

a charming collection of songs, and be benefactors to the wife of a great man. The greatest part of that musick and Especially the Compleat opera of Les muses galantes he left[33] at his quick departure from England into the hands of Miss Davenport. I wrote lately to Earl Harcourt[b] depending on his friendly cares on this regard and hope he will be so good to[34] make the pass[35] all that musick the soonest as he can to the hands of the widow because directly I would[36] endeavour this winter the latest to[37] publish La musica di Camera, and[38] especially to bargain[39] for the opera with the directors of the theatre of Paris.

[2] The[40] greatest part [41]of the papers are in[41] foreign countrie, in some confused notes and[42] writing the almost only one we have found here, I found truly[43] he trust you with a very interesting one[44] of which[45] he did not preserve any copy, but he deliverd as I think two other copy. I conjecture, but I am not sure, the title of this work are Dialogues, I don't know if you have this work Compleat and to the End, or only the first part, and the other two gentlemen Each of them, a Single part, to compleat the whole or if you have Each of the three a compleat and a similar Copy[c]. [46]Will you be so good[46] [47]in the way of a new Edition to[47] acquaint her or me if your[48] trust is compleat, the Condition he put to this particular trust and if [it][49] is of a sort[50] which could be printed directly, or in a further time according his intentions[51] regard to his memory and rest of his widow.[52]

[3] I don't Sir enter again [13]with you[13] in the Sad but Sublime his last moments and words because I have wrote em down to Earl Harcourt in my last letter[b]. Except[53] the place[54] of his[55] burying, which is situated amids a small calm lake Surrounded by[56] rising woods on a small island all planted with Italian populars[57] the form of the monument is a sarcophage, On the face of which is [13]to be seen[13] a basso relievo the tender mother[58] reading Emile and nursing his Child, with Some other boys Playing on the feet of the statue of nature. On one side is a medaillion of Nighth with two Colombs flying on the[59] flambing torch of a Cupid, the other one a medallion of Laurels, with the Lire and horn pipes[60] and in the forth one this Inscription I dared to[61] attach because only dictate of heart, only languages fit for a man So much above wit.

[4] I profit this sad very sad Indeed occasion to present[62] you[63] again the Sentiments you have Inspired to me at repose, who would alas imagine when we meet at Paris in the chamber of this excellent man, we should be so soon be deprived of him, greatest loss for the

whole wor[l]d very[64] much dear[65] for his friends, irreparable one for me and my family.

[5] [66]I shall be[67] obliged[68] in a fortnight to trip to Switzerland[69] for this matter[70] and where I shall be obliged for the above mentioned reasons to stay abbout a month. If in this interval you honour me with an answer[71] be pleased to direct[66] [72]

[73]A Mr[74] Boothby / To Earl Harcourt. Cavendish Square London / Angleterre[73]

MANUSCRIT

*Chaalis, fonds Girardin D^4 38, n° 2; 4 p.; brouillon très raturé.

NOTES CRITIQUES

Girardin a noté, le long de la marge de gauche, p.1 du ms.: 'hyver 71 pension raportèe avec les arerages en une lettre de Change / de Paris et refusée par Mr Rousseau'[d].

[1] ⟨charged⟩ [2] you ⟨for I am also⟩ [3] letter ⟨I am also⟩ ⟨also pierced to the hea⟩ ⟨she recieved just now by m. Le Chevalier Farningham[e], but which⟩ [4] of ⟨wich⟩ [5] ⟨this excellent man⟩ [6] and ⟨take care⟩ [7] to ⟨uni⟩ [8] was ⟨till his deat⟩ ⟨to the last⟩ [9] the ⟨onl⟩ [10] ⟨she has only for living the⟩ ⟨he left⟩

[11] to ⟨me⟩ [12] Sayd ⟨She will as well as I can never want any necessary or Consolations⟩ [13] [inséré dans l'interligne] [14] to ⟨Supply for nor or conso⟩ [15] for ⟨so an⟩ [16] loss, ⟨being⟩ [17] Spirit ⟨Surly is her biggest claim on men who would⟩ ⟨will join⟩ ⟨and⟩ [18] ⟨the⟩ [19] Intentions ⟨of her husband⟩ ⟨of her husband⟩ [20] who ⟨isn't (?)⟩

[21] ⟨now⟩[13] [22] ⟨us⟩ [23] accordingly ⟨the directions⟩ [24] I ⟨could giv (?)⟩ [25] vill ⟨make a⟩ [26] Edition ⟨for beneficial to the widow⟩ [27] widow. ⟨As the⟩ [28] for ⟨grea⟩ [29] Suscription ⟨Every mus.⟩ ⟨orig (?)⟩ di ca⟩ [30] Sensible ⟨pep⟩

[31] who ⟨shall⟩ [32] will ⟨be⟩ ⟨concert⟩ [33] left ⟨his departing from⟩ [34] to ⟨make at hands⟩ [35] pass ⟨in all⟩ [36] ⟨shall⟩ [37] to ⟨use⟩ [38] and ⟨to⟩ [39] bargain ⟨with the directors⟩ ⟨undertakers⟩ [40] We have seen for the papers⟩ ⟨some confused papers and notes⟩ ⟨the almost only papers we have found have⟩ the

[41] ⟨being in foreign⟩ [42] and ⟨in⟩ [43] truly ⟨you⟩ [44] one ⟨but as⟩ [45] which ⟨there is⟩ [46] ⟨If⟩ you ⟨will do me some⟩ ⟨you⟩ ⟨if⟩ [47] in the way ⟨one thing⟩ of a new Edition to let ⟨Me Rouss.⟩ [le texte est ici assez incohérent] [48] your ⟨Cop⟩ [49] [omis par inadvertance] [50] sort ⟨wich⟩

[51] intentions ⟨and what his owed to his memor⟩ [52] widow ⟨I should⟩ [53] Except ⟨a particul⟩ [54] place ⟨and⟩ [55] his ⟨buron⟩ [56] by ⟨woods⟩ [57] populars ⟨and⟩ [58] mother ⟨sees⟩ [59] the ⟨wings of Love, fir'd⟩ [60] pipes ⟨at Last⟩

[61] to ⟨put⟩ [62] present ⟨you again⟩ [63] you ⟨my⟩ [64] very ⟨dear⟩ [65] dear ⟨for his⟩ [66] [écrit le long de la marge de gauche] [67] be ⟨as I⟩ [68] obliged ⟨in but⟩ [69] Switzerland ⟨where⟩ [70] matter ⟨so I pray you if you answer⟩

[71] answer ⟨plea⟩ [72] [le reste manque] [73] [cette adresse est écrite au début du texte, p.1 du ms.] [74] Mr. ⟨Boosby⟩

NOTES EXPLICATIVES

a. lettre inconnue.

b. voir le n° 7225.

c. Boothby n'avait que le premier *Dialogue*. Les deux autres 'gentlemen' (Angiviller et Condillac) avait chacun un ms. complet de l'ouvrage.

d. cette note se rapporte à la pension anglaise de JJ.

e. je n'ai pu l'identifier.

7240

Marie-Thérèse Levasseur à Pierre-Alexandre Du Peyrou

Amemonvileu leu quatreu d'aou [1778]

Monsieur

que geu reugrai deu neu pouvoire pas ales vous temoige touteu ma reuquones Sanceu que geu vous doi mes monsieur deu giraden n'a pa gugé que jeu faceu leu voageu pourtannes il a bien voulu s'andone la peneu luimemeu

il a tan deu bonte pour moi que geu neu ferien sa lui deumandes ses savi mon dige epou ma mi antreu ses men i saves bien que monsieur leu marqui ores soin deu sa povreu veu il aves toute quon fian ceu an lui par tou les lumire qui poseden e la dou Ceue humanité Ce dige epou Ces pon tronpe gan voi les preuveu tou les goure a monn egare gan sui quonble deu touses satansion rien neu meu manque geu sui osi bien que si gate aves Ceu dig epous il a euu la bonte deu men done leu plubologeuman que geu merite geu n'oublires games tou Ces bonte

Mileu amities a Madameu votteu pouCeu e a toute famige e a madameu deu luceu[a]

geu suis ave toute la reuquones Sanceu
e l'atacheuman posibleu
Monsieur votteu tre seubleu
femme g. g. rousseau

A Monsieur / Monsieur du perous

MANUSCRIT

*Neuchâtel ms.R118, fol.111-112; 4 p., p.3 bl., l'ad. p.4; cachet (aux initiales JJR entrelacées) sur circ rouge; orig. autogr.

NOTE CRITIQUE

Guyot (1958) p.179 n.1 a cité quelques passages de l'alinéa 2 de cette lettre, sous une forme modernisée.

NOTE EXPLICATIVE

a. mme de Luze.

7241

Barthélemy Chirol à la Société typographique de Neuchâtel

Neuchatel M[rs]. de la société
Typographique à Geneve le 4e Aoust *1778*

Messieurs

[. . .] Savez-vous S'il est vrai, Mesieurs, que Mr Fauche[a] de votre ville imprime les Memoires de la vie de J. J. Rousseau. Je vous serais bien obligé de me répondre un mot Sur ce que vous pouvez Savoir du Sort de ces Memoires. [. . .]

J'ai l'honneur d'être avec une parfaite Consideration
Messieurs
Votre très humble très obëissant Serviteur
Barthelemi Chirol

A Messieurs / Messieurs de la société Typographique / A *Neuchatel*

MANUSCRIT

*Neuchâtel ms.1135 (arch. de la STN), fol.288-289; 4 p., p.2-3 bl., l'ad. p.4; cachet aux initiales 'BC' sur oublie; taxe postale: '6 cr.'; orig. autogr.

NOTES EXPLICATIVES

Sur l'auteur de cette lettre, voir au t.xvi le n° 2595.

a. voir au t.xiii le n° 2146, alinéa 3 et note *c*, etc.

7242

Alexandre Deleyre à René-Louis, marquis de Girardin

A Dame-Marie-les-Lys, prés Melun,
Ce 5e aoust 1778,

Monsieur le Marquis,

[1] J'aurois eu l'honneur de vous témoigner plutôt ma reconnoissance pour vos bontés et mon respect pour votre amour de la vertu, si mr. D'Angivilé[a] ne m'avoit dit qu'il avoit des propositions à faire à mme Rousseau, qu'il souhaittoit que je lui communicasse par

votre entremise. Mais il m'écrit qu'il s'est adressé directement à vous pour la commission dont il vouloit me charger. Il ne me reste donc qu'à vous assurer de tout le zéle et l'enthousiasme que je partage avec vous, pour la mémoire de l'homme vénérable que nous regrettons.

[2] J'ai remporté de chez vous, Monsieur, un Sentiment presque religieux d'admiration, de consolation et de douceur. Je le tenois de vos entretiens, autant que des beaux lieux que vous avés consacrés et par les divers monumens qui semblent y attacher l'ame, et par la vie exemplaire que vous y menés à la tête d'une famille nombreuse. J'ay vü tant de choses remarquables chez vous en si peu de tems que je n'ai pû vous montrer aucun des sentimens que chaque objet m'inspiroit avec trop de rapidité pour m'y arrêter. D'ailleurs le tombeau de J. J. Rousseau, m'absorboit presqu'entier. Ainsi dans l'Elysée, Orphée ne cherchoit qu'Eurydice, et Rousseau ne doit voir que Caton. Vous avés pû vous appercevoir, Monsieur, par ma facilité à recevoir toutes vos prévenances, combien je me croyois dans un autre monde que celui de Paris; combien j'oubliois tout pour ne m'occuper avec vous que de l'homme unique qui n'ayant point trouvé de modéle sur la terre, n'y laissera point de ressemblance. Notre attachement pour sa personne, qui étoit son ame, est comme un secret entre nous que peu de personnes nous doivent arracher. Je l'ai toujours aimé, quoique vivant au milieu de ses ennemis, qui ne méritoient pas la plüpart d'etre combattus; parce qu'ils vouloient plus tromper [1]qu'ils s'étoient[1] trompés sur l'idée qu'on devoit avoir de Rousseau.

[3] Pour vous prouver, Monsieur, que je n'ai jamais varié dans l'opinion que j'ay conçüe de lui depuis vingt-cinq ans, j'ose vous faire part d'un projet que je crois propre à répandre l'honneur de sa mémoire, pour étendre encore l'influence de sa morale. Je voudrois minuter et combiner avec vous cette idée avant de la laisser aller plus loin. Vous aimiés Rousseau, non seulement pour lui;[2] mais pour tous les hommes, par un effet de L'amour de la nature et de la vertu qui doit vous posséder singulierement. Mais pour le faire aimer et révérer de toutes les belles ames, comme il l'est de vous même, il faut se [3]garder sagement de[3] ses envieux qui se sont emparés de toutes les avenües de la renommée, et qui déjà la font clabauder contre sa mémoire, pour l'étouffer dans son tombeau. Nous n'avons besoin que d'éviter les cabales, sans en faire. Les Livres de Rousseau Le montrent et le justifient aux yeux de toute la terre. Il suffit de les relire, pour y sentir la vertu, la bonté, la véritable humanité, (car il y en a de fausses, comme des Divinités)

respirer à chaque ligne, et pour y trouver, (vous l'avés trés bien dit) *dans chaque mot un sentiment*. Cet homme par ses troubles et ses défiances m'a souvent fermé l'ame, et comme empêché d'entrer dans la sienne, mais je n'ai jamais perdu de vûe ce sanctuaire de la vertu, lors même que je ne me sentois pas digne d'en approcher. D'ailleurs, j'étois sans bras et sans voix. Je n'osois lui parler de lui-même; parce que la moindre question lui faisoit ombrage; et qu'il me remplissoit de toute l'amertume dont je ne pouvois le soulager. J'ai vû qu'il me croyoit un foible ami; parce que je ne me broüillois pas avec tous ses ennemis, et que sans crédit et sans nom, pere de famille au milieu de Paris, je n'avois pas le courage d'attirer contre les miens et contre moi, le déchaînement des méchans dont il etoit la victime. Mais enfin maintenant que [3]la mort[3] a jetté sa cendre sur eux pour les appaiser un peu, je pourrai laisser sortir mon ame, et me concilier au moins l'affection et l'estime de ses amis, au défaut de la sienne. C'est la votre, Monsieur, que j'ambitionne à ce titre: car les amis de Rousseau sont comme apparentés par son ame qui les a liés à travers la distance des paīs, des rangs, de la fortune, et même des siecles. Oui, j'aime à me croire beaucoup de convenances avec vous, et je me flatte qu'il ne reste pas entre nous des différences bien essentielles. Quoique vous soyés plus du monde que moi, vous n'y êtes qu'un tiers de l'année; et le reste, nous sommes, pour ainsi dire, voisins; car le séjour de la campagne unit les hommes à vingt et trente lieües. Soyés sûr, Monsieur, que nous avons souvent les mêmes idées, aux mêmes heures; ce qu'on ne pourroit pas dire de deux personnes de ce demi-million qui vivent à Paris. Vous vous êtes montré à moi dans deux jours, même sans aucune confidence. La bonté de cœur et la vertu se trahissent, pour ainsi dire, devant les gens qui en ont le goût; elles ne sont un secret que pour les ames dures, froides, ou qui ne sentent qu'elles-mêmes, c'est à dire, leurs passions dévorantes, ou leurs vices dégoutans. Soyons unis[4] en Rousseau, comme des chrétiens le sont en J. C.[b] Mais pour l'être plus fortement, retirons ce sentiment au fond de notre cœur, où il s'exaltera dans le silence de la retraite.

[4] [5]C'est[5] ROUSSEAU, ce me semble, qui a le mieux connu Dieu et l'homme, qui a le mieux pètri l'un pour l'autre, retranchant de la divinité tout ce qui n'étoit pas humain paternel et miséricordieux, qui l'a fait aimer cet être bon, de tous les croyans, et regretter des Athées. Vous avés le tombeau de cet homme juste; il vous fera gouter les véritables douceurs de la vie, et vous consolera de toutes vos peines: car il avoit une extrême sensibilité pour le mal et pour le bien. Peut-être la nature a-t-elle fait ainsi quelques victimes, pour

soulager la masse du genre humain des maux qu'elle ne pouvoit nous épargner. Mais elle a couronné ces mêmes victimes, de vertus qui font envier jusqu'à leurs souffrances. Eh! qui ne voudroit encore essuyer les mêmes persécutions et les mêmes injustices qui desolerent Rousseau, au prix de cette onction de vertu, qui devoit embaumer les playes de son ame?

[5] Je finis une Lettre, dejà bien longue, Monsieur, pour la premiere que j'ai l'honneur de vous écrire. Mais il me semble que je vous connois depuis longtems. Les hommes de votre trempe, quoique rares, ont une sorte d'intimité avec moi qui les cherche et les sens de loin.

[6] Murissés, Monsieur, je vous prie, le projet que je prens la confiance de vous communiquer[c]. Rectifiés-le, modifiés-le, ajustés-le à la portée des hommes et surtout du plus grand nombre: pour le rendre plus digne de son objet.

[7] Permettés moi de témoigner ici, à la veuve de l'homme que nous pleurons avec elle, mon respect et mon dévoüement bien sincère. Je suis entre Vos mains et les siennes pour tout ce[6] où je pourrai contribuer à sa consolation, par les foibles moyens qui dépendent de mon attachement sans réserve à la mémoire de son mari. C'est avec une portion de ce sentiment que je suis respectueusement

Monsieur, Votre trés humble et trés
obéissant Serviteur

DELEYRE

A Melun, poste restante.

MANUSCRIT

*Chaalis, fonds Girardin D[4] 34, n° 31; 4 p.; orig. autogr.

IMPRIMÉS

1. Schinz 4 (1935), p.145-146 (fragments).

2. *Correspondance complète de J. J. Rousseau*, A213, t.v (1967). 290-292 (fragments).

3. Molinier (1970) p.136-139.

NOTES CRITIQUES

[1] [écrit sur une première version plus courte et grattée] [2] lui ⟨seul,⟩ [3] [écrit sur une première version, grattée] [4] [et non 'amis', impr.2] [5] C'⟨etoit⟩ [en surcharge] [6] [ajouté dans l'interligne, ce qui explique cette tournure aussi gauche qu'insolite]

NOTES EXPLICATIVES

a. voir le n° 7237.

b. cette comparaison inattendue est renforcée par l'observation que fait Deleyre à l'alinéa suivant, sur les victimes que fait la nature 'pour soulager la masse du genre humain des maux qu'elle ne pouvait nous épargner'.

c. le texte de ce projet n'accompagne plus le ms. de la lettre. Sans doute s'agit-il du prix de vertu proposé par Deleyre: voir le n° 7255, alinéa 5.

REMARQUE

Dans le *Mercure* du 5 août 1778, on lisait (p.111-112): 'La mort de J. J. Rousseau, attribuée généralement dans presque tous les Papiers Publics à une violente colique, a eu une autre cause; on lit dans le procès-verbal de l'ouverture de son corps, en présence de M. Louis Blondel, Lieutenant du Bailliage & Vicomté d'Ermenonville, assisté du Procureur-Fiscal & d'un Huissier, que les Chirurgiens qui y ont procédé, *après visite faite du corps & l'avoir vu & examiné dans son entier, ont tous deux rapporté d'une commune voix, que ledit sieur Rousseau est mort d'une appoplexie séreuse, ce qu'ils ont affirmé véritable.* Le public, empressé de jouir des ouvrages qu'il peut avoir laissés dans son portefeuille, craint qu'ils ne s'y retrouvent pas tous, surtout depuis qu'on dit qu'il a brûlé plusieurs papiers quelque tems avant sa mort. Parmi les manuscrits qu'on sait qu'il avoit laissés, on compte *le Juif Ibrahim*, ou *les Benjamites*, poëme; *la Législature de Pologne*, *l'Opéra des Muses*, qui n'a jamais été joué; *le Devin du Village*, dont il avoit refait la musique; plusieurs recueils de romances avec la musique, qu'on dit être charmante; une suite à *l'Emile* en deux volumes, & *les Mémoires de sa Vie*. Ce dernier ouvrage est celui qui pique le plus la curiosité. On nous assure qu'il commence par le morceau suivant, que nous nous empressons de transcrire, en regrettant qu'il n'ait pas plus d'étendue.' [suit le texte du préambule, transcrit probablement du *JP*: voir le n° 7230, note *a*]

7243

Pierre-Alexandre Du Peyrou à Paul-Claude Moultou

Neufchatel 5 aoust 1778.

Ce n'est que d'hier au soir, Monsieur, que de retour de mes Montagnes ou j'ay passé 15 jours, j'ay trouvé la lettre[a] dont vous m'avés honoré. La circonstance qui me l'a procurée, est bien cruelle pour vous Monsieur, comme pour moi; et si Mr Rousseau avoit conservé pour vous jusques à sa fin, les plus tendres sentimens, les miens pour lui, n'avoient point partagé son changement à mon égard. Je le connoissois à fonds, et je connoissois aussi sés entours. Non sans doute, loin d'etre un méchant, Rousseau fut le meilleur des hommes par le coeur, le plus sensible, et le plus genereux. Mais la defiance qui lui etoit naturelle, augmentée par ses malheurs et fomentée par une femme jalouse de son attachement exclusif, a preparé, ou produit quelques uns de sés malheurs, et la plupart de ses brouilleries avec ses anciens amis. Je suis peut être l'exemple le plus singulier de cette verité, mais ce n'est pas au papier que je veux confier cette triste anecdote. Si jamais j'ay l'avantage de vous voir Monsieur, je seray charmé de soumettre à la censure d'un ami de Mr Rousseau, ma conduite, et la sienne.

Il est vray Monsieur, que l'Edition projettée dans ce paÿs, et dont j'avois fait les conditions comme tuteur de Mr Rousseau, ainsi qu'il me nommoit alors, ayant manqué par lés demarches de nôtre clergé, je lui proposay les memes conditions accordées par lés entrepreneurs de l'Edition, pour me mettre en leur lieu et place, seulement après la mort de l'auteur.[b] Vous sentés, Monsieur quel etoit l'objet de ce plan. Mr Rousseau en parut content, et je lui envoyay en Angleterre ou il se retira, dans ce tems, une disposition de cet arrangement, par laquelle je chargeois més heritiers en cas de mort de remplir més engagemens avec Mr Rousseau, en le laissant maitre de disposer lui même de ses ouvrages etc. Ce papier fut envoyé cacheté, et je priay Mr Rousseau de ne l'ouvrir qu'à ma mort, puisque jusques à ce moment, il lui étoit intutile. Il n'a donc jamais connû més intentions à cet égard. A son retour en France, j'allay passer sur ses sollicitations reïterées, huict jours avec lui au Chateau de Trye. J'y tombay malade à la mort d'une goute remontée, et à ma convalescence, Mr R[ousseau] me rendit mon papier cacheté, sur l'envelope duquel il avoit écrit, qu'il ne vouloit plus de notre arrangement[c]. Je suprime ici Monsieur le reste de cette rupture, son occasion etc etc. Je sais qu'après plusieurs jours d'explications, je jettay en sa presence le paquet au feu. Je n'ay donc aucun droit au depot qui se trouve chez moy, et dont en differens tems Mr Rousseau a retiré quelques papiers. Tel que ce depot se trouve, je ne peux en disposer que sur un ordre de la Veuve. Je sens pourtant Monsieur combien vôtre idée lui est favorable, et je ne doute point qu'elle ne l'accepte avec reconnoissance. Je pense que Mr de Gerardin qui a eu la complaisance de m'envoyer les details de la fin de nôtre ami, sera chargé par la Veuve de concourrir à mettre en regle, une affaire si avantageuse pour elle, et si interressante pour la litterature. Du moins me mande-t-il qu'il sera quelque jour nécessaire de nous réunir soit ici, soit chez lui, pour prendre des mesures convenables à la memoire de Rousseau et à l'avantage de sa Veuve. Il seroit donc nécessaire Monsieur, de lui communiquer vos vûes, et les secours que vous pouvés fournir à cette entreprise. Je ne prevois pas que ma santé me permette de quelque tems de faire le voyage de Paris. Il est donc aparent que Mr de Gerardin se rendra chez moy. Si cela est, je voudrois fort que vous eussiés aussi la volonté et la commodité, de vous réunir avec nous. Independament de l'utilité qui en resulteroit pour Mad^e Rousseau, ce seroit pour moy une grande satisfaction de connoitre plus particulierement un ami de Mr Rousseau aussi vray que l'annonce vôtre lettre, et qui par là, a droit à tout mon attachement. C'est dans ces sentimens que j'ay l'honneur d'etre Monsieur

Votre tres humble et tres obeissant serviteur

Dupeyrou

Je vous remets cy incluse la lettre de Mr de Gerardin[d] trouvée dans la votre.

MANUSCRIT

[1. l'orig. autogr. (4 p.) appartient à un dossier contenant la plupart des lettres adressées par Du Peyrou à Moultou. Ce dossier, acquis il y a quelques années, à titre personnel, par m. Bernard Gagnebin, a disparu par la suite dans des circonstances demeurées obscures. Heureusement, il avait été précédemment prêté à mlle Claire Rosselet, qui en a fait une transcription qu'elle et m. Gagnebin ont eu la générosité de m'autoriser à utiliser. M. Gagnebin a cité quelques fragments de ces lettres dans son article important 'L'héritage littéraire de Rousseau', paru dans *Rousseau after 200 years* (Actes du colloque Rousseau de Cambridge), Cambridge 1981. J'ajoute qu'avant de disparaître, ce dossier avait été déposé pendant quelque temps à la BPU de Genève. Le regretté Charly Guyot a pu l'y consulter, et en a donné lui aussi quelques fragments dans Guyot (1958).]

*2. transcription faite par mlle Claire Rosselet d'après le ms.1 (voir ci-dessus).

IMPRIMÉ

Guyot (1958), p.158-159 (fragments).

NOTES EXPLICATIVES

a. lettre inconnue, comme toutes celles adressées par Moultou à Du Peyrou.

b. sur l'opposition du clergé neuchâtelois, voir au t.xxiv les n°s 4018, 4097, A349, etc. Pour l'arrangement avec Du Peyrou, voir au t.xxxiv le n° 6123, alinéas 1-4.

c. voir au t.xxxiv le n° 6123, alinéa 5.

d. cette lettre du 10 juillet environ est aujourd'hui inconnue.

7244

Pierre-Alexandre Du Peyrou à René-Louis, marquis de Girardin

Neufchatel 6 Aoust *1778*
N°.2

[1] J'ay reçû, Monsieur, avec autant de reconnoissance, que j'ay lû avec attendrissement, lés details que vous avés eü la complaisance de m'envoyer Sur les derniers jours de M^r. Rousseau[a]. Dans l'amer-

tume des larmes que cette lecture nous arrachoit á ma femme et á moy, Se mêloit la douceur de savoir que l'homme que nous pleurions, avoit du moins passé quelques momens heureux dans Sa retraite, qu'il avoit fini Sans eprouvér lés angoisses d'une mort longue et douloureuse; que Sa femme lui avoit fermé les yeux, et qu'il a dû emporter avec lui la certitude de la laisser environnée des plus tendres amis. Que vous etes heureux, Monsieur, d'avoir pü contribuer au bonheur de cet homme vray et Sensible, du moins pendant les derniers jours de Sa Vie? S'il eut voulü m'en croire, et S'il n'eut point meconnü les vrais Sentimens de mon Coeur, il vivroit peut ëtre encore, ou Seroit mort dans mes bras, après une vie tranquille au moins de quelques années. Cette idée me navre l'ame et je Serois inconsolable, Si je pouvois me reprocher le tort le plus leger qui eut merité la perte de Son amitié. Ces details Monsieur, ne Sont point faits pour le papier, mais si j'ay le bonheur de vous voir chez moy, ou de vous joindre chez vous, je croiray devoir á l'ami de M^r^. Rousseau, á l'homme Sensible qui lui a rendü les derniers devoirs, le recit des faits qui ont précedé et accompagné la rupture, ou pour m'exprimer plus exactement, la cessation de l'intimité entre nous. J'Espére Monsieur que vous reconnoitrés dans les faits, un ami de M^r^. Rousseau, aussi vray que vous même, mais dont l'ame est moins expansive, qu'il ne la falloit á celle de Rousseau. Au reste depuis le tems que je l'ay connü, j'ay acquis assés de lumieres Sur Sa maniere d'etre pour Savoir le plaindre plutot que le condamner. Je Sais qu'il n'a pas toujours vü par Sés yeux[b], et que Sa defiance naturelle, accrüe par Ses malheurs, etoit encore fomentée par dés circonstances etrangéres.

[2] Je vois avec une espéce de satisfaction Monsieur que la mort de Milord Marechal d'Ecosse a été ignorée de M^r^. Rousseau. J'ay craint pour Sa Sensibilité, non Seulement la nouvelle de cette Mort, mais dés preuves qu'elle auroit pü lui donner du changement á Son Egard de l'homme qu'il respectoit le plus. Il eut Sans doute eprouvé la meme amertume qu'il me fait éprouver lui même. Pardonnés, Monsieur, Si je n'entre point dans les explications que ceci demanderoit. Je les reserveray á vous les donner de bouche, lorsque j'auray l'honneur de vous voir. Je ne Saurois promettre de me rendre chez vous. Ma Santé est Si peu Sure, que d'un moment á l'autre, je puis me trouver arreté. Si la vötre comme je le desire est asses affermie pour entreprendre de faire la Course, je Seray charmé que vous me fassiés l'amitié d'accepter un lit chez moy. Nous Serons d'ailleurs plus á portée d'examiner les papiers qui composent le depot dont je Suis chargé. M^r^. Moultou m'a écrit[c] á l'occasion de ce dépot, et

Son intention seroit de joindre les morceaux qu'il a en mains á ceux qui Sont entre lés Miennes, pour en faire une Edition au profit de la Veuve. Je lui ay repondü que ce projet me paroissoit utile, mais qu'il falloit obtenir l'aprobation de la Veuve, et vous consulter Monsieur, Sur cette entreprise. Ainsi M[r]. Moultou pourroit Se reunir á nous Si vous Monsieur, vous vous decidés á venir chez moy. Quelque parti que vous veuilliés prendre, je feray mon possible pour l'adopter et m'y conformer. Je vous offre chez moy cette hospitalité que je reclamerois de vous, Si je faisois le Voyage.

[3] Vous aures peutëtre reçü Monsieur une lettre de la Societé Typographique de cette Ville[d]. Ces Messieurs Se Sont addressés á moy pour proposer une Edition des Ouvrages de M[r]. Rousseau et cela en offrant des conditions utiles á la Veuve. Je leur ay dit que je n'avois aucun droit de traitter de cette affaire, et qu'il falloit S'adresser á Madame Rousseau par vötre Canal[e]. Peut ëtre l'ont ils deja fait. Mais je pense Monsieur que l'on ne pourra faire aucun traitté ni avec eux ni avec personne que l'on n'ait dressé un etat des diferens morceaux qui doivent entrer dans cette collection. Quand aux Memoires manuscrits de la Vie de M[r]. Rousseau, S'il n'a point changé de Sentiment, ils ne doivent point paroitre de[1] quelque tems encore. Quand aux offres que l'on pourra faire á Madame Rousseau, je pense qu'il faudra avoir égard á la Solidité dés Editeurs, ainsi qu'á la reputation de leurs presses. La Societé Typographique d'ici est Solide, mais Sés[2] editions ne Sont pas á comparer avec celles de Hollande Londres ou Paris. Au Surplus, je ne Suis entré dans ce detail, qu'á l'occasion des propositions que[3] doivent avoir faites á Madame Rousseau, lés associés de la Typographie d'ici.

[4] J'ay fait usage de la signature de Madame Rousseau, l'ayant envoyée á Mes[rs]. Pache freres et Compagnie mes Banquiers à Paris[f] avec ordre d'acquitter Sur les Mandats de M[de]. Rousseau £400 annuellement qui prennent cours au 1er. Juillet passé et qu'elle pourra faire acquitter par quartier, Semestre, ou á Volonté. Je lui remets en mëme tems Sous vötre Couvert, une lettre de £300 payable á Vüe, pour les Six premiers Mois de cette Année echüs Sur la rente Viagére de M[r]. Rousseau. Je ne doute pas qu'Elle ne trouve chez vous Monsieur, toutes les Consolations qu'exige Sa position, et je la félicite bien Sincerement, d'Eprouver dans Son Malheur, le Seul adoucissement qu'elle puisse recevoir, les Soins, et l'amitié des plus tendres amis de son Mari.

[5] Receves Monsieur, avec més Sincéres remerciemens pour ce que vous avés eü la Complaisance de m'envoyer, les assurances

d'attachement et de respect que vos procedés envers Mr. Rousseau, ont fait naitre dans mon Coeur. [2]C'est[2] dans ces Sentimens que j'ay l'honneur d'etre

Monsieur

Votre trés humble
et tres Obeïssant Serviteur
Du Peyrou

[6] Pour éviter les retards, daignés Monsieur, dans l'occasion addresser chéz Mr. Junet Directeur des Postes á Pontarlier, les envois que vous voudriés me faire.

MANUSCRIT

*Chaalis, fonds Girardin D4 33, no 4; 8 p.; orig. autogr.

IMPRIMÉ

Annales vii (1911). 130-132.

NOTES CRITIQUES

[1] de ⟨si tôt⟩ [2] [en surcharge sur une première leçon devenue indéchiffrable] [3] qu⟨i⟩ [en surcharge partielle]

NOTES EXPLICATIVES

a. voir le no 7209.
b. allusion à l'influence de Thérèse.
c. cette lettre manque.
d. voir le no 7221.
e. voir le no 7216.
f. voir au t.xxxiii le no 5981, note *d.*

7245

Jean-François Ducis à Alexandre Deleyre

Versailles, 7 août 1778.

Voici, mon ami, un billet que j'ai reçu de M. de Girardin[a] qui me transmet *quelques vers que lui a dictés*, me dit-il, *l'épanchement de son cœur autour de l'île des peupliers, et qu'il n'a osé y placer parce qu'il n'y a point d'esprit*. Voici ces vers:

Ici, sous Ces[1] ombres paisibles
Pour les restes mortels de Jean-Jacques Rousseau
L'amitié posa ce tombeau;
Mais c'est dans tous les cœurs sensibles
Que cet homme divin qui fut tout sentiment
Doit trouver de son cœur l'éternel monument.

Ce sentiment, exprimé dans les vers de M. de Girardin, est

simple et convenable au sujet, mais, entre nous, cette épitaphe est défectueuse de tout point. Nous en avons causé chez M. le comte d'Angivilliers[b] avec Thomas[c] et lui. Thomas pense qu'il suffit de mettre sur la pierre du tombeau ces mots: *Jean-Jacques Rousseau*. M. d'Angivilliers propose d'y placer ce vers que M. Rousseau de Genève avait choisi pour son épigraphe:

Barbarus hic ego sum quia non intelligor illis.[d]

Quant aux vers de M. de Girardin, voici comme je les ai changés et abrégés. Voyez si vous voulez prendre la peine de les lui adresser:

Entre ces peupliers paisibles
Repose Jean-Jacques Rousseau.
Approchez, cœurs droits et sensibles,
Votre ami dort sous ce tombeau.[e]

IMPRIMÉ

*éd. P. Albert, *Lettres de Ducis*, Paris 1879, p.36-37.

NOTE CRITIQUE

[1] [je corrige le 'les' de l'imprimé]

NOTES EXPLICATIVES

a. ce billet manque.

b. voir au t.xxi le n° 3575, alinéa 11 et note *h*.

c. voir au t.xvii le n° 2889, etc.

d. Rousseau avait utilisé ce vers d'Ovide deux fois, d'abord comme épigraphe de son *Premier Discours*, ensuite de ses *Dialogues*.

e. ces vers, rejetés par Girardin, ont beaucoup circulé. Pour Métra (vii.129, à la date du 21 novembre), ils sont la meilleure épitaphe de JJ qu'il ait vue. Le 14 décembre, le *JP* les reproduit (n° 348, p.1403), en les attribuant à Ducis.

7246

Jean-François Ducis à René-Louis, marquis de Girardin

A Versailles, 7 aoust 1778

[1] [1]J'ai suivi mon devoir et mon coeur dans mon offre à la veuve respectable de Mr Rousseau. Elle a partagé et adouci ses peines; elle avoit son estime et sa tendresse. Voilà des titres [...] à la reconnoissance de tous les hommes.[1] [...] [2]J'ai écrit à M. Deleyre[a], je lui ai envoyé vos vers.[2] [3]J'ai consulté Mr Thomas[b] et Mr Angivillier[c] sur l'inscription qui convient au tombeau dont s'honnore Ermenonville. Nous avons pensé qu'il suffisoit d'y mettre simplement:

Jean-Jacques Rousseau
Barbarus hic ego sum, quia non intelligor illis.[d]

[2] A moins que vous n'aimiés mieux y[4] substituer ou y joindre *vitam impendere vero*. Par ce moyen vous réuniriés sur sa cendre l'épigraphe qui le peint, lui, ses ennemis, son siècle et la devise courageuse dont il a été le martyr. Quel dommage, Monsieur, que cet homme unique depuis la création, si peu connu de sa génération, si outragé par la philosophie moderne, si profondément sensible et si simple, n'ait pas jouï, non point de la[5] gloire, car il étoit au-dessus d'elle mais de lui-même et de l'amitié dans un séjour champêtre, enchanté par l'Héloïse, créé par son âme et la vôtre, et où le bonheur sembloit attendre sa vieillesse! Quand pourrai-je, Monsieur, avec vous et mon tendre ami Deleyre, lui donner des larmes douces comme celles qu'il a quelquefois versées dans mon sein[3], [2]et y mêler des fleurs cueillies autour de sa tombe! C'est par moi qu'il avoit connu M. le comte d'Angiviller. J'étois bien sûr que sa vertu et son génie avoient un temple dès long-tems dans le cœur de ce vertueux gentilhomme, qui n'a jamais vu ou entendu une belle action sans pleurer. Voilà les amis qui comprenoient M. Rousseau, voilà les lecteurs qu'il mérite, voilà ceux qu'il enfantera tant qu'il y aura de la sensibilité sur la terre.[2] Il a rendu ce service aux hommes, d'ajouter un nouveau charme à la vertu, comme Phidias[e] avoit ajouté à la majesté de Jupiter. [2]Ne doutez pas, monsieur, que M. le comte d'Angiviller ne concoure ardemment avec vous, dans tout ce qui pourra être utile à la veuve de M. Rousseau. Il honore sa mémoire, il défend sa vertu, ses ouvrages à la main. Mon ami Deleyre a été pénétré des sentimens que vous lui avez temoignés. Il porte dans son cœur le grand homme que nous pleurons. Il l'a connu pendant vingt ans, et toujours le même. Je lui rends le même témoignage.[2] Je n'ai jamais vu [6]des yeux[6] plus vifs, une âme plus douce et des larmes plus pénétrantes. Sa joie étoit celle d'un enfant. [2]Vous désirez l'amitié de M. Deleyre, monsieur, vous avez bien raison; vous voulez bien désirer aussi la mienne; vous m'honorez infiniment, c'est moi qui demande la vôtre. Accordez-la, monsieur, à un homme qui a cela de commun avec vous, d'honorer publiquement l'ame et la vertu de M. Rousseau, qui regrette infiniment sa perte, qui est bien aise d'avoir vécu de son tems, et d'avoir été à même d'observer combien son cœur étoit au-dessus de son siècle et de ses ouvrages.[2]

[3] [2]J'ai osé, monsieur, toucher à vos vers; voici comme je les ai changés et abrégés:

Entre ces peupliers paisibles
Repose Jean-Jacques Rousseau:

Approchez cœurs droits et sensibles,
Votre ami dort sous ce tombeau.[2f]

[4] [1]Mes respects, je vous prie, à Madame Rousseau [. . .][1]

Ducis

MANUSCRIT

[l'orig. autogr., 4 p., fut offert deux fois par la maison Charavay dans son *Bulletin: 691/25401 (novembre 1954), et 708/28649 (avril 1962). Ces catalogues donnent des fragments de la lettre.]

IMPRIMÉ

*Girardin (1828) iii.39-41 (fragments).

NOTES CRITIQUES

J'ignore comment l'orig. autogr. de cette lettre, qui en 1829 se trouvait encore dans les archives Girardin, est entré dans le commerce. Pour en reconstituer le texte, j'ai utilisé les catalogues et l'imprimé de 1828.

[1] [texte fourni par les catalogues] [2] [texte fourni par l'imprimé de 1828. J'ai adopté ici l'orthographe des catalogues, plus fidèles en cela à l'original.] [3] [texte commun aux imprimés et aux catalogues] [4] [omis, impr. de 1828] [5] imprimé de 1828: sa [6] imprimé de 1828: d'yeux

NOTES EXPLICATIVES

a. voir le n° 7245.

b. Antoine-Léonard Thomas (1732-1785): voir au t.xvii le n° 2889, au t.xxix les n°s 5172, alinéa 5 et note *h*, et 5178, alinéa 2 et note *r*, et au t.xl le n° 7165, alinéa 4.

c. voir au t.xxi le n° 3575, alinéa 11 et note *h*, et dans le présent volume le n° 7237.

d. voir le n° 7245, note *d*.

e. célèbre sculpteur grec (vers 490 av. J.-C. – vers 431 av. J.-C.). Ducis semble faire allusion ici à sa statue de Zeus, très admirée, mais qui n'est connue aujourd'hui que par des copies.

f. sous cette forme, les vers ont été insérés dans les *Œuvres* de Ducis (par exemple, Paris 1819, iii.398, et 1830, v.250).

7247

René-Louis, marquis de Girardin, à la Société typographique de Neuchâtel

Ermenonville par Senlis 8 aoust 1777 [lire '1778']

Je ne puis quant à présent, Messieurs, vous faire une reponce positive a La Lettre que vous m'avés fait L'honneur de m'ècrire[a]. Presque tous Les papiers de M. Rousseau Sont dispersés en differentes mains, et dans differents païis. Je m'occupe Sans cesse a leur recherche ainsi que j'en ai été Chargé par M. Rousseau, qui ne les a deposé[1] dans quelques mains qu'ils puissent être, qu'a La Condition expresse de ne Les remettre après luy qu'a Sa femme. Lorsque Cette recherche et La réunion a la quelle tous ses amis Concoureront sans doutte Volontiers sera terminée, C'est alors que de Concert, nous nous occuperons de former une nouvelle édition qui devient presque L'unique ressource de La Veuve de Ce grand homme. J'aurai L'honneur de vous en avertir. Quoique votre proposition ne soit pas La premiere, La preferée, Comme de raison, sera Celle qui Sera Le plus a L'avantage de M[de]. Rousseau, et je ne doute pas qu'à ce titre vos liaisons avec cet homme Célebre et ses amis ne vous fasse désirer Sincèrement d'obtenir La préférence[2]. Quant à L'écrit particulier[b] dont vous me parlés, Si tant est qu'il existe encor, Les intentions expresses de M. Rousseau ne permettent pas de Le rendre public quelque part qu'il puisse être. [3]C'est a[3] cette condition expresse qu'il a èté remis en paiïs ètranger, et M[de]. Rousseau qui respecte trop La memoire de son mari pour Contrevenir en La moindre Chose a Ses Intentions Espère ainsi que moy que Le depositaire de La Confiance de L'amitié, ne sera jamais capable d'y manquer.[2]

J'ay L'honeur d'etre Messieurs, Votre tres humble et tres obeissant serviteur

Gerardin

A Monsieur / Monsieur Junet Directeur des / Postes pour MM[rs] de la societé / Typographique de Neufchatel / A PONTARLIER en *Franche Comté*

MANUSCRIT

*1. Neuchâtel, archives de la STN, ms.1157, fol.351-352; 4 p., p.3 bl., l'ad. p.4; cachet armorié sur cire noire; m.p.: timbre: 'SENLIS'; taxe: '15'; orig. autogr.

2. Chaalis, fonds Girardin D[4] 37, dossier F, n° 3, p.4; 1 p.; premier brouillon, sans date.

3. Chaalis, fonds Girardin D[4] 37, dossier F, n° 4; 2 p.; second brouillon, daté du '8 aoust 1778'.

NOTES CRITIQUES

Sur un pli de la p. de l'ad., ms.1, Ostervald a noté: 'Ermenonville 8. Aoust *1778*. / Mr de Gerardin / R $\frac{15}{22}$ 7bre' / [reçu le 15, répondu le 22]

[1] ms.1: [Girardin ne fait pas l'accord]

[2] [cité par Guyot, 1958, p.160, n.1]

[3] ms.1: ⟨et ne sera⟩ [en surcharge]

NOTES EXPLICATIVES

a. le n° 7221.

b. les *Confessions*.

7248

René-Louis, marquis de Girardin, à Marc-Michel Rey

Ermenonville Par Senlis 8 aoust 1778

[1] Je repons tout a la fois, Monsieur, aux deux lettres que M[de]. Rousseau a reçuës de vous[a] dont la derniere m'a été adressée pour elle par M. de Pontarlés maire[b], qui m'a demandé de venir icy et que j'y recevrai avec plaisir et affection comme votre ami, et Celuy de M. Rousseau. Il ne reste dans ce moment de fixe a sa malheureuse femme que Le bienfait qu'elle tient de vous avec reconnoissance[c]; mais Son mari L'ayant Confié a mes soins je tacherai de faire en sorte qu'ayant perdu tout Son bonheur en Ce monde, Elle y trouve du moins son repos et ses besoins, en attendant que nous puissions faire usage pour la memoire de son mari et pour elle de La ressource la plus Convenable. Ce seroit de faire une nouvelle edition de ses ouvrages et C'est dans cette vue que d'après Les Intentions de M[r]. Rousseau je m'occupe maintenant à reclamer de sa part tous les papiers épars qu'il a laissé ou remis dans differents pais. Car il S'en est trouvé fort peu icy; Soit qu'il Les ait brulés ou depaysés. Dans le Cas où je pourrai reussir à Connoitre une suffisante quantité pour former cette nouvelle edition pour L'avantage de sa veuve, vous devés etre bien persuadé Monsieur, que ses sentiments pour vous aussi que les miens, nous porteront bien volontiers a vous donner touttes sortes de preference. [1]Quant à L'ecrit particulier dont vous nous parlés[d] il est en paiis etranger si tant est qu'il existe encor. L'intention formelle de M. Rousseau a été que dans aucun Cas il ne put paroitre que longtems après sa mort et Celle de touttes Les Personnes interessées. C'est a cette Condition expresse qu'il a eté remis. Je sçais Le nom du Dépositaire[e], et Si jamais il venoit a trahir La Confiance de L'amitié Ce Seroit une Infamie de la quelle j'aime encor à penser qu'il n'y a point d'homme qui fut Capable.[1]

[2] Les bruits ou plutot Les vaines rumeurs qu'on a affecté je ne sçais pourquoy de repandre[f] Vous font desirer quelques details positifs Sur les derniers moments de M. Rousseau. Eh bien, Monsieur, Soyés bien sûr d'abord que ce ne fut aucune Inquiétude ni Souci qui L'engagea a quitter Paris, mais uniquement Sa passion pour la Campagne et pour la botanique qui L'y avoit ramené, et il

avoit donné La préference a L'amitié. Tout paroissoit icy Contribuer a Son Contentement, et nous etions tous heureux de son repos après tant de persecutions il eut eté bien juste qu'il eut pu gouter plus longtems Le loisir et La tranquilité. Mais hélas Dieu ne L'a pas permis. En peu d'instans il a passé de La meilleure Santé en apparence à une mort rapide. Il en a Senti L'approche avec la tranquillité d'un homme juste toujours pret à mourir. Vous pleurés, disoit il a sa femme, pleurés vous donc mon bonheur?[2] Bonheur eternel que Les hommes ne troubleront plus. Je meurs tranquille, je n'ai jamais voulu de mal a personne et je dois Compter Sur la misericorde de Dieu. Tels ont été ses derniers mots, et pendant deux jours qu'il & resté mort Sur son lit, on eut toujours dit qu'il dormoit paisiblement du sommeil de L'homme vertueux tant Son Visage conservoit L'image de la Serenité de son ame. . . Il a eté ouvert, Les medecins ont trouvé toutes Les parties parfaittement[3] saines, et n'ont reconû d'autre Cause de mort qu'un épanchement de Cérosité Sanguinolente Sur la Cervelle, ce qu'ils nomment Apoplexie Céreuse. . . Dans Le plus bel endroit du paiis est un petit Lac Environné de Coteaux Couverts de bois. Au milieu de Ce Lac est une Isle plantée de peupliers, C'est La qu'avec Les formalités requises luy a été erigé un monument Simple et Convenable.[4]

[3] O Mon Cher et Bon Monsieur Rey! vous avés fait aussi de votre Côté des pertes Cruelles[f], vous ètes dans l'affliction ainsi que nous. Pleurons donc ensemble nos pertes irréparables, Celle[5] de M. Rousseau L'est pour ma famille et pour moi. Eh puissions[6] du moins pleurer en paix car Les méchants et Les affairés[7] Sont deux grands tourmens en Ce monde.

[4] J'ay L'honneur d'etre Monsieur, Votre très humble et tres obeissant serviteur

Gérardin.

MANUSCRITS

*1. La Haye, collection de S. M. la Reine des Pays-Bas, G16 – A111, 4 p.; orig. autogr.

2. Chaalis, fonds Girardin D[4] 37, dossier F, n° 3; 4 p., p.4 bl.; brouillon.

Du ms.2, je ne relève que deux passages (notes 1 et 4), dont le premier trahit l'embarras qu'éprouvait Girardin en parlant des *Confessions*, et le second consigne une variante des vers destinés à orner le tombeau de JJ.

IMPRIMÉ

Bosscha (1858) p.316-319.

NOTES CRITIQUES

Rey a noté, p.1 du ms.1, au-dessous de la date: 'Girardin / receue le 18e.', et, en marge de la mention des ressources de Thérèse: 'NB'. P.4, il a noté l'adresse de Girardin: 'Ermenonville, pour y écrire par *Senlis* / p[r]. y aller ⟨par⟩ de Paris par *Louvres*'.

[1] ms.2: quant ⟨aux⟩ a L'ecrit particu-

lier dont vous nous parlès; ⟨il n'en existe qu'un manuscrit aussi⟩ Si tant est qu'il existe encor il est en paiis etranger, ⟨et il a eté remis⟩ et je sçais de par M. Rouss. ⟨de⟩ luy même ⟨à un homme qu'il est⟩ ⟨a la⟩ ne l'a remis qu'a la Condition expresse ⟨qu'il ne fut jamais Imprimé⟩ que dans aucun Cas il ne vit jamais Le jour que longtems après sa mort et Celle de toutes Les personnes Interessées. Je sçais le nom Du Depositaire, et Si jamais il venoit a ⟨manquer a La Confiance du⟩ trahir L'amitié et La Confiance ⟨il seroit⟩ ce seroit une Infamie dont je ne ⟨veux⟩ crois qu'aucun homme en soit Capable. [2] bonheur ⟨éternel⟩ [3] [en surcharge sur une première leçon devenue indéchiffrable] [4] ms.2: [Girardin insère ici les vers:]

Icy sous ces ombres paisibles
Pour les restes mortels de J. Jacques Rousseau
L'amitié posa ce tombeau
mais C'est dans tous les Cœurs sensibles
que Cet homme Divin qui fut tout Sentiment
Doit trouver de son Coeur L'eternel monument.

[5] ⟨car⟩ Celle [6] ms. 2: puissions nous [7] [Bosscha avait lu 'affaires', leçon possible]

NOTES EXPLICATIVES

a. la première de ces lettres est inconnue; pour la seconde, voir le n° 7218.

b. lire 'Pourtalès' (cp. les nos 7249 et 7257), et voir le n° 7218, premier alinéa et note *a*.

c. cette affirmation était inexacte, et Girardin le savait.

d. il s'agissait des *Confessions*.

e. Paul-Claude Moultou. C'était un second mensonge, puisque Girardin avait entre les mains un ms. de l'ouvrage.

f. Girardin faisait allusion au bruit, propagé par Corancez entre autres, et tendant à établir que, malheureux à Ermenonville, JJ se serait suicidé.

g. pour ces décès, voir le n° 7218, alinéa 7 et notes *b* et *c*.

7249

René-Louis, marquis de Girardin, à Paul de Pourtalès

[le 8 août 1778]

Monsieur

Je viens de recevoir La Lettre que vous m'avés fait L'honneur de m'adresser pour Madame Rousseau[a] à qui je L'ai remise. Elle est trop sensible à L'amitié que vous aviés pour son mari, et a Celle qui vous unit avec M. du Peyrou son digne et fidèle amy, pour que ce ne soit pas pour elle une Consolation de vous voir, mais dans L'ètat ou elle est elle ose vous prier de ne luy amener personne avec vous. Pour moy, Monsieur, La plus grande satisfaction dont je Sois maintenant capable, C'est de recevoir Les amis de M. Rousseau dans un lieu plein de sa memoire, et de reunir mes sentiments aux leurs.

J'ay L'honneur d'etre avec une Consideration respectueuse
Monsieur
Votre très humble et tres
obeissant serviteur Gerardin.

A Ermenonville *Pour y Ecrire* Par Senlis
8 aoust *1778* Pour y venir Par Louvres.

A Monsieur / Monsieur de Pontalès[1] Maire / chés M. Perrégaux rue S[t]. Sauveur / A *PARIS*

MANUSCRIT

*Cracovie musée Czartoryski, ms.2787; 4 p., p.2 et 3 bl., l'ad. p.4; traces de cachet; taxe postale: '6'; orig. autogr.

NOTE CRITIQUE

[1] [lire 'Pourtalès']

NOTES EXPLICATIVES

Voir le n° 7248, premier alinéa.

a. le n° 7218.

7250

Le docteur Achille-Guillaume Lebègue de Presle à René-Louis, marquis de Girardin

[le 8 août 1778]

[1] J'apprends, Monsieur, par m. B.[a] qui arrive de chez vous, que vous avez un projet de Souscription pour la Musique. Permettez moi de vous representer que j'y trouve de grands inconveniens. Non seulement je ne vous le conseille pas; mais je vous en detourne avec les plus pressantes instances de L'amitié et de la reconnoissance. Faites tout pour M[r]; vous aurez la majorité des voix, et la plus saine partie. Ceux qui ont approuvé le projet n'ont regardé qu'un coté. Madame de Girardin me devinera; peutetre me commentera t'elle[b].

[2] Je vous envoye, Monsieur, un exemplaire complet de la meilleure édition de toutes les œuvres imprimées[c]; d'après la commission que mad[elle] de Girardin m'en a donnée dans sa lettre de la semaine derniere.

[3] Mad[elle] votre fille vous remettra cinq douzaine de crayons assortis qui arrivent d'Angleterre. Je vous les envoye parce que vous avez desiré[1] d'en faire la distribution; car la demande avoit eté faite a la sollicitation d'une demoiselle de consideration, a[2] la quelle ils

devoient etre remis, a L'exception d'une douzaine destinée a votre serviteur, qui l'a retirée, comme il en otera le prix sur votre dette.

[4] Je garde le pistolet a air fixe[d] jusqu'a la semaine prochaine, pour apprendre de quelqu'un qui soit au fait de cet instrument la maniere de S'en servir. Mr Turgot m'a promis de me faire avertir du moment ou il auroit un etranger qui a dit la savoir. Je crois par la entrer dans vos intentions.

[5] Les Banquiers m'ont dit qu'ils avoient ecrit et attendoient des ordres pour la demi année; ils m'en donneront avis.

[6] Mr Houdon m'a ecrit pour aller voir le buste de Mr Rousseau.[e] J'en suis tres content, et fort etonné de la maniere dont il a rendu le regard. Je desire quelque chose dans la bouche; mais je n'ai pas pu m'en rendre compte encore. Mr Houdon voudroit[3] bien que vous vinssiés lui donner vos conseils: il demande aussi Madame Rousseau. Il laissera cette terre comme elle est, parcequ'il seroit possible qu'on ne put pas mieux faire; mais sur une autre terre qu'il va faire il essayera quelques corrections conseillées, pour en voir l'effet sans rien risquer.

[7] Mr de Corancé m'a dit qu'il etoit faché de vous avoir ecrit[f]; et que s'il m'eut trouvé quand il est venu chez moi avec votre lettre, il se seroit contenté de me faire ses plaintes. Je n'ai pas pu convenir, comme il le desiroit, qu'il ait eu raison de mettre le memoire &ca.[g] J'ai dit a son beaupére[h] que j'ai vu aussi pour l'examen du buste qu'il falloit convenir de la 1ere et 2e faute de son gendre et nous ecrire des politesses generales, sans discuter encore tout cela.
ce 8 aout

[8] J'ai envoyé mon extrait au Mercure et au Courrier de l'Europe sur le deplacement et la mort.[i]

A Monsieur / Monsieur le Marquis de Girardin / a sa terre d'Ermenonville / Par SENLIS.

MANUSCRIT

*Chaalis, fonds Girardin D⁴ 34, n° 23; 4 p., p.3 primitivement bl., l'ad. p.4; traces de cachet; orig. autogr.

NOTES CRITIQUES

Girardin a utilisé la p.3 et un pli de la p.4 pour y copier une partie de sa réponse (n° 7254).

[1] ⟨demandé (?)⟩ [2] ⟨qu'elle (?)⟩ [3] ⟨desir (?)⟩

NOTES EXPLICATIVES

a. Pierre-Antoine Benoît, ancien contrôleur des bois et des domaines de la Généralité de Toulouse, et futur éditeur, avec Girardin, des *Consolations*. Lié depuis quelques années avec Foulquier, il figure dans les *Rêveries* à côté de son ami, mais aucun des éditeurs de ce texte ne l'a identifié. On verra plus loin qu'il y eut à l'égard de cette allusion une petite difficulté résolue avec tact par les éditeurs des *Œuvres* (Genève) de 1782. A partir de novembre 1778 et jusqu'en 1782, Benoît entretint une correspondance volumineuse avec Girardin, surtout, mais pas exclusivement, au sujet des *Consolations*. A un moment impossible à déterminer, mais en tout cas avant le 8 janvier 1789, Benoît transporta ses pénates à Saint-Germain-en-Laye (Paris, AN, Minutier, transport de rente de cette date, lequel le qualifie de 'bourgeois habitant du dit lieu'). Peut-on l'identifier avec cet Antoine Benoît qui y mourut le 19 germinal an IV (soit le 8 avril 1796), à l'âge de 75 ans, 'vivant de son revenu', et laissant une veuve, née Marguerite Subtil? Dans ce cas, il serait né dans la paroisse de Chaudoiseau, Côte d'Or, vers 1721.

b. comme on verra par la suite, ni Girardin ni sa femme n'ont rien compris à ce passage de la lettre de Lebègue de Presle. Sans doute fallait-il comprendre: 'Faites tout pour m[r] [Rousseau], mais rien pour mme' [c'est-à-dire, Thérèse].

c. celle de Duchesne (Neuchâtel [Paris] 1764*s*). Girardin a fait faire un dépouillement de cette édition intitulé 'Table générale de ce qui est contenu Dans Les neuf volumes D'œuvres diverses de Mr Rousseau de Geneve'. Il a ajouté de sa propre main 'Edition de Neufchatel 1764 18 volumes in 8[o]'. A la fin, il a ajouté, après le contenu du t.9: 'Heloise 4 volumes / Emile 4 / Dictionnaire de musique 1' (Chaalis, D[4] 37).

d. il s'agit du pistolet de Volta: voir le n° 7274, alinéa 6 et note *d*.

e. sur ce buste justement célèbre, voir surtout au t.xliv la lettre de Girardin à Choffard (novembre 1779).

f. il est question de cette lettre, disparue, au début du n° 7232.

g. Corancez avait publié dans le *JP* non seulement le préambule des *Confessions* (voir le n° 7230, note *a*), mais aussi, dans le n° du 20 juillet 1778, le mémoire daté de février 1777 (t.xl, n° A649), sans le dernier alinéa: voir aussi le n° 7205, remarque ii.

h. Romilly.

i. ni l'un ni l'autre de ces journaux ne l'ont imprimé.

REMARQUES

i. Le 8 août 1778, Julie von Bondeli s'éteignit à Neuchâtel, chez mme Sandoz. Le 23 octobre 1778, Sophie von La Roche, qui venait seulement d'apprendre la nouvelle, écrivait à Wieland: 'Wieland! unsere Julie Bondeli – ist d.8 August gestorben. / Bekommt sie kein denkmal von dem Mann den Sie liebte – der einst Ihren Geist u. Seele anbetete – es hätte sollen neben Rousseaus denkmahl im Merkur erscheinen [. . .]' (Michel, 1926, xvii.451).

ii. Le 8 août 1778, la *GB* imprimait, dans son *Supplément*, l'annonce qui suit: 'On vend actuellement à *Geneve* chez M. Bassompierre, Imprimeur-Libraire, les Œuvres complettes de J. J. Rousseau in-4[to], 9 vol. jolie édit. ornée du portrait de l'auteur & de 29 belles figures. On doit le des[s]in de tous les sujets a M. Moreau le jeune; MM Le Mire, de Launay, Philippart, Duclos & Prevost les ont rendus avec une verité & une énergie dignes leur reputation. Prix 145 L. 10s. de France.'.

Il s'agit évidemment de l'édition de Boubers, dont neuf tomes (sur douze) étaient déjà parus.

Pour Bassompierre, voir le n° 7376, remarque (t.xlii).

L'édition de Boubers se trouvait aussi vers cette époque chez Emmanuel Haller à Berne (trente figures) au prix de 97 L (*GB* du 19 août 1778); et chez Gabriel Decombaz, à Lausanne.

7251

Jean-Antoine Roucher à René-Louis, marquis de Girardin

de Mont-fort L'Amaury ce 8 août *1778*

[1] Je vous dois des remerciemens, Monsieur, et pour l'accueil honnête dont vous m'avez honoré, et pour les sensations délicieuses que j'ai éprouvées auprès de vous. Il me semble que mon âme S'est renouvellée. J'ai toujours aimé la campagne, mais peut-être sans m'être jamais rendu compte du charme qui m'attachoit à elle. J'avois besoin de voir le paysage que vous avez composé, pour entrer dans le secret de mes propres Sentimens. Ermenonville me sera toujours présent, et je serai bien fier, si dans le tableau que je me propose d'en faire, je parviens à le montrer dans mon poëme[a], comme je le vois et tel que je le sens. J'ai craint, Monsieur, que le jour d'hier passé à Paris n'altérat en moi les douces émotions, que j'ai emportées de chez vous, et j'ai avancé mon départ pour Montfort.[b] Me voici dans la retraite prêt à composer, et je n'ai pas cru pouvoir mieux m'y disposer que par cette lettre. J'ai vu l'homme qui aime la nature et dans l'intérieur et dans les dehors de votre maison. La Simplicité, les vertus des propriétaires ajoutent un charme de plus à leurs possessions. Je me rappellerai toujours avec attendrissement que vous êtes fidele à votre principe *que tout soit ensemble et que tout soit bien lié*.

[2] Puis-je espérer, Monsieur, que vous voudrez bien présenter l'hommage de mon respect à Madame Gérardin, dont je n'oublierai jamais l'accueil qu'elle a daigné nous faire.

[3] Pardonnez encore, Monsieur, si je vous prie de vouloir bien parler de mon respect à la veuve du grand homme que pleurent tous les cœurs sensibles. Mde Rousseau a beaucoup perdu, mais si quelque chose peut alléger son malheur, c'est l'intérêt que vous y prenez, et qui, j'ose le dire, vous honore aux yeux de qui conque rend hommage à la vertu et au génie.

[4] J'ai l'honneur d'être avec des sentimens respectueux

Monsieur

votre très humble et très
obéissant serviteur

Roucher

MANUSCRIT

*Alençon, collection de m. Guy Gaulard; 2 p.; orig. autogr.

Ce ms. passa dans une vente Charavay (fichier 472/136), et fut offert par m. Thierry Bodin, libraire à Paris, dans son catalogue 12 (automne 1981), n° 267.

NOTES EXPLICATIVES

Ainsi, dès le début d'août 1778, Roucher a tenu à faire le pélerinage d'Ermenonville.

a. Les Mois. Rappelons que dans son poème, Roucher a donné non seulement le texte des quatre lettres à Malesherbes, mais aussi, d'après une copie manuscrite de la 'Lettre à Sophie' mise en circulation par Girardin, le récit des dernières heures de la vie de JJ (voir au t.xl le n° A680, le passage *p* et cp. au t. xliv le n° 7679). Le poème des *Mois* ne devait paraître qu'en février 1780. Sa publication avait été précédée d'une grande campagne publicitaire dans le salons de Paris, où Roucher avait lu plusieurs extraits de son ouvrage.

b. la commune de Montfort-l'Amaury se trouvait au XVIIIe siècle dans l'Ile-de-France, à une trentaine de km. à l'ouest de Versailles, et fut incorporée à la Révolution dans l'ancien département de Seine-et-Oise. Elle se trouve aujourd'hui dans celui des Yvelines.

REMARQUES

i. A la date du 9 août 1778, Métra écrivait: 'Ces Mémoires de feu J. J. Rousseau dont on a tant parlé, que tant de gens s'étoient vantés d'avoir vus imprimés, même d'avoir lus en entier ou en partie, ne sont pourtant point imprimés & l'on doute même si l'original en existe. Ce qui a pu induire en erreur à cet égard, c'est un écrit du célebre Genevois qui étoit destiné à servir de préface à ces mémoires & que voici: [. . .]' (suit le texte du préambule: Métra, éd. de 1787, vi.360-361).

ii. Dans son n° du 9 août 1778, p.882-883, le *JP* imprima la lettre de Dorat sur les *Confessions* dans une nouvelle version revue et corrigée par l'auteur, avec un billet d'envoi (voir au t.xxxviii le n° 6818, impr.2).

7252

René-Louis, marquis de Girardin, à Samuel Swinton

[vers le 10 août 1778][1]

Note à Inserer dans le *Courier de l'Europe*

Si tant est que les M[emoire]s de M[r] R[2] existent encor quelque part comme[3] il n'a ecrit de memoires[4] que dans L'objet de Conserver une piece exacte et sincere de justification Si La Calomnie continuoit encor à poursuivre sa memoire[5], il [6]n'en a[6] deposé L'unique manuscrit[a] qu'a la Condition expresse que dans aucun cas ils[7] ne[8] pouroit jamais paroitre que longtemps après sa mort;[9] La[10] malheureuse femme de ce grand homme Espère donc que ce depositaire quel qu'il soit, ne Sera jamais assez Lache pour trahir La Confiance de L'amitié[11]. Comme Les[12] Intentions[13] [14]de son mari[14] ainsi que les siennes me sont Connues [6]a cet egard[6] [je vous Supplie][15] [16]de publier cette Lettre[16] pour le Certifier au public afin de Calmer[17] La[18] vaine Curiosité qu'on a eu L'indiscretion d'exciter[19] Sur cet objet.

Lorsqu'un homme divulgue le secret d'un autre, et lorsqu'il publie et qu'un autre Imprime après sa mort ce qu'ils n'eussent jamais osé publier ni imprimer de son vivant c'est au public a juger de L'opinion qu'il doit avoir de M. Dorat auteur de la Lettre Inserée dans le journal de Paris du 9 aoust[b], et de Mr de Corancéz Imprimeur de Ce journal, en observant que Ces deux Messieurs se sont dit[20] Les amis de Mr Rousseau.

MANUSCRIT

*Chaalis, fonds Girardin D4 37; 2 p.; premier jet et brouillon.

NOTES CRITIQUES

[1] [le ms. n'est pas daté. L'allusion à la lettre de Dorat permet de le dater approximativement.] [2] R⟨ousseau⟩ [3] comme ⟨ils n'ont eté remis⟩ ⟨deposés⟩ ⟨par M.⟩ ⟨par Mde Rousseau qu'a la condition expresse qu'ils ne⟩ ⟨compar (?) pas⟩ ⟨je tiens de luy qu'ils n'ont èté⟩ [4] ⟨je certifie au public qu'⟩il n'a ecrit de ⟨ces⟩ memoires ⟨n'ont eté composés par⟩ [passage très raturé. Girardin a répété le mot 'comme' dans l'interligne, et a oublié de biffer le 'je' de la phrase remaniée.] [5] memoire ⟨dans le⟩ ⟨mais en même tems⟩ [6] [biffé et rétabli dans l'interligne] [7] il ['s' ajouté après coup] [8] ne ⟨paroitroit pas⟩ [9] mort; ⟨et celle⟩ ⟨et celle de c⟩ [10] ⟨Me⟩

[11] L'amitié ⟨C'est ce dont j'ai èté chargé⟩ [12] les ⟨intentions⟩ [13] Intentions ⟨repres (?)⟩ [14] [inséré dans l'interligne] [15] egard ⟨je vous Supplie⟩ [je rétablis ces mots, nécessaires au sens, et qui semblent avoir été biffés par mégarde] [16] ⟨d'en assurer le public⟩ [dans l'interligne, avant 'de publier', Girardin a écrit 'd'autres', sans qu'on puisse voir à quoi ces mots se rapportent. Peut-être avait-il l'intention d'écrire: 'a cet egard [comme à d'autres'] [17] Calmer ⟨a cet egard⟩ [18] La ⟨Curiosité⟩ [19] d'exciter ⟨en luy⟩ ⟨dans le public.⟩ [20] [Girardin ne fait pas l'accord]

NOTES EXPLICATIVES

Cette note ne fut pas imprimée dans le *CE*.

Le destinataire de cette lettre (1726? – après 1794) appartenait à une vieille famille écossaise, attestée à Swinton, dans le Berwickshire, dès le XIIe siècle, et qui avait fourni à l'Etat nombre d'officiers, de magistrats et d'administrateurs. Samuel était le second fils de John Swinton, avocat, et de Mary Semple, fille d'un pasteur écossais, mariés en 1723. Son frère aîné, John (†1799), avocat (1743) comme son père, devait être bientôt nommé (1782) juge de la Cour d'Appel de l'Ecosse, et trois de ses autres frères étaient entrés au service de la Compagnie britannique des Indes. A côté de ces dignes parents, la carrière de Samuel paraît plutôt irrégulière. D'abord lieutenant dans la marine britannique (1748), il finit par quitter le service, et s'établit à Londres, où il lança le *Courier de l'Europe*, 'gazette anglo-françoise'. Ce journal, qui avait atteint une circulation étonnante pour l'époque, paraissait depuis juillet 1776. Les principaux rédacteurs étaient Théveneau de

La Morande (1748-1803?) et Alphonse de Serres de La Tour, mais, du côté français, l'âme de l'entreprise était Beaumarchais. Le journal s'imprimait à Londres, chez Cox, 73 Great Queen Street, Lincoln's Inn Fields, et Swinton était en principe domicilié dans la capitale anglaise, à Coventry Street, où il avait une épouse légitime. Cependant, il faisait de fréquents séjours en France, où il avait une maîtresse, qu'il avait installée à Boulogne-sur-mer, et qu'il devait épouser plus tard. Elle s'appelait Félicité-Jeanne Lefèbre. D'après une pieuse tradition familiale, qui paraît un peu suspecte, elle aurait été la fille d'un officier des gardes françaises qui devait se faire tuer à Versailles, au début de la Révolution. Quoi qu'il en soit, elle lui donna six enfants (A. C. Swinton, *The Swintons of that ilk and their cadets*, Edimbourg 1883; A. C. Swinton et J. L. C. Swinton, *Concerning Swinton family records*, Edimbourg 1908; Jean François-Primo, *La Jeunesse de Brissot*, Paris 1932, p.47*s*; renseignements aimablement communiqués par m. A. D. Sterenberg, de la BL).

Sur le *CE*, voir aussi au t.xl le n° 7112, premier alinéa et note *a*.

a. Girardin répète ici son mensonge. Il savait pertinemment que le ms. confié à Moultou n'était pas 'unique'.

b. voir au t.xxxviii le n° 6818, et dans le présent volume le n° 7251, remarque ii. Dorat avait remanié sa lettre de décembre 1770: voir le n° 6818, notes critiques.

La protestation de Girardin contre la publication de la lettre de Dorat n'a pas le sens commun. Il ignorait évidemment qu'elle était parue du vivant de JJ.

Rappelons cependant, à sa décharge, qu'un mois à peine après la mort de JJ, il ne savait pas encore combien de copies du ms. des *Confessions* Rousseau avait distribuées, ou s'il en existait des copies subreptices. Il craignait sans doute que la publication de la lettre de Dorat, comme celle du préambule, ne préludât à l'impression des *Confessions*, enlevant ainsi à l'édition projetée son inédit le plus important, et diminuant singulièrement la valeur du ms. dont il s'était emparé.

7253

Denis Ivanovitch Fonvizine au comte Pierre Ivanovitch Panine

[vers le 10 août 1778][1]

[1] [...] Il [Rousseau] dit à sa femme que la teneur de son ouvrage[a] était telle qu'il ne saurait être publié qu'après sa mort, car, sinon, il ne pourrait pas ne pas en mourir. Madame Rousseau ne tint pas compte de ces avertissements, trouvant fâcheux d'attendre jusqu'au décès de son époux: pendant les heures qu'il était hors de la maison, elle faisait venir un libraire pour lui faire copier le manuscrit de cet ouvrage, qu'elle lui vendit pour cent louis d'or. L'auteur n'avait encore aucun soupçon de cet acte insensé que, déjà, le manuscrit copié avait été emporté en Hollande et vendu à un libraire du pays.

[2] Le contenu du livre avec de nombreux détails concernant l'auteur lui-même ainsi que des personnes fort connues ici commença à être répandu dans le public, et Rousseau apprit ainsi que sa femme avait vendu tous les secrets de sa vie. Saisi d'une peur extrême, il laissa là sa femme et quitta Paris pour aller se cacher au village d'Ermenonville chez son ami le marquis de Girardin, qui lui offrit l'asile. Pendant quelques jours, sa femme s'inquiéta du sort de son mari, et, torturée par le remords, elle vint le voir dès qu'elle eut su en quel lieu il se trouvait. Pendant ce temps, le gouvernement [entreprit d'arrêter][2] la publication du livre, et Rousseau, [accablé][2] par le malheur sombra dans un véritable désespoir.

[3] La façon dont il est mort oblige à penser qu'il s'empoisonna[b]. Dans le village où il habitait, il y avait un petit paysan[b] qui, par son esprit vif, plut à Rousseau et ils [se rencontraient][2] constamment. La veille de sa mort, Rousseau avait demandé à ce garçon de le réveiller beaucoup plus tôt que d'habitude, en lui promettant d'aller avec lui dans la campagne contempler le lever du soleil. Le lendemain, effectivement, il sortit avec lui dès l'aube et, le laissant gambader dans les champs, il s'agenouilla et, les bras levés vers le ciel, il pria, avec des larmes. – Cette scène fut ensuite racontée par le garçon, qui en avait été l'unique témoin.

[4] A son retour à la maison, ses hôtes[3] le trouvèrent exceptionnellement pâle et voulurent lui [offrir][2] de l'aide, mais il répondit qu'il n'avait besoin d'aucune aide, et, prenant par la main sa femme, il demanda qu'on lui permette de se retirer avec elle dans sa chambre, car il avait quelque chose d'important à lui dire. Seul avec elle, il l'embrassa comme quelqu'un qui va partir pour toujours. Puis, ouvrant la fenêtre, il regarda le ciel et dit à sa femme, dans une très grande exaltation, qu'il était tout pénétré de la grandeur du Créateur en contemplant ce beau spectacle de la nature. Cette exaltation se prolongea quelques minutes, puis il tomba mort.

[5] Le livre qu'il a composé n'est rien d'autre qu'une confession de toutes ses actions et de toutes ses pensées. Comptant qu'avant sa mort cette confession ne serait lue de personne, il y révéla, sans la moindre dissimulation, toute son âme, dit combien vile elle avait été à certains moments, comment il avait été entraîné à d'autres mauvaises actions, encore plus graves, et comment il était revenu à la vertu; bref, il y mit à nu tout son cœur; il voulut rendre service à l'humanité en lui montrant le cœur humain dans toute sa faiblesse.

[6] Ceux qui ont lu cette œuvre déclarent que, entre autres choses, l'auteur y évoque un événement qui s'est produit dans sa jeunesse. Dans la maison où il vivait, il y avait une servante dont il était

tombé amoureux. Un jour, il vint chez ses maîtres un marchand vendant divers objets. Rousseau était pauvre, et, n'ayant rien qu'il pût offrir à son amante, il céda à la tentation de voler un des objets du marchand. Sachant que la fille était vertueuse et qu'elle n'accepterait pas le cadeau de ses mains, il plaça l'objet dans un coffre, dans l'espoir de lui faire un plaisir inattendu. Entre temps, on s'était aperçu de la disparition de l'objet; on s'était mis à le chercher et on finit par le trouver dans le coffre de la fille. Cette malheureuse, craignant d'être torturée, s'accusa du vol. Rousseau n'eut pas le courage de la disculper, et l'innocente fut torturée comme une criminelle.

[7] L'introduction de Rousseau à cette œuvre inimitable[c] est tenue ici en grande estime. Elle fut imprimée [4]dans le *Journal de Paris* qu'avec[4] le dernier cahier du *Mercure de France* et celui du *Courrier de l'Europe*, j'ai l'honneur de joindre à la présente. Cette introduction est ici à tel point estimée que tout le monde, à peu près, la connaît par cœur. [. . .].

IMPRIMÉS

[1. *Œuvres de Denis Ivanovitch Fonvizine*, éd. G. P. Makogonenko, Moscou et Leningrad, 2 vol. 1959.]

*2. Joseph Suchy, *Les Confessions à la mort de Rousseau* [. . .], *Œuvres et Critiques* iii, n° 1 (été 1978), p.127-129 (traduction française).

NOTES CRITIQUES

[1] [dans les imprimés la lettre n'est datée que 'août 1778'. L'allusion au 'dernier cahier' du *Mercure*, qui paraissait à cette époque tous les dix jours, permet de cerner la date d'un peu plus près.] [2] [mis entre crochets dans les impr. 1 et 2] [3] [je me permets de substituer ce terme au mot 'maîtres' de l'impr.2] [4] [je me permets de substituer ces mots à la tournure de l'impr.2: 'dans la revue parisienne qu'avec']

NOTES EXPLICATIVES

Le destinataire de cette lettre (1721-1789) était le frère du ministre (voir le n° 7184, notes explicatives). C'est lui qui avait écrasé en 1774 la révolte du cosaque Emélian Pougatchov, imposteur qui se faisait passer pour Pierre III.

Pour l'auteur, voir le n° 7184.

Cette lettre est un bon échantillon des inepties que l'on racontait à la mort de Rousseau. A noter particulièrement la déformation de l'épisode de Marion et du ruban volé par JJ (alinéa 6).

a. les *Confessions*.

b. ainsi le coup d'épingle ou de canif a été remplacé par le café empoisonné, et le fils du marquis de Girardin a été métamorphosé en 'petit paysan' . . .

c. le préambule des *Confessions* fut imprimé dans le *JP* du 30 juillet 1778, et dans le *Mercure* du 5 août 1778. Il fut mis en circulation par Bachaumont, à la date du 29 juillet, et à celle du 9 août par Métra. Le 15 août, le texte du *JP* fut réimprimé dans le *J Enc*, et dans l'*AL* vers la même époque. La *CL* de Meister la reproduisit aussi vers cette époque, mais dans un fascicule daté de juin 1778. On sait que ces fascicules étaient souvent antédatés, afin de donner à la *CL* l'apparence d'une périodicité régulière. Le préambule figure encore dans l'*Espion anglois* à la date du 31 juillet 1778. Ce texte ne fut imprimé qu'en 1784.

7254

René-Louis, marquis de Girardin, au docteur Achille-Guillaume Lebègue de Presle

[le 11 août 1778][1]

[1] Je n'ai jamais pu mon Cher Docteur ni de moi même ni a L'aide des Comentateurs Comprendre L'enigme de votre derniere du 8[a]. Pour moi je ne Conois [2]qu'une seule[2] principe et une seule maniere pour servir Les amis. C'est de faire pour eux en leur absence tout ce qu'on peut Imaginer qu'ils desireroient qu'on fit pour eux s'ils etoient presents. Les opinions flottantes de La multitude majeure ou mineure, Saine ou malade, Sincere ou fausse, directement[3] ou Indirectement ne paroissent pas devoir balancer un Instant Le principe Invariable sur lequel repose toutte espece de franchise et droiture, et d'honeur. Notre ami n'a laissé qu'une personne qui Lui fut Chère. Elle a été jusques a sa mort La Compagne de sa vie. J'ai vû, j'ai connû ses dispositions et ses Intentions dernieres ainsi je n'ai plus qu'une seule maniere de faire tout pour luy. C'est de faire tout pour elle. Je suis assuré mon Cher Docteur qu'egalement convaincu de La verité de Ce principe, vous ne Chercherés ainsi que moy que ce qui sera le plus Convenable a La memoire de notre ami et aux Interets de sa veuve. Or voicy quelles sont mes Idées a cet egard, sauf a Les rectifier Si par des raisons claires vous me montrés qu'on puisse faire mieux pour remplir tout a la fois ce double objet.

[2] J'ai ecrit en Angleterre ou vous sçavés qu'il y a un opera tout entier et beaucoup de musique afin d'en assurer La reunion. Je pense que le moyen Le plus avantageux pour toutte La musique de Chambre Sera d'en proposer Le receuil par souscription, parce qu'assurement il y aura Grand nombre de personnes qui doneront tres volontiers un louis pour avoir un Charmant receuil et faire du bien a la veuve d'un grand homme.

[3] La musique de Theâtre on en traittera avec Les Directeurs.

[4] La musique d'eglise avec des graveurs.

[5] Quant aux ouvrages, Chose[4] aussi importante au public, il est question maintenant de rassembler d'examiner et de Choisir tout ce qui pourra Convenablement a L'honeteté publique ainsi

qu'a l'edition en particulier, être Imprimé et de Dresser un état de tous les differents morceux qui peuvent entrer dans une nouvelle edition Complette, qui sera faitte pour L'avantage de sa veuve a qui Cette juste et Convenable ressource appartient tellement que tout homme qui imprimeroit actuellement le moindre ecrit de son mari autrement que par son avœu et pour elle vole sans Contredit le denier de la veuve et doit etre Indubitablement maudit dans ce monde et dans L'autre. Cette nouvelle edition dans laquelle tous les amis de M. Rouss. et bienveillants pour sa memoire doivent Chercher a tout reunir sera Comme de raison adjugée au libraire le plus solvable, Le plus Capable, et qui Donnera Le plus haut prix. M. du P. et M. M. ont offert deja de reunir tout ce qu'ils ont. De notre Coté nous verrions a reunir tout ce qui pourroit se trouver a Paris et ici. Il y a grand apparence que sous 8 a 10 jours je serai obligé de faire un voyage pour parvenir a former la plus grande masse de Cette reunion, car le principal depositaire me marque que sa santé ne luy permet pas de se deplacer. D'ailleurs il se trouve precisement dans un point Central. Quelque fatiguant et [. . .][5] que soit ce voyage Si on m'envoyoit à [. . .][6] une garde il faudroit bien y aller. Et les devoirs de l'amitié ne sont pas Les moins sacrés a remplir.[7]

MANUSCRIT

*Chaalis, fonds Girardin D^4 34, n° 23; p.3 et 4 de la lettre de Lebègue du 8 août; mise au net et brouillon.

NOTES CRITIQUES

[1] [le ms. n'est pas daté. La date est suppléée par la réponse de Lebègue, n° 7262, première phrase.] [2] [ce féminin est tout à fait aberrant, amené peut-être par 'manière'] [3] directement ⟨Indirecte⟩ [4] Chose ⟨aussi importante au public qu'elle L'est⟩ ⟨où qui Importe aussi, au public⟩ [5] [mot indéchiffrable] [6] [quelques mots indéchiffrables] [7] le long d'un pli de la p. de l'adresse, Girardin a griffonné quelques lignes, d'une écriture fort serrée et fort difficile à déchiffrer:] M. R. est mort. Son esprit est La seule et unique ress[ource] de Sa veuve. Tout homme qui en publ[ieroit] La moindre production autrement que par son aveu et pour elle manqueroit a la memoire de m. Rousseau, d'autant plus infame [qu']il voleroit le denier de la veuve. [Ces lignes font double emploi avec une phrase de l'alinéa 5, dont elles sont l'ébauche ou le développement.]

NOTE EXPLICATIVE

a. voir le n° 7250, premier alinéa.

7255

René-Louis, marquis de Girardin, à Pierre-Alexandre Du Peyrou

Ermenonville 11 aoust 1778
Par Senlis

Je reçois Monsieur, Votre Lettre du Six[a]. Je me hate d'y repondre sur Le Champ et sans délibérer. Puisque malheureusement Votre Santé vous empeche de venir a nous, je ne dois pas hesiter d'aller a vous, et Comme La saison S'avance nous n'attendrons pour partir que votre reponce a Celle cy. J'ai determiné M[e]. Rousseau a etre du voyage, non seulement Ce sera pour elle une Diversion, et une Consolation de vous Voir mais encor sa présence nous evitera d'attendre a tous momens son aprobation et Ses reponces. Je ne doute pas quoique je n'aie encor vüe aucune reponce a deux Lettres[b] que je luy ai écrit[1], que M. de Moultou n'acomplisse sa derniere offre et parole avec vous ainsi que ses engagemens avec M. Rousseau, dont Les dernieres Intentions n'ont point changé a L'égard des mémoires de sa vie. J'ai reçu effectivement une Lettre de La societé de Neufchatel[c], j'ai repondu a leur proposition ainsi qu'a toutte autre de Ce genre d'une maniere vague, jusques a ce que nous pussions nous reunir[d]. J'ai ecrit aussi dans differents endroits et a diverses autres personnes, j'ai dejà reçu quelques reponces et quoiqu'il s'en faille de beaucoup que tous Les pretendus amis de M. Rousseau ayent les[2] sentiments aussi droits et aussi genéreux que les votres je me persuade neamoins qu'il n'est pas possible qu'il y ait quelqu'un au monde qui pense assés indignement, pour ne pas sentir qu'aprés La perte cruelle et absolue qu'a faitte M[e]. Rousseau, L'esprit de son mari devient Sa seule et Legitime ressource, et qu'imprimer actuellement La moindre chose De luy sans L'approbation et L'avantage de La[3] Veuve ce seroit en voler Le denier.

Comme ma femme et ma fille ainée qu'elle ne peut quitter accompagneront M[de]. Rousseau nous serions trop de monde pour que je pusse profiter de vos offres d'hospitalité, que mon amitié et mon Estime pour Le digne ami de M. Rousseau, me porteroient en mon particulier à accepter avec tous Les sentiments que vous m'avés inspiré.[1]

Gerardin

Permettés moy Mons. de finir ainsi Sans touttes les vaines formes qui[4] sont inutiles et étrangères aux sentimens vrais.

A Monsieur / Monsieur du Peyrou / A Neufchatel / *En Suisse*

MANUSCRIT

*1. Neuchâtel ms.R118, fol.12-13; 4 p., l'ad. p.4; cachet arraché; taxe postale: '2 cr.'; orig. autogr.

2. Chaalis, fonds Girardin D4 33, n° 41, fol.7; 2 p.; brouillon.

NOTES CRITIQUES

Le brouillon porte le n° 3; l'orig. autogr. ne porte pas de numéro.

Variantes du ms.1:

[1] [Girardin ne fait pas cet accord] [2] ⟨d⟩es [en surcharge] [3] ⟨s⟩a [en surcharge] [4] ⟨d⟩ui [en surcharge]

NOTES EXPLICATIVES

a. le n° 7244.

b. la première de ces lettres est sans doute le n° 7176 (t.xl). La seconde, du 10 juillet, est inconnue. Le n° 7231 n'a pas été envoyé.

c. le n° 7221.

d. voir le n° 7247.

7256

René-Louis, marquis de Girardin, à Alexandre Deleyre

12. aoust 1778.

A Mr de Leyre à Dame Marie Les Lys Près Melun

[1] Je suis très sensible, Monsieur a L'honneur de votre souvenir, je souhaitte que celuy que vous avés conservé Vous[1] soit[2] aussi agreable[3] que Celuy que nous conservons de vous. Que de Droits n'a pas icy L'ami de La nature et de [4]son favori[4] qui repose dans son sein. Souvent[5] Lorsque[6] Le Coeur plein d'une tendre melancholie, [7]j'erre autour de cet[8] isle des Peupliers[7] sous cet ombrage epais qui borde la vallée, et fait de cet azyle une enceinte Sacrée, je me rapelle[9] et les vers que vous m'avés dit[10] et Ceux qu'il a si bien chantés.

[2] [11]Mr Roucher [7]chante et[7] veut ajouter à son Poeme[a] l'episode touchante[11] de L'isle des Peupliers et [12]M. Berquin veut la pleurer dans une[12] Romance en forme de Complainte [13] [14]dans la bouche[14]

Innocente et suave[13] des Enfans et[15] c'est pourquoy ils sont venus icy tous deux ensemble.

En elevant leur Cœur à Cet homme Excellent
Echaufer leurs accords au feu du sentiment.

[3] Il y a[16] Si longtems qu'on bavarde[17]. Puissent'ils enfin en parler, et surtout ne parler que[18] pour luy. En[19] verité il est bien tems qu'un homme qui aima toujours passionément jusques au dernier etre vivant de la nature, et qui n'a jamais voulu de mal a personne Reçoive dans sa mémoire Les sentiments que L'envie, et la basse jalousie lui ont refusé[10] de son vivant. Mais M[onsieur][7] ses Ennemis sont tellement Futés, et [7]reunis en bandes[7] [d']Insectes, qu'il[20] etoit bien naturel qu'il fut souvent aussi penè de vous Sçavoir parmi eux, que je Le serois d'Entendre [7]leur bourdonnement et leur croassement[7]. Est'il donc[7] possible que des hommes qui veulent precher la nature et[21] La vertu[22] dèclament Contre Son apotre. Les Eglisiers[23b] sont plus adroits, au moins Se gardent'ils de parler contre Les pères de L'eglise[24]. Encore un mot, et j'ai tout dit a cet egard. Si Dider. Si votre ami Did. n'a pas pleurè la mort de L'h[omme] qui malgré tout ce qui s'est passé Entr'eux n'a jamais pu entendre prononcer son nom d'un œil Sec, il est Indigne d'etre Le pere du Père de famille[c].

[4] [25]Vous voyés, M. que je suis franc. Mais Si je dis ce que je pense, on peut au moins Compter Sur ce que je dis. M. Ducis[26] dans sa reponce[d] a la Lettre que j'ai[27] eu l'honneur de luy ecrire[e] m'indique[28] cette Inscription de la part de plusieurs academiciens Barbarus hic ego sum quia non Intelligor illis[25] mais L'[29]Intention [7]de notre bon ami[7] ne seroit pas qu'on parlât de ses ennemis en même tems que de luy, et qu'on dit sur sa tombe une Injure au genre humain. D'ailleurs La pierre est elevée et gravée, et si L'inscription que j'y ai mise [30]n'est pas satisfaisante pour l'esprit[30] j'ai[31] osé l'y[32] placer parce[33] qu'elle est satisfaisante [34]pour mon[34] Cœur, je puis me repentir quelquefois de ce qu'il m'aura fait dire mais jamais de ce qu'il m'aura fait faire.

[5] Si je suis assés malheureux pour n'avoir vecu avec M. Rousseau que pour Le voir mourir Sous mes yeux, et pour etre obligé de batir moi même Sa tombe, Du moins j'ai placé Le monument de sa memoire dans tous Les Cœurs sensibles. C'est le seul qui me paroisse digne de luy. Neammoins Monsieur Si vous pensés qu'il luy en faille encor un autre a prix d'argent, quelque soit celuy que vous proposiés de luy faire[f], j'y souscris d'avance. Mais[35] je crois devoir vous avertir[36] qu'il n'en est qu'un seul qu'il puisse avoüer. Ce seroit un acte de bienfaisance que L'univers feroit faire tous Les

ans par Souscription vis avis de sa tombe.[37] J'ay l'honneur d'etre Monsieur avec[38] un sincère attachement

Votre tres humble

G.

MANUSCRIT

*Chaalis, fonds Girardin D^4 34, n° 32; 4 p., p.4 bl.; brouillon, très lourdement raturé.

IMPRIMÉ

Molinier (1970), p.140-142.

NOTES CRITIQUES

Le texte de l'imprimé de 1970 est éclectique, insérant dans la lettre des passages qui sont nettement biffés, et laissant de côté des passages substitués dans l'interligne et beaucoup plus difficiles à déchiffrer.

[1] ⟨de⟩ Vous [2] ⟨puisse être⟩ [3] ⟨doux⟩ ⟨doux⟩[7] [4] ⟨M. Rousseau⟩ son ⟨apotre⟩ [en surcharge partielle] [5] ⟨C'est bien⟩ ⟨combien⟩[7] Souvent [6] ⟨Lors que j'erre a L'aventure⟩ [7] [ajouté dans l'interligne] [8] [inadvertance du marquis] [9] rapelle ⟨ces⟩ ⟨cette⟩ ⟨douces⟩[7] ⟨sous la⟩ ⟨sensibles Romances qu'il a Si bien chantées⟩ [10] [Girardin ne fait pas cet accord]

[11] [passage très raturé: la phrase est devenue incohérente et la leçon définitive est en partie incertaine] M. Roucher ⟨et Mr Berquin sont venus icy. L'un⟩ veut ⟨faire entrer dans son Poeme La description Phisique⟩ [7]L⟨a touchante⟩ Episode touchante ⟨de l'une⟩[7] [12] ⟨L'autre veut faire une Compla⟩ [13] ⟨Chantée par⟩ [14] [ces mots répétés par inadvertance] [15] et ⟨tous deux sont venus pour de⟩ [16] a⟨ssès lon⟩ [17] bavarde ⟨Puissent'ils enfin parler, que les cœur⟩ [18] que ⟨de luy⟩ [19] ⟨car⟩ en [20] qu'il ⟨a du etre souvent⟩

[21] et ⟨donc⟩[7] [22] vertu ⟨se dechainent contre son apotre⟩ [le long de la marge de gauche, Girardin a écrit un passage un peu raturé mais non biffé, et qu'il a peut-être eu l'intention de placer ici:] S'attacheroient'ils donc encor Comme de vils corbeaux sur son cadavre ⟨tandis que de son vivant⟩ Lorsqu'il est mort dans la plenitude de son genie, tant qu'aucun ⟨d'eux⟩ de ses ennemis n'osa l'attaquer en face. Ils le privent entr'autre [rédaction abandonnée] [23] ⟨Ecclesiastes⟩ [24] L'eglise. ⟨je n'ajoute⟩ [25] [ce passage est d'une écriture plus petite. Peut-être Girardin a-t-il repris ici son brouillon après une interruption.] [26] Ducis ⟨m'avoit⟩ ⟨m'a ecrit pour⟩ [27] j'⟨avois⟩ [en surcharge] [28] indique ⟨a la place⟩ [29] ⟨son⟩ [en surcharge] [30] ⟨n'est pas academique⟩

[31] j'ai ⟨en mon⟩ [32] l'y ⟨mettre⟩ [33] parce que ⟨je suis Sur qu'elle part du Cœur⟩ [en changeant de tournure, Girardin a négligé de biffer le 'que' de 'parce que'] [34] ⟨mon⟩ [35] mais ⟨je vous observe au sujet d⟩ ⟨au s⟩ ⟨a L'egard du projet que vous avés bien voulu me Communiquer qu'il me semble qu'il n'est qu'une seule manière de faire donner l'a⟩ ⟨que de faire donner de l'argent de souscription⟩ [36] avertir ⟨puisque⟩ [37] tombe. ⟨Permettez moy Monsieur de finir⟩ [38] avec ⟨les sentiments du⟩

NOTES EXPLICATIVES

a. voir le n° 7251, premier alinéa et note *a*.

b. ce néologisme, inconnu des lexicographes tant anciens que modernes, réapparaîtra sous la plume de Girardin.

c. allusion à un drame de Diderot, représenté pour la première fois en 1760, et repris au Théâtre français pendant la saison de 1773-1774.

d. le n° 7246.

e. le n° 7195.

f. allusion au projet de Deleyre: voir le n° 7242, alinéa 6 et note *c*, etc. Le contre-projet de Girardin, assez modifié, fut adopté à l'occasion de la fête de Montmorency (septembre 1791).

7257

René-Louis, marquis de Girardin, à Paul de Pourtalès

Ermenonville 12 *aoust 1778.*

Je m'attendois, Monsieur, d'avoir L'honneur de vous voir Le lendemain matin Comme vous me L'aviés fait esperer, et Comptois vous remettre moi meme Ce que vous m'avés demandé[a], et vous Conduire a L'isle des Peupliers Si vous eussiés été Seul, mais puis que j'ai eté privé de Cette Satisfaction par des raisons qui n'auront surement pas été Les votres, mais celles de La personne qui malheureusement étoit avec vous, je vous envoye cy joint Le détail que vous désirés[a]. Je voudrois bien, Monsieur, qu'il vous fut possible de venir avant votre depart nous dedomager de ce que nous avons perdu, en etant privé de La satisfaction de vous recevoir personellement avec tous Les sentiments que vous Inspirés, et que j'aurai toutte ma vie pour tous Les amis de L'excellent Homme que nous regrettons. J'ay l'Honneur d'etre avec un Sincere attachement et La plus veritable estime

Monsieur

Votre tres humble
et tres obeissant
serviteur Gerardin

Daignés excuser, Monsieur, [1]si j'ay[1] pris par erreur, une demi feuille.

M. de Pourtalès Maire.
chez m. Perregaux rue S[t]. Sauveur.

MANUSCRIT

*Cracovie musée Czartoryski, ms.2787; 2 p.; orig. autogr.

NOTE CRITIQUE

[1] ⟨je me suis⟩ [en surcharge]

NOTES EXPLICATIVES

Sur le destinataire de cette lettre, voir au t.xxvii le n° 4796, alinéa 6 et note *f*, etc.

a. sans doute une copie de son récit des dernières paroles et de la mort de JJ.

7258

Nicolas-François Tricot de Lalande à René-Louis, marquis de Girardin

De Turin le 12. Aout 1778

J'ai reçu, Monsieur, la réponse[a] que vous avez bien voulu me faire d'une connoissance commune (m. l'abbé de S[t]. Non)[b], des conferences de chymie, chez M. Buquet[c], des promenades fréquentes ensemble avec des entretiens sur la morale et la physique, des invitations de votre part d'aller voir vos jardins philosophiques a Ermenonville, sont quelques uns des titres que j'ai cru suffisans pour vous témoigner la part que je prenois a la perte d'un homme qui emportoit l'estime même de ceux aux yeux de qui la vertu sublime est un ridicule, et d'une autre classe d'hommes qui aïant du genie ont pourtant la foiblesse de craindre ceux qui Se font un nom sans leur rendre hommage. On m'ecrivoit si diversement de Paris que j'ai cru que le moyen de savoir la verité etoit de m'adresser a vous, Monsieur. Recevez mes remerciemens sinceres de la bonté que vous avez eue de m'instruire quoi qu'il se trouvât que je n'avois point l'honneur d'etre connu de vous. Je vous ai beaucoup d'obligation de m'avoir communiqué les dernieres paroles de votre inestimable ami, et les réflexions que vous y avez jointes: qui ne sont pas moins précieuses. S'il pouvoit les entendre, quelle Satisfaction ce seroit pour lui de voir qu'il a donné lieu a des expressions si sensées et qui me font a moi même une leçon si polie et si délicate! Sans doute l'amour de la paix et l'estime pour les hommes de génie devroient être gravées dans tous les cœurs honnêtes; et à cet égard personne ne rend plus que moi a m[r] de Voltaire ce qui lui est du. Mais on a Le desir d'apprecier tout homme dont le nom doit passer à la posterité. Si non content du monument eternel qu'il s'est élevé, il est tellement avide de reputation qu'il employe quelquefois le prestige de l'illusion, et vous maitrise au point de vous persuader que de l'oripot est de l'or, il est permis de lui faire le reproche de charlatanisme, Sur ces objets seulement, parce que la posterité ne manquera pas de le faire. Du reste, je Suis bien éloigné de m'unir aux refuseurs de Sépulture. C'est une inconsequence de l'esprit de notre siecle qu'un jour on aura peine à croire mais aussi, suivant ce qu'on m'ecrit, n'y a-t-il pas bien des imprudences de la part de ses partisans outrés. Si je pouvois m'expliquer je crois que je ferois voir qu'il y a eu de l'esprit de parti des deux parts. Mais ne sachant pas au juste les motifs qui ont fait agir de l'un et de l'autre coté, je me tais. C'est le rôle qui me convient.

Le commerce des sciences et de la litterature n'est pas ici fort actif. La correspondance avec leur pays est apeuprès nulle. On ne s'occupe que de celle qui peut procurer un débit des soyes avantageux. La récolte a été très considerable, et les Anglois ne demandent rien. Les negocians françois sont absolument seuls, ainsi le pays perdra immensément si la paix ne se fait pas au plutot. Rien ne sera plus interessant que les nouvelles sures de la flotte de m. D'Estaing.[d] Je finirai par vous prier d'excuser mon importunité et de croire que je Suis avec la reconnoissance la plus sincere, et un respectueux attachement, Monsieur

Votre très humble et très obeissant Serviteur

de Lalande

MANUSCRIT

*Chaalis, fonds Girardin D[4] 25; 4 p., p.3-4, primitivement blanches, utilisées par Girardin pour y minuter sa réponse (n° 7277); orig. autogr.

NOTES EXPLICATIVES

a. le n° 7226.

b. voir au t.vi le n° 891, premier alinéa et note *a*, etc.

c. Jean-Baptiste-Marie Bucquet (1746-1780), 'Docteur-régent et Professeur de chimie de la Faculté de Médecine à l'Université de Paris', membre de l'Académie royale des Sciences (depuis 1776), censeur royal, donnait régulièrement vers cette époque, dans son laboratoire, rue Jacob, des cours de chimie et d'histoire naturelle. En 1778, par exemple, il commença son cours le lundi 16 novembre à 11 h. du matin, et le continua le lundi, mardi, mercredi et vendredi de chaque semaine à la même heure.

d. [Jean-Baptiste-] Charles-Henri [-Hector], comte d'Estaing (1729-1794, guillotiné), fils de Charles-François, marquis de Saillant, et de Marie-Henriette Colbert de Maulevrier, partit d'un bon pied dans la vie car il fut élevé avec le Dauphin. Il servit d'abord (1738) dans l'armée. Colonel en 1748, et brigadier en 1756, il s'embarqua en 1757 pour l'Inde, où il servit sous le commandement de Lally-Tollendal. Après bien des péripéties, il rentra en France en 1760, et fut nommé successivement maréchal de camp (février 1761), et lieutenant-général (juillet 1762). Peu après, il opta pour la marine (ayant déjà servi en mer), et fut nommé lieutenant-général des armées navales. En février 1777, on le nomma vice-amiral, et on lui confia le commandement d'une escadre destinée à renforcer les colonies anglaises dans leur lutte pour l'indépendance. Au moment même où Lalande écrivait la présente lettre, il venait de subir (les 11 et 12 août) devant Rhode-Island, un échec occasionné en grande partie par le temps défavorable. – La carrière ultérieure du comte d'Estaing dépasse le cadre de ces notes. Signalons cependant que, franc-maçon, il passait pour être libéral et éclairé, et se rallia à la Révolution. La Législative lui accorda le titre d'amiral (janvier 1792), mais sans lui attribuer des fonctions navales. Il témoigna contre la reine (octobre 1793) et monta lui-même sur l'échafaud le 28 avril 1794.

7259

*Charles Collé à m. de V****

A Grignon, cc 12 août 1778

[. . .] Rousseau est mort, non sans soupçon de s'être empoisonné lui-même. Il était redevenu hérétique, comme bien savez. Il a été enterré dans la terre de M. Girardin, à Ermenonville. C'était un fanatique de ce sophiste célèbre. Il lui a fait élever un tombeau dans son jardin à l'anglaise. [. . .]

Je ne pense point, comme vous, mon cher enfant que la réputation de cet homme célèbre [Voltaire] s'éteindra. Je crois, au contraire, qu'elle ira jusqu'à la postérité la plus reculée; mais je suis de votre avis sur celle de ce sophiste de Rousseau[a]. Sa réputation ne durera pas trente ans. Il ne lui restera que quelques lecteurs, amants de la dialectique et du sophisme. [. . .]

IMPRIMÉ

*Collé 3 (1864), p.151 et 152-153.

NOTE EXPLICATIVE

a. Collé s'exprime mal: son correspondant était un admirateur de JJ. Sans doute faut-il traduire: 'A mon avis, ce que vous dites de Voltaire s'appliquerait plutôt à Rousseau'.

7260

Brooke Boothby à Davies Davenport

Lichfield, Augst. 12 – 78

Sir,

In a letter I received a few days since from Ld Harcourt, he expressed an intention to publish a volume of the letters of the late Mr Rousseau[a], cheifly such are[1] were written during his residence in England, & of which his lordship is already in possession of a good number. He has desired me to make enquiries after such as were written to the few neighbours who visited him at Wooton, & I take the liberty, sir, of begging the favour of you to direct me in this enquiry. The late Mr. Granville[b] I know occasionally corresponded with him, & I have accordingly written to Mr Dewes[c] to mention Ld. Harcourt's intention.

I ought to make an apology for the liberty I take without having the honour of your acquaintance, but I thought it better to address myself to you immediately than to trouble a third person. For my own part I shall be happy to do everything in my power to bring to light the smallest work of that admirable man.

I have the honour to be
With much respect, Sir,
Your most obedient
humble servant
Brooke Boothby junr.

MANUSCRIT

*Manchester, John Rylands Library, fonds Davenport; 4 p., p.3 et 4 bl., p.4 déchiré; orig. autogr.

NOTE CRITIQUE

1 [inadvertance pour 'as']

NOTES EXPLICATIVES

Richard Davenport était décédé en 1771. C'est à son petit-fils, Davies (1757-1837) que s'adresse la présente lettre. Voir aussi le no 7300.

a. ce projet ne s'est pas réalisé. Harcourt communiqua les fruits de ses recherches aux éditeurs des *Œuvres complètes*.

b. Granville était mort en 1775.

c. Court Dewes, neveu de Granville et frère de Mary.

7261

Le pasteur Johann Heinrich Meister au professeur Johann Jakob Bodmer

Kussnach. Ce 13 pour le 14 Août 1778.

[1] [. . .] que pourrois-je vous presenter de plus digne de vôtre attention que la Lettre ci-jointe sur la Mort de J. J. Rousseau[a]? Je vous l'envoye telle que nôtre Parisien me l'a communiqué avec sa lettre du 25. du mois passé[b]. – Vous serez peut-être surpris que cette Relation n'ait pas été insérée dans le Journal auquel elle étoit

destinée[c]. Les particularitez historiques, dont mon fils accompagne cette communication, peuvent servir d'éclaircissement à ce mystere. C'est que malgré tous les details raportez des dernieres dispositions du philosophe defunt, et qui paroissent très-averés, on n'est pas encore désabusé à Paris de l'opinion où l'on a toujours été qu'il s'étoit empoisonné. – Ce qu'il y a de certain, ajoûte nôtre Confident, c'est que depuis quelques années il a eû plusieurs accès de folie ou de vapeurs très-violens[d]. – C'est qu'il se croyoit toûjours l'objet des persecutions de l'Univers. C'est qu'il a dit à des gens très-incapables de lui preter le moindre ridicule, qu'il y avoit une ligue formée pour le perdre; que M. Dalembert et M. de Choiseul étoient à la tête de la Cabale, qu'on excitoit le peuple contre lui, qu'il étoit entouré d'espions, que les Savoyards[e] refusoient de lui decroter les souliers, et que la France n'avoit fait la conquête de l'Isle de Corse que pour l'empêcher de lui donner des Loix[f] – et cent autres extravagances de même genre. Les bruits qu'on avoit repandus sur la publication pretenduë de ses Memoires ont pû contribuër à troubler son esprit et l'engager à prendre un parti extreme.

[2] Tel est le sentiment de nôtre Parisien, conforme selon toute aparence à celui des Curieux du Cercle de ses Connoissances Parisiennes. Vous conviendrez avec moi, mon très-cher, qu'il n'y a que trop de possibilité – que trop de vraisemblance dans les faits et même dans les préventions qu'on debite du Heros defunt. – Mais comment concilierons-nous l'idée qu'on nous a donnée ci-devant de Mad[e]. Rousseau comme d'une Archi-Xantippe, avec la tendre union qu'on attribuë aujourd'hui a ces nouveaux Philemon et Baucis[g]? – Et comment d'autre part les ennemis de la reputation de Rousseau accorderont-ils l'accusation ou le soupçon seul d'un empoisonnement volontaire avec l'ordre donné en mourant de faire ouvrir son corps après sa mort, par des gens de l'art, et de faire dresser un procès-verbal de l'état dans lequel on en trouveroit toutes les parties? – Cet ordre ayant été executé fidelement, s'inscrira-t-on en faux contre le temoignage des Experts, qui attestent que toutes les parties etoient saines et qu'on n'a trouvé d'autre cause de mort qu'un epanchement de serosité sanguinolante dans le cerveau? Ou bien dira-t-on que cet epanchement de serosité si funeste était l'effet du poison! [. . .]

[3] Nous jugerons un peu plus sûrement de cet homme extraordinaire, quand nous verrons les Memoires de sa vie. – Mais est-il bien sûr que nous les verrons? – Je n'en sais rien. Tout ce que je sai, et ce qu'il ne vous sera pas indifferent de savoir, c'est qu'a mon arrivée à Kussnach j'ai trouvé un Supplément à la derniere Lettre que

j'avois reçûë de mon fils pendant mon sejour à Hauptweil. Ce supplément contient la Preface des Memoires de J. J. Rousseau, telle qu'elle a été copiée sur le Msc[t]. déposé entre les mains de M[r]. De Malesherbes. La voici mot-à-mot telle que nôtre Parisien a pris la peine de me la transcrire. Je m'étonnerois fort si vous n'y reconoissiez pas les traits les plus caracteristiques de l'Auteur: [. . .][h].

[4] Eh bien! mon cher, qu'en dirons nous? Cet homme qui se faisoit une loi et une gloire d'être vrai, et qui peut être avoit plus de droit que bien d'autres de se dire tel – l'étoit-il en effet en s'affichant comme le premier et l'unique humain qui ose se produire aux yeux de ses semblables dans toute la verité de la nature? Un autre philosophe dramatique lui diroit

– pauci istuc faciunt homines, quod tu prædicas.
Nam in foro vix decimus quisque est, qui ipsus sese noverit.[i]

[5] S'il est bien vrai que dans ses Memoires il se soit peint d'après Nature, en disant ce qu'il a fait, ce qu'il a pensé, ce qu'il etoit; disant le bien et le mal avec la même franchise

dicenda, tacenda locutus,[k]

sans rien faire, ni déguiser, ni pallier – autant qu'il pouvoit se rappeller en écrivant ses Memoires, j'ajouterois volontiers autant que cela convenoit au but qu'il se proposoit en écrivant – comment pouvoit il se croire un original sans modele et sans copie? Les Confessions de S. Augustin ne pouvoient pas bonnement lui être inconnües, – et encore moins les Essais de Michel de Montagne. Ces deux Auteurs avoient formé à-peu-pres la même entreprise que nôtre Jean-Jacques. Nous en trouverions bien d'autres, si nous cherchions assez curieusement. Je n'en nommerai qu'un seul ici, qui merite de vous etre connu, quoique je doute presque que vous en aiez ouï parler. C'est François Terond[l], qui apres avoir servi de Gouverneur au jeune M. Bose, fils d'un riche financier à Montpelier, s'est retiré à La Haye, où il avoit une maison à lui avec un joli jardin, qu'il prenoit plaisir à cultiver lui-même, en s'occupant de ses Etudes, qui étoient pourtant fort modiques. [. . .]

[Voici . . .] l'epigramme où il a fait son propre portrait:

Je suis un homme singulier
Bourru, bizarre, irrégulier;
Il n'en est point de tel au monde.
En mon petit particulier
Je vois mes defauts et j'en gronde
Je suis un homme singulier.

[6] Vous voyez du moins par sa singularité que le grand et celebre

Jean-Jaques Rousseau n'est pas le seul de son espece. – Il faut bien qu'il l'ait senti en se proposant de se montrer *in puris naturalibus*[m] – et à qui? à ses semblables. – Et pourquoi se piquer d'être un homme extraordinaire? Selon le principium indiscernibilium[n] nous le sommes tous individuellement. [. . .]

[7] [. . .] Mais encore, voudriez-vous dire, mon cher, comme M. Jean-Jaques, Moi seul, je sens mon coeur, et je connois les hommes? Cela me choquerait moins dans la bouche d'un Physionomiste adepte que dans celle d'un Observateur philosophe, qui devroit, à mon avis, être toûjours timide et reservé. [. . .]

[8] Je sais bon gré à cet homme merveilleux de l'aveu qu'il fait dans la preface de ses memoires qu'il avoit du mal à dire de lui-même comme il avoit à dire du bien, qu'il avoit à se montrer coupable et vil dans certaines situations, qu'il avoit à parler de ses indignités et de ses miseres. Esperons qu'il ne l'a pas oublié tout-à-fait, et qu'il n'a pas voulu se dementir en disant dans ses derniers momens que l'ame qu'il alloit rendre à son Createur étoit aussi pure en ce moment qu'elle l'etoit quand elle sortit de son sein. Mais j'aurois été plus édifié, s'il avoit parlé avec une humble reconnoissance de la difference de ce qu'il étoit par la grace de Dieu en fidele Chrêtien, d'avec ce qu'il avoit été de sa nature comme homme semblable aux autres hommes, sans excepter les vices et les pechez attachez à notre Nature corrompuë. [. . .]

[9] [. . .] je trouve trop d'egoisme dans les dernieres declarations de J. J. R. et dans ses Confessions posthumes, par lesquelles il a voulu fixer les idées qu'il vouloit qu'on se formât de lui après sa mort. [. . .]

MANUSCRIT

*Zurich ZB, mss. Bodmer X, n° 360, p.1-7 d'une lettre de 11 p.; orig. autogr.

NOTES EXPLICATIVES

a. il s'agit de la *Lettre* de Foulquier, qui avait été insérée, rappelons-le, par Meister fils dans la *CL* de juillet 1778 (Tourneux, 1877, xii.138-143). Voir au t.xl le n° A682.

b. lettre inconnue.

c. le *JP*. Corancez aurait refusé de l'insérer, pour la raison donnée plus loin par Meister père. Dépité contre Girardin, Corancez soutenait obstinément que, malheureux à Ermenonville, JJ s'était suicidé. Cependant, il faut rappeler que, selon Lebègue de Presle, c'est le censeur du *JP* qui aurait rejeté ce récit: voir le n° 7235, alinéa 3.

d. visiblement Meister fils tenait ces renseignements de Corancez, qui dira la même chose dans les six articles sur JJ qu'il devait insérer plus tard dans le *JP*, et même dans une version antérieure, jusqu'ici inédite: voir au t.xl le n° A688.

e. pour les 'Savoyards' de Paris, voir au t.xxxix le n° A645 b, note *b*.

f. extravagance, hélas, trop plausible: voir au t.xxxvii le n° 6673 bis, alinéas 46 et 47.

g. vieux couple de Phrygie, dont l'attachement l'un pour l'autre est devenu légendaire. Comme récompense d'avoir hébergé Jupiter et Mercure déguisés, ils se virent, à la fin de leurs jours, transformés, Baucis en tilleul, Philémon en chêne (Ovide, *Métamorphoses* VIII. vii, viii, ix et x).

h. Meister père donne ici le texte du préambule des *Confessions*.

i. Plaute, *Pseudolus* 972-973 (IV.ii.17).

k. Horace, *Epîtres* I.vii.72.

l. François Térond (1639-1720). En 1715, il avait fait paraître à Amsterdam un *Essai d'une nouvelle traduction des pseaumes en vers. Avec quelques cantiques.*

m. c'est plutôt un dicton humoristique qu'une véritable citation.

n. principe essentiel de la pensée de Leibniz: deux êtres réels diffèrent toujours l'un de l'autre par des caractères intrinsèques, et non pas seulement par leur position dans le temps ou l'espace.

REMARQUE

Dans son fascicule du 15 août 1778, le *Mercure* notait: 'On continue de donner alternativement Orphée, Ernelinde, & les Fragmens composés des Actes de Vertumne & de Pomone & du Devin de Village, suivis du ballet d'Annette et Lubin' (p.167).

7262

Le docteur Achille-Guillaume Lebègue de Presle à René-Louis, marquis de Girardin

a Chatillon ce 14 Vendredi au soir [août 1778]
[avec un p.s. du 15]

Que Dieu donne tems et patience au lecteur

[1] Je vous fais mille et mille remercimens, Monsieur, de votre derniere lettre du 11 aout[a]. J'etois pret a tomber dans un precipice: j'appelle ainsi un procès pour L'honneur; et une phrase de cette lettre m'avertit tandis qu'il est encore tems: voici de quoi il s'agit. Vous savez que j'ai ecrit de chez vous a Mad[e] Duchesne en faveur de mad[e] R.; que mad[e] Duch. m'a repondu qu'elle alloit lui faire un contrat de rente viagere de cent ecus. Depuis mon retour, j'ai donné le nom de bapteme de Mad[e] R. pour faire le contrat: et j'ai dit que je le lui porteroit au mois de Septembre. Supposons maintenant que nous soyons au mois de 7bre; que j'aie reçu et remis le contrat a Mad[e] R.; que Mad[e] Duchesne apprenne qu'on a vendu le droit d'une nouvelle edition des œuvres de Mr R. a un libraire. Qu'arriveroit il? que mad[e] Duchesne attaqueroit mad[e] R. pour annuller le contrat de cent ecus de rente passé en aout; et la diffameroit comme de raison, autant que faire se pourroit, parcequ'elle auroit vendu une seconde fois ce que m[r] R. a vendu deja une fois pour toujours;

et parcequ'elle auroit reçu un contrat de cent ecus de rente dans le moment ou elle auroit signé de la meme main une convention, ou reçu d'autre argent pour faire perdre en effet de 20 a 30 mille livres a celle qui lui auroit genereusement donné cent ecus de rente viagere.

[2] Voila si je ne me trompe une vilaine action. Elle n'aura pas pu etre friponerie, parceque les tribunaux en auroient fait justice. Mais ce qui me touche bien plus et m'a fait trembler plus d'une fois en y reflechissant; c'est que j'aurois eté l'instrument de cette escroquerie, puisque c'est moi qui ai sollicité la generosité de mad[e] Duchesne. Mad[e]. Duch. m'auroit mis en justice pour convenir de ma sollicitation, de sa reponse genereuse; et m'auroit reproché de L'avoir trompé[1] en lui tirant cent ecus de rente dans le meme tems ou mad[e] R lui faisoit perdre 30 mille livres. J'aurois[2] dit inutilement que je n'ai point eté consulté: car on n'auroit pas cru aisement que mad[e] R put prendre des resolutions de cette importance, sans m'en faire part et par une honnêteté due, et parcequ'elle a du Savoir que je ne suis pas etranger a ces sortes d'affaires. Ainsi pour avoir obligé M[r] et Mad[e] R de plusieures manieres, j'aurois eu une tache deshonorante. Ainsi moi qui ai mieux aimé renoncer a L'agrement des honneurs civils et aux avantages de la fortune parcequ'il est difficile de les acquerir sans faire plusieures choses qui me repugnent, j'aurois perdu sans profit la paix de L'ame dont je jouis, ayant renoncé meme aux plaisirs qui peuvent etre sujets a remords. Et tous ces maux me seroient arrivés pour une femme que son mari meme n'estimoit pas. Enfin j'aurois eté le complice d'une action que je sçai que son mari n'a jamais voulu faire; et plusieures personnes en sont instruites: ainsi on auroit pu d'une part me faire entendre comme temoin que m[r] R n'a pas voulu recevoir d'argent pour une edition complette ou nouvelle[b]; et de L'autre me convaincre d'avoir tiré cent ecus de rente pour mad[e] R, de la personne a qui mad[e] R faisoit une injustice et un tort de 30 mille livres, en vendant le pretendu droit de nouvelle edition a un autre. Considerez Monsieur quel odieux role j'aurois fait la, quoique sans le vouloir ni meme le savoir; vous me pardonnerés d'avoir eté aussi long sur mon sujet. Mais heureusement L'avis que vous me donnés du projet d'une edition complette donnée au plus offrant est encore venue[3] a tems, puisque le contrat est encore entre les mains de Mad[e] Duch.

[3] Je ne laisserai pas la Mad[e] R. Je vais maintenant parler contre elle pour la memoire de m[r] R, parceque si elle n'a rien fait pour augmenter sa gloire elle n'a pas le droit d'en rien oter; quelque besoin qu'elle en ait, et quelque avantage qu'elle y trouve. M[r] R a

vendu ses ouvrages; il en a reçu L'argent: sans doute on ne l'a pas assez payé, mais c'est sa faute: et n'eut il vendu qu'un ecu, il avoit transporté sa proprieté[b]. Deslors a moins que de rachetter ses ouvrages imprimés de ceux a qui il les avoit vendus, il n'avoit pas droit d'en faire faire par un autre libraire ou vendre une nouvelle edition complette ou non. On l'a excité; mais il n'a jamais voulu: il sentoit qu'il ne le devoit pas. Quand mad^e^ R n'auroit pas de pain, elle devroit en demander plutot que de recevoir de l'argent de ce que son mari a vendu: elle doit a la memoire de m^r^ R d'etre aussi delicate que lui pour L'honneur des engagemens qu'il a pris, et qu'il a tenus si exactement, qu'il a mieux aimé se priver de L'aisance et meme du necessaire, que de faire en ce genre les plus legeres fraudes que d'autres se permettent. Des Libraires me dira t'on feront cette edition; qu'ils la fassent: mais que ce ne soit pas surtout pour la femme qui a eu Le nom et L'amitié de m^r^ R. Elle doit rejetter jusqu'a un present dont La reception auroit L'air d'approuver L'injustice.

[4] Un magistrat avoit offert a Mesdemoiselles Lafontaine petites filles de m^r^ de Lafontaine pour elles et leur neveu, le privilege des œuvres de leur grand pere dont les libraires jouissent depuis près de 100 ans, et qu'ils ont acheté dans ce tems a bas prix. Je n'ai pas eu de peine a leur faire sentir que ce seroit une piraterie exercée sous le nom d'un homme honnete qui rougiroit d'une pareille faveur pour lui meme et pour la loi qui la lui auroit donnée; elles ont refusé. Cependant elles sont plus pauvres que mad^e^ R. dans leur etat et moins faites pour L'etre, et plus en etat de bien user de la fortune.

[5] Mad^e^ R a 400^#^ d'une part; 300 d'une autre; 300 d'une autre si elle agit honnetement: on peut faire encore au moins 500^#^ de ce qui reste. Voila plus qu'elle n'a jamais pu pretendre a avoir; plus qu'elle n'a eu pour elle seule; plus qu'elle ne . . . . .[4] et si elle avoit davantage je ne crois pas qu'elle sçut les employer sans devenir plus remarquable; et cela ne doit pas etre pour la memoire de m^r^ R et plusieurs autres raisons. Mais je finis; car plus je parlerois de cette femme, plus je trouverois matiere a parler. J'ai dit a Mad^e^ De G. une partie de ce qu'il etoit de mon devoir de vous faire savoir; j'ai cru qu'elle m'avoit fait L'honneur de m'entendre; et qu'il seroit tems de vous dire le reste au mois de Septembre pour ne pas paroitre sans raison pressante vous indisposer contre cette femme.

[6] Je m'apperçois que j'ai ecrit quatre pages, et que je n'ai pas encore repondu a votre lettre, parceque L'idée des risques que j'ai courus, m'avoit mis presque hors de moi. Aussi je remarque en

lisant ma lettre qu'elle est aussi mal dictée que mal ecrite: mais vous y trouverés je crois Monsieur assez de raisons pour que mad[e] R soit fachée d'avoir failli me mettre dans un proces, et m'y faire jouer un role cruel; a[5] moi qui ne lui a jamais fait de mal: je m'apperçois que j'allois recommencer ma Jeremiade.

[7] J'aurois bien aussi quelques petits reproches a vous faire, Monsieur, de m'avoir oublié, en voulant servir Mad[e]. R. Avois je tort la derniere fois de vous dire en general, de prendre garde en agissant pour elle, de faire plus, ou autrement que le public ne juge a propos. Je ne Savois pas alors, et vous ne saviez pas vous même, que pour faire avoir a cette femme une fortune plus qu'elle ne peut supporter, vous alliés contribuer a une injustice, et a me mettre dans une affaire terrible pour mon honneur, en faisant une chose que m[r] R n'a jamais voulu ni du faire, et qu'on ne peut faire pour sa femme, encore moins pour Sa compagne. Si vous voulez Monsieur me faire part des conseils que vous donneront ou a elle, les visiteurs de Paris, je pourrai vous etre de quelque utilité pour les apprecier: et je vous garantis que ce qui me paroitra faisable, n'aura aucun inconvenient ni pour vous, ni pour la memoire de Mr Rousseau, ni pour moi; et que la femme jouira legitimement de ce qu'elle aura, sans que son mari en rougisse, si on sçait dans L'autre monde ce qu'on fait dans celui ci.

[8] Quoiqu'il en soit je vais sous quelque pretexte faire serrer le contrat a mon retour; et dire qu'on n'en parle pas; non plus que de la [6]Lettre de[6] Mad[e] Duch. afin [7]que le monde en jase[7] le moins qu'il est possible, parcequ'il faudroit dire a ceux qui en demanderoient des nouvelles que tout cela a eté detruit par un procedé d'injustice et d'ingratitude de Mad[e] R. Ainsi de quelque façon que ce soit, je ne pourrai pas m'empecher d'etre dans les caquets de femme et je n'aime pas mieux etre dans ceux de ma voisine piquée que dans ceux de toute autre. Si par hazard mad R ou autre vous disoit quelque chose de contraire aux faits et assertions cy dessus; je vous prie de m'en faire part; j'aurai aisement montré qu'ils pensent mal ou disent faux. Mais me voila encore en colere malgré moi, tant j'ai eté affecté du risque que j'ai couru d'etre turlupiné comme Ce Falcoz[c] dans des memoires imprimés. Il faut encore que je reussisse a retirer ma lettre: cette affaire m'empechera de dormir plus d'un jour aussitot qu'a mon ordinaire.

[9] Il y a encore un autre desagrement pour moi a n'avoir pas sçu le projet le premier. Par la confiance que vous m'avez marqué[1] Monsieur; par celle que j'avois imaginé que Mad[e] R devoit avoir en moi pour ce qui peut interesser la memoire de son mari et pour

des arrangemens de Librairie; j'ai cru pouvoir sans fanfaronade dire a des gens qui faisoient des propositions qu'il n'etoit pas encore tems, mais qu'on ne prendroit point de resolution sans m'en parler et qu'alors je les avertirois pour faire leurs offres. Un d'eux m'a dit il y a huit jours que l'on recevoit des offres; je l'ai assuré que non parcequ'il n'y avoit pas encore de resolution prise et qu'etant mêlé dans cette affaire on ne decideroit rien sans m'avertir auparavant. Je me suis trompé et ces gens vont me prendre au moins pour gascon, après avoir passé toute ma vie pour vrai et non vaniteux.

[10] Vous voyez, Monsieur, quels desagremens j'ai, et combien d'autres me menacent dans cette affaire. He bien je vous avertis une seconde fois que vous en risquez encore plus que moi. Au lieu d'un procès je puis vous en demontrer deux aussi inevitables, si vous prenez aussi chaudement les interets de la Compagne[8] de m^r^ R. Cela seroit trop long a expliquer ici. J'espere que nous n'aurons qu'a rire ce mois de septembre du risque auquel nous aurons tous deux echappé: et je veux etre noyé par tous ces Messieurs et Miss[d], si mad^e^ de G. ne me donne pas raison et ne me fait pas de remerciment.

[11] Rassembler les œuvres non imprimées de m^r^ R: publier celles qui seront dignes de lui: les vendre au profit de sa compagne le plus qu'on pourra: mais faire tout cela sans offenser la memoire, ni contrarier la volonté de m^r^ R. Voila je crois tout ce qu'on doit faire, sans risquer ni des procès ni des brocards.

a Chatillon ce 15 au soir

[12] Pour cette fois Monsieur il faut que je reponde sans me permettre le moindre ecart et sans parler de Mad^e^ R.

[13] L'Edition que je vous ai envoyée[e] est la plus belle; et il n'y a point de[9] collection en France plus complette, il y a meme plus qu'il ne doit y avoir. Ce qu'on y joindra[10] otera plus a la gloire de m^r^ R qu'il n'ajoutera. Je sçais que Boubers fait une edition pour le compte de quelqu'un que je connois; mais comme j'ai resolu de ne pas faire de pointes, je remets la[11] suite au mois de septembre.

[14] Je suis tres faché que vous ne m'ayiés pas deviné, et que mad^e^ de G. n'ait pas voulu vous aider de ce que je lui ai dit[f]: Remettons cette explication au mois de septembre; encore y aura t'il de quoi rire dans celle ci.

[15] Vous posez pour principe qu'il faut faire pour ses amis en leur abscence, ce qu'ils auroient desiré qu'on fit pour eux, S'ils etoient presens. Je crois que ce que la facherie m'a fait ecrire cy

dessus contre Mad[e] R, vous prouvera bien [12]que m[r] R[12] n'auroit pas accepté le service que votre amitié vous a fait trouver bon quand ceux qui vous L'ont proposé ne vous ont montré que le beau coté. Que deviennent la proprieté, la foi des contracts.

[16] L'autre principe de faire tout pour elle, parceque vous auriez tout fait pour lui, me paroit encore excessif; car vous risqueriez de faire ce qu'il n'approuveroit pas, ce qu'il a refusé de faire, ce qu'il n'auroit certainement jamais fait ni pour lui ni pour elle, meme pour avoir du pain.

[17] Votre projet pour la musique de chambre ne me paroit toujours pratiquable, pour bien des raisons remises au mois de septembre, qu'autant que ce ne sera pas vous, Monsieur, mais un commerçant qui L'executera.

[18] Vient ensuite L'article du projet de la nouvelle edition complette. J'ai dit ce qui doit y faire renoncer mad[e] R. Il me faudroit autres 6 pages pour vous prouver que vous Monsieur ne devez pas y contribuer: ainsi il faut remettre ces representations au mois de septembre. Ce qui me fache c'est que voila bien du tems qui sera pris sur L'amusement que je me promets.

[19] Je souhaite de tout mon cœur que vous fassiés au plutot votre voyage et votre retour, afin de ne point etre privé du plaisir de vous voir et de disputer sur tout ce qui precede dans le peu de tems dont je puis disposer. J'ai aussi quelques idées a vous proposer pour eviter que les ennemis anciens et nouveaux de m[r] R ne deviennent aussi acharnés contre vous et autres: cela a encore quelque importance et merite d'etre traité a part.

[20] Je n'ai pas besoin de vous dire Monsieur que si vous n'avez pas reçu par Cannivet[g] ce que vous m'avez demandé, c'est que cela n'etoit pas possible: car je ne crois pas que vous puissiez douter de mon zele: mais je dois vous dire que je n'ai reçu votre lettre que jeudi au soir[h] que les cahiers et la boete[i], tels que vous les desirés, ne se sont pas trouvés a acheter; que je les ai commandé;[1] et qu'a mon retour de Chatillon ou nous sommes depuis vendredi jusqu'a mardi, je veillerai pour que le tout soit conditionné selon vos intentions et mesures. Je ne doute pas que les cahiers ne soient faits pour samedi, parcequ'ils se font dans mon quartier: mais je ne suis pas aussi assuré d'etre servi a jour fixé pour la boete qui se fait au faubourg St Antoine ou sont les ouvriers de ce genre.

[21] Vous avez mis, Monsieur, dans la description des cahiers ces mots *De la grandeur cy jointe*. Je n'ai pas trouvé de mesure separée; et j'ai presumé que cela pouvoit signifier de la grandeur du papier de votre lettre. Voila enfin ma reponse precise a votre lettre, exceptée

aux choses douces: mais je ne veux pas en meler a six pages de duretés qui sont pour votre voisine. J'attends que mon ame soit remise de son emotion colerique, et rendu aux douces sensations de L'amitié, pour vous exprimer et a Madame mon respectueux attachement, pour remercier la gratieuse miss[d] de sa copie de la lettre de Gudin[k], et pour repondre a mr Pouf[l]. Je n'ai jamais ecrit une lettre aussi longue et aussi serieuse.

MANUSCRIT

*Chaalis, fonds Girardin D4 34, nos 21 et 22; 8 p.; orig. autogr.

NOTES CRITIQUES

[1] [Lebègue ne fait pas cet accord] [2] ⟨Car j'a⟩ j'aurois [3] [inadvertance de Lebègue, qui fait l'accord avec 'édition' et non avec 'avis'] [4] [ces points sont bien dans l'original: Lebègue n'a pas voulu écrire le mot 'mérite'] [5] ⟨pour⟩ [6] ⟨generosité de⟩ [7] ⟨qu'on en parle⟩ [8] ⟨Madc R⟩ [en surcharge] [9] [première leçon gribouillée et devenue indéchiffrable:] d'autre (?) [10] ⟨ajoutera⟩ [11] ⟨ma⟩ [12] ⟨qu'il⟩

NOTES EXPLICATIVES

a. le n° 7254.

b. Lebègue se monte la tête bien inutilement. Il avait mal interprété l'attitude de Rousseau, qui, après son retour à Paris, ne pouvait consentir, indépendamment de ses obsessions, à autoriser de son vivant une nouvelle édition de ses œuvres. Mais rien ne s'opposait à une édition posthume. En vendant ses ouvrages, Rousseau s'était toujours réservé la possibilité de les inclure dans une édition générale. Lebègue avait peut-être été induit en erreur par les prétensions de la veuve Duchesne, qui visait soit à empêcher la publication d'une nouvelle édition générale, qui ferait tomber la sienne, soit à en assumer la direction.

C'est sans doute pour réfuter la thèse de Lebègue que Girardin a dépouillé et résumé la correspondance de JJ avec la maison Duchesne: voir Chaalis, fonds Girardin D4 37, dossier C, n° 17.

c. allusion aux démêlés de Beaumarchais avec Laurent-Alexandre-François-Joseph Falcoz (1739-1799), comte de La Blache, fils de Laurent (1703-1783), brigadier, et de Josèphe-Marguerite Michel de Roissy. Le comte de La Blache était le légataire universel de Joseph Pâris Du Verney (1684-1770), son grand-oncle maternel, la grand'mère de mlle Michel de Roissy étant la sœur (Marthe) de Pâris Du Verney. Beaumarchais se prétendait créancier de la succession de celui-ci, le comte de La Blache refusa de payer, et Beaumarchais lui intenta un procès retentissant, sur lequel se greffa l'affaire Goezman. C'est dans les *Mémoires* qu'il fit imprimer à cette occasion que le comte de la Blache fut 'turlupiné', y figurant comme 'un légataire avide', 'un homme avare, injuste et reconnu pour tel', un homme 'aveuglé par la haine', 'assez maladroit pour prouver sa liaison avec mes ennemis', etc. etc. On s'arracha les *Mémoires* de Beaumarchais, et en définitive le comte perdit son procès (le 21 juillet 1778).

d. Sophie-Victoire-Alexandrine de Girardin, sa correspondante.

e. celle de Duchesne: voir le n° 7250, alinéa 2 et note *c*. Pour l'édition de Boubers, voir au t.xxxix le n° 7050, remarque, et au t.xl le n° 7114.

f. voir le n° 7250, premier alinéa et note *b*.

g. voir le n° 7235, alinéa 7 et note *s*.

h. jeudi 13 août.

i. la caisse que Girardin désirait pour transporter les papiers de JJ: voir les nos 7374, alinéa 6, et 7283.

k. Gudin de La Brenellerie, fort lié avec Beaumarchais à cette époque. S'agit-il de l'*Epître* qu'il adressa à l'auteur du *Barbier*?

l. ce sobriquet désigne peut-être Lebègue lui-même.

REMARQUE

Dans une lettre sans date, mais qui est probablement du milieu d'août 1778, mme Necker écrivait à Thomas: '[. . .] Je ne désire rien dans la postérité qu'un tombeau où je précède M. Necker, et dont vous ferez l'inscription: cet abri me sera plus doux que celui des peupliers qui couvrent la cendre de Rousseau. [. . .] Voici la relation de la mort de Jean-Jacques. Ce grand homme n'est plus, mais son style vit en vous, et vous y avez joint la réalité des vertus qu'il savoit si bien peindre' (Curchod, 1798, iii.170-171).

C'est probablement en réponse à cette lettre que Thomas lui écrivait: '[. . .] Ah! qui sait ce qui succèdera à ce rêve si extraordinaire [la vie]. Rousseau en mourant contemploit de ses yeux prêts à s'éteindre cette belle nature qui lui échappoit. Il regardoit encore le soleil, image de l'éternel qui les avoit créés tous deux, et emblème de la vie qu'il alloit perdre. Où est-il maintenant? Son âme prend-elle plaisir à errer autour des peupliers qui couvrent sa cendre? ou son génie ardent et rapide a-t-il été se rejoindre à la divinité qu'il a peinte quelquefois avec tant de dignité et de grandeur? [. . .]' (Haussonville, 1882, i.352).

7263

René-Louis, marquis de Girardin, à Jean-Antoine Roucher

Ermenonville par Senlis 17 aoust *1778*

Pardon Monsieur, Si je n'ai pas repondu plutot, votre Lettre[a] m'etant adressée par Louvres au Lieu de Senlis ne fait que de me revenir. Je desire fort, Monsieur, que vous [1]vous soiés trouvé[1] icy [2]tout aussi bien que[2] chés vous. Le Spectacle de La nature, Le monument de Son Apotre, et La Vallée qu'il remplit de Sa memoire, appartiennent au genie, C'est a vous d'en prendre possession, Comme Le plus digne de Les Chanter.[3] Le proprietaire civil n'a qu'une grace a demander au Proprietaire moral. C'est de ne pas meler a L'œuvre de La nature Le nom du manœuvre qui n'a fait qu'en Employer Les materiaux.[b] Je crains autant toutte espèce de Compliment, que je serai flatté des Sentiments Sincères et particuliers que vous voudrés bien m'accorder, et que j'ose me flatter de meriter par ceux de L'attachement et de L'estime avec lesquels j'ay L'honneur d'etre Monsieur

Votre très humble et tres obeissant serviteur

Gerardin

[4]A Mr Roucher a Monfort L'Amaury[4]

MANUSCRIT

*Chaalis, fonds Girardin D[4] 38 (9); 4 p., p.2-4 bl.; premier était signé, et retouché ensuite.

NOTES CRITIQUES

[1] ⟨avés pu vous regarder⟩ [2] ⟨Comme Si vous eussiés eté⟩ [3] Chanter. ⟨mais⟩ [4] [dans le ms., cette adresse se trouve entre la date et le commencement du texte]

NOTES EXPLICATIVES

a. cette lettre manque.

b. malgré cette prière, Roucher devait faire mention de Girardin dans son poème des *Mois*, ce qui occasionna plus tard un échange acidulé entre eux (mai 1780)

REMARQUE

Le 17 août 1778, le *JP* annonçait la parution d'un *Dialogue entre Voltaire et Rousseau, après leur passage du Styx*, à Genève et à Paris chez Onfroy, etc., une brochure in-8°. Cp. *AL* v (1778), p.284.

7264

François-Joseph de Conzié, comte des Charmettes, à Marc-Michel Rey

de Chambery ce 17: aoust *1778*

Le double interest que je prend Monsieur à La perte que nous avons faite vous et moy de notre amis Jean Jacques m'engage á venir unir mes vrais Regrets aux votres, et en meme tems vous imformer que cet amis m'avoit dit[a] avoir confié un ouvrage[b] à une de ses connoissances á Neufchatel qu'il avoit chargé de remettre après sa mort A Mademoiselle votre fille sa fillieule[c], et de mademoiselle du Moulin, et qu'il esperoit que son manuscrit etant imprimé grossiroit La dotte de cette aimable fillieule dont je n'ay point oublié Les graces de sa figure, et de son esprit. Je viens donc m'imformer de vous Monsieur si ce manuscrit vous á eté remis, sinon je feray de mon mieux pour en decouvrir Le dépositaire. Je suis doublement desireux que ce pretieux dépost ne soit pas égaré, ou retenus á vostre dam. Ainsi mon cher Monsieur je vous conjure de m'imformer si vous en ete posesseur, ou non; comme aussi si vous enricheré encore L'humanité de quelq'uns de ses oeuvres qui n'ayent pas parües jusqu'á ce moment. Vous me pardonneré bien, je me flatte, ma curiosité, et L'instante priere que je vous fais qu'aussitost que vous auré imprimé ses ouvrages posthumes de me Les expedier á

Geneve sous L'adresse de Mr̄ Souchay marchand drapier[d], et j'en remettray Le montant á votre correspondant. Les amitiés dont vous me comblates chez vous Monsieur Lors de mon voyage à Amsterdan[e] me font esperer que vous decreteré[f] favorablement ma requeste, et que rendant justice aux sentimens de reconnoissance que m'ont inspirés vos politesses, vous seré persuadé qu'elles ne s'efaceront non plus de mon souvenir, que L'attachement avec Lequel j'ay L'honneur d'etre

Monsieur

Votre Tres humble et tres obeissant serviteur
Le Comte de *CONZIÉ*

Recommandé s.v.p. votre Reponse A Mr̄ Souchay marchand drapier á Geneve.

A Monsieur / Monsieur Michel Rey / Marchand Libraire / A *Amsterdam*

MANUSCRIT

*La Haye, collection de S. M. la Reine des Pays-Bas, G 16 – A340, n° 2; 2 p., l'ad. p.2; cachet; m.p.: paraphes; taxes: '13' au crayon, '⟨8⟩' et '2' sur un autre pli; orig. autogr.

NOTES CRITIQUES

Rey a noté, p.2: 'reçue le 26 / Rep[u]. le 2 Sept.'.

NOTES EXPLICATIVES

a. probablement à la fin de mai 1772. Rappelons qu'en 1772 Conzié passa deux fois par Paris, la première fois en route pour la Hollande, la seconde au retour (voir au t.xxxix le n° 6939). Si JJ lui avait confié cette intention à l'aller, il en aurait sûrement parlé à Rey lors de son séjour à Amsterdam. C'est donc au retour qu'il en aurait été question.

b. Conzié donne un sens trop précis aux allusions de JJ. Il s'agissait non pas d'un ouvrage, mais de l'exploitation de l'ensemble des mss dont Du Peyrou était le dépositaire: voir le n° 7355, premier alinéa.

c. Conzié ignorait évidemment que Suzanne-Madeleine-Jeanne Rey, filleule de JJ, était morte le 16 janvier 1777.

d. Isaac Souchay: voir au t.xiii le n° 2137, alinéa 5 et note *a*.

e. voir au t.xxxix le n° 6939.

f. cet emploi de 'décréter' paraît tout à fait insolite. Est-ce un provincialisme, ou bien un usage humoristique?

7265

Marianne-Françoise de Luze, née Warney, à René-Louis, marquis de Girardin

[le 18 août 1778]

J'aime a croire Monsieur que ma politesse doit nécessairem[t]. reconnoitre la vôtre, en vous remerciant de la lettre[a] que vous m'avés fait l'honneur de m'ecrire en réponse a la mienne[a] a Madame Rousseau.

Si je Suis dans l'erreur pardonné la Monsieur en faveur des Sentiments que J'avois voués a nôtre amy Comun, C'est le Seul titre que je reclame pour ôbtenir vôtre indulgence; Le contenu de vôtre ôbligente lettre, m'a fait encore donner des Larmes à Cet hom̄e Si rare, et Si Justem[t]. regretté; quitter la vie au moment ou l'on comence a Sentir le bonheur, est-ce un bien? Je crois que ouï, vos bienfaits, vôtre amitié, vos Soins ôbligents et ceux de vôtre famille auroyent trop ataché Monsieur Rousseau, il n'en faloit pas tant a un coeur aussi sensible que le Sien aux douceurs de l'amitié, pour prendre des chaines aussi fortes que douce[1]. Malgré vôtre douleur Monsieur, vous devès jouïr d'une Satisfaction bien enviée par les Amis du defunt, par moy la premiere, vous avès fait Sa felicité les trois dernier[1] mois de Sa vie! Jouissès Monsieur d'un Sentiment aussi doux, vous le méritès; Mais si quelqu'heureux évenem[t]. vous conduit dans ce païs, ne me refusé pas l'esperance de vous y voir, et de vous entretenir de l'objet qui nous ôccupe aujourdui. M[r]. du Peyrou avec lequel je suis très liée favorisera Surem[t]. un desir, aussi naturel de ma part Si vous n'y aportès pas d'ôposition. Je ne vous dis rien de Sa part Monsieur, il est reparty pour nos Montagnes[b] dont l'air luy Convient, et qui sont d[s]. leurs[1] brillant par la beauté de l'Eté. Une de mes Connoissance[1] allant avanthier au Val de Travers fut chargé de vôtre lettre p[r]. faire voir a Mlle Sandoz de Bros[c] l'article ôblig[t]. qui la regardoit, elle m'a fait prier de vous temoigner Monsieur toute sa reconnoissance, et le desir qu'elle auroit de vous revoir d[s]. ce païs.[d]

Voulès vous bien Monsieur ne point m'oublier auprès de Madame Rousseau, ses Larmes sont trop justes et trop vraye[1] pour ne pas couler longtems, vos bontés seule[1] peuvent adoucir Ses peines, et

pas tout a un coeur aussi
sensible que le sien aux douleurs de
l'amitié, pour prendre des chaînes aussi
fortes que douces. Malgré vôtre
douleur Monsieur, vous devés jouïr
d'une satisfaction bien enviée par
les Amis du defunt, par moy la
première, vous avés fait la felicité
les trois derniers mois de sa vie!
Jouissés Monsieur d'un sentiment aussi
doux, vous le méritez; mais si quel=
qu'heureux évenemt vous conduit
dans ce païs, ne me refusé pas l'esperance
de vous y voir, et de vous entretenir
de l'objet qui vous ôccupe aujourdui
Mr. DuPeyrou avec les quel je suis
très liée partagera surement un desir,
aussi naturel de ma part si vous n'y
aportés pas d'oposition, je ne vous
dirai rien de sa part Monsieur, il est reparty
pour nos Montagnes dont l'air luy

convient, et qui sont dans leurs brillant par
la beauté de l'Eté. Une de mes connoissances
allant avant hier au Val de Travers
fut chargé de vôtre lettre pr faire voir
a Mme Sandoz de Bros l'article obligeant
qui la regardoit, elle m'a fait prier
de vous temoigner Monsieur toute
sa reconnoissance, et le desir qu'elle
auroit de vous revoir dans ce païs —
Voulés vous bien Monsieur ne point
m'oublier auprès de Madame Rousseau
ses larmes sont trop justes et trop vrayes
pour ne pas couler longtems, vos bontés
seules peuvent adoucir ses peines, et
méritez ses sentiments. Agréés Monsieur
l'expression des miens; j'ai l'honneur
d'être. Monsieur

au Bied près de Neufchâtel ce 18e Aout 1778

Vôtre très humble et tres obeissante servante
De Luze

148. Lettre de mme De Luze à Girardin du 18 août 1778; deux pages de l'orig. autogr.

mériter Ses Sentiments. Agrées Monsieur l'expression des miens; j'ai l'honneur d'etre

Monsieur

Votre tres humble

et tres obeissante servante

De Luze

au Bied pres de
Neufchatel ce 18e Aoust
1778.

MANUSCRIT

*Chaalis, fonds Girardin D[4] 34, n° 43; 4 p., p.4 bl.; orig. autogr.

NOTE CRITIQUE

[1] [mme de Luze n'a pas fait ces accords]

NOTES EXPLICATIVES

a. lettre inconnue.

b. à Monlésy, chez son ami le colonel Pury, devenu son beau-père.

c. ce doit être Suzanne [Susana]-Marguerite Sandoz (1747?-1816), fille de l'aubergiste de Brot-dessous, Jean-Louis, et de Suzanne Cerf. Voir au t.xxi le n[o] A332, alinéa 2 et note *c*, etc.

d. comme il ressort de sa correspondance, en allant ou en revenant d'Italie, Girardin et son fils aîné avaient tenu à visiter les localités habitées par JJ ou célébrées par lui dans *La NH*.

7266

Alexandre Deleyre à René-Louis, marquis de Girardin

A Dame-Marie-les-Lys, par Melun,
ce 18 aoust 1778,

Monsieur le marquis,

[1] Vous avés pû voir par la date de ma Lettre, que j'allois au devant de l'amitié que vous m'avés fait offrir par Mr. Ducis[a]; car vous receviés de moi le témoignage d'une confiance qu'on donne rarement aux amis Les plus éprouvés, lorsque je ne Sçavois pas encore si j'avois pû vous inspirer même un sentiment de retour, encore moins les prévenances dont vous m'honoriés.

[2] Je n'ai rien à retracter, Monsieur, de tout ce que j'ay eu l'honneur de vous écrire, ni l'abandon de mon ame à l'enthousiasme que je me faisois gloire de partager avec vous pour la mémoire de Rousseau, ni la défiance qui me restoit sur ses sentimens pour moi.

Mais quand j'ai dit que je vivois au milieu de ses ennemis, je vous prie de croire que ce n'étoit pas de maniere à m'infecter de leur poison. J'ai trouvé parmi eux, des gens qui me sembloient droits, honnêtes, vertueux, dignes d'etre restés ses amis; mais qui s'étoient laissé prévenir par les interprétations sinistres qu'on donnoit tantôt à ses actions, et tantôt à ses paroles: avec ceux-là je l'ai excusé, défendu, justifié. J'en ai vû d'autres qui méritoient moins de ménagement, et que j'ai repoussés avec assez de chaleur, pour qu'ils n'aient plus été tentés de le charger devant moi. Je crois, Monsieur, avoir souvent contenu, soit par mes discours, soit par ma seule présence ceux que je n'avois pû dissuader des mauvaises impressions qu'ils en avoient conçues. Personne n'a peut-être eu plus à se plaindre de ROUSSEAU que moi; personne ne s'en est moins plaint; j'en ai les preuves en main: car partout où mon amour-propre et mon interêt sont aux prises avec autres, je sçais me faire une justice sévére.

[2] Je ne sçais, Monsieur, qui a pû vous dire que *Mr. Diderot étoit mon ami*. Je l'ai sans doute aimé dans ma jeunesse, avec une sorte de passion aveugle dont on me faisoit un ridicule. J'ai crü d'aprés certaines prévenances séduisantes, qu'il répondoit à ce sentiment. Mais il y a dans ce moment, vingt ans, qu'il me détrompa pour toujours, et je rompis avec lui sans retour. Je l'ai pourtant rencontré depuis dans une maison tierce. Je l'ai même revû deux fois chez lui d'aprés ses invitations; une troisieme fois pour l'intérêt d'un de mes amis qui reclamoit son témoignage dans une affaire où cet ami croyoit son propre honneur compromis. Mais ces entrevües n'ont point rattaché nos ames. La mienne avoit été depuis longtems indisposée par les suggestions insidieuses et malignes qu'il employoit à me déprendre de mon admiration pour ROUSSEAU. Ni les injures violentes de celui-cy, ni les calomnies de ses perfides amis, n'ont pü m'ôter un attachement plus fort que le ressentiment des outrages, et que le soulévement universel des gens les plus célébres. Je pourrois vous montrer, Monsieur, son apologie que j'avois faite d'avance à deux ou trois cens lieües de lui, au premier bruit de sa querelle avec Mr. Hume, et où je le justifiois, sans sçavoir de quoi on l'accusoit. J'envoyai d'Italie cet écrit à Paris, et mon malheur voulut que celui même à qui je l'adressois pour le publier, fût, à mon insçu, l'homme qui avoit fait imprimer cette querelle[b]. Vous verriés, Monsieur, que je connoissois assez l'honnête homme qu'on condamnoit, pour avoir deviné, à sa décharge, l'origine et les causes de sa mesintelligence avec Mr. Hume. J'ai senti cependant que ROUSSEAU avoit pris des ombrages sur mon

compte; et j'ai eu la fierté de lui cacher des démarches qui m'auroient honoré dans son esprit. Il est vrai que j'espérois qu'un moment favorable viendroit où ses ouvertures de cœur m'arracheroient un secret si doux à ma conscience. J'ai dédaigné avec lui les sots libelles dont on l'accabloit, jusqu'à ne pas les lire. J'ai témoigné contre Voltaire un mépris de cœur qui me rendoit peut être un injuste appréciateur de ses talents. Quand tout Paris s'empressoit à le voir, cette idolatrie me repoussoit encore davantage, moi qui, s'il eût eu le courage de demander pardon à ROUSSEAU, serois allé baigné ses mains et ses genoux de mes larmes d'admiration et d'attendrissement. Je n'ai point écrit pour ROUSSEAU, tant qu'il pouvoit écrire lui-même; mais aujourd'hui que sa mémoire appartient à ses amis, je sçaurai Le défendre du moins avec un zéle qui suppléera peutêtre au talent.

[3] Ce ne sont pas de beaux vers, Monsieur, qui peuvent ajouter beaucoup à sa gloire. On n'en a guéres fait en l'honneur de Socrate. La vertu n'a pas besoin de Chansonniers; elle ne veut que les hommages de ses amis, ou de ses *suivans*; et c'en est de cette espéce que je voudrois pouvoir rendre à ROUSSEAU. Tous les autres ne sont que des voix plus ou moins sonores, qui passent. Caton avoit été loüé de cent façons et par cent bouches; jamais comme par ROUSSEAU. Les vers de Lucain restent dans la mémoire des jeunes gens; mais les éloges qu'a faits Rousseau, doivent pénétrer dans le cœur, pour y germer en vertus.

[4] C'est d'aprés ces sentimens, Monsieur, que j'adopte fort votre idée au sujet d'un établissement de bienfaisance à former en l'honneur de Rousseau[c]. Une fondation soit d'asile, ou d'entretien pour des orphelins, ou des vieillards, consacreroit sa mémoire et sa tombe, mieux que des statües. Aussi, Monsieur, avés-vous pû voir que je n'avois pas encore l'esprit arrêté sur la sorte de monument que je demandois au genre humain, pour un des hommes qui a le plus elevé et distingué [1]la nature[1] humaine. Mais vous n'avés pas observé, ce me semble, qu'il ne s'agissoit point d'un monument dont *l'argent* dût *faire le prix*, puisque je souhaittois qu'il n'y entrât que des souscripteurs à un sou par tête; puisque je disois expressément qu'il falloit donner à ce monument *le mérite d'une bonne œuvre*, plûtôt que *l'éclat d'une belle action*. C'est ainsi que j'envisage la maison éternelle que vous avés consacrée à Rousseau. Je me suis bien gardé, Monsieur, de vous en loüer; parce qu'un pareil monument n'est pas un de ces Panégyriques qui demandent d'autres éloges. La vertu se récompense elle-même par ses actions. Quiconque en attend un autre prix, mérite à peine celui qu'il cherche, et je vous estimois

trop pour avoir osé vanter en votre présence, une générosité qui n'eût pas été digne de vous ni de celui qu'elle honore, si elle se fût abbaissée jusqu'aux regards des hommes.

[5] Voyés donc, Monsieur, je vous prie, si vous pouvés tirer, en faveur de l'humanité, quelque parti du projet que j'ay crû devoir vous suggérer, avant de le confier à personne. S'il vous paroit impraticable, ou que le précis vous en soit inutile, faites moi la grace de me renvoyer cette feüille volante, qui n'aura été qu'un pieux mouvement de mon ame. Je n'attache aucune autre importance à tout ce que m'inspire ma venération pour ROUSSEAU. Pardonnés moi, je vous prie, en même tems, les élans indiscrets d'un cœur qui cherchoit à se confondre avec le votre dans ce sentiment Religieux. Ce n'aura été qu'une étourderie, dont le peu de succés n'affligera pas mon amour propre, jusqu'à troubler le repos d'une conscience qui s'abandonne à la droiture de ses intentions. Celui qui a pû dévorer les injustes reproches de Rousseau sçaura se consoler de l'indifférence, même des amis de ce grand homme. Eh! Monsieur, la vie a si peu de plaisirs et tant d'amertumes, qu'à mon age, on n'est pas tenté de la surcharger de nouvelles peines, par la poursuite des amitiés même les plus précieuses, qu'il en coute toujours trop de former, ou de rompre.

[6] J'ay l'honneur d'etre avec des sentimens trés respectueux,

Monsieur le marquis,
Votre trés humble et trés
obéissant serviteur
DELEYRE

[7] P.S. Si vous m'honorés d'une réponse, Monsieur, je continuerai sur ce ton d'ouverture, de franchise et de simplicité, qui est ce me semble la seule marque d'estime, digne d'un ami de Rousseau, tel que vous.

MANUSCRIT

*Chaalis, fonds Girardin D4 34, n° 33; 4 p.; orig. autogr.

IMPRIMÉ

1. *Correspondance complète de J. J. Rousseau* v (1967). 292-293 (fragment).

2. Molinier (1970), p.142-146.

NOTE CRITIQUE

[1] ⟨l'esprit⟩

NOTES EXPLICATIVES

a. voir le n° 7195, p.s.

b. Suard, éditeur, avec d'Alembert, de l'*ES*.

c. voir le n° 7256, alinéa 5.

7267

Visite de Métra à Ermenonville

De Paris, le 18 Août 1778

[1] J'ai fait un voyage à Ermenonville. Vous croyez bien que l'objet de ce pélerinage a été de rendre hommage au tombeau qui renferme les cendres de J. J. Rousseau. Je ne puis vous exprimer quel sentiment m'a pénétré en mettant le pied dans l'isle où ce monument est placé. Je me sentois un attendrissement mêlé de vénération. Je me surpris les larmes aux yeux, & j'apperçus que ceux qui m'accompagnoient (Car on y va par troupe) éprouvoient la même sensation. Vous n'avez pas d'idée de la beauté du lieu où les restes de ce grand homme sont déposés. On y lit cette inscription que l'amitié seule a inspirée à M. de Gerardin, & que ce Seigneur y a fait graver. [. . .][a]

[2] Après avoir vu ce tombeau, je voulus visiter l'hermitage qu'il habitoit. J'y trouvai sa femme, & je conversai beaucoup avec elle. Comme notre entretien roula principalement sur la perte qu'elle venoit de faire, & qui devient commune à tous ceux qui aiment le génie & la vertu, elle me parut pénétrée d'une profonde affliction; elle ne parla de son mari qu'avec le plus tendre respect. Je vous avouerai que je n'ai pu me défendre d'une émotion singulière. Elle m'a dit que son mari n'avoit jamais été si content, si tranquille, si gai même que depuis qu'il s'étoit déterminé à habiter cette retraite; qu'il y avoit formé le projet de recommencer à écrire, & qu'il étoit prêt à l'exécuter lorsque la mort l'a enlevé. Je ne manquai pas de l'interroger sur ces fameux mémoires, dont il a été tant parlé; elle m'a assuré que J. J. Rousseau en avoit remis l'unique exemplaire qu'il avoit entre des mains très-sûres, & qu'en les remettant, il a fait promettre que ces mémoires ne verroient le jour que long-temps après sa mort. Elle a ajouté que l'auteur étoit bien assuré que ses intentions seroient exécutées très-rigoureusement. Ainsi, Monsieur, tous les bruits qui ont couru à ce sujet de l'impression déjà faite, du prix exhorbitant auquel on en vendoit l'exemplaire, sont absolument dépourvus de vérité.

[3] Et pour vous convaincre de l'existence réelle de ces mémoires que quelques personnes ont voulu révoquer en doute, comme pour

détruire entièrement les calomnies que répandent contre cet homme justement regretté de vils et d'obscurs ennemis, il suffit de lire cette copie d'une lettre que M. Dorat vient d'adresser au *Journal de Paris*: [. . .][b]

[4] Puis que nous venons de perdre presque à la fois les deux plus grands hommes du siècle, J. J. Rousseau & Voltaire, on ne manquera sûrement pas de les comparer ensemble dans quelque brochure. Déjà la secte philosophique ne cesse de répandre dans le monde que J. J. Rousseau étoit un mal-honnête homme, un ingrat, & mille autres gentillesses de ce genre. Je n'aurois pas cru qu'un homme qui jamais n'a rien voulu recevoir de qui que ce soit, qui avoit peur d'avoir aux hommes la plus légére obligation, qui a vécu & est mort pauvre, pût jamais être taxé d'ingratitude. J'ai bien de la peine à croire qu'un homme qui a peint la vertu dans ses écrits *ex abundantia cordis*, tandis que la plupart de ceux qui l'accusent ne la peignent que de tête, fût un malhonnête homme. Les mêmes Encyclopédistes s'efforcent d'exalter la belle ame de Voltaire. Quoi qu'il en soit, pour vous aider à juger de la différence qui se trouvoit dans le caractère de ces deux hommes singuliers, je ne crois pas pouvoir vous en donner un exemple plus frappant, qu'en mettant sous vos yeux la copie de deux lettres qui me sont tombées entre les mains. Un certain *Desboulmiers*, auquel on ne pensoit guère pendant sa vie, & qu'on a totalement oublié depuis qu'il est mort, avoit formé le projet de faire je ne sais quelle compilation, & pour y donner plus de succès, il avoit écrit à Rousseau et à Voltaire pour les engager à y contribuer. Voici leurs réponses. Je commence par transcrire celle de Rousseau, qui étoit ainsi figurée [. . .][c]

[5] Vous allez voir actuellement, Monsieur, la réponse de Voltaire: [. . .][d]

[6] Par le rapprochement de ces deux réponses, vous voyez dans l'une un homme franc, ouvert, qui dit avec assurance la vérité, & qui ne doit sa politesse qu'à la douceur de son âme & à la crainte de blesser l'amour-propre des autres. Dans l'autre, vous remarquez un homme qui craint de choquer les autres à cause de lui, il s'excuse sur une cécité qu'il n'a jamais eue; il est souple, adroit, faux, caressant pour grossir la foule de ses partisans. Il ne voit que lui en parlant aux autres.

IMPRIMÉ

*Métra (1787) vi.380-388.

NOTES EXPLICATIVES

a. suivent les vers composés par Girardin pour le tombeau de JJ.

b. suit la lettre de Dorat (t.xxxviii n°

6818) dans la version revue et corrigée imprimée dans le *JP* du 9 août 1778, précédée du billet d'envoi.

c. suit la lettre de JJ à Desboulmiers du 24 juillet 1770 (t.xxxviii, n° 6760).

d. suit la lettre de Voltaire à Desboulmiers du 26 octobre 1764, Besterman D12165 (xxviii.182-183), qui cependant ignore l'impression de 1787.

7268

Pierre-Alexandre Du Peyrou à Paul-Claude Moultou

Monlezy 18 aoust 1778.

Votre lettre Monsieur du 10 de ce mois[a], ne m'a point trouvé à Neufchatel d'où je suis encore absent pour une quinzaine de jours. Je ne peux donc pas vous donner l'etat que vous me demandés dés ouvrages de R. restés en dépot chez moy. Ils sont tels qu'il me les remit à l'exception de quelques piéces qu'il a redemandées depuis son depart de Suisse, comme Pigmalion. L'Edition projettée est arrangée par lui même, et la nôte de sa main doit y etre aussi. Le petit ouvrage preparé contre M[r] Vernes doit etre du nombre de ceux que j'ay en mains[b]. Il y a longtems que je sais à n'en pouvoir doutér que M[r] Vernes ne pouvoit etre le coupable, mais uniquement Voltaire, et l'envelope du libelle[c] qui fut addressé à R. et qu'il a conservé, auroit sufi pour convaincre que l'envoy partoit de Ferney et non de Geneve. A mon retour chez moy, j'examineray Monsieur plusieurs lettres que j'ay de R., je verray s'il m'a repondû quelque-chose au sujet du depot de ses ouvrages. Je sais lui avoir demandé ses intentions sur cet objet; et cela depuis son refroidissement à mon égard; mais je n'ay aucun souvenir de sa reponse.

La proposition que vous me faites, Monsieur, d'un arrangement à prendre vis à vis de la Veuve, me semble en effet aussi utile pour elle, que propre à conserver les ouvrages de R. et les transmettre au publicq et à la posterité. Dans cet objet si interressant, je seray volontiers de moitié avec vous Monsieur, mais peutêtre que sur la proposition qu'on sera dans le cas de faire à la Veuve par le canal de Mr de Gerardin, celui ci voudra contribuer à cette entreprise, et je ne pense pas qu'on puisse s'y refuser. Mais avant que de faire cette proposition, ne faut il pas Monsieur attendre la reponse de Mr de Gerardin à celle que je lui ay faite de se rendre chez moy, ne pouvant me rendre chez lui. Il me paroit qu'en causant avec lui, nous le connoitrons beaucoup mieux, et que nous pourrions lui donner à lui même dés lumieres nécessaires. Je peux repondre dés ouvrages qui sont chez moy, mais ceux qu'il a entre mains sont hors de ma portée, et il me semble qu'il faut travailler d'abord à nous réunir. Il nous sera tres aisé de nous entendre les trois, à juger dés sentimens de Mr de Gerardin par ses lettres, et par l'attachem^t. qu'il annonce pour la memoire de R. Je pense que la Veuve ne fera rien sans son aveu, et des que nous l'aurons convaincu de l'utilité de votre proposition, je suis persuadé qu'il aura bientot décidé cette Veuve, à l'adopter. En consequence, j'attendray la decision de Mr de Gerardin sur son voyage en Suisse, et j'employeray ce tems à mettre en ordre les papiers de R., des que je seray de retour chez moy. On m'a deja proposé des conditions qu'on rendra avantageuses à la Veuve, pour l'Edition des ouvrages de R. C'est la Societé typographique de Neufchatel qui a fait ces propositions. J'ay repondu[d] que je n'etois pas autorisé à rien conclure, et qu'il falloit s'adresser à la Veuve par le canal de Mr de Gerardin, auquel j'ay moi même écrit[e] qu'avant que d'entendre à aucune proposition de cette nature, il convenoit de faire un etat des papiers qui doivent entrer dans la collection des ouvrages, et que vous Monsieur, vous aviés offert d'y joindre ceux que vous aviés en mains, et cela au profit de la Veuve. Je ne doute point que d'après cette lettre, Mr de G. ne se fasse un devoir de ne prendre aucun arrangement sans vous avoir consulté. Ce qui me fait peine, c'est la publication de la preface des Memoires de R. qui se trouve dans le Mercure[f], et dont vous m'envoyés une copie. Certainement elle est de R. à quelques variantes prés; autant que la memoire peut me servir, c'est ce que R. m'a lû autrefois. Comment donc est on parvenû a avoir ce morceau[g] et si ce debut est rendû publiq, il est à craindre que le reste ne le devienne aussi par la même voye. J'ignore si R. a suivi dans ses Memoires la marche qu'il s'etoit prescrite, d'accompagner chaque volume des piéces justificatives. Je dois avoir celles du premier volume, formant un rouleau cacheté. Quand aux autres piéces non mises en ordre alors, elles doivent se trouver chés la Veuve, en cahiers roulés et cachetés, suposé que R. ait suivi la même methode pour les autres volumes. Je dois encore avoir, quatre lettres addressées à Mr de Malesherbes dont les originaux sont restés entre sés mains[h]. Enfin Monsieur vous pouvés etre assuré que tous les papiers qui sont en depot chez moy, y sont tels que R. les y a laissés. Il s'est refroidi à mon égard, mais il n'a jamais suspecté aparemment ma bonne foy, puisqu'il s'est absolument reposé sur elle de la garde de sés ouvrages sans avoir jamais temoigné la dessus la moindre inquietude, et il a eu raison. Pardon pour mon grifonage et recevés Monsieur les assurances de mon sincere devouement

Dupeyrou.

MANUSCRIT

[1. pour l'orig. autogr. de cette lettre, 4 p., voir le n° 7243].

*2. copie faite d'après le ms. 1 par mlle Rosselet.

NOTE CRITIQUE

Gagnebin 2 (1982), p.155-156, cite une phrase de cette lettre, et Guyot (1958), p.159, en cite deux autres.

NOTES EXPLICATIVES

a. cette lettre est inconnue.

b. *Déclaration de J.J. Rousseau relative à M. le Pasteur Vernes*, Neuchâtel ms. R 22 (coté par Rousseau (?): n° 32; ancienne cote de la BV: 7846; fol.1-6, 10-38, brouillon, ensuite copie autogr.). Ce texte, non repris dans l'édition de la *Pléiade*, fut imprimé pour la première fois par Du Peyrou dans un supplément aux œuvres de Rousseau, publié à Neuchâtel en 1790 par Fauche – Borel (*Seconde partie des Confessions* [...] *Edition enrichie d'un nouveau recueil de ses Lettres*), v.1-85 du tirage in-12. Ce texte avait été soumis par Du Peyrou à Jacob Vernes, qui l'a fait précéder d'un avertissement et l'a copieusement annoté (cent trente-quatre notes, où il exhale, à juste titre, son indignation et son amertume, et accable JJ de ses sarcasmes). Voir au t. xxiii le n° A344, note *b*.

c. le *Sentiment des Citoyens*.

d. voir le n° 7216.

e. voir le n° 7244, alinéa 3.

f. la 'préface' parut dans le *Mercure* du 5 août 1778, p.111-112, mais elle était parue précedemment dans le *JP*: voir le n° 7253, note *c*.

g. d'après Meister, le texte divulgué du préambule remonterait à un ms. des *Confessions* confié à Malesherbes: voir le n° 7261, alinéa 3.

h. c'est-à-dire, entre les mains de Malesherbes, qui les conservait encore en 1780. Ces originaux sont aujourd'hui inconnus.

7269

René-Louis, marquis de Girardin, au docteur Achille-Guillaume Lebègue de Presle

a Ermenonville le 20 aoust 1778

[1] [1]Je reçois mon cher docteur votre Longue lettre[a], Longue parce qu'elle est chargée d'inquietudes. Un mot bien vite afin de Les Calmer, car celles de mes aimis me tourmentent plus que Les miennes.

[2] J'etois attaché sincerement a m[r] Ro. Si je n'avois aimé en lui que L'auteur ses livres m'eussent suffi, et il ne seroit pas mort pour moi et Les miens, Mais j'ai aimé en lui l'homme Simple qui avoit

des pensées sublimes, l'homme pauvre qui savoit etre plus Riche que La finance, qui sçavoit toujours s'elever sans abaisser personne, qui voulut du bien et jamais de mal, qui desiroit d'aimer, et ne Craignoit que d'etre hai, en un mot l'homme exellent que pensoit comme il avoit ecrit parce qu'il n'avoit jamais Ecrit que ce qu'il pensoit. Voila La Cause de mon Sentiment pour lui et L'effet m'en devient de plus en plus sensible toutes Les fois qu'il faut que je me represente ce malheureux homme qui n'est venû vivre dans mes Bras, que pour mourir sous mes yeux dont il a fallu que je creuse moi même La tombe[b] et qui m'a chargé de sa femme et de sa memoire.

[3] Je vous ai deja dit mon cher docteur, mon principe en fait d'amitié et je vous Le repete encor parce qu'il me semble que puisque vous ne m'avez pas assez entendu il faut bien que je me soit mal expliqué: faire toujours pour mon ami absent ce que je pense qu'il desireroit qu'on fit pour lui. Or je vous ai dit que je pensois maintenant qu'en faisant tout pour elle c'etoit tout faire pour lui, mais bien entendu par Consequant tout Ce qui est Convenable a ses intentions et a Sa memoire aux quelles je suis temoin que sa femme ne voudroit pas Contrevenir a quel que prix que Ce fut. C'est La Ce qui s'en alloit sans dire, Ce qui suivoit immediatement de ma proposition, et de mon principe et Ce qu'il me paroit que votre bouffée de facherie vous a obscurci, jusques icy mon cher docteur, nous seront surment et parfaittement d'accord.

[4] Passons a ma Conduitte. J'ai eu pour vous La même Confiance qu'en moi puisque je vous ai montré Ce qui ne devoit L'etre qu'a moi[c]. Je ne vous ai fait mistere de rien, j'ai pensé que ce que je devois garder dans mon Cœur n'en sortoit pas en passant dans Le votre et qu'un segret Connû de nous deux ne L'etoit que d'un seul. Comment donc avez vous pu vous figurer un instant que Lors que je ne vous ai fait mystere de rien je ne vous eusse pas instruit de tout et que je ne vous eusse pas parlé de La Consequence Lorsque je ne vous ai pas tu ce que vis a vis de tout autre que vous il eut été bien plus prudent de ne pas dire. Il est bien vray que quelques bureaux typographiques ont ecrit pour entrer en negociation, mais c'est moi qui ai repondu de La maniere La plus vague et la plus éloignée. Comment auroit il été possible d'entrer seulement en Conference et de pouvoir traitter ou recevoir des offres pour quelque chose sans savoir auparavant de quoi l'on pourroit traitter. Avant tous vous Sçavez qu'il faut rassembler tout Ce qui est epars en differentes mains et différentes païs Le voir en dresser un etat qui Contienne ce qui pourra être Convenable A tous egards de publier

soit collectivement soit separement soit en France soit en païs Etranger. Croyez vous que Ce peut être L'affaire ni d'un jour ni d'une semaine ni peut être d'une semaine de mois surtout Lorsque je vous ai mandé dans ma derniere que Les principaux dépositaires ne pouvant pas venir icy, j'allois être obligé quelque derangement que me fit le voyage d'aller Les trouver. Encore un mot sur ma Conduitte et ma façon de penser et je ne parle plus de moi. D'icy a mon depart je ne peux ni ne veux aller a Paris. La meilleure maniere de repondre aux caquets aux questions[2] oiseuses et même aux Brocards c'est de ne Les pas entendre, et quand aux procés je ne Connois malheureusement qu'un seul moyen de Les Eviter scest de Commencer par avoir raison dans Le temoignage de sa Conscience. C'est La Le fonds, et pour Les formes m R. . jusques a un Certaint point doit être hors de rang et sur tout vis avis de ceux qui ont lu dans le secret de son Coeur.

[5] Reste a examiner a La question de fait, et La question de droit.

[6] Le fait est et vous n'en pouvez pas douter plus que moy, que mr R. . . en Cedant successivement a differents libraires ses manuscripts particuliers n'a jamais pretendu (Noter cette clausse ausi Contraire a l'usage ordinaire qu'il faudroit qu'elle fut expressement stipulée dans L'acte) n'a jamais pretendu Renoncer au droit de tirer Le Benefice d'un Edition Collective de tous ses ouvrages. Le fait est et vous Le Sçavez[3] encore qu'on lui avoit proposé 1600 de rente viagere et 3000 d'argent Comptant Equivalent par Consequent a 19000ᵗᵗ de Capital et que Le marché de cette edition Contenant tous ses ouvrages tant imprimés que manuscripts revus et Corrigés par lui, et a La quelle il y aura peut être encore quelques nouveaux ouvrages faits depuis et sans qu'il y fut aucunement question de meme, n'a été rompu que par Les Considerations Etrangeres a La legitimité d'un droit que j'ai La preuve par Ecrit de lui même qu'il a toujours entendu se reserver et du quel il S'est toujours Cru fondé et authorisé a disposer suivant Les Lois et sa Conscience qui n'etoit pas moins rigoureuse qu'elles.

[7] Quant a La question de droit elle se resout en un seul mot.[1]

[8][4]La veuve Du Chesne n'a qu'a montrer L'acte du Privilege D'Emile. Il sera facile de voir Si on y a expressement stipulé une Cession de La nue proprieté de tous Les ouvrages de M Rousseau nés et a naitre, en un mot si cet acte contre L'usage ordinaire, et La regle de La raison, Luy Constitue un droit de proprieté exclusive et Collective. Car si elle n'a tout simplement traitté que de L'Emile dont les repentirs et Les Charges n'ont pas eté pour elle, Le titre

ou de procedure ou de procéde qu'elle prétendroit se faire par la Continuation de la pension de 300 a La veuve, Loin d'etre un bienfait, seroit Infiniment oposé au motif pure et simple de generosité et de reconoissance au quel j'ai du L'attribuer d'abord. Je suis persuadé que Ce n'est pas son Intention, mais je suis encore plus Convaincu que ce ne seroit pas La votre de Le souffrir. Car enfin pourquoy qu'els qu'els puissent être M^e^. Rousseau ne receuilleroit elle pas tous les avantages legitimes et Convenables et en peut il être de plus Legitimes pour la veuve d'un grand home que les fruits de son travail et de son genie. Songés M. que Le hazard eut pu faire qu'une princesse n'eut été qu'une servante comme il a fait que Mlle. Levasseur ait été Mad^e^. Rouss. C'est pourquoy Laissons quant a présent le Contract de Continuation de la rente viagère, Le mieux est de n'en point parler jusques a ce que sachant ce que L'on peut et ce que L'on doit faire on puisse Savoir ce qu'on fera.

[9] Vous Imaginés bien que lorsque je vous ai parlé de La souscription de la musique ce n'est pas sous mon nom qu'elle auroit eté ni proposée ni debitée. Je sais bien qu'il ne Convient qu'a un marchand d'ouvrir boutique.

[10] Cepend^t^. mon Cher Docteur L'eloignement grossit si fort Les objets au moral, tandis qu'il Les rapetisse au phisique que vous avés Cru voir a vos pieds et qui pis est dans un Chemin ou nous marchons ensemble un precipice qui est bien par dela Les monts. C'est pourquoy pour Cette raison mais bien plus encor pour le plaisir de vous voir, je serois bien Charmé si vous pourrés venir passer quelques jours avec moy avant mon Départ qui sera precisement du plus tard dans les premiers jours du mois prochain attendu La precocité de L'hyver dans les montagnes. Lorsque je vous aurai embrassé tout sera dit, vous seriés tranquille et moy aussi et La Miss aussy qui aimera bien mieux vous voir que de vous ecrire.

[11] Mais je ne vois pas arrivé ce que vous avés envoyé au Mercure et au Courier[d]. Je voudrois cependant bien voir ce travail, car on a tant bavardé qu'il est tems enfin qu'on en parle ou qu'on se taise.[4]

MANUSCRIT

*Chaalis, fonds Girardin D[4] 34, n° 6; 12 p.; p.1-6, copie de la main d'un secrétaire (Stanislas de Girardin?), p.7-8 bl., p.9-10 copie autogr., p.11-12 bl.

NOTES CRITIQUES

Je ne relève pas les nombreuses particularités de l'orthographe du secrétaire.

[1] [de la main d'un secrétaire] [2] questions ⟨Discour⟩ [3] ⟨savez⟩ Scavez [4] [de la main de Girardin, sans rature aucune, chose que lui arrive très rarement]

NOTES EXPLICATIVES

a. le n° 7262.

b. ce n'est pas la première fois qu'apparaît sous la plume de Girardin cette affirmation singulière, qu'il répétera dans une de ses lettres à 'Joséphine'. Voir aussi le n° 7202, alinéa 5.

c. comme Girardin l'avouera plus tard, dans sa lettre du 17 mai 1780, alinéa 5, lui et Lebègue ont parcouru ensemble le ms. des *Confessions* que Girardin venait de décacheter. – Il existe à la BPU de Genève (ms. fr. 250 II d) toute une liasse de notes prises par Lebègue de Presle sur le texte des *Confessions*: mais ces notes ont été faites probablement d'après un imprimé.

d. sans doute le texte de son récit (voir le n° 7250, alinéa 8), refusé par le *JP*. Il ne parut non plus ni dans le *Mercure* ni dans le *CE*: cp. le n° 7250, alinéa 8.

7270

René-Louis, marquis de Girardin, à Arnaud Berquin

Ermenonville 20 aoust 1778

Vous n'avés dites vous, Monsieur, qu'une seule manière de vous acquitter! C'est bien là ce qui fait voir combien Les richesses de L'esprit Sont au dessus de Celles de La bourse, puisqu'en vous acquittant ainsi ce Sera moy qui restera toujours votre obligé. Si j'avois Sçu votre adresse je n'aurois pas perdu un Instant à vous remercier de L'esperance que vous me donnés de venir rever quelquefois Sous nos ombrages rustiques, et a vous prier de nous Conserver cette bonne intention pour Le mois d'octobre etant obligé de faire un voyage en Septembre.

Jusques a présent, Monsieur, je ne peus repondre que de L'intention que j'ai de rechercher La verité de La nature, c'est a ceux qui Sçavent La sentir à en decider. En me trompant sur mon propre ouvrage j'en eusse egalement joui, mais il manqueroit un but bien plus important que je me suis proposé, qui seroit de ramener Les hommes par leur propre agrément aux vraies beautés de la nature, beautés touchantes seules Capables de rendre L'homme heureux et meilleur, et de L'attendrir enfin sur ses semblables Si [1]elles etoient une bonne fois abattues[1], ces vastes enceintes de Pierre qui separent La richesse de La misère; et telle est Chés nous cette difference Cruelle et non sentie entre La Pauvreté et La misere que Celle la peut faire Le bonheur des hommes parce qu'elle n'est que Le manque d'argent, tandis que Celle cy est un Supplice Le plus barbare de tous parce qu'elle est Le manque des besoins.[2] C'est cette difference bien plus que la frontiere [1]et les Alpes[1] qui forme Cette prodigieuse ligne de demarcation entre Les Campagnes helvetiques et les Champenoises. Ce sont celles la[3] que la Muse de Gesner et La vôtre doivent Chanter; ce sont Les Campagnes heureuses et tranquilles, ce sont les moeurs antiques, et La nature d'ancienne creation qui sont seules dignes de vos accens. A peine icy vienje de Chasser L'usurpateur et de retablir Sur le Throne L'heritier Legitime, mais il n'y est pas encor assés affirmé pour meriter d'etre celebré. Je ne serai que trop payé de mes efforts si vous en approuvés L'intention, et que cela puisse vous interesser assés[4] pour vous Engager[5] a m'accorder Le Plaisir de vous recevoir avec tous les sentiments d'attachement et d'estime que meritent votre Charactere et vos talents. Tels sont ceux avec lesquels &c

MANUSCRIT

* Chaalis, fonds Girardin D[4] 38, n°7; 2 p.; mise au net.

NOTES CRITIQUES

Le destinataire est identifié par Girardin lui-même, qui a ajouté après coup, et d'une autre plume, entre la date et le début de la lettre: 'a Monsieur Berquin'.

[1] [ajouté dans l'interligne] [2] besoins ⟨et C'est La⟩ [3] la ⟨que La Liberté et⟩ ⟨qu'habite ici⟩ [en surcharge] ⟨Le bonheur et La Liberté de L'ame⟩ [4] assés ⟨pour vous Conduire⟩ [5] Engager ⟨a me procurer⟩ [Girardin a négligé de biffer 'a me']

7271

Pierre-Alexandre Du Peyrou à René-Louis, marquis de Girardin

20 aoust [1778] No 4.

J'ay lieu de craindre Monsieur que la même cause qui a retardé d'un Courier la reception de vôtre lettre du 11[a] n'influe aussi Sur le retard de ma reponse quoique faite Sans delais. Je Suis absent de chez moy et á plusieurs lieues[b], de maniére que toutes mes lettres se ressentiront de cet eloignement. Je vois avec plaisir Monsieur par la vötre, que non Seulem[t]. vous etes decidé á venir en Suisse Mais encore que Madame de Gérardin, Mademoiselle vötre fille et Madame Rousseau Se proposent de vous accompagner. Cette bonne nouvelle Seroit bien gatée pour nous, Si elle devenait une raison Sans replique, de ne pas accepter un lit chez moi. Ma femme et moy nous faisons un plaisir de vous offrir et à ces Dames un logement ou vous Serés toujours mieux que dans une Auberge et comme vous trouverés chez nous plus de Cordialité que de Ceremonie, je pense que pour peu que cette Cordialité vous convienne mieux que la Ceremonie vous nous donnerés la preférence, Sur l'auberge, et que nous nous en trouverons bien. Independamment de toute autre raison, nous Serons plus á portée de voir les papiers restés chés moy, et de nous entretenir la dessus. J'Ecriray á Mr Moultou de tacher de Se trouver chez moy dans le meme tems á peu prés, c'est á dire dans les premiers jours de Septembre prochain, tems auquel je calcule á vûe de paÿs votre arrivée chez moy. Nous nous flattons Monsieur, ma femme et moy, que vous accepterés aussi volontiers nos offres d'un logement, que nous avons de plaisir à vous les faire. Nous ne Sommes point étrangers les uns pour les autres. Les mêmes liens nous unissent au même objet, et les amis de Mr Rousseau doivent avoir entr'eux des raports assés marqués pour Se convenir. Nous vous attendons donc Monsieur dans les premiers jours de Septembre et j'employeray cet intervale et de mon retour chez moy, á mettre en ordre les papiers dont je Suis dépositaire. Je me fais un vray plaisir de vous connoitre personnellement et de pouvoir Monsieur, vous assurer de bouche de mon Sincere devouement.

Dupeyrou.

A Monsieur / Monsieur de Gerardin / En Son Chateau / d'*Ermenonville / par Senlis*.

MANUSCRIT

* Chaalis, fonds Girardin, D[4] 33, n° 6; 4 p., p.3 bl., l'ad. p.4; cachet de cire rouge; m.p.; timbre: 'PONTARLIER'; taxe: '15'; orig. autogr.

NOTES EXPLICATIVES

a. le n[o] 7255.

b. a Monlésy.

7272

Pierre-Alexandre Du Peyrou à Paul-Claude Moultou

Monlezy 20 aoust 1778

Depuis ma lettre d'avant hier[a], j'en ay reçû Monsieur, une de M[r] de Gerardin[b] qui m'annonce que puisqu'il ne peut me voir chez lui, il viendra à moy, et qu'il n'attend que ma réponse pour se mettre en route. Je viens de la lui faire[c], mais je crains qu'elle n'arrive à tard pour le courier de ce jour, auquel cas elle ne sera à Ermenonville que le 27 ou 28. Je compte néantmoins voir arriver Mr de Gerardin dans les premiers jours du mois prochain vers le 5, 6, ou 7, au plutard. Il compte ainsi que moy Monsieur, que vous vous réunirés à nous, ce qui est absolument interressant pour l'objet qui nous occupera. Il est important Monsieur que vous y soyés, et en mon particulier, je serois charmé que vous y fussiés une couple de jours avant Mr de Gerardin, afin de nous concerter ensemble. Je seray chés moy le 1er de 7bre au plutard, et si vous prenés le parti de venir à Neufchatel, je puis vous offrir un lit tel qu'il sera; Vous me ferés plaisir de l'accepter. C'est sans façon, mais de bien grand coeur que je vous en fais la proposition. Vous serés peut etre moins au large que dans d'autres circonstances, mais enfin nous serons ensemble. Mr de Gerardin doit faire le voyage avec Madame son Epouse Mad[lle]. sa fille ainée et Madame Rousseau. Je compte qu'ils prendront logement chez moy, comme je les en sollicite. C'est cette raison qui me fait vous dire que vous serés moins au large que dans tout autre tems; mais cette meme raison doit vous engager à vous raprocher de nous le plus possible[1]. Je suis tres impatient de m'entretenir avec vous Monsieur, et je commence à partager quelques unes de vos inquietudes au sujet des Memoires de R. Une lettre de M[r] de Gerardin[d] responsive à celle de la Societé tipographique de Neufchatel, parle de ces memoires, comme deposés en pays etranger, et sous la condition imposée par Mr R. de ne jamais devenir publiqs. Cette condition m'etonne; 1° En ce qu'elle enleveroit à la Veuve sa ressource la plus assurée et 2° En suposant R. sans but et sans objet dans la composition de cet ouvrage. Je ne sais quelles conjectures porter de tout cela, mais je commence à partager vos inquietudes[1]. Il est possible aussi que Mr de G. n'ait eû pour objet que de faire une reponse vague à ces Messieurs. Je pense qu'il conviendra, Monsieur de porter avec vous, soit les morceaux dont vous m'avés parlé, soit du moins une notte raisonnée de ces morceaux pour voir d'un coup d'oeil ce que l'on pourra faire avec ces materiaux.

Recevés Monsieur les sentimens d'estime [avec] lésquels j'ay l'honneur d'etre Monsieur

Votre tres humble et tres obeissant serviteur

Dupeyrou

A Monsieur / Monsieur de Moultou / à Geneve.

MANUSCRITS
[1. pour l'orig. autogr. (4 p., l'ad. p.4, taxe postale: '8'), voir le n° 7243]
*2. transcription faite par mlle Rosselet d'après le ms. 1.

NOTE CRITIQUE
[1] [cité par Guyot, 1958, p.160, avec quelques inexactitudes]

NOTES EXPLICATIVES
a. le n° 7268.
b. le n° 7255.
c. voir le n° 7271.
d. le n° 7247.

7273

Frédéric-Samuel Ostervald à Pierre-Alexandre Du Peyrou

[le 20 août 1778]

Voici, Monsieur la réponse obligeante que nous venons de recevoir de Mr. de Gerardin[a], & que nous nous faisons un devoir de vous communiquer. Ce n'est point sans éprouver quelque Surprise que nous avons vû ce qu'il nous marque au Sujet des mémoires de la vie du deffunt, comme Si Sur une deffense expresse de l'auteur ils ne devaient jamais être publiés dans aucun tems. Or, cette partie de Ses manuscripts étant Sans doute la plus interressante, celle aprés laquelle le public Soupire ardemment, vous Sentés, Monsieur, que Si on ne peut point Se la procurer en entier, ou telle qu'elle existe, la Spéculation qui nous occuppe change absolument de nature; la veuve ne sauroit espérer de tirer beaucoup d'argent du reste & je doute même qu'aucun libraire veuille entre [pren][1]dre une nouvelle Edition des oeuvres de Rousseau, qui quoi que [bien fait][1] passera toujours pour incomplette dans l'esprit de tout le m[onde][1]. C'est ce que nous nous proposions d'abord de répresenter directement á Mr. de Girardin en luy écrivant de nouveau; mais il nous a parû que nos reflexions acquerraient une nouvelle force, si en les adoptant vous preniés la peine de Les communiquer á ce dernier, dans le tems & de la maniere que vous le jugeriés convenable; ce dont nous vous serons infiniment obligés.

J'ai l'honneur d'assurer Madame du Peyrou & toute la maison de mon respect & d'être avec autant de dévouement que de considération

Monsieur

Votre trés humble et ob. Serviteur

L'A. Banneret Ostervald

Neuchâtel le 20 Aoust *1778*.

P.S. Mr. Panckoucke nous est apparû hier venant de Genéve & S'etant detourné de Sa route directe pour nous faire une visite. Il m'a chargé de vous témoigner & á madame du Peyrou ses regrets de n'avoir pû vous voir & de vous exprimer son respect & sa reconnoissance. Il est parti cet aprés midi retournant à Paris./.

A Monsieur / Monsieur le Justicier Motta[b] / pour remettre s.l.pl. à monsieur / du Peyrou, présentement / *A Monlesy / Par Motiers Travers*

MANUSCRIT
* Neuchâtel ms. R 118, fol.133; 2 p., l'ad. p.2; cachet armorié sur cire rouge; taxe postale: '4 cr.'; orig. autogr.

NOTE CRITIQUE
[1] [trou du cachet]

NOTES EXPLICATIVES
a. le nº 7247.
b. voir au t. xxvi le nº A 390, alinéa 7 et note *p*, etc.

7274

Le docteur Achille-Guillaume Lebègue de Presle à René-Louis, marquis de Girardin

Paris, ce 21 aout 78.
[avec un p.s. du 23]

[1] Je viens de recevoir, Monsieur, la reponse detaillée[a] que vous avez bien voulu faire a ma longue plainte[b], et je vous en remercie: vous diminuez beaucoup mes inquietudes en me marquant qu'il n'y a encore aucun engagement pris ou communiqué a personne par Mad. R. Si je n'avois pas eu autant de plaisir a lire les assurances de votre amitié et de votre confiance; je dirois que cet article de votre reponse est surabondant et parceque je ne doute pas des sentimens que temoignent la franchise, la Loyauté; et parceque mes reproches ne tomberent que sur mad[e] R, de ne vous avoir pas dit le refus de son mari aux instances de P.; les promesses qu'elle m'a fait faire et ecrire en son nom; et ce que je n'ai sçu qu'hier, les promesses qu'elle a faites soit de vive voix *Soit par ecrit a mad[e] Duch., en en recevant de L'argent qui ne lui etoit pas du.*

[2] Quant a ce que m[r] R a ecrit sur le droit qu'il croyoit avoir sur ce qu'il a vendu; il s'est trompé: c'est le besoin, ce sont les promesses et les raisons specieuses des gens qui etoient interessés a le tromper et a le faire changer d'avis, qui lui ont fait ainsi capituler avec la conscience et ses premieres opinions; c'est une foiblesse de L'humanité: mais heureusement il n'a pas succombé ni pour m[r] Dup., ni pour m[r] Reguillat. S'il l'eut fait, il n'auroit pas tardé a s'en repentir pour continuer le reste de ses jours. Non, Monsieur, m[r] R ne s'est pas reservé le droit de vendre a d'autres car personne ne lui eut acheté et les sophismes qu'il a pu se faire la dessus ne changent ni la loi ni L'usage ni les ecrits, traités, contrats. Sa conscience non seulement n'eut pas eté rigoureuse; mais elle eut eté directement opposée a la justice quant a L'action; car je ne doute pas que son intention n'eut eté pure: tant qu'il auroit cru vrais et justes les gens qui lui en imposoient soit par interet, soit faute de connoitre les loix qui decident ce qui est juste ou injuste plus surement que la raison ou les raisons; car il y en a des raisons ainsi que des paroles et des experiences pour tout ce qu'on veut soutenir. C'est apparament de cette maniere que m[r] de Voltaire s'etoit persuadé qu'il pouvoit de tems en Tems revendre a un nouveau Libraire ce qu'il avoit deja vendu a d'autres; mais il a mieux aimé laisser 100 mille livres de rente que la reputation de probité et ses plus grands zelateurs n'ont jamais pris le parti de deffendre son humeur ni son cœur sur cet article, parceque la cause n'etoit pas soutenable.

[3] Au reste Monsieur je n'ai dit tout cela que pour la memoire de m[r] R. J'entre chez des Libraires pour acheter ou faire venir des Livres ou en faire imprimer. Je ne vis en Societé avec aucun, ni ne mange chez aucun. Je n'ai pris en apparence le parti de mad[e] Duch. que parceque je crains de me trouver compromis dans une affaire qui peut faire du bruit. Si moi ou un autre, instruits du commerce de L'imprimerie et Librairie, etions consultés sur le choix d'un libraire nous trouverions plusieures raisons de preferer mad[e] Duchesne independament des promesses par ecrit et de l'argent reçu en don et de la rente proposée par exemple de recevoir un meilleur prix d'être assuré du payement total &[a] mais ceci auroit peutetre l'air de partialité. Ainsi n'en parlons plus. Je n'ajouterai qu'un mot sur un des procès parceque vous croyez qu'on peut les eviter par le temoignage de la conscience. M[r] R n'ayant laissé aucune disposition par ecrit, vous ne pouvez, suivant la loi, avoir rien reçu de mad[e] R que comme depositaire et rien, absolument rien en present; parceque une femme peut dire ce qu'elle veut au nom de son mari pour

s'approprier ou frustrer les creanciers de son mari ou ses heritiers, ce qui n'est pas permis. Ainsi si des heritiers apprenoient qu'un libraire eut donné pour les œuvres posthumes de m[r] R une somme qui meritat la peine d'etre demandée, la justice autoriseroit toute espece de recherche et de contestation a ce sujet et les rendroit proprietaires de tout ce qui auroit eté rassemblé &[a]. En voila assez pour craindre un procès et s'en garantir. La conduite que je vous ai exposée vous impose beaucoup moins.

[4] Vous me paroissez croire que mad[e] Duch. pretend avoir droit aux ouvrages posthumes sans payer. Je ne peux pas avoir dit cela ni elle le penser parcequ'on n'a pas la proprieté dans tout sans L'acheter; mais sa lettre porte seulement qu'elle demande la preference [1]pour les acheter[1] au prix convenable c'est a dire offert par quelqu'un en etat et volonté de payer et elle ne parle pas[1] de compter dans le prix ni les 100 ecus de rente qui peuvent etre payés trente ans ni l'argent preté a mad[e] R a L'insçu de m[r] R. La conduite de mad[e] Duch. et ses propositions m'ont paru honnetes et justes autant qu'avantageuses a Mad[e] R: on pourroit dire et a m[r] R parceque ses ouvrages ne peuvent etre imprimés nulle part aussi bien qu'a Paris. Voila Monsieur mon ultimatum[c] sur cette affaire jusqu'a ce que j'aie L'honneur et le plaisir de vous voir. Je vais passer la journée de demain samedi a Chatillon et n'en reviendrai qu'a L'heure de faire paquet de ce que j'aurai a vous envoyer.

ce 23 aoust

[5] En m'engageant a avancer mon voyage vous me faites, Monsieur, une invitation bien autrement tentante que celle d'Eve a Adam: car j'aime votre societé, celle de votre famille, votre habitation, dont je connois les avantages et les agremens, infiniment plus qu'Adam ne pouvoit aimer la pomme quelleconque, qu'il n'avoit pas encor goutée. Mais le tems pendant le quel j'ai oublié mes affaires [2]en mai et juillet les a[2] tellement arrierées, que ce n'est qu'en travaillant comme un forçat malgré le chaud, qu'elles pourront etre assez avancées au 7 de septembre; et que je ne retarderai plus des publications qui sont arrierées de 2 mois par ma faute, ou plutot par le bon tems que j'ai eu chez vous. L'esperance de vous y revoir bientot me faisoit trouver moins penible mon travail forcé; mais je vois avec peine que vous fixés au premier de septembre un voyage plus long a ce que je crois que ne peut etre le mien. Au risque de paroitre aussi contrariant que le Baron je desirerois que votre voyage fut avancé d'une huitaine; ou encore mieux que vous ne fissies pas

200 lieues pour aller chercher des choses qu'on peut vous envoyer; ou enfin d'attendre au 10 7bre parceque je ne doute pas que la sensibilité de mad^{e} de Girardin et mes raisons ne vous fassent prendre ce dernier parti, ou remettre le voyage a l'an prochain: j'ai huit autres pages de raisons tres fortes, mais sans humeur[3].

[6] Je vous envoye Monsieur dans une petite boete le Pistolet a fixer, le plateau de Volta pour y mettre le feu[d], une peau de lievre pour exciter L'Electricité, les 6 cahiers demandés, un couteau pour mad^{elle} de Gerardin. Malgré les promesses declarées de L'Ebeniste, il n'est pas arrivé encore. Je vais toujours faire remettre ce qui precede chez votre caisse: et comme je ne puis croire qu'il m'ait oublié, je l'envoyerai aussitot porter la cassette pour qu'elle parte ou par Cannivet[e], ou par la premiere occasion. Je suis tres faché que ma commission n'ait pas mieux reussi malgré mes soins.

ce dimanche a 7 heur. du matin

MANUSCRIT

* Chaalis, fonds Girardin. D^{4} 34, n° 5; 4 p.; orig. autogr.

NOTES CRITIQUES

[1] [inséré dans l'interligne] [2] ⟨en mai les a⟩ [3] ⟨colere⟩ [gribouillé]

NOTES EXPLICATIVES

a. le n° 7269.

b. le n° 7262.

c. c'est-à-dire, 'mon dernier mot'. Le glissement sémantique semble avoir eu lieu pendant la Révolution. Le sens primitif se rencontre, d'après Robert, dès 1740, emprunté au terme latin en usage depuis longtemps. L'Académie ne l'accueillera qu'en l'an VI (cinquième édition): 'Terme de Négociation. On entend par-là les dernières conditions que l'on met à un traité, et auxquelles on tient irréversiblement'. On voit que ce n'est pas là encore le sens courant du terme. Peut-être l'évolution sémantique de ce mot en français a-t-elle été influencée par l'usage anglais, où le sens moderne est attesté dès 1731.

d. les expériences, les découvertes et les inventions d'Alessandro Volta (1745-1827) excitaient dès 1776 et 1777 l'attention du public. Pour son eudiomètre, voir le n° 7203, alinéa 2 et note *a*. Il s'agit ici de son 'pistolet électrique', petite bouteille de métal remplie d'un mélange d'air et d'hydrogène, lequel explose quand on y fait passer une étincelle électrique, faisant sauter le bouchon de la bouteille.

e. voir le n° 7235, alinéa 7 et note *s*.

7275

René-Louis, marquis de Girardin, à Alexandre Deleyre

Ermenonville le 22 aoust 1778

Je n'entrerai, monsieur dans aucune[s][1] discussions, elles ne servent souvent qu'a se mésentendre jamais a s'entendre, je vous avois entendu parler avec [2]chaleur[2] de mr Did., j'ai Cru qu'il étoit votre ami, et pourquoy pas? Il L'avoit bien été de M. Rousseau! mais il a vécu de puis dans Le monde et il est si difficile de n'y pas changer. Au Reste monsieur qu'il Le fut encore où qu'il ne Le soit plus, qu'importe? Ce que je vous en disois n'avoit rapport qu'a lui. Quand a vos autres liaisons, monsieur Les Circonstances ainsi que vous me Le disiez vous meme ont pu vous obliger d'en entretenir qui sembloient imcompatibles; mr Rousseau n'avoit aucun droit de vous Contraindre a cet egard! Encore moins voudrois je m'arroger Le droit de vous en blamer. Je vous Crois monsieur parfaitement fidele a Pompée jusques dans Le Coup de César; mais j'ai du vous observer sur L'espece de reproche que vous faisiés a mr Rousseau qu'etant par L'extreme sensibilité de son existence devoré du Besoin d'aimer a Coeur ouvert, il étoit tout Simple et tout naturel, qu'il ne vous vit qu'avec peine parmi Les gens qui par des suggestions insidieuse[s][1] et malignes, cherchoient a fermer Le[2] votre. Je vous l'avouerai, monsieur, j'eusse pensé de même quoi qu'accoutumé de meilleure heure que lui à mener ma Barque sur cet ocean de perversités: L'amitié n'est ni une affaire de discussion, ni un article de foy. C'est une affaire de choix d'estime, de franchise et de liberté! s'il me falloit dans mon interieur Contraindre mes pensées elles m'etoufferoient, ne dut jamais Celuy[3] devant Lequel mon Coeur S'epanche, reveler mes discours, ne fit il que Les porter au dedans de lui même, mais habituellement parmi des gens je ne dis pas seulement occupés a me nuire, occupés de nuire au Bien public, je Briserois au plutot un tel lien. L'ombrage et La Confiance ne peuvent subsi[s]ter[1] ensemble, et sans La Securité d'une Confiance parfaite L'amitié n'est [4]qu'un vain nom[4]. Mon charactere franc jusques a La rusticité, est peu attrayant, et recompassé[1] par tres peu de talents, j'ai du me faire Conoitre entierement a vous avant que vous vous engagiés plus avant, L'amitié n'habitera jamais dans mon Coeur, qu'elle ne puisse S'y reposer sur Le Sein de La verité, et c'est ce qui a fait l'unique baze de ma veneration, et de mon attachement a m. R. . . . et qui rend sa perte pour moi peutêtre irreparable, un Sentiment qui nous est Commun pour lui. Votre Caractere et vos talents ont entrainé Le premier mouvement de mon Coeur navré cherchant à S'appuyer a quelque partie de ce qu'il venoit de perdre; c'est a vous de voir, monsieur, si vous pouvés ou si vous voulés y Correspondre Car je dois vous prevenir que Ce ne peut être que sous le serment de La Verité La plus exacte, sans reticences, et sans forlongements[a] tout a mr R-- où rien a moy, il faut cesser tout injuste reproche sur des effets de sensibilité aux quels Les Circonstances ont necessairement donné lieu, et rendre enfin plaine et entiere justice a qui il en appartient, en parlant franchement et a plaine voix, sur Les sourdes menées, et Les tenebreuses intrigues qu'ont employé[5] L'envie, La jalousie, et le despotisme moral de Ceux avec qui vous avez frayé, et qui ne[2] L'eut indignement fait mourir a Coups d'epingles que parce qu'il n'a jamais été assez bas pour être leur homme, et qu'il a toujours voulu être l'homme de luy, et non des autres. Vous sentés vous monsieur tout a La fois et Le pouvoir et La volonté d'accepter Ces Conditions, unisons nous: autrement tenons nous en, tandis qu'il en est encor tems[6] aux sentiments d'une estime reciproque avec La quelle je [ne][1] Cesserai jamais d'être quel[1] que soit votre resolution monsieur votre tres humble et tres obeissant

Serviteur

Je vous renvoye, Comme vous me Le demandés, La minute de votre projet, je vous ai marqué puis que vous m'y avez authorisé quel étoit mon avis a cet egard, c'est a dire que cette proposition ne pouroit jamais être honete et Convenable en tous points qu'autant qu'elle presenteroit L'objet de former un fonds dont Le revenu seroit employé a perpetuité a faire tous Les ans une bonne oeuvre vis a vis de sa tombe sous La direction et en presence d'un délegué de toutes Les nations qui auroient souscrit[7]. Cette espèce d'anniversaire digne de ses vertus et de sa memoire Seroit La fête de La bienfaisance en l'honneur de l'homme Le plus bienfaisant qui ait jamais existé et la seule proposition de cette souscription adressée a tous[8] *Les humains* [9]Serviroit a[9] leur montrer et ses vertus et Les injustices qu'il a essuyé[5].

Pardon monsieur de mon gribouillage[b] mais j'etois pressé de vous repondre

MANUSCRIT

*Chaalis, fonds Girardin D4 34, n° 34; 4 p.; copie, de la main d'un secrétaire, retouchée sporadiquement par Girardin.

IMPRIMÉ

Molinier (1970), p.146-148.

NOTES CRITIQUES

Le copiste semble avoir été un membre de la famille de Girardin.

[1] [négligence du copiste] [2] [ajouté dans l'interligne, de la main de Girardin] [3] [corrigé par Girardin en surcharge sur un autre mot devenu indéchiffrable] [4] [je corrige la leçon du copiste, qui semble avoir écrit: 'en vrais nom'] [5] [le copiste ne fait pas cet accord] [6] tem⟨p⟩ [en surcharge, correction de la main de Girardin] [7] [en surcharge sur une première version, devenue indéchiffrable] [8] tou⟨t⟩ [en surcharge, correction de la main de Girardin] [9] ⟨pour⟩ [la correction est de la main de Girardin]

NOTES EXPLICATIVES

Girardin répond ici au n° 7266.

a. ce néologisme pittoresque ne se trouve dans aucun dictionnaire que j'ai pu consulter, mais c'est un de ces mots qui existent toujours en puissance, étant formé de 'forlonger': 'Se dit proprement Des Bêtes qui étant chassées, s'éloignent du pays ordinaire. On le dit aussi Du cerf, quand il a bien de l'avance sur les chiens' (Académie, 1762). D'où le sens que Girardin donne ici au mot: 'écarts'.

b. cette description s'applique à l'original autographe disparu, et non à la copie.

7276

René-Louis, marquis de Girardin, à Marie-Françoise-Augustine-Ursule Le Danois de Cernay, comtesse de La Marck

[le 23 août 1778][1]

[1] Il[2] y a si peu de Personnes, Madame[3], qui sentent La difference du mediocre au sublime que souvent l'enthousiasme peut paroitre exageré mais [4]ce n'est point[4] Lorsque Le sublime en est L'objet, car[3] il n'[3] est alors que[3] le juste sentiment qu'on doit au vrai merite, et[5] La plus grande preuve de la sensibilité du Cœur de La justesse de L'esprit. L'empressement[6] et la generosité avec laquelle vous avés offert un azyle et des secours a La vertu Lorsque vous avés cru qu'Elle essuyoit de nouvelles persecutions ont[7] determiné[8] sur le Champ Les premiers mouvements de mon Coeur a s'abandonner a vos volontès. Lorsqu'un sentiment commun se rencontre il ne permet guères L'indifference qu'aux ames froides. Cependant Madame [3]La comtesse[3] quelque soient les qualités de votre Coeur et de votre personne, En même tems que La Confiance que vous venez

de me temoigner m'honore, je vous avouerai sincerement que votre rang vient[3] m'en imposer[9]. J'oubliois bien mieux Le malheur que vous avés d'y être assujetie, a L'ombre du nom simple et charmant de Josephine[a]. Cependant je ne peux plus oublier un instant désormais Combien je vous dois de respect. Deja même[10]

[2] Mais enfin Madame[11] je dois tacher[12] de vous obéir, et c'est a vous de pardoner L'embaras[13] ou vous m'avés mis avec La difficulté de vous exprimer ce que je sens et la necessité de ne pas perdre un instant l'idée de ce que je vous dois. Les epanchements des cœurs sensibles [3]ne conviennent ordinairement qu'au Langage de la familiarité[3], [et] ne sont[14] point faits pour la distance qui nous separe, [3]comment les allier avec le sentiment qui doit nous raprocher[3]. Neanmoins Le commencement et le sujet de notre correspondance a mis desormais un Interest Commun entre nous[15]. L'interest reciproque peut[16] raprocher tous les ètres, quelqu'illustre que vous soiés, quelque obscur que je puisse etre, nous aimons [3]et nous cherissons[3] [17]le[18] même objet et c'est un point qui nous rassemble[17].

[3] Sans[19] doutte Mad[e] La seule[20] Consolation de Ceux qui restent est de parler de ceux qui ne sont plus [3] de S'entretenir de ceux qu'on a aimé[3], c'est[21] La seule maniere de faire illusion à La douleur [22] [23]d'une perte que de se retracer le charme de leur existence[23], c'est en quelque maniere Les rapeller a la vie que de [24]se representer[24] [22] leurs actions, [3]c'est[3] Leur rendre la parole que de se rapeller leurs discours, [25]et c'est dans Le sentiment [qu'] est Le feu createur qui donne de la vie aux objets inanimés et qui sait La rendre même a la mort.[25]

[4] Je crois vous avoir marqué dans ma derniere[a] avec quel tendre epanchement de Cœur Le plus sensible des hommes avoit reçu[26] notre proposition et qu'il S'y etoit rendu d'autant plus volontiers qu'il Luy avoit eté Impossible de se méprendre sur Le sentiment qui[27] L'avoient dicté; je partis donc sur Le Champ pour luy faire arranger un petit appartement[28]. Il avoit Laissé sa femme a Paris[29] qui s'etoit chargée de tous les soins du demenagement pour lui en[3] epargner[30] tous le tourment et l'agacement[31] car plus il etoit capable [3]de s'occuper[3] des grandes Choses, moins il L'etoit de s'occuper des petites. Il eut mille fois mieux gouverné [32]un royaume[32] que ses petites affaires et donné des loix à L'univers[33] que des Clauses[34] ou des articles à un Procureur ou a un notaire. [35]En attendant que Le Logement[35] [36]que je luy destinois fut arrangé[36] il[37] se determina[38] a s'etablir dans un petit pavillon separé du chateau par des arbres. Sa femme vint L'y retrouver quelques jours après avec tous ses

meubles et ses affaires. [39]C'est pour cela que sa femme dont L'esprit et la science eussent èté pour lui[40] fort inutiles par Son jugement [41]et ses soins[41], luy[42] etoit [43]fort utile[43]. Uniquement occupé de luy, des soins de son menage, et de temperer ses passions et ses premiers mouvements, elle luy etoit devenue si necessaire qu'il n'eut jamais pu en[44] soutenir La perte, et n'en pouvoit pas supporter l'absence.[39]

[5] Si vous eussiés vu La joye de cet homme si tendre Lorsqu'il[45] L'entendit[46] arriver,[47] nous etions a table,[48] nous nous levames afin qu'il put se lever lui même[49] en toutte[3] liberté, il courut audevant d'elle, et L'embrassa avec une[50] Si grande effusion de tendresse et de larmes qu'il y a bien peu d'amants qui en temoignassent une pareille a leur maitresse[51] après[52] deux ou trois jours[53] [3]d'absence[3] mais tous Les sentiments chés cet homme si extraordinaire[54] etoient exaltés infiniment au dela des hommes ordinaires[55]. Il aimoit le genre humain comme Ses amis, Ses amis Comme sa femme, sa femme Comme sa maitresse, et Dieu sçait seul comme il eut aimé sa maitresse de sorte que le moindre sentiment chés luy etoit [56]un amour[56], il n'est pas etonant que Le moindre soupçon de haine ou de trahison fut pour lui Le même tourment que La jalousie.

[6] [34]Des qu'il se vit[34] bien en pleine possession de[57] la liberté [58]et de la Campagne après laquelle il soupiroit [34]depuis si longtemps il s'y livroit avec une passion qui ressembloit à L'yvresse[34] [58]. Il se reveilloit pour aller jouir du Lever du soleil[59] au brillant spectacle dont Les fumées epaisses de Paris L'avoient privé, qu'il alloit tous les matins[60] exalter son ame et ramassoit ensuitte quelques plantes qu'il venoit soigneusement rapporter a ses chers oiseaux qu'il apelloit ses musiciens, et venoit dejeuner avec sa femme, Ensuitte il repartoit pour des Promenades plus eloignées[61]. Sa passion[62] pour la contemplation de La nature S'etoit tellement reveillée, qu'il en jouissoit avec transport. [63]Son habitation etoit[64] environnée[65] [66]d'arbres, de ravins desquels il entendoit[66] Le bruit[67] sourd des Cascades,[68] dès Le matin,[69] des que les oiseaux venoient saluer le jour sous ses fenetres où il Les attiroient par[70] Les soins Les plus attentifs[63]. Comme ce[71] qui L'enchantoit Le plus etoit de ne point[3] [72] Rencontrer des lignes ni de bornes[73] [74]En se promenant Sur le bord des eaux et dans les montagnes couvertes de bois qui bordent le village sa feconde imagination qui Luy faisoit representer[75] aussitot Les objets comme s'ils eussent eté presents Luy rapella et reveilla Le souvenir [3]du bien aimé paiis de son enfance et des beaux[76] rivages[77] de Vevay et des rochers de Meillerie qui avoient fait Le bonheur et les delices de sa jeunesse.[74] Cela Le Conduisoit surtout dans Les Commencements à oublier toutes sortes d'heures, sa

femme etoit obligée de Le Chercher pour le diner, et de Le rapeller [78]à la maison[78]. Quelquefois et surtout dans le Commencement il s'egaroit tout a fait et C'eut èté une cruauté de luy en oter Le plaisir.[79]

[7] Aussitot aprés son diner il venoit tous les jours dans le petit verger semblable a celuy de Clarens au milieu du quel etoit La Chaumiere[80] qu'on arrangeoit pour luy. La il s'asseioit sur un banc de mousse, pour y[81] donner aux oiseaux et aux poissons ce qu'il[82] apelloit[83] Le diner de ses hotes. La premiere fois qu'il entra avec moy dans ce verger, et qu'il vit[84] des pomiers[85] et des arbres antiques [3]couverts de mousse[3] environnés de Lierres formant des guirlandes d'un arbre à l'autre, au dessus des herbes et des eaux[86], [87]des herbes et des fleurs[87] [88] Il fut[89] enchanté. Quelle magie me dit'il[90], tous ces vieux troncs [91]entrouverts et[91] de forme bizarre[92] on les[3] abattroit ailleurs, et Cependant comme cela parle au Cœur. Ah je Le vois et je le sens jusqu'au fonds de mon ame j'ai trouvé les jardins de ma Julie. Vous n'y serés pas lui dis je avec elle et avec Volmar, mais pour en etre plus tranquille[93] j'espere que vous n'en serés pas moins heureux. Il me serra la main tout fut dit, et tout fut entendu.[94] Je luy donnai une Clef generale, il fut chés luy partout, et il y fut plus le maitre que je n'etois chés moy, car il pouvoit etre seul tant qu'il vouloit.[95] Ce Verger ou personne n'entroit que Luy et nous, étoit notre point de ralliement[96] touttes les après diner[97]. S'il y avoit du monde je n'y allois pas mais je luy envoyois Le plus jeune de mes enfans qu'il avoit pris dans une grande affection et qu'il apelloit son gouverneur[b]. Il alloit[98] alors se promener avec luy, et luy faisoit remarquer tout ce qu'il voyoit et L'apprenoit a Le Conoitre, et d'un autre côté Le petit bon homme plus Souple Luy ramassoit touttes Les plantes, qu'il avoit envie de Cueillir pour les éxaminer de plus près[99]: souvent il revenoit nous trouver vers le Soir, pour se promener sur L'eau, et il se plaisoit tellement a ramer lui même que nous l'appellions en badinant notre amiral d'eau Douce[100]. Dans le Calme de la soirée ou La musique[101] est si douce, il aimoit a entendre notre musique champetre [3]de Clarinettes[3] que nous placions[102] toujours entre Les arbres voisins du rivage, [103]et cette[103] touchante melodie sur le theatre même[3] de la nature Luy[104] rendit bientot Le gout de la musique qu'il avoit quitté, au point qu'il avoit dejà Composé quelques airs pour nos petits concerts de famille, et qu'il se proposoit bien d'achever cet hyver differens morceaux de musique qu'il avoit de Commencés; Musique Charmante qui dictée comme tous ses autres ouvrages par Le sentiment même,[105] Est encor plus faitte pour le Cœur que pour L'oreille, et doit être chanté plutot avec

l'ame qu'avec La voix.[106] Ma fille ainée[c] qui jusques Là n'avoit vu [dans] La musique qu'un art difficile herissé de Croches et de mots barbares[107], Voyant qu'elle devenoit Si Simple et[108] si facile[109] Lors qu'il La Chantoit[110] Sans voix de la maniere La plus touchante parut alors[3] desirer d'apprendre a Chanter, il s'offrit de lui même de luy apprendre Son Secret qui consistoit lui dit il à bien comprendre ce que L'on Chantoit, et à ne jamais forcer sa voix, parce que Le plus sur moyen de se faire ecouter[111] quand on a des Choses Interessantes a dire entre peu de monde C'est de parler bas. Je [112]ne reçus[113] point[112] d'abord cette offre, dans la Crainte de la peine que cela devoit luy donner, mais il Insista de telle manière que je ne pus plus m'y opposer un Instant. Trop heureux s'étoit il ecrié avec transport de trouver enfin une occasion de temoigner sa reconoissance. Sentiment d'autant plus touchant qu'elle etoit bien reciproque de part et d'autre Luy pour être avec nous, et nous pour être avec luy.[114] Faire tous les jours a peu près la meme chose[115], n'avoir que Des amusements doux sans aucune de ces secousses que donnent Les grandes peines, ou Les grands plaisirs eut pu paroitre monotone[116] a des Cœurs vides et a des Imaginations froides[117], Incapables de gouter Le bonheur et souvent de trouver Le plaisir, et dont[118] La seule ressource est de n'etre jamais un Instant vis avis d'eux memes.

[8] Mais Pour un Solitaire tel que luy, dont Le Cœur en paix, et L'ame pure, dont Le mouvement vient bien moins de Dehors que du dedans, dont Le repos ne Consiste pas a ne rien faire mais a n'avoir rien a faire, et Dont l'imagination[119] brulante n'a besoin que du moindre concours des[120] beautés de la nature[121] pour L'exciter Et L'exalter au dela même [des][122] Regions de notre atmosphere, et Luy faire trouver dans la beauté de ce qu'il voit La perfection de ce qu'il Imagine, La Pensée dans[123] L'homme même Le plus sublime n'est jamais que le mouvement d'une impulsion etrangere produitte par la presence ou Le souvenir d'un objet: Combien[124] cette impulsion ne doit elle pas être plus[125] determinée Lorsqu'on se trouve environné d'images riantes entouré de verdure, de fleurs d'oiseaux, que Les yeux peuvent errer [126]Librement sur de belles Campagnes[126]; souvent Ce Spectacle conduit a une douce reverie[127] mais Lorsque de cet etat de volupté ou L'ame[128] se Concentre toute entière[129] pour se rassasier a son aise des plus[130] agreables Chimères en y faisant Concourir tout ce qui Charme Les Sens on se trouve ramené par degrés à soi meme et a ce qui nous entoure[131] et qu'on ne peut marquer Precisement Le point entre Les fictions et Les realités. C'est alors que [132]Rempli de pensées au dela de ce qu'il en peut

Lorsque je me promenois avec luy cette année, la liberté de son silence et du mien, et celle de nos [illegible] [illegible] faisoit la plus grande douceur de notre conversation. Souvent nous ne nous [illegible] jamais rien que le regard. Nous ne parlions pas. Il est [illegible] [illegible] [illegible] [illegible] Il n'étoit pas encore resposé de sa misère et du retour [illegible] du bonheur [illegible] que il étoit mort de repos, je suis assuré qu'au moins [illegible] son visage [illegible], que [illegible] se dérida, [illegible] [illegible] et que il reprit visiblement sous nos yeux [illegible] de son âge aimant et naturel. J'admirois le charme [illegible] répandre sans l'effet [illegible] [illegible] de la bienfaisance [illegible], il l'avoit si bien repris la gaîté simple et enfantine, que souvent sur le grand banc de gazon du verger il faisoit rire petits et grands par les contes à la [illegible].

S'il étoit heureux de son repos nous l'étions doublement de sa tranquillité. Il l'avoit payée de peines si poignantes, [illegible] [illegible] acquis, qu'il m'a été bien doux qu'il en jouît toujours avec [illegible] foible dédommagement pour les [illegible] [illegible] qu'on avoit eu la barbarie de faire essuyer à cet homme trop sensible. Si parfois pouvoir avec des hommes s'assembler a [illegible] [illegible] chose que [illegible] et l'adversité. Mais hélas, Madame, faut-il donc que le bonheur ne soit dans la vie que le rêve de quelques instants et qu'il n'y ait que les malheurs de réels et durables. Que ne puis-je m'arrêter ici,

[illegible] [illegible] [illegible] il [illegible]

ne vous parlant que de son existence, c'auroit été [illegible] plaisir pour moy, mais hélas il faut que je vous dise comment il est mort et c'est ici que commence véritablement la [illegible] [illegible]

[illegible] [illegible] [illegible] [illegible] [illegible] pas [illegible]

[illegible] [illegible] [illegible] [illegible] [illegible] [illegible]

[illegible] [illegible] [illegible] [illegible] [illegible]

Le mercredy premier de juillet il se promena l'après dîner comme de coutume avec son petit gouverneur. Il faisoit fort chaud il s'arrêta plusieurs fois à se reposer chose que ne luy étoit pas ordinaire, et il se plaignit avec lui de quelques douleurs de colique.

sssss. Seconde lettre à 'Joséphine': page du brouillon

Contenir en lui meme[132] que Le besoin de communiquer aux autres[133] Le plaisir Le ravissement qu'on a eprouvé devient une[134] passion pour les ames sensibles,[135] je crois vous L'avoir[136] marqué[137], c'est ainsi qu'il avoit toujours ecrit toujours par passion, jamais par metier, et C'est parce qu'il ecrivoit de grandes choses, qu'il Luy falloit de grandes Impressions[138] qui ne peuvent jamais se rencontrer dans[139] L'ordre du Cabinet, et qu'un homme naturel et sensible ne peut trouver qu'a La Clarté[140] du flambeau de La nature: Lors qu'il eut èté rassasié du doux plaisir de ne rien faire et de jouir de tout ce qu'il aimoit, il eut bien fallu que la plenitude de ses idées eut deversé [141]au dehors de luy, car son génie etoit[142] aussi puissant, aussi vif, et aussi Inflamable qu'il l'ait jamais èté, [143]tout concourant icy[143] [144]à Exciter en luy Le besoin[145] de jeter ses idées sur le papier.[146] S'il eut Seulement vecu dix ans de plus L'univers eut sans doutte herité d'une riche succession, mais il[144] n'auroit jamais rien publié de son vivant, car il s'etoit fait un principe Invariable de ne [147]point faire parler de luy[147], et tout son desir etoit qu'on put L'oublier et Le Laisser en paix.[148] C'etoit un desir bien modeste et bien simple et Cependant [149]Par cette espece de fatalité qui s'attache toujours a la celebrité ou plutot par une suitte de la persecution[149] attachée par tous les partis a un homme qui n'etoit d'aucun, et etoit audessus de tous, a peine etoit il arrivé icy que toutes sortes de bruits absurdes, Se repandirent a Paris; j'appris qu'on y debitoit avec fureur que Les[150] memoires de sa vie[151] paroissoient. Craignant alors qu'il ne les eut Confié a quelqu'un qui eut eté assés Infame pour trahir La confiance de L'amitié, je fus tres allarmé que cette nouvelle ne Lui causat beaucoup de Chagrin [152]surtout s'il[152] venoit a L'apprendre [153]de quelque bouche indiscrette peu acoutumée a connoitre les menagements qu'exige sa sensibilité[153]. Mais il ne parut affecté de Cette nouvelle en aucune manière. Il me dit que[154] S'il eut èté assés heureux pour passer Le reste de sa vie comme il avoit passé Les commencements dans l'obscurité et la paix et que Si[3] La Seconde partie depuis[155] que les circonstances l'avoient jetté a Paris, [156]ne l'eut pas causé bien des[156] tourments que la Passion[157] d'ecrire[158] L'avoit environné, et à L'obligation de justifier[159] dans le Cas où il passeroit a la posterité un nom[160] qu'on avoit cherché à noircir de son vivant, il n'eut jamais[161] ecrit L'histoire de sa vie:[162] mais qu'etant sans cesse acusé Sans Sçavoir de quoy ni par qui il[163] avoit voulu Laisser a la posterité une piece authentique dans laquelle on put voir jusques dans le fond de son ame, pour qu'on[164] put le juger[165] avec justice en ne le voyant ni meilleur ni plus mauvais qu'il avoit eté. Mais qu'ayant eté obligé en parlant de luy[166] Sans reserve, de parler egalement de plusieurs autres personnes en ce qui avoit rapport a luy Son Intention etoit[167] qu'en tout etat de Cause ses memoires ne parussent jamais que Longtems après sa mort et Celle de toutes Les personnes Interessées et que pour cet effet il en avoit remis l'unique exemplaire en paiis etranger, dans des mains Sur lesquelles il croyoit devoir Compter, que par Consequent L'ouvrage dont on parloit à Paris où n'existoit pas, ou qu'il n'etoit pas de luy[168], ce qui[169] ne manqueroit pas d'etre bientot reconû, qu'ainsi il n'avoit aucune raison de s'en tourmenter. Dans un autre tems cette[170] extrême tranquillité de sa part m'eut étoné mais il etoit rendu a luy même, et[171] son characteere naturel etoit La gaieté et La tendresse, il falloit que L'orage fut bien près Lorsqu'il parvenoit a alterer La tranquillité et la serenité de Son ame qu'il[172] se trouvoit rendu, des qu'il Etoit hors de portée des sectes et Insectes dont les bourdonnemens Le tourmentoient. Du matin jusques au soir il n'étoit occupé que d'amusemens doux, de ramasser des fleurs, de rever[173], d'errer sur les eaux, d'entendre dans le silence des bois[174] une douce musique, il jouissoit, savouroit tout a Loisir Sa Chere nature qu'il adoroit[175], S'il n'etoit pas aimé [176] par un seul [comme il le] meritoit s'il ne pouvoit pas etre[177] l'unique objet de nos sentiments[176] parce que chacun de nous avoit d'autres Liens[178] s'il n'etoit pas aimé[179] Comme il auroit [180]pu vouloir[180] L'etre par une seule personne il L'etoit par tous[181], autant qu'il Le meritoit et par aucun comme il ne vouloit pas L'etre,[182] il avoit de sa liberté pleniere un sur garant, c'est que nous le desirions toujours et ne Le Cherchions jamais, parce que c'etoit pour nous un plaisir de le voir[183] et jamais une vanité[184], c'etoit pour luy seul qu'il etoit aimé, non Comme auteur, ses ecrits nous eussent suffi;[185] non comme un grand homme, il nous eut humilié, mais comme le meilleur des hommes, [186]C'etoit l'excellence de son coeur qui avoit entrainé Le mien par une [187]admiration toutte puissante[187] [186] [il] se trouvoit toujours icy bien loin de L'esprit, et toujours près du Cœur[188]. La Compagnie de L'enfant Luy etoit plus agreable que toutte une academie; et Le plus souvent Lorsque je me promenois avec luy tête a tête La Liberté de son silence et du mien, et celle de rever chacun de notre côté faisoit La plus grande douceur de notre conversation et souvent nous ne nous entendions jamais mieux que lorsque nous ne parlions pas: [189]car on n'avoit pas besoin de l'entendre avec son esprit pour l'entendre avec son cœur:[189] Enfin S'il n'etoit pas encore repassé de la misere et du tourment a l'Etat de bonheur[190] sur lequel il osat encore se reposer, je suis assuré qu'au moins[191] Son visage rajeunissoit, que sa Phisionomie Se deridoit,[192] et qu'il[193] revenoit sensiblement de jour en jour[194] a son etat aimant et naturel et tendre, Cherchant a se repandre sans Cesse autour de lui par des actes de bienfaisance et de Charité, et il avoit Si bien repris sa gaieté Simple et enfantine, que souvent sur le grand banc de gazon du Verger il faisoit rire petits et grands par ses Contes a la suisse. S'il etoit heureux de son repos nous L'etions doublement de sa tranquillité. Il L'avoit payée de peines Si poignantes, et [195]d'atteintes[195] si aiguës[195], qu'il eut èté bien juste qu'il eut pu jouir longtems du foible dedomagement pour Les [196]cruelles tortures[196] qu'on avoit eu La barbarie de faire essuyer a cet homme trop Sensible Si peu fait pour vivre avec des hommes Insensibles a toutte autre chose que l'Interest et La vanité. Mais hèlas, Madame, faut'il donc que le bonheur ne soit dans la vie que Le rêve de quelques Instants, Et qu'il n'y ait que Le malheur de réel et durable. Que ne pui je m'arreter icy,[197] ne vous parlant que de son Existence, c'eût èté tout plaisir pour moy, mais helas il faut que je vous dise[198] apresent comment il est mort et C'est icy que Commence véritablement La [199]peine a executer vos ordres[199].

[9] Le mecredy premier de juillet il se promena L'après diner Comme de Coutume avec son petit gouverneur. Il faisoit fort chaud, il s'arreta plusieurs fois a se reposer chose qui ne luy etoit pas ordinaire, et il Se plaignit avec luy de quelques Douleurs de Colique, mais elles s'etoient dissipées Lorsqu'il revint souper[200], et on n'imagina pas même qu'il fut Incomodé. Le lendemain matin il se Leva comme a son ordinaire, alla se promener au soleil Levant autour de sa maison, et revint prendre son caffé au Lait avec sa femme. Quelque tems après au moment où elle sortoit[201] journellement pour Les soins du ménage, il Luy recomenda de payer en passant Le Serrurier et surtout de ne luy rien rabattre Sur son memoire parce qu'il paroissoit un honnête homme, tant il a Conservé jusqu'au dernier Instant L'idée de l'honneteté et de La justice[202]. Sa femme avoit èté a peine dehors pendant quelques Instans que venant a rentrer elle trouve son mari sur une grande Chaise de paille Le Coude appuyé Sur une Commode. Qu'avez-vous lui dit'elle mon bon ami, vous trouvés vous Incommodé. Je sens repondit-il une grande anxiété et des douleurs de Colique. Alors M^e^. Rousseau[203] feignant de Chercher quelque Chose fut prier la Concierge d'aller dire au Château que M^r^. Rousseau se trouvoit mal. Ma femme avertie La première y Courut aussitot, et Comme il n'étoit que neuf heures du matin, et que ce n'étoit point une heure ou elle eut Coutume d'y aller, afin de ne point Inquiéter M. Rousseau prit le pretexte de luy demander ainsi qu'a sa femme, si Le repos de Leur

nuit n'avoit point été troublé par du bruit que L'on avoit fait dans le village. Ah Madame luy répondit'il[204], du ton Le plus honete et le plus tendre je suis bien Sensible a vos bontés, vous voyés que je Souffre, C'est une [205]gene ajoutée a la douleur que[205] de Souffrir devant Le monde, et vous même n'etes ni d'une assez bonne santé ni d'un Charactère a pouvoir Supporter La vue de La souffrance. Vous m'obligeriés, Mad[e]. et pour vous et pour moy de vouloir vous retirer et me Laisser seul avec ma femme, pend[t]. Quelques Instans. Elle Se retira pour[206] le laisser recevoir plus en liberté l'espèce de soins que paroissoit d'abord exiger L'espèce de colique dont il se plaignoit[207]. Dès qu'il fut seul avec sa femme il Lui dit de venir s'asseoir à Côté de luy. Vous etes obei mon bon ami Luy dit M[e] R; me voila. Comment vous trouvés vous?[208] Mes douleurs de Colique sont bien vives, mais je vous prie ma Chère femme ouvrés Les fenetres que je voye encore une fois La verdure. . . comme elle est belle!. . . . . Mon bon ami, luy dit[209] sa pauvre femme pourquoy me dites vous cela? Ma chere femme luy repondit il avec une grande tranquillité, j'ai toujours demandé a Dieu de mourir sans maladie et sans medecins, et que vous puissiés me fermer Les yeux; Mes vœux vont être exaucés. . . Si je vous donnai jamais des peines, si en vous attachant si constamment a mon sort je vous ai causé des malheurs que vous n'auriés jamais connu sans moy, je vous en demande pardon. Ah c'est a moy mon bon ami S'écria t'elle en pleurant, c'est a moy de vous demander pardon des moments d'Inquiétude et D'embaras que je vous ai causé. . . mais pourquoy donc me dites vous tout cela? Ecoutez-moy lui dit'il ma Chere femme, je sens que je me meure mais ne vous affligés pas, je meurs tranquille, je n'ai jamais voulu de mal a personne, et je dois Compter sur la misericorde de Dieu. Mes amis m'ont promis de ne disposer d'aucuns des[210] papiers que je Leur ai remis sans votre aveu. M de Gerardin voudra bien reclamer leurs promesses.[211] J'honore et remercie M. et M[e]. de Gerardin, je vous laisse entre leurs mains et je Compte assés sur Leur amitié pour emporter avec moy cette douce certitude qu'ils vous serviront de pere et de mère. Dites leur que je les prie de permettre que je sois enterré dans leur jardin, et que je n'ai pas de Choix pour la place. Vous donerez mon souvenir[d] a mon petit gouverneur[212], ma botanique a Mlle. de Gerardin, et je vous charge expressement après ma mort de faire ouvrir mon Corps par des gens de l'art et d'en faire donner un procès verbal. Ses[213] douleurs augmentoient de plus. Il se plaignit de douleurs aiguës dans la poitrine et tiraillements violents dans la tête, Sa malheureuse femme[214] se desoloit de plus en plus. Ce fut alors que voyant son desespoir et plus occupé de la Consoler que de ses propres souffrances He quoi Luy dit'il vous ne m'aimés donc plus ma Chere amie puisque vous pleurés mon bonheur. Bonheur étèrnel qu'il ne sera plus au pouvoir des hommes de troubler. Voyés [215]comme le ciel est pur, en le lui montrant[215] avec[216] un transport qui[217] rassembloit toute L'energie de son ame et La sublimité de sa persuasion il n'y a pas un seul nuage, ne voyès vous pas que la porte m'en est ouverte et que Dieu m'attend. A ces mots il est tombé[218] Sur la tête en entrainant Sa femme avec luy. Elle veut Le relever, elle Le trouve sans parole et sans mouvement, Elle jette des Cris, on accourt, on Le releve, on Le met sur son Lit. Je m'aproche je lui prends la main, [3]je lui trouve[3] un reste de Chaleur, [219]je Crois sentir une espece de mouvement[219]. La[220] rapidité de ce Cruel evenement qui S'etoit passé dans moins d'un quart d'heure, me laisse encore une lueur d'esperance. J'envoye Chés le Chirurgien Le plus voisin, j'envoye a Paris chés[221] un medecin de ses amis, je cours prendre de L'alkali volatil fluor. Je lui en fais[222] respirer, avaler a differentes reprises. Soins superflus, helas Cette mort si douce pour luy, et si fatale pour nous Cette perte Irreparable etoit dejà Consommée. J'ai voulu du moins Conserver a La posterité les traits mortels de Cet homme Immortel. M. Houdon fameux sculpteur que j'ai envoyé avertir est venu promptement mouler son buste et pendant deux jours entiers qu'il a resté sur son lit son visage à toujours conservé toutte La serenité de sa belle ame. On eut dit qu'il ne faisoit que dormir en paix du sommeil de L'homme juste, et sa malheureuse femme ne Cessoit a tout moment de L'embrasser comme S'il eut eté encor vivant, sans qu'il fut possible de luy arracher cette douloureuse[223] et dernière consolation.

[10] Ce[224] n'est que plus de trente-six heures après que[225] son Corps[226] ainsi qu'il L'avoit exigé a été ouvert en presence de Deux médecins et 3 Chirurgiens. Le procès verbal qui en a èté fait atteste que toutes Les parties etoient parfaittement saines et que L'on n'a trouvé [227]d'autre Cause[227] de mort qu'un épanchement de Cerosité Sanguinolente sur le Cerveau[e]. Tant [228]La mort peut frapper avec rapidité la tête même La plus sublime.[228]

[11] Je[229] L'ai fait embaumer, et renfermer dans un Double cercueil[230] du bois le plus dur[231] couvert de plomb en dedans et en dehors,[232] j'ai fait avertir un Genevois de ses amis, afin que touttes Les formes genevoises pussent être remplies exactement, et le samedy 4 juillet[233] accompagné de plusieurs amis, il a eté porté a minuit dans l'isle des Peupliers où j'ai osé mettre sur sa tombe

cette Inscription[234] dictée par le premier mouvement de Cœur[235], L'esprit[236] fut toujours au dessous de luy.

[12] Icy sous ces ombrages paisibles &c

[13] Cette Isle m'a paru etre La situation La Plus Convenable [237]a cette honorable destination[237]. C'est un espèce de Sanctuaire qui semble formé par La nature elle même, pour recevoir son favori dans son sein. Le sol en est couvert[238] D'un gazon toujours verd. Il n'y a pour arbres que Des peupliers,[239] dont Les pieds sont garnis de fleurs, L'eau qui S'etend autour de L'isle est Calme et Limpide[240], et Le vent semble Craindre d'en troubler La tranquillité, et La transparence. Le petit Lac[241] qu'elle forme est renfermé de tous cotés par des Coteaux qui Semblent Le derober au reste de La nature et cette religieuse enceinte autour de ce Depot sacré repand sur cet azyle un mistère solennel, et un Charactere de paix et de douceur[242] qui entraine[243] a une tendre melancolie[244]. Ces Coteaux sont Chargés de bois et terminés Sur La rive des eaux par des routes sombres et solitaires d'ou l'on apperçoit[245] a travers les arbres ce respectable[3] monument[246] de forme Simple et antique comme son Charactere et ses meurs et Dont L'effet Loin d'etre repoussant Comme celuy[247] des Sepultures modernes,[248] attire au Contraire tous les Cœurs comme feroient Les[249] precieux monuments des grands hommes dans les Champs Elizées; il semble que [250]cette ame dont le dernier soupir fut celui de la bienf[aisance] et de l'amour[250] Erre encor tout autour de [251]ces ombrages[251] pour S'y confondre dans Celles de Ceux qui viennent y[252] exhaler Les Soupirs[253] et de la tendresse et de l'amitié. C'est Là que sa malheureuse femme qui [a] tout perdu en luy parce qu'il etoit L'univers pour elle,[254] va tous les jours soulager sa douleur en voyant Le lieu ou il est. La malheureuse croit Le voir encor, et croit que son ami vient encor converser avec elle[255]. Vous sçavés que C'etoit Le sentiment de sa Julie mourante[3] et par Consequent[f] Le sien que Les ames Liberés du[256] Corps qui vient d'habiter La terre pussent y revenir encore, errer demeurer peutetre autour de ce qui luy fut Cher, et par une Communication immediate[257] semblable a celle de Dieu, penetrer dans[258] leurs pensées et en effet [259]Les œuvres du genie rendent un homme immortel, L'univers ne perd en eux que ce qu'il auroit encor pu faire mais il peut s'entretenir avec ce qu'il a[260] dit, au lieu que ses amis perdent tout jusqu'a son silence car il n'etoit pas besoin de s'entretenir avec son esprit pour s'entendre avec son cœur.[259]

[14] Que[261] votre Cœur sensible se figure[262] un moment ce que C'est que de Creuser soi même La tombe de ce qu'on aime[g], de se

L'etre vu enlever dans un Instant, et de porter sans cesse dans sa pensée L'image de ce Spectacle, et dans son Cœur touttes Les Charges de son testament, et je me persuade que vous etes trop bonne pour ne pas[263] m'excuser si je n'ai pas mieux rempli La tache douloureuse que vou m'avés imposé,[264] Si vous avés trouvé cette lettre trop longue et peutetre pleine de repetitions que la memoire perdue de ma premiere m'a fait faire, daignés La pardoner[265] et songer mad[e] que vous devés peutetre quelqu'indulgence à La peine que m'a Couté mon obeissance.[266]

[15] Eh[267] combien ne doit'il pas etre regretté par tous Les honnêtes gens [3]non comme auteur mais comme le meilleur des hommes[3]. Cet homme unique qui avoit Les mœurs Si simples et des pensées si merveilleuses. Cet homme si grand qui savoit toujours s'elever sans humilier personne, qui se plaisoit a pleurer avec les affligés et a rire avec les enfans. Cet homme pauvre[268] qui en donant Le plus souvent sur son necessaire,[269] etoit plus riche qu'un financier qui ne[270] Sçait pas doner sur son superflu. Cet homme genereux qui ne vouloit rien recevoir non par orgueil mais par sentiment non qu'il craignit L'humiliation d'un bienfait, mais parce qu'il sentoit [3]dans toutte son etendue[3] Le devoir de la reconoissance[271]. Cet homme si[272] compatissant et si tendre, qui voulut Le bien de tout Le monde, et qui n'a jamais rendu ou même voulu de mal a personne, cet homme si sensible qui desiroit D'aimer et ne Craignoit que d'etre hai; En un mot L'homme excellent et vrai[273] jusques au fonds de L'ame, qui pensoit comme il avoit ecrit parce qu'il n'avoit jamais écrit que ce qu'il avoit pensé, et qui n'a jamais tenté d'abattre un prejugé sans y substituer une vertu, aussi n'ecrivit'il jamais pour son Interest[274], mais pour celuy de L'humanité, jamais par metier, mais par passion, aussi dans[275] tous ses écrits [276]L'image[276] de son ame, et L'excellence de son Cœur furent'ils[277] toujours imprimés[277] en Characteres de feu par les mains même de La nature et[278] du sentiment. Malheureusement le style tout puissant Le rendit trop celebre, pour qu'on put luy pardoner, dans un siecle ou tout est esprit de parti, de n'etre du parti de personne. Ne voulant être d'aucune secte tous[279] Les sectaires se mirent Contre luy. L'envie La jalouzie et surtout Le Despotisme Academique, Encyclopediste &c[280] ne pouvant atteindre a ses Pensées[281], s'attaquerent a sa personne, ne pouvant dechirer ses ecrits, ils tacherent de dechirer sa reputation et ne pouvant Le critiquer ils s'efforcerent de le ridiculiser. On prepara on fit germer dans les tenebres Les plus absurdes calomnies avec d'autant plus de facilité que tout se passoit en arriere de luy; et il fallut[282] combiner Les plus Choquantes

absurdités pour dementir tout a la fois et Les apparences et La realité. Il fallut aller jusque a dire [283]qu'il agissoit d'une maniere toutte opposée à ce qu'il disoit et qu'il pensoit tout le contraire de ce qu'il ecrivoit[283], comme s'il eut eté possible avec tous les efforts du monde[284] d'écrire une seule ligne de luy, Sans L'avoir pensé, on debita Impudemment qu'il n'etoit Simple que par affectation, modeste que par vanité, solitaire que par charlatanerie, et pauvre que par orgueuil, comme si ce n'eut même pas èté un orgueuil respectable que Celuy qui[285] feroit pratiquer Les vertus. Mais pour disposer[286] Les batteries de ces basses attaques avec encor plus de succès on Les[287] dirigea [288]vis a vis differents points de vue[288]. Auprès des grands on eut soin de faire debiter qu'il ne se refusoit a leurs empressements et a Leurs bienfaits que pour se mettre audessus d'eux par son independance, auprès des hommes ordinaires qu'il ne les fuioit que parce qu'il Les meprisoit ou les haissoit, on dit aux Philosophes qu'il etoit devot[289], on dit aux devots qu'il etoit athée,[290] aux rigoristes qu'il [291]S'etoit permis une fois de prendre des pommes ou du ruban[291] etant jeune[h] et qu'il En[286] Convenoit luymême, comme si[292] en supposant que cela fut La bonne foy d'en Convenir n'eut pas èté La meilleure de toutes Les Cautions, on fit passer de femme en femme que Celuy qui avoit ecrit pour les enfans n'en etoit pas moins un mauvais père,[293] comme si en supposant qu'il [3]fut vrai qu'il[3] eut sacrifié Le plaisir d'elever ses enfans a La Certitude de leur existence et de leur bonheur,[294] cet homme si naturel si sensible, et d'un raisonement si profond avoit pu etre capable [295]de prendre ce parti sans[295] de puissantes raisons qu'il n'apartenoit a personne de juger Sans etre en etat de se mettre a sa place, enfin auprès de touttes les personnes sensibles on eut L'impudence de vouloir leur persuader que C'etoit un homme Sans sentiments quoiqu'un seul mot de luy en Contint plus que toutte L'Encyclopedie emsemble.[296] Ses laches ennemis[297] qui n'osoient pas l'attaquer en face de peur d'etre confondus, mais qui etendoient dans les tenebres[298] Les fils d'araignée avec lesquels ils cherchoient a enveloper ses discours, ses actions et ses pensées, voyant que le Contrecoup de leurs trahisons[299] arrivoit a[300] grand peine dans sa retraitte dans laquelle il Les ignoroit ou ne faisoit que s'en defier,[301] Etendirent enfin leur Cabale jusques a sa personne. Le[302] malheureux homme etoit crucifié par des Infirmités[303] qui rendoient pour luy le moindre voyage un supplice. Bientot[304] de persecution en persecution, et[3] de violence en violences on luy ota jusques a l'esperance de pouvoir trouver dans L'univers un seul petit coin ou il put poser[305] en repos cette tête qui avoit enfanté tant de Chefs d'œuvres, qui faisoient la gloire et L'instruction du genre humain, c'est cependant dans ce siecle ou on[306] a tant de Philosophes sans Philosophie et de raisonements sans raison,[307] c'est dans ce siècle ou on se vante du retablissement des arts et des sciences, et du retour de la verité, [308]que La Posterité verra[286] les ministres d'un dieu de Paix refuser a V[oltaire]. La Paix de la Sepulture[308], ceux qui vont prechant de Carefour en Carefour La tolerance[309] et La nature poursuivre sans relache son plus digne apotre,[310] Elle l'y verra[311] successivement[312] decreté en France pour des faits etrangers, icy[3] censuré civilement pour des faits Ecclesiastiques,[313] [314]La Censuré[314] Ecclesiastiquement pour des faits civils, condamné sans etre entendu dans sa[315] republique,[316] Livré par ceux qui auroient du Le defendre, Lapidé dans le paiis de l'humanité, captive[317] dans le paiis de la liberté, Enfin forcé de revenir [3]malgré le decret[318] qui menaçoit sa tete[3] armé de sa seule innocence[319], S'exposer de jour en jour a la porte de la prison[320] et forcé peutetre de la regarder comme le seul azyle de repos phisique qui luy restat; [321]et cependant pourquoy[322] tant de soins et de peines qu'il en a Couté aux mechans qui veillent toujours pour faire le mal. C'est parce qu'il luy fut Impossible quand bien mème il L'eut voulu de trahir sa pensée, et de Cesser d'etre L'homme de luy[323] pour etre L'homme[324] des autres, et[325] il ne fut si brillant si original dans tout ce qu'il etoit, et dans tout ce qu'il a fait que parce qu'il etoit un etre unique que La nature n'avoit pas encor presenté et qu'elle ne re[3]presentera peut etre jamais. Il reunissoit toutes Les qualités morales des deux sexes, jamais homme n'eut un genie plus profond,[326] une ame plus sublime, jamais femme n'eut un Cœur plus Compatissant, plus Charitable, plus sensible, plus devoré du besoin d'aimer et d'etre aimé. C'est sans doutte cette singuliere combinaison qui operoit[327] souvent en luy des Contradictions qui[328] paroissoient quelquefois singulières au premier coup d'œil. Il etoit aussi foible qu'une femme Lorsqu'il etoit question de repousser l'injure,[329] energique et fier comme le plus hardi des hommes [330] des qu'il etoit question de[330] ne pas trahir sa pensée. Il[286] avoit toujours dans le premier moment L'embarras d'une femme timide qui se deconcerte aisement, et n'avoit jamais que Longtems après L'esprit du moment, aussi disoit'il quelquefois si bonnement Lorsqu'il avoit eté deconcerté á L'improviste par Le moindre des hommes qu'il eut Confondu le moment d'après[331] que cela venoit de ce qu'il n'avoit jamais L'esprit du moment, et qu'etant toujours arrière d'un jour[332] ce qu'il auroit du dire La veille ne luy venoit jamais que Le lendemain. Sa Colere S'allumoit quelque fois comme celle d'un homme Impetueux mais La moindre Larme suffisoit pour L'eteindre comme celle d'une femme, a la moindre discussion il ne Conoissoit plus d'amis, a la moindre caresse il ne voyoit plus d'ennemis, mais touttes fougueuses qu'etoient ses passions ce n'etoit jamais en luy qu'un excès des vertus de la nature[333] et j'eusse bien moins aimé [3]pour mon ami[3] Le sage et Le raisonable Socrate qui etoit un Vray Philosophe, que J. J. qui etoit [334]toujours un homme mais[334] L'homme de la nature, L'homme de L'age d'or, L'homme tel qu'il devroit etre, car Le Prudent Socrate eut raisoné pour me Confondre, Et L'ombrageux Le defiant L'impetueux J. J. tomboit aux pieds de celuy qu'il avoit affligé comme un jaloux desabusé tombe aux pieds de sa maitresse qu'il a offensé par des Soupçons Injustes.

[16] C'est par un effet de cet etrange Contraste de force et de foiblesse, de violence et de douceur; de defiance et de Confiance, de Hardiesse et de timidité, qu'une vertu trop austère se trouvoit toujours temperé chez luy par un Dèfaut aimable[335] comme L'etude de la Philosophie [336]L'etoit[336] chès luy par le gout des arts agreables, et [337]La rudesse de la[337] verité[338], par les graces des fictions, et La perfection des Idées par la Clarté de L'expression, et c'est sans doutte de cette merveilleuse reunion[339] dans le méme Individu d'un[340] ame mâle et d'un Cœur femelle qu'est due[341] cette magie[342] toutte puissante de Stile[343] dont aucun orateur n'a jamais approché parce que Le sentiment de son Cœur brulant sans cesse du[344] feu de toutes Les passions aimantes, ajoutoit a L'energie sublime et majestueuse de son ame, cette persuasion penetrante qui ne Cherche point a Convaincre La raison par des discussion steriles mais qui persuade en entrainant[345] Le Cœur[346], charme divin que possedent si bien Les femmes, et qui fut presque toujours refusé aux hommes. Oh combien ne doivent'ils pas regretter celuy qui reunissoit touttes Les qualités de L'esprit a touttes Les vertus de L'ame. Combien ne doit'il pas etre pleuré par les femmes, celuy qui maria si bien La vertu avec la nature, La raison avec le sentiment, qui eut un Cœur aussi sensible[347] aussi bon que Le leur L'est naturellement, et qui fut aussi tourmenté par l'ingratitude du genre humain que La femme la plus tendre[348] et la plus fidele pourroit L'etre par L'ingratitude[349] de L'homme qu'elle aimeroit passionement.[350] Par ce seul couplet qu'il a[351] substitué au[x] derniers couplets de L'idille de Gresset du siecle pastoral,

11

Mais qui nous en transmet l'histoire
de ces tems de simplicité
Etoit ce au temple de memoire

qu'ils gravoient leur felicité
La vanité de l'art d'ecrire
L'eut bientôt fait evanouir
et sans songer a la decrire
ils se contentoient d'en jouir

12

des traditions etrangeres
en parlent sans obscurité
mais dans ces sources mensongeres
ne Cherchons point la verité
cherchons la dans le Cœur des homes
Dans ces regrets trop superflus
qui disent dans ce que nous somes
tout ce que nous ne sommes plus.

13

Qu'un savant des fastes des ages
fasse La regle de sa foy
je sens de plus surs temoignages
de La mienne audedans de moy
Ah qu'avec moy le Ciel rassemble
appaisant enfin Son Courroux
un autre coeur qui me ressemble
L'age d'or renaitra pour nous.[i]

[17] Qu'on juge[352] si celuy qui l'a fait peut[353] etre un mauvais Cœur. Les mechans reunis pourroient peut etre imaginer a force d'effort et diffi[cu]lté[354] dire la meme Chose mais pourroient ils Le dire de même. Oui L'envie Insatiable auroit beau Comme un corbeau funebre S'attacher Sur son cadavre [355]bien que[355] les hommes luy rendent enfin justice, et que les femmes luy rendent sur sa tombe quelques'unes de ses douces larmes qu'il Leur a fait tant de fois verser.[356] Pour moy Madame si son exemple m'a apris a mourir il ne[357] m'a pas apris a me Consoler de sa perte. Peutetre même ne vous ai je entretenu que trop longtemps[358] et me suis je trop occupé de ma douleur Lorsque j'aurois du avoir plus d'egard pour vous[359] epargner un trop long recit, mais il est plus aisé de[360] dissimuler Les[361] Larmes que de les retenir. Si votre cœur sensible[362] [363]daigne songer qu'il aimoit mes enfans comme les siens, que je l'aimois comme mon pere, si vous vous representés un Instant[363] L'etouffante Image d'avoir creusé soi meme dans la nuit La tombe de[364] ce qu'on aime[g], de se l'etre vu enlevé dans un Instant et de porter sans cesse

dans la pensée L'image de ce spectacle, et dans son Cœur toutes Les Charges de son testament[365] je me persuade que vous etes trop bonne pour ne pas m'excuser si je n'ai pas pu[366] mieux remplir La tache difficile et douloureuse que vous m'avés imposé. Si vous avés trouvé cette lettre beaucoup trop longue sans doutte et pleine de repetitions que La memoire perdue de ma premiere m'aura vraisemblablement fait faire, [367]et de ratures que je n'ai pas le tems ni la force de transcrire, vous voudrés bien pardoner a mon trouble et daignés madame accorder quelque indulgence a La peine que m'a couté mon obeissance.

J'ai l'honeur d'etre avec respect

MANUSCRITS

*1. Chaalis, fonds Girardin D^4 38, nº 13 et nº 1, 22 1/2 p.; premier jet, brouillon et mise au net corrigée.

Ce ms., dont les cinq premières pages et demie sont d'un déchiffrement excessivement difficile, s'étale sur deux cahiers de brouillons, dont le second, intitulé '2e cahier de brouillons de Lettres', commence par la p.9 du ms. de la présente lettre, les p.1-8 se trouvant à la fin du premier cahier. Une partie des corrections et retouches ont été faites au crayon.

2. Chaalis, fonds Girardin D^4 22, nº 1; mise au net, de la main d'un secrétaire, se trouvant p.7-30 d'un petit cahier noué d'un ruban bleu, dont les p.1-6 donnent une mise au net (de la main de Girardin) de la première lettre à 'Joséphine' (nº 7224, ms. 2).

3. Chaalis, fonds Girardin D^4 22, nº 3; petit cahier de 56 p., les quatre premières et les 4 dernières bl.; transcription faite pour Stanislas de Girardin, et dont il a utilisé des fragments dans ses diverses publications: voir au t.xl le nº A 680, ms.

4. Chaalis, fonds Girardin D^4 22, nº 10 bis; 2 p., p.2 bl.; errata, de la main de Stanislas, pour le ms. 3.

NOTES CRITIQUES

Le ms. 1 constitue une étape intermédiaire entre la 'Lettre' de Foulquier (nº 7202), corrigée et développée par Girardin (nº 7208), et la 'Lettre à Sophie' (nº A 680, t.xl). Afin de ne pas alourdir davantage les notes critiques, je ne relève pas toutes les négligences et incohérences qu'il offre.

Le ms. 2 se rapproche davantage de la version définitive, et, de ce fait, présente moins d'intérêt que le brouillon, qui fait mieux ressortir l'évolution du texte.

Du ms. 2 je ne retiens qu'un détail significatif: au premier alinéa le nom 'Joséphine' est biffé et remplacé dans l'interligne par 'Sophie'.

Variantes du ms. 1:

[1] [le ms. est intitulé: '2e Lettre à M. Aug. du 23 aoust en reponce a sa Lettre du 13': voir les notes explicatives]
[2] [faux départs:] ⟨Votre Confiance m'honore Madame La Comtesse, mais votre ⟨Rang⟩ Nom m'en impose. Que je hais tous vos titres, et que je vous plains de les porter. Vous me paroissés si digne de gouter tous les Charmes d'une vie privée, que n'habités vous Clarens que St Preux n'existe t'il, Le bonheur de La vie est le premier des biens et des honeurs, il est donné par la nature et par le Cœur⟩ ⟨Votre Confiance m'honore Md. La Comtesse mais votre ⟨nom m'en impose⟩ nom auguste m'en Impose ⟨n'ayant ja⟩ ⟨n'ayant jamais voulu vivre qu'avec mes amis je ne Conois d'autre⟩ Les tristes epanchements de mon Cœur etoient plus Libres avec Mlle Augustine. ⟨Son Enth⟩ a l'om-

bre de La simplicité de ce nom oubliant un rang, et Cette maniere de vivre du grand monde dans laquelle tant d'objets et mouvements s'essaient sans cesse, qu'aucun ⟨n'y peut faire une impression durable⟩ ⟨ne demeure, ⟨La trop⟩ L'Enthousiasme de Mlle Josephine me sembloit ⟨plus naturel⟩ sinon plus vrai du moins plus durable, et Loin que cet enthousiasme⟩ / ⟨Madame⟩ [3] [ajouté dans l'interligne] [4] [griffonné dans l'interligne: leçon conjecturale] [5] et ⟨une preuve⟩ [6] L'empressement ⟨que vous avés mis⟩ [7] ⟨avoient⟩ [8] determiné ⟨mon Cœur a s'abandone⟩ [9] imposer ⟨n'ayant jamais voulu vivre qu'avec mes amis, je n'ai jamais connu d'autres Langages que Celuy de La verité et de La familiarité, oubliant tous vos titres et ces manieres du grand monde dans lequel il n'est pas même du bon ton de s'occuper longtems du même objet⟩ ⟨Et cette maniere de vivre des grands dans laquelle tant d'objets se succedent rapidement qu'aucun n'a le tems d'y faire Impression. C'etoit d'une maniere bien plus indirecte que je me rappellois ⟨bien moins votre malheur⟩ ⟨du⟩ Le malheur que vous avés d'y etre aussujettie et L'intervalle qui m'en separe ⟨a La⟩ ⟨Lorsque je me⟩ ⟨a L'ombre du nom Simple et Charmant d'Augustine⟩ [on trouve au verso une autre version, très raturée, de ce passage:] ⟨n'ayant jamais voulu vivre qu'avec ceux que j'aime, et que je puis aimer je ne Connois que Le⟩ ⟨que le langage⟩ ⟨que le langage de La familiarité, et Cependant ⟨je n'ignore pas combien⟩ je ne peux plus ignorer[3] oublier un Instant combien je vous dois de respect. Deja sans Le vouloir je puis dans ma derniere Lettre m'etre trop occupé de ce que je sentois et n'avoir pas songé a ce que je vous devois. ⟨je sais si peu comment on doit ⟨se conduire avec⟩ ⟨ecrire aux⟩ correspondre [?] avec de grandes dames⟩ ⟨et impossible d'allier Le st⟩ ⟨L'epanchement du sentiment et Les modifications du respect, ⟨et je me suis si peu soucié de L'apprendre⟩ Cette crainte est bien naturelle à un homme qui sait peu Comment on doit se Conduire avec de grandes Dames, qui ne s'est ⟨pas⟩ jamais soucié de l'aprendre, et qui ne regrete de ne Le pas savoir que dans L'embarras ou vous L'avés mis de continuer vis avis d'une auguste personne une Correspondance que vous luy avés fait commencer avec mademoiselle Augustine.⟩ [10] [rédaction abandonnée]

[11] Madame ⟨puisque vous me l'ordonnés⟩ [12] [ce mot répété par inadvertance] [13] ⟨et Le ton quelqu'il soit que vous trouverés dans la Continuation que vous m'ordonés, quoique dans la distance qui nous separe⟩ [14] [je corrige le 'soient' du ms., régi par le 'quelque' biffé du passage précédent, note 13] [15] nous ⟨Le sentiment du Cœur⟩ [16] peut ⟨en quelque sorte⟩ [17] ⟨un homme ⟨celuy⟩ ⟨qui merite bien ⟨qu'on lui rende enfin justice⟩ ⟨de la verité et du genre humain⟩ qui merite bien que Les hommes Luy rendent enfin justice, et que les femmes Rendent a sa memoire ⟨quelques unes⟩ de ces douces larmes ⟨de s⟩ qu'il Leur a fait tant de fois repandre⟩ [tout ce passage, écrit à l'encre, est biffé au crayon. Le texte que Girardin y a substitué est également écrit au crayon.] [18] ⟨Un homme célèbre et ⟩ le [au crayon] [19] Vous avés vu made ⟨dans ma dernière⟩ Sans [Girardin a négligé de biffer ce faux départ] [20] [sans biffer 'seule', Girardin a écrit 'unique dans l'interligne, au crayon]

[21] c'est ⟨une ma⟩ [22] [corrigé en partie au crayon] [23] ⟨que de se rapeller le souvenir de ses plaisirs et de rapeler⟩ ⟨d'oublier⟩ ⟨D'oublier [...]⟩ [24] ⟨se retracer⟩ ⟨rapeller⟩ ⟨l'image de⟩ [25] ⟨C'est ainsi que Le Genie est⟩ ⟨Les œuvres du genie rendant un homme immortel, L'univers ne perd en Luy que ce qu'il n'a fait, mais il ⟨me⟩ s'entretient sans cesse avec ce qu'il a dit ⟨il n'y a⟩ ⟨n'est mort que pour Ses amis, mais ses amis⟩ ⟨mais ce qui est perdu Inevitablement⟩ ce Charactere aussi Simple que ses pensées

etoient sublimes, ce sont ces⟩ ⟨Le meilleur des hommes qui reunissoient toutes Les vertus du Cœur, a touttes Les qualités du genie. C'est cet homme simple qui avoit des pensées sublimes. Ce Cœur tendre ⟨et cette⟩ devoré du besoin⟩ ⟨je pense vous avoir⟩ ⟨je crois vous avoir⟩ mais tel est en attendant L'embaras que j'eprouve que ne pouvant m'identifier en quelque Sorte avec⟩ [la version définitive écrite le long de la marge de gauche, et insérée ici par un signe de renvoi] [26] reçu ⟨La proposition de venir⟩ ⟨venir habiter parmi no⟩ [27] qui ⟨en etoit not⟩ [28] appartement ⟨dans une Charmante⟩ ⟨Situé dans⟩ ⟨sans⟩ ⟨au milieu d'un ⟨joli⟩ verger ⟨assés sembla⟩ ⟨aussi Semblable qu'il est possible a celuy de Clarens puisqu'il a eté Disposé suivant⟩ ⟨sous le Chaume et dans le milieu de La verdure. Cette habitation simple douce et Champetre⟩ ⟨il sembloit lui appartenir de Droit, puisqu'ayant èté ⟨disposé⟩ entierement Disposé Suivant La Description de L'Elisée de Clarens, ⟨elle etoit⟩ il en etoit Le Createur. Mais quelque diligence qu'on put employer au petit arrangement Interieur qui Lui convenoit, L'impatience de Son Cœur fut encore plus vive que La main des ouvriers. ⟨Peu de⟩ Sa poitrine oppressée depuis si longtems avoit un ⟨si grand⟩ besoin si pressant de respirer L'air de La nature, dans Lequel il avoit toujours trouvé La satisfaction [3]Si Salutaire[3] de Son cœur, et L'exaltation de son genie, que peu de jours après notre Départ, il vint nous trouver avec un de ses amis et des miens, ⟨tandis que sa fem⟩ et Sitot qu'il se ⟨trouva⟩ vit dans la forest qui ⟨vient⟩ venant jusques au pied de la maison, sa joye fut si grande qu'il ne fut plus possible ⟨de Le t⟩ a son ami de Le retenir en voiture, non dit-il il y a si longtems que je ne pus ⟨toucher⟩ voir un arbre qui ne fut couvert de poussière ou de fumée. Ceuxcy sont si frais, Laissés moy m'en aprocher Le plus que je pourrai, je voudrois n'en pas perdre un seul. De Cette maniere il fit pres d'une Lieue a pied, ⟨et il arriva comme St Preux a Clarens. J'allai au devant de luy, il me sauta avec son⟩ ⟨raviss⟩ il arriva comme on alloit diner. Il etoit entré depuis quelques Instans dans le Sallon. ⟨Lorsqu'il⟩ Bientôt[3] ⟨vit avec⟩ ⟨entouré⟩ ⟨avec⟩ ⟨au milieu de tous ses enfans une mere qu'on auroit prise pour la sienne. en voyant que le sentiment les groupoit aussi autour de leur douce et tendre mere d'une maniere plus heureuse et plus touchante que l'auroit pu faire Le plus habile peintre. ⟨Je m'avance⟩ [3]Du plus loin que je le vis je courus[3] vers luy, ah Monsieur S'ecria t'il en se jetant a mon Col. Il y a Longtemps que mon Cœur me faisoit desirer de venir icy, ⟨mais tout ce que j'y⟩ et mes yeux me font desirer d'y rester toutte ma vie; ⟨et s⟩ ⟨et surtout⟩ ⟨Les objets⟩ ⟨si vos yeux⟩ et surtout lui dis je S'ils peuvent lire jusques dans le fond de nos Cœurs. Bientot ma femme arriva au milieu de tous mes enfans. Le sentiment les groupoit autour de cette douce et tendre mere d'une manière plus heureuse et plus touchante que n'eut pu faire Le plus habile peintre ⟨a ce spectacle il ne put⟩ a cette vue il ne put retenir ses larmes, Ah Madame dit'il ⟨pardonés moy de pleurer en vous voyant⟩ que pourois je vous dire vous voyés mes larmes, ⟨Pardonés⟩ ce sont les seules Larmes de joye que j'ai versé depuis bien longtems et je sens qu'elles me rendent La vie.⟩ [le tout biffé de deux grands traits en croix ou de traits latéraux] [29] Paris ⟨pour avoir⟩ [30] epargner ⟨les tourmens Insuportable⟩ ⟨qu'il n'eut⟩

[31] agacement ⟨qu'on⟩ ⟨qu'il⟩ [32] ⟨L'univers⟩ [33] L'univers ⟨qu'a un notaire⟩ [34] Clauses ⟨à un Proc⟩ [35] [biffé par inadvertance] [36] ⟨fut prèt⟩ [37] il ⟨choisit⟩ [38] determine ⟨à S'etablir dans un petit pav⟩ ⟨toujours⟩ [39] [écrit le long de la marge de gauche et inséré ici par un signe de renvoi] [40] luy ⟨des objets⟩

[41] ⟨sans prevention⟩ [42] ⟨et ses soins

assidus⟩ luy [43] ⟨tellement necessaire que peut etre il n'eut jamais pu⟩ ⟨il se fut⟩ ⟨il n'eut jamais pu⟩ ⟨eut⟩ ⟨touttes [...] qui Luy comme necessa⟩ ⟨et elle luy etoit⟩ [44] en ⟨supp⟩ [45] ⟨apprit⟩ [46] L'entendit ⟨sa femme⟩ [47] arriver, ⟨il ne fit⟩ [48] table, ⟨il ne fit qu'un saut pour⟩ [49] même ⟨Sans Compter⟩ [50] une ⟨si grande⟩

[51] maitresse ⟨au bout de deux⟩ [52] après ⟨une absence de ⟩ [53] jours ⟨mais telle etoit la vivacité des⟩ [54] ⟨sensible⟩ [55] ordinaires ⟨il gré⟩ [56] un⟨e passion⟩ [57] de ⟨La nature⟩ [58] ⟨il s'y livra a ⟨cette⟩ en jouit avec⟩ ⟨avec un transport qui ressembloit à L'yvresse. Des que le soleil se levoit il couroit jouir de ce brillant spectacle, dont il etoit disoit'il depuis si Longtems privé par Les brouillards et la fumée. ⟨Il dit⟩ ⟨etoit⟩ ⟨et qui exaltoit son ame⟩ ⟨en aller respirer La fraicheur en atten⟩ ⟨so⟩ ⟨elever son ame au brillant spectacle dont il etoit disoit il depuis si longtems privé par les brouillards et La fumée. Réjoui Par la verdure dont il etoit entouré ⟨et⟩ ⟨[3]il etoit debout tous les matins[3]⟩ ⟨Le Chant⟩ ⟨La⟩ ⟨Reveillé par le Chant des oiseaux qui saluoient Le jour sous ses fenetres et se trouvant environné de toutes parts du spectacle de la nature⟩ ⟨d'une si⟩ ⟨de L'aspect d'une situation Champetre⟩ ⟨avancé⟩ ⟨Sa passion⟩ ⟨Des qu'il seroit⟩ [59] soleil ⟨C'etoit le temple où il fais⟩ [60] matins ⟨elever son ame⟩

[61] éloignées ⟨dans lesquelles je me serois fait un scrupule dans les Commencements de [3]L'empecher[3] Le plaisir de S'egarer⟩ ⟨de luy apprendre⟩ ⟨et comme il n'y avoit ni allées ni Lignes droites qui pussent⟩ ⟨il eut⟩ ⟨de points fixes⟩ ⟨barrés⟩ ⟨il poussoit presque toujours ses promenades plus loin que L'heure du diner⟩ ⟨sa femme comme il⟩ [62] passion ⟨pour La jouissance de La promenade, et Pour la botanique et⟩ [63] [écrit le long de la marge de gauche, et inséré ici par un signe de renvoi] [64] ⟨etant⟩ [65] environné ⟨de verdure⟩ [66] [leçon en partie conjecturale] [67] ⟨murmure⟩ [68] Cascades, ⟨et il⟩ [69] matin ⟨il se trouvoit rejoui, La fraicheur de la verdure et Le chant d⟩ [70] par ⟨Les soins⟩ ⟨une complaisance⟩

[71] ⟨dans Le Spectacle⟩ [72] point[3] ⟨trouver de bornes ni a la vuë, ni determinat⟩ [73] bornes ⟨cela le mettoit Loin⟩ ⟨cela⟩ [74] [passage très raturé, écrit le long de la marge de gauche et inséré ici par un signe de renvoi. La révision de ce passage semble inachevée.] [75] ⟨rapeler⟩ [76] beaux ⟨endroits de la Suisse⟩ [77] ⟨heureux⟩ rivages [78] ⟨avec un gros sifflet qu'elle avoit exprès pour⟩ [79] plaisir ⟨Ce genre de vie La jouissance Continuelle d'une nature variée et champêtre partout, et variée a Chaque pas L'avoit tellement ramené a luy meme et a son Charactere de⟩ ⟨L'apres diner il venoit tous les jours⟩ ⟨toutes Les aprés diner⟩ [80] Chaumiere ⟨preparée⟩

[81] y ⟨donner aux poissons et aux⟩ [82] qu'il ⟨Leur avoit apporté⟩ [83] apelloit ⟨sa petite offr⟩ [84] vit ⟨au milieu des herbes avec L'eau⟩ [85] ⟨vieux⟩ pomiers ⟨antiques⟩ [ces 'pomiers' avaient été transformés en 'douanniers' par le copiste de Stanislas, leçon que j'avais corrigée bien inutilement en 'domaniers' (xl.337, n° A 680, alinéa 5 et note 24). Dans un 'errata' pour la Lettre de Sophie (D[4] 22, n° 10 bis), Stanislas propose 'pruniers', mais c'est 'pomiers' qu'il faut.] [86] eaux ⟨qui s'etendoient sous les ombrages et de verd⟩ [87] [cette répétition est bien dans le ms., Girardin ayant mal corrigé son texte] [88] fleurs ⟨dont La terre y est⟩ ⟨qui tapiss⟩ ⟨s'etendant sous leurs ombrages⟩ [89] fut ⟨tellement ravi⟩ ⟨quelle magie dit il, comme⟩ ⟨qu'il S'ecria⟩ ⟨qu'il S'ecria⟩ [90] dit'il ⟨comme⟩

[91] ⟨informe⟩ [92] bizarre ⟨qu'on⟩ [93] tranquille ⟨vous n'en serés pas⟩ [94] entendu ⟨C'etoit⟩ [95] vouloit. ⟨C'et⟩ ⟨C'etoit⟩ [96] ralliement ⟨Lorsque nous v⟩ [97] diner ⟨Lorsque nous voulions nous trouver⟩ ⟨[il] n'avoit pas diné nous voul⟩ [98] alloit ⟨se promener avec⟩

[99] près: ⟨Lorsque nous n'etions qu'en⟩ [100] douce. ⟨Il ecoutoit aussi avec grand⟩

[101] musique ⟨Sur un⟩ ⟨L'etend⟩ [102] placions ⟨à L'endro⟩ [103] ⟨et Cette⟩ et cette ⟨melodie naturelle en met⟩ [104] Luy ⟨etoit deja⟩ ⟨faisoit reprendre Le go⟩ ⟨rendit⟩ [105] même, ⟨doit etre pl⟩ [106] voix. ⟨Ma fille ainée ayant⟩ ⟨ainsi qu'il La Chantoit Lui-même, tres souvent avec nous.⟩ [107] barbares ⟨parut desirer⟩ [108] et ⟨Si touchante⟩ [109] facile ⟨Lorsqu'il⟩ ⟨L'or⟩ [110] Chantoit ⟨lui-même⟩

[111] ecouter ⟨c'est de parler bas⟩ [112] ⟨m'opposai à⟩ [113] ⟨voulus⟩ [en surcharge] [114] luy. ⟨Chaque jour⟩ [115] Chose, ⟨ne se⟩ [3]⟨ou plutot ne pas⟩[3] [116] monotone ⟨et peut etre manquer⟩ [117] froides, ⟨qui ont besoin d'une agitation rapide, pour⟩ ⟨et pour qui Le repos⟩ ⟨bonheur⟩[3] ⟨La Societé⟩ ⟨compagnie d'un num⟩ ⟨est un Etrange⟩ [118] ⟨pour qui⟩ [119] L'imagination ⟨vive⟩ [120] des ⟨objets environnans⟩

[121] nature ⟨pour luy offrir⟩ [122] [c'est la fin de la page: en la tournant, Girardin a négligé d'insérer ce mot] [123] [leçon incertaine] [124] Combien ⟨les pensées ne doivent elles donc pas avoir pl⟩ [125] plus ⟨poss⟩ [126] ⟨au Loin sur la nature Sans sentir Les bornes⟩ ⟨La prison des hommes⟩ ⟨Les bornes⟩ ⟨La prison qu'il ait⟩ ⟨de savo⟩ ⟨sentir de bornes⟩ [127] reverie, ⟨Volupté des ame[s] sensibles⟩ [128] L'ame ⟨concentrée dans son existence jouit de tout ce qu⟩ ⟨s'y repose toute entiere⟩ [129] entière ⟨dans la perfection du b⟩ ⟨pour jouir de la plenitude de son repos et de son bonheur, on est ramené par degrés a soi me⟩ ⟨ou elle se⟩ ⟨ou se⟩ [130] plus ⟨charmants⟩ ⟨illust⟩

[131] entoure ⟨c'est alors qu'on⟩ [132] qu⟨'on⟩ ⟨Le genie s'enflamme⟩ [133] autres ⟨ce qu'on a⟩ [134] un ⟨besoin⟩ [135] sensibles, ⟨c'est pour cela comme je vous l'ai dit⟩ [136] L'avoir ⟨deja⟩ [137] marqué, ⟨qu'il n'avoit jamais ecrit⟩ ⟨que son imagination ne L'⟩ [138] Impressions ⟨qu'il ne⟩ [139] dans ⟨Le froid⟩ [140] Clarté ⟨de L'estre⟩

[141] ⟨Sur nous et dans la situation ou il se trouvoit L'univers a ⟨perdu⟩ fait sans doutte de grandes pertes, car sa tête etoit aussi vive,⟩ [3]⟨tout concouroit icy⟩[3] [142] etoit ⟨tout⟩ [143] ⟨et je ne⟩ ⟨et tout concouroit⟩ [144] [texte définitif écrit le long de la marge de gauche et inséré ici par un signe de renvoi:] ⟨non pas à Le point⟩ ⟨a publier, car il S'etoit fait avec raison un Principe invariable de ne rien Impr⟩ [145] besoin ⟨d'ecrire⟩ [146] papier. ⟨S'il eut seulement⟩ [147] ⟨reveiller d'aucune maniere La Celebrité dont il avoit eté Si cruellement La Victime⟩ [3]point ⟨paroitre sur la scene⟩[3] [148] paix. ⟨Mais L'un⟩ ⟨S'il eut encor vécu dix⟩ ⟨seulement vécu dix ans pour nous, L'Univers eut trouvé après luy⟩ ⟨herité d'une riche succession⟩ [149] ⟨par le malheur attaché⟩ Par ⟨cette⟩ La ⟨suitte⟩ de cette espece de fatalité ⟨attachée aux grands noms⟩ ⟨funestes avantages de La⟩ [3]⟨aux perfides⟩ ⟨nom de⟩[3] ⟨a luy⟩ ou plutot ⟨par une suitte⟩ de La persecution ⟨qu'on⟩ ⟨que tous Les Esprits de parti avoient⟩ [150] ⟨s⟩es

[151] vie ⟨y⟩ [152] ⟨S'il⟩ ⟨j'ai⟩ ⟨Surtout qu'il⟩ [153] par quelque passant qui pourroit La Lui dire ⟨d'une maniere⟩ sans menagement et sans discretion. C'est pourquoy je pris Le parti de luy en parler moi même.⟩ [154] que ⟨n'ayant⟩ ⟨ne s'etant jamais determiné a ecrire ses memoires S'il eut eté assés heureux pour⟩ [155] depuis ⟨qu'il avoit eté possedé par son bon⟩ [156] ⟨et dans les tourments⟩ [157] Passion ⟨et sa⟩ [158] d'ecrire Luy avoit ⟨occasi⟩ ['Luy avoit' non biffé, par mégarde] [159] justifier ⟨sa mem⟩ [160] nom ⟨que La⟩

[161] jamais ⟨composé⟩ [162] vie: ⟨qu'entouré de Complots d'accusations et d'imputations de touttes⟩ ⟨et dont il ne pouvoit penetrer ni La nature ni Les auteurs, mais dont il ressentoit sans cesse Les effets dans l'alienation des Esprits qui Le pouv⟩ ⟨dont on cherchoit

a le fletrir mais que dans le cas⟩ ⟨qu'etant attaqué sans cesse dans Les tenebres par une multitude d'ennemis⟩ [163] il ⟨voula⟩ [164] qu'on ⟨sçut à quoy S'en⟩ [165] juger ⟨En rendant⟩ [166] luy ⟨de parler avec une franchise⟩ [167] etoit que ⟨ses memoires ne⟩ ['que' non biffé] [168] luy ⟨et qu'ainsi il n'avoit aucun Sujet de⟩ [169] qui ⟨seroit aisé⟩ ⟨pourroit⟩ [170] cette ⟨tran⟩

[171] et ⟨L'etat naturel de son ame et⟩ [172] qu'il ⟨avoit repris⟩ ⟨deja re⟩ [173] rever ⟨Sous l'ombrage des bocages⟩ [174] bois ⟨Les sons naifs d'une melodie⟩ [175] adoroit, il ⟨etoit Loin de L'esprit et près du Cœur.⟩ ['il' non biffé] [176] ⟨autant qu'il⟩ ⟨aussi entierement qu'il meritoit⟩ ⟨auroit pu desirer de l'être⟩, ⟨il l'éto⟩ par un seul ⟨unique⟩ [177] pas ⟨reussir⟩ [178] Liens, il ⟨n'etoit pas⟩ ⟨il etoit assuré de n'etre pas aimé comme il ne⟩ [179] aimé ⟨plus que nous⟩ [180] ⟨desiré de⟩

[181] tous, ⟨et ne L'et⟩ [la phrase est confuse et a été mal corrigée, de sorte que la partie non biffée comporte des redites] [182] L'etre, ⟨il etoit bien s⟩ [183] voir ⟨mais⟩ [184] vanité ⟨il etoit beau⟩ [suivi d'un signe de renvoi auquel ne correspond aucune addition, marginale ou autre] [185] suffi, ⟨comme la⟩ [186] ⟨il etoit toujours⟩ [187] [ajouté au bas de la page, et inséré ici par un signe de renvoi] [188] Cœur ⟨et le plais⟩ [189] ⟨S'il⟩ Enfin ⟨S'il n'etoit pas h⟩ ⟨Si Le souvenir de son passé⟩ [190] bonheur ⟨auq⟩

[191] moins ⟨il se retrouvoit⟩ [192] deridoit ⟨que son humeur devenoit plus egal depuis⟩ [3]⟨son charactere reprenoit La premiere gaité⟩[3] [193] qu'il ⟨repas⟩ [194] jour ⟨à La gaieté de son⟩ [195] ⟨de douleurs⟩ [196] ⟨maux⟩ ⟨violences⟩ ⟨cruels Supplices⟩ [197] icy, ⟨Le mecredy premier de juillet il Se promena⟩ [198] dise ⟨com⟩ [199] ⟨douleur de La tache que vous m'avés imposée, et si je La remplis ⟨par raison⟩ [3]⟨avec plus d'interest pour vous⟩[3] vous me devés au moins mad[e] quelque indulgence pour la peine ave⟩ ⟨de la gene suffoquante que j'eprouve a y parvenir.⟩ [200] souper ⟨avec sa femme⟩

[201] sortoit ⟨ordinairement⟩ [202] justice. ⟨Il L⟩ [203] Rousseau ⟨[3]se trouvant⟩ ⟨senta[3]⟩ [204] il ⟨avec un Inter⟩ [205] ⟨Contrainte⟩ [206] pour ⟨Laisser⟩ [207] plaignoit ⟨Des qu'elle fut sortie, M. R.⟩ ⟨il dit a sa femme⟩ [208] vous? ⟨Je sens un grand froid par tout Le Corps lui dit'il, donnés moy vos⟩ [209] dit ⟨en plus⟩ [210] de ⟨mes⟩ [en surcharge partielle]

[211] promesses ⟨a veiller à votre sort.⟩ [212] gouverneur, ⟨mon Plutarque à⟩ [213] ⟨Sa pauvr⟩ ⟨ses doule⟩ Ses [214] femme ⟨etoit⟩ [215] ⟨donc comme Le Ciel est pur, il n'y a pas un seul nu⟩ ⟨cria t'il alors⟩ [216] avec ⟨une voix qui rass⟩ [217] qui ⟨renfermoit⟩ [218] tombé ⟨La tête⟩ [219] une espece de mouvement ⟨que⟩ je Crois sentir [corrigé par un signe de transposition] [220] ⟨et plus que tout⟩ La

[221] ⟨Chercher⟩ [222] fais ⟨avaler⟩ [223] douloureuse ⟨Consola⟩ [224] ⟨Ce n'a⟩ ⟨Ce n'est que⟩ Ce [225] qu⟨'il⟩ [226] Corps ⟨a été ouvert⟩ [227] d'autre⟨s⟩ Cause⟨s⟩ [228] ⟨il faut peu de Chose pour⟩ frapper ⟨a L'instant du Coup de la mort⟩ [229] ⟨j'ai fait embaumer Son C⟩ Je [230] Cercueil ⟨de plomb bois de ches⟩

[231] dur ⟨doublé⟩ [232] dehors, ⟨et Dans cet etat en presence d'un de s⟩ ⟨accompagné de plusieurs amis, et D'un genevois afin que La Ceremonie fut faitte suivant Les formes⟩ ⟨de ses amis que j'avois⟩ ⟨pour L'avoir porté Le samedy 4 juillet a minuit Sa⟩ [233] juillet ⟨a minuit nous L'⟩ ⟨il a èté porté en⟩ [234] Inscription ⟨par le⟩ [235] Cœur, ⟨afin de prevenir touttes celles qui depuis en ont eté a⟩ ⟨de⟩ [236] L'esprit qui ⟨eussent été audessous⟩ [une partie de la première version du texte, notes 235 et 236, n'a pas été biffée] [237] ⟨ce Depot sacré⟩ [238] couvert ⟨d'un gazon toujours verd,⟩ [239] peupliers, ⟨pour fleurs que des⟩ [240] [Girardin a inséré ici, puis biffé, six mots indéchiffrables]

[241] Lac ⟨que for⟩ [242] ⟨tendresse⟩

[243] [biffé et rétabli dans l'interligne] [244] melancolie ⟨dont L'effet est plutot d'attirer que de repousser⟩ [245] apperçoit ⟨sous⟩ [246] monument ⟨respectable⟩ [247] celuy ⟨de nos tombeaux et de nos⟩ ⟨des Caveaux⟩ [248] modernes, ⟨est attirant comme Ceux des Champs elisées⟩ [249] Les ⟨monuments respectables⟩ [250] ⟨son ame⟩ [le mot 'bienfaisance' est inachevé et les mots 'et de l'amour' sont ajoutés dans la marge de gauche, sans signe de renvoi]

[251] ⟨cet azyle⟩ [252] y ⟨porter Les so⟩ [253] soupirs ⟨de l'amitié et rever a luy.⟩ [254] elle, ⟨vient⟩ ⟨erre Le plus⟩ ⟨va le plus souvent⟩ ⟨va porter tous Les jour ses regrets, et sa⟩ [255] elle ⟨et ainsi el⟩ [256] [ici, sans biffer 'du', Girardin a inséré dans l'interligne 'd'un'] [257] immediate ⟨penetrer dans leurs pensées⟩ [258] dans ⟨les pen⟩ [259] [écrit le long de la marge de gauche de la page d'en face, et inséré ici par un signe de renvoi] [260] a ⟨fait⟩

[261] ⟨maintenant Mde que j'ai fait La tache douloureuse que vous m'avés imposée mon Cœur brisé ne peut plus y⟩ ⟨je ne puis vous en dire dav⟩ ⟨Pardonés les repetitions a mon defaut de memoire, et a mon trouble. Je puis [3]dans ce trouble[3] vous avoir rep⟩ ⟨Maint⟩ ⟨J'ai fait Mde La tache douloureuse que vous m'avés Imposée⟩ ⟨[3]et si je ne l'ai pas mieux remplie⟩ ⟨Si j'ai parlé trop⟩ ⟨Si vous⟩ ⟨et si vous avés trouvé ma Lettre trop longue pour vous et peutetre[3] pleine de repetitions que mon trouble et La memoire perdue doivent⟩ ⟨ma derniere⟩ ⟨cette Lettre et ce que Contenoit ma premiere,⟩ ⟨Daignés m'excuser⟩ ⟨L'esprit⟩ Songés Mde ⟨que vous me[3] devés quelque indulgence a La⟩⟨en faveur de mon obeisssance. Si⟩ que [262] figure ⟨j'ajo⟩ ⟨des que j'aurai repris⟩ [263] pas ⟨excuser⟩ [264] imposé, ⟨pour ne pas pardonner⟩ [265] pardoner ⟨a mon trouble⟩ [266] [cet alinéa n'est pas biffé, et il est possible que Girardin avait primitivement l'intention de terminer sa lettre ici. Par la suite, il a cru devoir insérer ici des considérations générales sur Roussseau, de sorte que le présent alinéa fait double emploi avec la fin de la lettre.] [267] ⟨Comb⟩ Eh [268] pauvre ⟨que par l'economie de ses desirs et Le petit nombre de ses besoins⟩ [269] necessaire ⟨etoit plus r⟩ ⟨savoit⟩ [270] ne ⟨done⟩

[271] reconoissance et ⟨qu'engageant Sa vie a son bienfaiteur, il ne vouloit pas L'abandonner au premier venu, à L'autorité des grands, ni a la vanité des riches.⟩ [272] si ⟨sensible⟩ [273] vrai ⟨jusques au fonds de L'a⟩ ⟨qui aimoit et parloit a Cœur⟩ [274] ⟨bien⟩ [275] dans ⟨Ses écrits⟩ [276] La ⟨vertu⟩ [277] [il y a bien 'ils' et 'imprimés' dans le ms. au lieu de 'elles' et de 'imprimées'] [278] et ⟨de La raison⟩ [279] ⟨touttes Les⟩ [en surcharge] [280] [suivi de trois ou quatre mots lourdement biffées, et devenus indéchiffrables]

[281] ⟨ecrits⟩ [282] fallut ⟨entasser Les plus ridicules⟩ [283] [Girardin avait d'abord placé la seconde subordonnée avant la première, ensuite il les a interverties] [284] monde ⟨d'ecr⟩ ⟨de dire⟩ [285] qui ⟨fait pra⟩ [286] [en surcharge sur un autre mot devenu indéchiffrable] [287] [écrit dans l'interligne au-dessus de 'en', mais 'en' n'est pas biffé] [288] ⟨Les visées avec a⟩ ⟨autant de points differents⟩ [289] ⟨cagot malgré sa profession de foy du vicaire savoyard⟩ [290] athée, ⟨aux femmes⟩

[291] ⟨avoit volé⟩ [292] si ⟨un aveu⟩ ⟨son aveu d'une⟩ [293] père, ⟨en pri⟩ [294] bonheur, ⟨il ait eté capable de Le fa⟩ ⟨Sacrifier La nature a La p⟩ ⟨Le premier⟩ ⟨morale⟩ [295] ⟨de sacrifier La nature et la refl⟩ ⟨La nature et la prevoy⟩ ⟨reflexion⟩ sans ⟨en avoir fait⟩ ⟨de renoncer aux plaisirs⟩ ⟨sentiments⟩ [296] emsemble. ⟨Mais non contents d'etendre⟩ ⟨ainsi dans les tenebres autant de fils d'araignées qui devoit enveloper touttes ses actions ⟨et tous⟩ ses discours et ses pensées, ⟨en mett⟩ voyant que Le Contrecoup de leurs iniquittés n'arrivoit pas jusques a sa retraitte, ⟨ou il les

ignoroit⟩ ⟨dans laquelle ou la⟩ dans laquelle il Les ignoroit ou ne faisoit que s'en defier, S'il[s] Persecutoient⟩ [297] ennemis ⟨dont aucun⟩ [298] tenebres ⟨leurs trames clandestines⟩ [299] ⟨manœuv⟩ [300] a ⟨peine⟩

[301] defier, ⟨pousserent bientot⟩ [302] Le ⟨moindre⟩ [303] Infirmités ⟨pour lesquell⟩ [304] Bientot ⟨declaroi⟩ ⟨on decret⟩ ⟨on luy ota jusqu'a l'⟩ [305] poser ⟨sa tête⟩ [306] on ⟨ose se vanter de Philosophie et de raison⟩ [307] raison, ⟨que la Posterité se representera La vie et la mort de Voltaire et La vie de Rousseau⟩ [308] qu⟨'on (?) aura vu⟩ [309] ⟨nature⟩ [en surcharge] [310] apotre, ⟨a la difference des Pretres qui pour⟩

[311] verra ⟨censuré⟩ [312] successivement ⟨Censuré civilement en France pour des faits Ecclesiastiques⟩ [313] Ecclesiastiques, ⟨calomnié pour⟩ ⟨calomnié d'⟩ ⟨personellement pour des suje⟩ ⟨choses hors de nous⟩ [314] [impossible de lire autre chose] [315] [au-dessus de 'sa', dans l'interligne, Girardin a écrit 'une', mais 'sa' n'est pas biffé] [316] republique, ⟨conduit⟩ [317] [lapsus pour 'captif'] [318] [suivi de trois ou quatre mots biffés et devenus indéchiffrables] [319] Innocence, ⟨et sous la sauvegarde de la douceur et de la Legereté françoise⟩ [320] prison ⟨dont un s⟩ ⟨En la regardant pour⟩

[321] restat; ⟨et dont La douceur⟩ ⟨seule du Cho⟩ seule et peutetre La legereté françoise⟩ ⟨et dont on ne luy a peutetre fermé la⟩ ⟨[3]il n'a été epargner [?] que[3]⟩ [322] ⟨touttes ces abo⟩ ⟨faits enfouis⟩ [323] ⟨La nature⟩ [324] L'homme ⟨des hommes⟩ [325] et ⟨Comment cet homme de genie dont Les productions portent un Charactere si original et si distinctif auroit il pu etre dirigé par des Inspirations etrangeres, comment cet etre unique⟩ ⟨est essentiellement bon comme tout ce qui sort des mains de la nature, c'est parce qu'il fut un et⟩ ⟨il ne parta⟩ [326] profond, ⟨jamais femme n'eut⟩ [327] operoit ⟨en lui⟩ [328] qui ⟨pouvoient⟩ [329] l'injure, ⟨aussi⟩ [330] ⟨pour ne pas trahir sa pensée,⟩ pour [ce dernier mot, superflu, n'est pas biffé]

[331] d'après, ⟨c'est que je⟩ [332] jour ⟨il ne disoit que le⟩ [333] nature ⟨et de La verité⟩ [334] tou⟨t bonnement⟩ [335] aimable, ⟨comme ses talents les ouvrages serieux et profonds pour qu'il[s] ne sembloient faits que pour des hommes profonds etoient recompensés par ses ouvrages agréa⟩ [336] ⟨par l'etude⟩ [en surcharge] [337] ⟨celle⟩ des ['des' non biffé] [338] des verité⟨s⟩ [339] reunion ⟨dans Le⟩ [340] [voir au t.iii le n° 272, note *i*]

[341] due ⟨ce Cha⟩ [342] ⟨seduction⟩ [343] ⟨ce discours seduisant dont⟩ [344] du ⟨flo⟩ [345] entrainant ⟨par une attraction toutt⟩ [346] Cœur et ⟨Le suffrage de la Confiance⟩ [Girardin a négligé de biffer 'et', devenu superflu] [347] sensible ⟨que Le Cœur⟩ [348] tendre ⟨et la pourroit L'etre⟩ [349] L'ingratitude ⟨du genre humain que La femme⟩ [350] passionement. ⟨Qu'on juge de Celuy qui a ⟨ajouté⟩ substitué ce Couplet a celuy du⟩

[351] a ⟨ajouté a L'age d'⟩ ⟨a sa sub⟩ [352] juge ⟨de celuy qui⟩ [353] peut ⟨n'avoir pas un bon⟩ [354] [leçon incertaine: Girardin semble avoir écrit 'diffilté'] [355] ⟨il est clair (?)⟩ que ⟨Les hommes de C⟩ [356] verser ⟨par ses touchan⟩ [357] ne ⟨pas⟩ [358] longtemps ⟨de mes sentiments Lorsque j'aurois du m'occuper un peu plus de ⟨votre⟩ avoir plus d'egard a l'attente que pouvoient vous Causer⟩ [359] vous ⟨en⟩ [360] de ⟨taire ses⟩

[361] ⟨ses⟩ [362] sensible ⟨se figure aisemen⟩ ⟨un moment ce que C'⟩ [363] [ajouté dans la marge de gauche et inséré ici par un signe de renvoi] [364] de ⟨son ami⟩ [365] testament ⟨je me⟩ [366] pu ⟨vous dire moins de mots et plus de choses⟩ [367] ⟨daignés le pardoner au trouble de⟩ ⟨a mon trouble⟩

NOTES EXPLICATIVES

Girardin présente ce texte comme une seconde lettre à la dame à qui il avait adressé, sous le nom de Joséphine, une première missive sur la mort de JJ (n° 7224). Le brouillon de cette seconde lettre est précédé d'une note de la main de Girardin: '2e Lettre a M. Aug. du 23 aoust en reponce a sa lettre du 13.' (Girardin a bien écrit 'M' et non M[e]' ou 'Mlle': peut-être ce lapsus a-t-il été occasionné par une hésitation entre ces deux désignations). Sur l'identité de cette dame, voir le n° 7224, notes explicatives.

Si la première lettre à 'Joséphine' portait encore les caractères d'une vraie lettre particulière, il est évident que la seconde était destinée à une sorte de publicité clandestine. Elle s'adresse bien moins à la comtesse qu'au public, et elle porte un caractère nettement apologétique, non seulement à l'égard de JJ, mais aussi en ce qui concerne le marquis lui-même. Elle a beaucoup circulé, en tout et en partie: à ce propos, voir au t. xliv l'échange de lettres entre Girardin et Roucher (mai 1780).

a. voir le n° 7224.

b. Amable-Ours-Séraphin.

c. Sophie-Victoire-Alexandrine, plus tard mme de Vassy.

d. il y a bien 'souvenir' dans le ms., suivi de la mention de 'Plutarque', biffée (voir la note 212). Plus tard, Girardin affirmera que JJ aurait légué son Plutarque à Amable.

e. voir au t.xl le n° A 685.

f. ce 'par conséquent' de Girardin trahit une attitude erronée à l'égard du roman, laquelle s'est perpétuée jusqu'à nos jours.

g. cp. le n° 7269, alinéa 2.

h. ces détails sont d'un lecteur des *Confessions*: cp. *Pléiade* i.34 et 84-86.

i. c'est dans une de ses romances, insérée dans les *Consolations*, que JJ a substitué ces vers à ceux de Gresset: voir *Consolations* n° 41, p.82-83: 'Le Siecle pastorale: Idylle de M. Gresset / Paroles fournies par M. Caillot'. A la fin du texte, on lit: 'NB. Les trois derniers Couplets [soit 24 vers] sont de J.J. Rousseau'. Voici les vers de Gresset que JJ a remplacés: 'J'y lis que la terre fut teinte / Du sang de son premier Berger; / Depuis sa jour, de maux atteinte, / Elle s'arma pour le venger. / Ce n'est donc qu'une belle fable: / N'envions rien à nos ayeux; / En tout tems l'homme fut coupable, / En tout tems il fut malheureux' (*Œuvres* de Gresset, nouvelle édition, à Londres [Paris], 1765, i.160). Chez Gresset, les vers sont disposés en quatrains.

7277

René-Louis, marquis de Girardin, à Nicolas-François Tricot de Lalande

24 aoust 1778

Quoi que je n'aie pas imaginé, Monsieur que Ce fut a vous que j'eusse L'honneur d'ecrire[a], vous pouvés egalement compter sur L'exactitude de ce que je vous ai ecrit parce que La verité Se doit ègalement a tout Le monde. Je vous Croiois encor a Paris ou du moins fort éloigné d'avoir repassé Les Alpes, comme c'est d'une maniere tres agreable pour vous je vous en fais mon sincère Compliment, et suis fort aise que ma reponce se soit adressée a vous et non a d'autres, car je conois d'une maniere vague plusieurs persones qui portent le même nom, sans compter L'academicien[b], au lieu que je conserve et de vous, et de nos entretiens Le même souvenir que de Ceux de Phocion et de Pericles.[c] Votre façon de penser m'est trop bien Conüe pour ne pas tres bien entendre actuellement ce que vous me disiés de M. de Voltaire. Je suis bien sur que nous en avons toujours eu La même opinion, L'etoffe etoit belle mais elle pechoit par la trame, et par L'employ. Cependant je n'en suis pas moins faché pour notre honeur que nous avons a sa mort donné sujet aux BARBARES de se Consoler un peu de leurs Auto-da fé, mais comme vous dites tres bien L'esprit de parti S'est fouré partout aussi bien parmi ceux qui prechent un Dieu de paix, que parmi ceux qui prechent La tolérance. C'est ce qui fait qu'il n'y a de bons que Ceux qui disent leur opinion sans pretendre assujetir celle des autres, qui Cherchent a persuader, jamais a Enchainer. Tel fut l'homme que L'univers vient de perdre. Son Cœur etoit tendre, Son ame vertueuse, Son genie sublime, et son style penétrant parce que La vertu de son ame, et L'excellence de son Cœur y etoient Imprimés en traits de feu par les mains même de La nature et de La raison, et qu'il n'a jamais tenté d'abattre aucun prejugé Sans[1] mettre quelque vertu a la place. Malheureusement pour luy il fut trop puissant pour qu'on luy pardonat Sa neutralité, n'ayant voulu etre [a] personne, tout le monde se mit Contre luy, L'envie, La jalousie, et surtout Le Despotisme academique, Encyclopediste &c. l'acharnement et La persecution en profitant Lachement de sa bonhomie et de[2] son extreme sensibilité, pour le martiriser a Coups d'epingles et Cela parce qu'il ne vouloit pas etre L'homme des autres, mais uniquement L'homme de luy, et qu'il n'avoit d'autre ambition que d'etre tranquille et de Chercher La verité. Figurés vous un Instant Cet honete homme, cet homme tout a la fois Si Simple dans son Charactère[3] et si sublime dans ses pensées, qui remplissoit si bien sa devise Vitam Impendere vero. Ce bonhomme souhaittant du bien a tout Le monde, et n'ayant jamais voulu du mal a personne, et[4] d'etats en ètats trahi, persecuté, et d'exil en exil trainant La verité; et ceux qui vous prechent tolerance et nature, Poursuivant leur[5] apotre a force d'imposture, et C'est dans ce que nous appellons Le siecle de La philosophie, celuy du retablissement des arts et des sciences, celuy du retour de la raison, qu'il faudra que La posterité place La vie de [6]JJ[6], et La mort de[7] Voltaire. O tempora O Mores![d] Si ces reflexions Monsieur vous paroissent tristes, Pardonés les a La Situation actuelle de mon âme. L'univers perd un grand homme, moy je perds un bonhomme sur la verité duquel je pouvois Compter comme sur La mienne. Il aimoit mes enfans Comme les siens je L'aimois comme mon père, helas il n'est venu vivre dans mes bras que pour mourir sous mes yeux. Il m'a bien apris a mourir mais non pas a me Consoler de sa perte. J'ay l'honeur d'être &c.

MANUSCRIT

* Chaalis, fonds Girardin D4 25, p.3-4 de la lettre de Lalande du 12 août 1778; mise au net ou copie autogr.

NOTES CRITIQUES

Le ms. est intitulé, de la main de Girardin: 'Reponce a Mr de Lalande secretaire d'ambassade a Turin'.

[1] Sans ⟨y⟩ [2] de ⟨sa sensibilité⟩ [3] Charactère ⟨Si Subl⟩ [4] ⟨qui⟩ [5] ⟨son⟩ [6] ⟨L'un⟩ [7] de ⟨L'autre⟩

NOTES EXPLICATIVES

a. voir le no 7226: Girardin répond ici au no 7258.

b. Joseph-Jérôme Le François de Lalande, célèbre astronome: voir au t.v le no 755, etc.

c. cette phrase de Girardin pourrait induire en erreur. Il va sans dire que Phocion (400? av. J.-C. – 317) n'a jamais pu s'entretenir avec Périclès (499 av. J.-C. – 429).

d. voir au t.xii le no 1990, alinéa 2 et note *e*.

7278

René-Louis, marquis de Girardin, au docteur Achille-Guillaume Lebègue de Presle

26 aoust *1778*

Je suis bien aise mon Cher Docteur que ma Lettre[a] vous ait tranquillisé. Elle Consiste dans ce Seul mot, voir Le Contrat de Me Du Chesne et Consulter La loy a cet égard car dut elle etre contraire a La raison je sçais qu'on doit L'observer quand elle est faitte in Consensu Populi; et qu'il faut L'observer quand elle est d'autorité. Mde. Du Chesne a fait une fois un Don a Mde. Rouss. Ce n'etoit point a L'insçu de son mari qu'elle L'a accepté, mais si Me Du Chesne le regarde comme un pret on Le luy rendra. La Continuation de La pension n'a du etre regardée que Comme un acte de generosité, et non un commencement de droit. Cela posé une bonne fois pour toutes, il est certain que Lorsqu'elle ne pretendra se Créer aucun droit de son fait a titre de reconoissance on sera tres disposé a luy donner La preference sur tous autres. Je suis bien faché mon Cher Docteur que vous ne puissiés pas avancer votre voyage dans nos Cantons car on cause bien mieux de toutes ces Choses qu'on n'en ecrit.

MANUSCRIT

*Chaalis, fonds Girardin D[4] 34, n° 4; 4 p., p. 2-4 bl.; copie autogr.

NOTES CRITIQUES

Le ms. est intitulé, de la main du marquis: 'Reponce a M[r]. de Presle'.

NOTE EXPLICATIVE

a. le n° 7269. Girardin répond ici au n° 7274.

7279

René-Louis, marquis de Girardin, à Marianne-Françoise de Luze, née Warney

26. aoust [1778]

A M[de] de Luze au Bied près de Neufchatel

Oh, tres assurement, Madame, votre Lettre[a] m'honore et me touche.[1] Un sentiment commun ausssi tendre que celuy que nous Conservons pour Le meilleur des hommes, est un Lien trop consolant pour[2] n'etre pas La plus grande douceur que puisse trouver ceux qui Le regrettent tous Les jours de leur vie. Ce sont les femmes qui ont[3] Le mieux senti toutte L'execellence de[4] Son Cœur tendre aimant et sensible comme le Leur, Les hommes La pluspart jaloux de La superiorité de son genie ne L'ont que trop persecuté[5] et ne[6] rendront trop tard justice a celuy qu'ils n'auroicnt jamais du cesser un Instant d'aimer et de respecter parce qu'il n'a jamais[7] cessé de les aimer de desirer leur bien, et qu'il n'a jamais voulu ni rendu de mal a personne. Le repos qu'il a gouté dans les derniers Instans de sa vie etoit un si[8] foible dedomagement de tant de tourmens qu'il avoit souffert[9] qu'il eut eté bien juste qu'il en eut pu jouir plus longtems. Il est certain que tout auroit cherché à contribuer icy a son bonheur,[10] mais cette Satisfaction[11] qui m'est enviée[12] est precisement ce qui pouvoit m'arriver de plus Cruel. [13]Il est bien affreux qu'il ne soit venu vivre dans mon cœur, et dans mes bras que pour mourir a mes yeux.[13] Ah Madame,[14] S'il m'a appris a mourir tranquille par son exemple, il ne m'a pas appris a me Consoler de sa perte.[15] La seule douceur qui[16] me reste est de pouvoir[17] le pleurer avec[18] des personnes qui[19] L'aimoient sincerement, et je profiterai et peutetre même bientot de[20] votre Invitation. Je serai bien empressé de pouvoir vous assurer moi même et de ma reconoissance de la bonté que vous avés de faire passer a Broz ce dont j'avois pris la Liberté de vous prier, et des sentiments du tendre et respectueux attache[ment] avec lequel j'ay l'honneur d'etre mm^{e}

MANUSCRIT

*Chaalis, fonds Girardin D^{4} 34, n° 43, p.5; 2 p., p.2 bl.; brouillon.

NOTES CRITIQUES

[1] touche. ⟨il est Si doux de recevoir des temoignages d'attachement aussi tendres et aussi sinceres que Le votre, pour⟩ [2] pour ⟨ne m⟩ ⟨L'amitié pour⟩ [3] ont ⟨Les pr⟩ [4] de ⟨Ce Cœur⟩ [5] persecuté. ⟨Peutetre Luy rendront'ils enfin justice ⟨du moins⟩ du moins les honetes gens mais je ne doute⟩ ⟨mais tous les honetes gens⟩ [6] ne ⟨luy⟩ [7] jamais ⟨voulu que le⟩ ⟨desiré que le bien⟩ [8] ⟨bien⟩ [9] [Girardin ne fait pas cet accord] [10] bonheur, ⟨et⟩

[11] Satisfaction ⟨navre [?]⟩ [12] enviée ⟨me coute cher⟩ [13] [écrit le long de la marge de gauche et inséré ici par un signe de renvoi] [14] Madame, ⟨on ne se console⟩ [15] perte. ⟨L'Image du Cel⟩ [16] qu⟨e je puisse avoir⟩ [17] pouvoir ⟨m'en affliger de⟩ [18] avec ⟨des personnes telles que vous⟩ ⟨Sincères⟩ [19] qui ⟨Luy etoient Sincerement att⟩ [20] de ⟨La permissi⟩

NOTE EXPLICATIVE

a. le n° 7265.

7280

Paul-Claude Moultou à René-Louis, marquis de Girardin

[le 26 août 1778]

J'apprends, Monsieur, par Mr Du Peyrou que vous vous proposés de vous rendre à Neufchâtel dans les prémiers jours du mois prochain, il me propose de m'y rendre aussi, & ce Serait une vraie Satisfaction pour moi, de profiter de cette occasion pour coñaitre un hoñe de vôtre merite dont les vertus m'ont inspiré le plus tendre respect. Mais une foule d'obstacles m'arrêtent, & surtout le Séjour de Mad^{e} la Duchesse d'Enville a Genéve, où elle n'est venuë que pour voir Ses amis, au nombre desquels elle veut bien me mettre. Coñe j'ai pour elle la plus tendre & la plus respectueuse amitié, il me serait impossible de [1]m'en[1] éloigner[2] dans ce moment; mais Si vous pouviés differer jusques au 15 de 7bre vôtre arrivèe à Neufchâtel, je Serais très empressé de m'y rendre. J'avais deja fait le projet d'y accompagner Mad^{e} la Duchesse qui retourne à Paris par [3]la route de[3] la Suisse, et je me proposais de m'arrêter quelques jours chez Mr du Peyrou, pour m'entretenir avec lui sur l'objet de vôtre voyage.

Je ne vous dis point, Monsieur, le regret que j'eus de partir de

Paris sans avoir profité de l'invitation que vous avés bien voulu me fére. Mes malles étoient faites quand je reçus vôtre lettre[a], & j'en avais reçu de ma fem̃e qui m'alarmaient sur Sa Santé. Soiés persuadé Monsieur, que le desir de voir Ermenonville, que je Savais la plus belle Campagne [4]qui existe[4] aux environs de Paris, & Liancour où Mad[e]. d'Enville avait la bonté de m'attendre, entrèrent pour bien peu dans le chagrin que me fit mon départ précipité pour Genève. C'etait un hom̃e, c'etait le dernier protecteur du grand & malheureux Rousseau que je Souhaitais surtout de coñaitre, c'etait dans Son Sein que je voulais pleurer un ami que j'aimerai jusqu'a mon dernier Soupir. On nous a envoié de Paris la préface de Ses memoires[b], je ne puis douter que cette préface ne Soit de lui, persoñe[5] ne saurait imiter aussi parfaitement Son Stile & Sa maniére; Le reste de Ses écrits, qu'il avait voulu publier a Neufchâtel dans une édition generale de ses œuvres, est entre les mains de M[r]. du Peyrou. Je me propose de joindre a cette édition, quand on la doñera, un éloge de M[r]. Rousseau auquel je me propose de travailler cet hyver, (je vous prie de n'en pas parler;) je voudrais pour [6]cet effet[6] que vous eussiés la bonté de me com̃uniquer quelques papiers épars Sur lesquels il doit avoir fait des notes dans la vuë de se justifier des imputations que Ses eñemis lui fesaient. Il avait écrit dans ce même but des dialogues qu'il a doñés a un jeune Anglais qui demeurait dans Son voisinage a Wotton (j'ignore Son nom[c]) & qui vint ensuite le voir a Paris [3]où il lui remit ce manuscrit, qu'il avait remis aussi avec Ses memoires a un academicien de Paris dont j'ignore le nom[3d]. Ces notes devaient Se fondre dans les dialogues mais R. ne Se Sentit pas la force de les reprendre, encor moins de les refaire en entier. Ainsi ces chiffons Sans ordre & Sans correction, ne peuvent Servir, com̃e vous le verrés Monsieur, qu'a celui qui voudra fére Son éloge. Il Saura mieux ce qu'il peut répondre a Ses injustes détracteurs. M[r].[7] R. doit avoir laissé beaucoup de musique, cela, Monsieur, ne peut Se graver qu'a Paris. Je ne Sais S'il a achevé Son opera de Daphnis & Chloé, mais il a refait presque en entier le Devin du Village. Il me tarde bien, Monsieur, de pouvoir m'entretenir avec vous Sur touts ces objets; le public[8] quelque injuste, [9]que Rousseau[9] l'ait cru, a Son égard ne doit rien perdre de ce grand hom̃e, Quant a moi, je n'oublierai jamais les dernier mots qu'il m'a fait entendre, mon ami j'ai toujours compté Sur vous, vous ne Soufrirés pas qu'on deshoñore ma memoire. Mon cœur en a pris l'engagement, Monsieur, & il remplira ce devoir Sacré. Agrées le respect avec lequel j'ai l'hoñeur d'être

Monsieur

Vôtre très humble & très obeissant serviteur

Moultou

Je n'ai jamais été professeur, Monsieur, mon adresse à Mr. Moultou membre du Grand conseil.

Genéve ce 26 Aoust 1778.

MANUSCRIT

*Chaalis, fonds Girardin D[4] 39, n° 1; 4 p.; photocopie de l'orig. autogr.

NOTES CRITIQUES

[1] ⟨perdre⟩ [2] éloigner ⟨d'elle⟩ [3] [ajouté dans l'interligne] [4] ⟨qu'il y a⟩ [en surcharge partielle] [5] ⟨j'y ai⟩ persoñe [6] ⟨cela⟩ [7] ⟨Quant à la⟩ Mr [8] public ⟨ne le⟩ [9] ⟨qu'il⟩

NOTES EXPLICATIVES

a. cette lettre, du 10 juillet, est inconnue. Il ne s'agit pas, bien entendu, du n° 7231, lettre à laquelle Moultou n'aurait pas répondu si Girardin l'avait envoyée. La lettre dont il s'agit ici avait été confiée à Coindet, qui aurait différé pendant quelques jours de la remettre à Moultou.

b. le fameux 'préambule', imprimé dans le *JP* (voir le n° 7230, note *a*) et dans le *Mercure* (voir le n° 7253, note *c*). Ni Moultou ni Girardin ne pouvaient douter de l'authenticité de ce texte, puisqu'ils possédaient tous deux un ms. autographe des *Confessions*. Mais Moultou cherche à jeter de la poudre aux yeux de Girardin.

c. Brooke Boothby.

d. un ms. des Dialogues avait été confié par JJ à Condillac, mais JJ ne lui avait pas remis un ms. des *Confessions*: voir aussi le n° 7238, note *a*.

7281

François de Chambrier au colonel Jean-Pierre de Chambrier

le 26 aoust 1778

[1] [. . .] Je ne me suis pas pressé de vous repondre, voulant vous parler avec conoissance de cause de la mort du plus respectable home du siecle. Je viens d'Ermenonville, ou tout ce que j'ai eprouvé de sensations tant par la beauté du site qui est un lieu de feerie & d'enchantement que par le monument qu'il renferme & par l'affabilité des hotes de la maison, qu'il s'en suivroit un désordre d'idées dont une relation en forme se ressentiroit: pour me borner donc à l'objet principal, je me fis annoncer à Me Rousseau (qui ne voit persone qu'après avoir eu le choix d'être visible où non, selon l'anonce) elle me fit dire qu'elle me verroit avec plaisir, j'y trouvai

le Marquis de Girardin qui me remettant pour m'avoir vu en quelques maisons, me fit d'obligeants reprôches de n'avoir été descendre chez lui & je ne pus me deffendre d'accepter son diner. Nous causames tous trois du défunt. Me Rousseau en parle maintenant avec cette serenité que le calme de ses derniers moments est fait pour imprimer. Jean Jacques etoit sorti un matin d'assez bonne heure pour herboriser, rentré il déjeuna etant gay & bien portant, il dit à sa feme si le serrurier qui avoit fait quelqu'ouvrage etoit payé. 'Non' dit-elle. 'Oh! cela me pèze, allez-y d'abord je vous prie pour n'i plus songer, pendant ce tems la j'irai doner une leçon au Chateau à Mlle de Girardin'. Me Rousseau rentrant fut allarmée d'y trouver son mari souffrant d'une Colique et ayant l'air d'etre encore plus mal quoiqu'il s'efforçat de la rassurer. Elle lui proposa du bouillon blanc & un remède qu'il prit bien, cependant sa femme fit avertir Mad[e]. de Girardin. Elle accourut, J.J. lui dit qu'il souffroit un peu, qu'il sentoit que cette vuë devait affecter une ame come la sieñe & bien que sa presence lui fit toujours plaisir il la prioit de le laisser seul avec sa feme. Mad[e]. de Girardin sortit, alors Rousseau fit fermer la porte pour rester seul avec sa feme, plus occupé de la voir affligée que de son mal il la tranquillisoit, lui représentant que puisqu'elle l'aimoit elle ne devoit pas pleurer de lui voir quiter cette vie de trouble pour une autre de bonheur & de paix. Il se fit conduire près de la fenêtre, il contempla le Ciel pur & serein, tendit les mains disant qu'il alloit y être dans peu, que le Souverain Juge l'apelloit a lui & lui feroit misericorde, se sentant la conscience pure & n'ayant jamais fait de mal à persoñe & pardonnant à ceux qui lui en avoient fait, enfin, parlant avec tranquillité & cette quiétude de l'honete home et tout en consolant sa feme, il passa.[a]

[2] M. de Girardin l'a enterré au milieu d'une petite Isle couverte de peupliers, le Mausolée, dont vous aurez le dessin, est noble et simple, à l'une des faces est l'inscription du Marquis de Girardin. Les autres ont des bas reliefs qui designent Emile, la Nouvelle Héloise & le Devin du Village. Une anecdote que je sais de M. de Girardin c'est que J.J. dont le revenu étoit de 1200[#] & qui lui suffisoit même pour faire quelques charités, ne s'étoit mis a copier de la musique que parce que sachant que 2 femes agées qui avoient pris soin de sa jeunesse, etoient dans la mysére, il avoit voulu les secourir par le produit de ce travail qui le fatiguoit beaucoup[b]. M. de Girardin va s'occuper à recueillir les airs de J.J. & faire un recueil général de toute sa Musique qui s'imprimera par voye de souscription pour la veuve qui a 300[#] de viagere pour tout bien[c]. Après celà on verra a faire une Edition complette de ses oeuvres,

ou il se trouvera un ouvrage sur la Pologne qui l'occupoit ces dernieres Anées. La chose la plus curieuse & faite pour intéresser sont ses Memoires, mais cet écrit, où il parle franchement de tout le monde ne paraitra pas sitôt du moins avant 10 à 12 Ans a ce que m'a dit Me. Rousseau.

[3] Je n'oublierai jamais ma Course a Ermenonville, entr'autres un moment qui merite d'etre décrit. J'avois prié M. de Girardin de me conduire au Monument. Vers le soir nous entrames dans une Chaloupe avec sa feme & une partie de sa famille, naviguant lentement & dans un silence mêlé de respect. Tout à coup vers un des bords du lac & sous une touffe d'arbres nous entendimes un Concert de Clarinetes de cors & de bassons, c'étoient des airs du Devin du Village; l'air etoit Calme, le Ciel pur & serein, la nuit s'aprochoit dejà, l'obscurité des forets d'alentour, l'objet triste & précieux dont nous aprochions, toutes ces circonstances jointes a la musique, me jetterent dans un etat[1] qu'on ne peut decrire, tout le monde paraissoit le partager par cette douce mélancolie où la peine et le plaisir se confondent.[d]

[4] [2]Voici l'inscription faite par le marquis de Girardin[e], ses regrets & la sensibilité la lui ont dictée, il ne pretend a rien d'ailleurs.[2] [. . .]

MANUSCRIT

* Neuchâtel, Archives Chambrier, copie-de-lettres de François de Chambrier, p.726-727; copie autogr.

IMPRIMÉ

Godet 3 (1895), p.15-17.

NOTES CRITIQUES

[1] etat ⟨difficile⟩ [2] [omis, impr. de 1895]

NOTES EXPLICATIVES

Le destinataire de cette lettre (1731-1808), colonel au service de Hollande, était le beau-frère de François. On lui donnait souvent le sobriquet de 'Chambrier des gardes', afin de le distinguer de son cousin Jean-Pierre de Chambrier, dit 'd'Oleyres'. Fils de Josué de Chambrier (1686-1763), il avait épousé en 1762 Salomé, sœur de François.

D'après une note du copie-de-lettres de François de Chambrier, p.725, il aurait écrit le même jour une lettre analogue à 'Son Altesse Royale Me. la Princesse de Wirtemberg': 'Particularités sur la mort de J.J. Rousseau & de ce que j'ai vû à Ermenonville. Voyez la lettre suivante' (celle adressée à son beau-frère).

D'après une lettre adressée à mlle de Jaucourt, il aurait eu l'intention de se rendre à Ermenonville dès le 15 août, mais en avait été détourné par 'l'excès de la chaleur', qui l'a 'jetté dans un tel abbatement qu'il a remis cette Course' (copie-de-lettres, p.725).

a. dans ce qui précède, François de Chambrier paraphrase et résume la version officielle de la mort de JJ mise en circulation par Foulquier et Girardin. On y trouve cependant un détail nouveau, et un ton beaucoup plus sobre.

b. sur cette fable, voir le no 7224, alinéa 4 et notes *c* et *d*.

c. inexactitude qui fera récrier Du Peyrou.

d. mise en scène toute romantique. Quant à la dernière phrase, Wordsworth parlera bientôt de 'that sweet mood when pleasant thoughts / Bring sad thoughts to the mind'.

Pour cette 'douce mélancolie', voir aussi la seconde lettre à 'Joséphine', n° 7276, alinéa 13. – Et pour une semblable sérenade, offerte à JJ, voir la même lettre, alinéa 7.

e. le ms. ne donne pas le texte de l'inscription, lequel dut figurer dans l'orig. autogr. inconnu. La dernière phrase de la lettre, supprimée ci-dessus, n'offre que des salutations familiales.

7282

Le pasteur Johann Heinrich Meister au professeur Johann Jakob Bodmer

Kussnach. Ce 26 Août 1778.

Les reflexions que Vous faites, mon très-cher, sur les Anecdotes Parisiennes sur les dernieres scenes du Drame de J.J.R. sont à-peu-près telles que je pouvois les présumer. Vous demeurez fidele à vôtre Heros jusques après la mort. Du moins vous ne conviendrez pas qu'il ait cessé d'être toûjours le même Heros en vertu, que vous ne soyez contraint d'en juger autrement. Cela est dans l'ordre. J'avois même bien prévu que vous regarderiez comme moi l'ordre que le Defunt donna en mourant de se faire ouvrir par des Experts après sa mort, comme une marque du desir qu'il avoit de mettre les medecins en état de decouvrir la cause naturelle de sa mort pour faciliter la cure d'autres malades, plutôt que de lui faire un merite, comme fit un jeune philosophe un peu plus bourru en ma presence, d'un dessein prémédité que le Patient avoit de faire constater le courage qu'il auroit eû de s'empoisonner heroïquement pour avoir été las de vivre.[...]

[...] attendons de voir comment cet homme merveilleux se fera connoître par ses Memoires, si tant est qu'ils parviennent jusques à nous. Il paroitra peut etre par là jusqu'où l'interpretation favorable que vous prêtez à l'Egoïsme apparent de sa preface est fondée ou non. – S. Augustin ne semble pas fort suspect de manquer de merite dans ses Confessions. Elles font plutôt honneur à la grace de Dieux qu'au Confesseur, en quoi il est certainement un meilleur modele que Michel de Montaigne, qui est si souvent en contradiction avec lui-même.[...]

MANUSCRIT

*Zurich ZB, mss. Bodmer X, n° 361; première p. de la lettre; orig. autogr.

7283

Le docteur Achille-Guillaume Lebègue de Presle à René-Louis, marquis de Girardin

a Paris ce 28 aout 78

[1] Enfin monsieur la voila cette cassette que j'ai desirée aussi fortement que vous, mais quatre jours de moins; car on me l'a apportée mercredi[a] avec beaucoup de raisons que j'ai du trouver bonnes et que vous trouverez je crois un peu cheres. Mais vous savez qu'il en est ainsi des choses de Commande. pour les quelles on ne peut faire des prix, et surtout quand on demande de la diligence. Je souhaite fort avoir diviné juste en reglant la hauteur que vous n'aviez pas indiqué[1] ainsi que la profondeur du double fond.

[2] La serrure apparente s'ouvre a la maniere la plus ordinaire, en enfonçant la clef de toute la profondeur et tournant de gauche a droite: mais pour ouvrir le secret ou double fond, il ne faut enfoncer la clef que le moins possible et tournant aussitot a droite ou de revers. Prenez une lumiere: mettez la vis a vis l'ouverture, de façon qu'elle soit bien eclairée: vous appercevés aisement la plaque de fer anterieure qui est trouée pour laisser entrer la clef. Alors mettez la clef; et des qu'elle a echappé cette plaque anterieure, tournez la[2] de façon que votre pouce vienne[3] regarder la terre.

[3] Vous savez que les diverses parties qui composent la serrure sont entre deux plaques de fer: j'appelle plaque anterieure celle qui est la plus proche du dehors, ou qui S'applique au bois; et plaque posterieure la plaque qu'on voit en regardant dans la cassette. En ouvrant la cassette, la partie de la clef qui est marquée *a* doit toucher

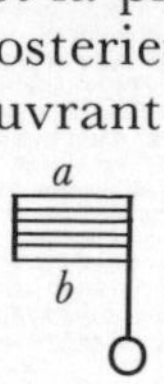

la plaque posterieure mais en ouvrant le secret, c'est la partie *b* qui doit toucher la plaque anterieure, comme si on tiroit un peu la clef a soi. Pour ouvrir la cassette, la main doit tourner de maniere que le pouce vienne[3] regarder le ciel, mais en ouvrant le secret on tourne au sens contraire, et le pouce va[3] regarder la terre. Ne faites surtout aucun effort, car le secret s'ouvre tres facilement. Pour le fermer on ne fait qu'appuyer sur la partie de bois qui S'est levée.

[4] Je suis tres faché, Monsieur, de ne pouvoir pas repondre comme je le dois a vos instances pour avancer mon depart, et au changement que votre amitié se[3] propose de faire dans votre projet de voyage pour me donner la satisfaction de vous voir: mais [4]il me paroit[4] impossible, par des raisons encore plus fortes que celles que je vous ai ecrites, de partir avant le mercredi neuf. Pour n'avoir rien qui m'empeche de partir plutot, et de quelque maniere que ce soit, fut ce meme a pied, je vous demande la permission d'envoyer mon paquet samedi, 5, par votre pourvoyeur. Ne vous inquiettez point, je vous prie, de ma maniere de voyager; elle me sera surement agreable des qu'elle m'approchera de vous. Le jour et le moment ou je pourrai partir la decideront. Nous avons jeudi un repas de mariage a Chatillon; autre affaire non prevue qui en me faisant perdre une journée m'empeche encore d'avancer mon depart.

[5] Il me semble Monsieur par vos lettres que vous parlés d'une clause de reserve, que m^r R a faite pour pouvoir employer son *Emile* dans des œuvres completes, comme lui conservant un droit qui n'a pas eté exercé: mais mad^e R a du vous dire que cette edition des œuvres a eu lieu en 1764. C'est L'Edition que vous avez reçu[1] recemment. J'ai vu plusieurs lettres de m^r R qui le demontrent et peuvent etre produites en justice. Je vous porterai tout ce qui autorise ma reclamation en faveur de la memoire et des dispositions de m^r R ainsi que de la justice. Le desir d'obliger un voisin auroit pu me faire ecrire une page de Ses raisons: mais non deux pages, encore moins trois et quatre lettres. Au reste tout cela s'eclaircira plus aisement et plus promptement de vive voix que par ecrit, puisqu'il n'y a rien de pressant et que vous ne voulez pas encore laisser prendre d'engagemens a mad^e R. Je desire de tout mon cœur vous garantir de toute querelle ou procés a ce sujet.

[6] Vous trouverez, Monsieur, dans le secret ou double fond, deux flaccons de verre et deux tuyaux de verre en S dont un des bouts sert de bouchon aux flaccons. Le tout sert pour obtenir L'air fixe inflammable des metaux.[b]

[7] Le memoire pour le courrier de l'Europe[c] n'est parti que cette semaine et n'a pas eté envoyé au Mercure ou autre ouvrage censuré.

MANUSCRIT

*Chaalis, fonds Girardin D^4 34, n° 8; 4 p., p.4 bl.; orig. autogr.

NOTES CRITIQUES

[1] [Lebègue ne fait pas cet accord] [2] la ⟨clef⟩ [3] [inséré dans l'interligne] [4] ⟨il m'est⟩

NOTES EXPLICATIVES

a. mercredi 26 août. La cassette dont il s'agit était-elle celle destinée à recevoir les mss de Rousseau que Girardin devait envoyer à Du Peyrou, ou bien avait-elle tout simplement rapport aux expériences scientifiques de Girardin?

b. pour les expériences scientifiques du marquis, voir les n°s 7203, alinéa 2 et note *a*, 7250, alinéa 4, 7274, alinéa 6 et note *d*, etc.

c. voir les n°s 7235, alinéa 3 et note *i*, 7250, alinéa 8 et 7269, alinéa 11.

7284

René-Louis, marquis de Girardin, à Pierre-Alexandre Du Peyrou

Ermenonville 29 aoust 1778

Je recois votre Lettre[a], Monsieur, et j'y reponds a L'instant dans La Crainte que vous ne m'attendrés chés vous plutot que je ne puis m'y rendre, et avec plus de monde que nous ne serons. La saison qui s'avance et plusieurs autres raisons que je vous dirai empecheront Les Dames d'etre du voyage. Elles n'en sont pas moins sensibles a vos offres obligeantes qu'elles eussent accepté avec plaisir. Elles me Chargent de vous en remercier de leur part surtout du sentiment qui vous les a dictées, et ne renoncent pas a L'esperance d'en profiter une autre fois dès que Les Circonstances le permettront. Ainsi Monsieur, je me rendrai seul Chés vous, mais je n'espère pas pouvoir y arriver au plutot avant Le quinze du mois prochain; quelque Dilligence que J'aie pu faire et quoique j'aie deja ecrit deux Lettres au Ministre je n'ai pas encore reçu mon passeport. Je vais en recrire une troisieme. Pusique vous voulés bien me recevoir avec Cordialité j'accepterai de même L'aimable hospitalité que vous m'offrés. La meilleure maniere dont vous puissiés me traitter ce sera de bannir toutte espèce de Ceremonie; Le Lien du sentiment Commun qui nous reunit, ne permet plus désormais entre nous que La Liberté et La franchise de L'amitié que j'ose espérer de vous désormais et que je Conserverai toutte ma vie, pour un aussi bon et Loyal ami de Celuy qui nous fut Si Cher.

Gerardin

A Monsieur / Monsieur du Peyrou / A NEUFCHATEL / *En Suisse.* / En diligence.

MANUSCRITS

*1. Neuchâtel ms. R 118, fol.14-15; 4 p., p.3 bl., l'ad. p.4; cachet armorié sur cire rouge; taxe postale: '2 cr.'; orig. autogr.

2. Chaalis, fonds Girardin D4 33, n° 41, fol.8*r*; 1 p.; brouillon.

NOTE EXPLICATIVE

a. le n° 7271.

7285

Alexandre Deleyre à René-Louis, marquis de Girardin

à Dame-Marie les-Lys, ce 29 aoust 1778,

Monsieur le Marquis,

[1] La seconde réponse dont vous m'avés honoré[a], fait sur mon cœur l'effet que vous avés droit d'en attendre. Je suis attendri jusqu'au fond de l'ame de cette franchise que vous appellés votre *rusticité*. C'est le ton que vous demandoit, ce me semble, ma premiere Lettre[b]; et j'avoüe que je fus, non pas humilié, mais affligé de cette politesse que vous employiés à écarter ou à repousser les avances d'un cœur qui vous cherchoit.

[2] Oui, Monsieur, je vous promets cette vérité que vous exigés, et dont les bonnes gens, les honnêtes gens ont tant de besoin; cette verité qu'il ne faut pas laisser dormir éternellement au fond du tombeau de l'homme inappréciable que vous aimiés, sans le connoître personnellement, et que je regretterai, comme vous, toute ma vie. Oui, je serai son défenseur jusqu'à mon dernier soupir; parce que je n'ai pas connu d'homme plus vrai, plus droit, ni d'une sensibilité si pénétrante. Il aimoit la vertu pour elle-même et contre lui; puisqu'elle ne lui a jamais valu que des disgraces, soit prévües qu'il a bravées, soit inattendües qu'il a sçu souffrir, avec d'autant plus de mérite qu'il les ressentoit plus vivement.

[3] Ne croyés pas, Monsieur, que lorsque je me suis plaint à vous de ses duretés envers moi, ce fût pur me dispenser d'un attachement qui s'est fortifié même de sa rudesse; mais pour vous témoigner mes regrets de [1]n'avoir pû[1] mériter ou gagner sa confiance; de n'avoir appris son extrême détresse qu'aprés sa mort; de ce qu'il m'a caché de véritables peines, quand il m'en a laissé voir d'exagérées, que je tachois de détruire ou d'atténuer dans son imagination qui pouvoit les avoir enfantées.

[4] Ah! Monsieur, j'ai peutêtre encore plus besoin que vous de cette confiance que vous recherchés. Eh! ne sçavés-vous pas que

l'honnête homme est souvent seul, même au milieu de sa famille; qu'on lui fait des travers ou des torts de la juste humeur qu'on lui donne, et qu'avec une façon de sentir ou de penser un peu difficile, il ne joüit jamais ni des biens de la nature qu'on lui gâte, ni de ceux de la sociéte qu'il ne peut gouter, comme ils sont faits. Vous avés Monsieur, toutes les facultés de faire le bien, et moi que le foible desir. Mettons les talents à part: l'amour de la vertu n'en laisse pas tout-à-fait manquer les ames un peu fortes, ou du moins elles sçavent ne pas regretter ceux qui leur manquent. Le bien que j'aurois à dire de vous, doit etre la derniere chose que je vous dirai, si ce n'est dans les occasions où vous auriés besoin d'etre encouragé à la perséverance par votre propre exemple. Je vous ai jugé, Monsieur, dans le fond de mon ame, dés que j'ay sçu et vû l'impression qu'avoit faite sur vous notre ami Rousseau. La chaleur que vous mites à redemander un de ses livres de musique, qu'on avoit soustrait à vos yeux dans votre propre maison, acheva de me montrer votre caractere, et de me le faire aimer pour toujours. Je vis dés-lors, Monsieur, qu'avec tous les mouvemens, les moyens, et les actes continuels de bienfaisance, vous pouviés n'être pas heureux, quoiqu'au sein d'une famille élevée avec une distinction singulière. Je vous plaignis, avec ce même sentiment qui me faisoit regretter l'homme à qui vous pourrés, hélas! ne ressembler que trop. C'est ce sentiment qui m'enhardit à vous dire dans ma première Lettre, qu'il y avoit des heures chaque jour, où nous avions sans doute les mêmes pensées. C'est ce qui m'encouragea dés ce moment à me jetter, non à votre tête, mais dans votre cœur, que je sentois ouvert aux ames franches et droites.

[5] Au reste, Monsieur, je dois vous prevénir à mon tour que comme vous avés sur moi tous les avantages de la fortune et de la société, je serai peut-être plus difficile que vous dans le commerce de l'amitié que vous voudrés m'accorder. Dussiés-vous être de ce monde, où l'on traiteroit mon langage *d'insolence*, je voudrois du moins à la longue une égalité parfaite entre des amis, quelque inégalité que les autres hommes missent entr'eux. D'ailleurs je me méfie naturellement des gens plus riches et plus puissans que moi. Leur condition me fait, non pas envie, mais ombrage. Je crains tout ce dont ils peuvent se prévaloir. Vous qui connoissés les hommes, ne devés pas être étonné de voir ces retranchemens de l'indépendance dans certaines ames. J'ai beaucoup de ce qu'on appelloit *orgueil* dans Rousseau, mais que je crois nécessaire même à la vertu, dans les situations étroites et bornées. Je connois des gens qui ne l'aimoient pas; [1]les uns[1] pour lui avoir fait du mal, les autres pour

avoir voulu lui faire du bien malgré lui. Et moi j'aimois à recevoir de lui tous les bons offices, toutes les marques de bienveillance qu'il pouvoit me donner; parce que j'étois sûr de lui faire autant de plaisir qu'à moi-même. Il m'en aimoit davantage, comme les petits oiseaux qu'il invitoit à sa fenêtre à partager le peu de pain que les hommes lui avoient laissé.[c] L'excellent homme qu'on a voulu faire passer pour un monstre, de peur sans doute qu'on ne l'aimât, ou ne l'adorât comme un dieu!

[6] Je suis tout-à-fait de votre avis, Monsieur, pour l'acte de bienfaisance que vous voudriés qu'on se renouvellât tous les ans devant sa tombe, au nom de tous les humains, en l'honneur de celui qui fut le plus humain de tous. C'est en effet prés de sa cendre qu'il doit être honoré; et non pas prostituer sa statuë à Paris qui ne l'ayant point connu, n'est pas digne de la révérer; ce Paris qui ne rend des hommages qu'au vice ou à la force, déguisés sous le nom des talens et des grandeurs.

[7] Parlés moi de ce digne homme, Monsieur, de sa veuve, de vous, de tout ce qui vous occupe, vous tourmente, ou vous soulage. Car vous avés une ame inflammable, et dés-lors toujours balotée entre le plaisir et la douleur. Je ne me contente pas de votre estime, j'aspire à votre amitié. Je vous la demande et je l'attends, comme un retour non de justice, mais de conformité dans nos sentimens pour celui que j'appelle aujourd'hui simplement ROUSSEAU, comme on dit Socrate; quoique j'aye toujours dit *Monsieur Rousseau* durant sa vie, devant ceux qui l'appelloient dédaigneusement ou familierement *Jean Jacques*, ou *Rousseau*.

[8] Au reste, Monsieur, quand je me dévoüe à ses mânes, c'est pour la défense de sa memoire; mais non pour une guerre offensive. Elle seroit contraire à ses intentions, et à la paix qu'il a toujours gardée envers ses ennemis. S'ils l'attaquent de vive voix, ou par écrit, avant ou même aprés la publication de ses mémoires que je ne connois point, je m'engage avec vous à le défendre de l'une et de l'autre maniere. Mais comme vous avés voulu sagement écarter de l'inscription de sa tombe, toute idée des méchans, il ne faut point les y appeller en défi. Les en repousser, est assez pour la gloire *de la vertu*. Honorons son ami, comme il voudroit l'être, s'il vivoit encore. Enfin, Monsieur, expliqués moi, je vous prie, en détail vos intentions et comptés sur ma résolution qui sera toujours de maintenir l'honneur de sa cendre jusqu'à la mienne. C'est avec ce sentiment inviolable et solennel que je suis,

Monsieur le Marquis,

Tout à Rousseau, tout à vous,
DELEYRE

[9] Mes tendres respects, je vous prie, à Madame Rousseau. Tout ce que j'ay l'honneur de vous ecrire, doit lui tenir lieu des Lettres que je ne lui écris point.

MANUSCRIT
*Chaalis, fonds Girardin D⁴ 34, nº 35; 4 p.; orig. autogr.

IMPRIMÉ
Molinier (1970), p.149-152.

NOTE CRITIQUE
[1] [ajouté dans l'interligne]

NOTES EXPLICATIVES
a. le nº 7275.
b. le nº 7242.
c. sur Rousseau et les oiseaux, voir au t.xl le nº 7152, remarque.

REMARQUE
Le 30 août 1778, mme Du Deffand écrivait à Horace Walpole: '[. . .] Je voudrais bien que les *Mémoires* de Rousseau parussent, mais on dit que M. de Girardin, chez qui il est mort, a acheté le manuscrit pour en empêcher l'impression. [. . .]' (Walpole, 1937, v.68).

7286

René-Louis, marquis de Girardin, à Pierre-Prime-Félicien Le Tourneur

Ermenonville 1er. 7bre *1778*

Je ne puis meriter, Monsieur, Les sentiments obligeants que vous voulés bien me témoigner, que par mon Intention. C'eut eté celle, Si vous fussiés venu seul, et que vous eussiés bien voulu m'accorder quelque sejour icy, de vous y recevoir suivant le degré d'estime et D'opinion que je dois a [1]tout ce[1] que j'ai connu de vous[a]. Pour avoir été capable sans L'aide de L'affection nationale, et Si Souvent gêné par La morgue de notre Langue, d'y faire recevoir, entendre, et gouter Les ouvrages D'Young et de Shakespeare, Si Souvent obscurs pour leurs Compatriotes mêmes, il faut avoir percé bien vivement dans touttes Les profondeurs de La nature et du sentiment. Je suis tres flatté, Monsieur, qu'en oubliant que je[2] m'etois empressé de souscrire entre les mains de Mr Cathuelan[b], vous m'en ayés jugé digne et [3]j'en viens[3] de recevoir les deux derniers[4] volumes[c] [5]que vous avés eu la bonté de m'envoyer[5] avec autant de plaisir que je Les attendois avec Impatience[6]: une Copie de main de maître joint

[7]a cette copie[7] de L'original, Le plaisir de L'admiration de La Comparaison, et de La clarté, et ce sont deux Chef d'œuvres au lieu D'un, [8]et il n'y a que les[8] plaisirs de l'esprit [9]qui puissent ainsi[9] se multiplier a L'infini, et c'est[10] pour cela que je joins bien sincerement à celle que Le Public vous doit, L'assurance[11] de ma reconoissance et de L'estime particuliere avec laquelle j'ay l'honeur d'etre

M^r^

MANUSCRIT

* Chaalis, fonds Girardin D[4] 37, dossier F, n° 7; 4 p., p.2-4 bl.; brouillon.

NOTES CRITIQUES

[1] ⟨ce que⟩ [2] j⟨'ai⟩ [3] [en surcharge sur une première version devenue indéchiffrable] [4] ⟨nouveaux⟩ [5][ajouté dans l'interligne] [6]impatience: ⟨c'est un⟩ ⟨ils me procurent tout à la fois celuy de⟩ [7] a⟨vec Cecy⟩ [leçon définitive incertaine] [8] ⟨c'est ainsi Monsieur que plusie⟩ [9] ⟨peuvent⟩ [10] c'est ⟨a cet⟩ ⟨ainsi⟩

[11] L'assurance ⟨de la reconoissance avec⟩

NOTES EXPLICATIVES

Le destinataire de cette lettre (1736-1788) s'était fait connaître en 1769 et 1770 par ses traductions de Young et de Hervey, suivies en 1777 par celle d'Ossian. Mais son ouvrage le plus célèbre était sa traduction de Shakespeare (1776-1782), 20 vol. in-4°, avec la collaboration de Catuélan et de Fontaine-Malherbe pour les deux premiers volumes. Dans son épître-préface, il célébra le génie de Shakespeare avec une ferveur qui lui attira les foudres de Voltaire.

a. ce début pourrait induire en erreur. Girardin veut dire qu'il regrette que Le Tourneur n'ait passé une ou plusieurs nuits sous son toit. Mais Le Tourneur a effectivement fait une visite à Ermenonville à cette époque, comme en fait foi son récit: 'J'avois payé des premiers mon tribut de curiosité aux jardins d'Ermenonville, en allant rendre mon hommage au tombeau de Rousseau, lorsque sa cendre étoit encore tiéde, et sa perte toute récente. Je ne me vanterai point d'avoir été son ami: mais je l'avois vu de tems en tems dans le cours de quatre années, tantôt dans la société, tantôt sous l'humble toit de son quatrième étage; et quoique cette liaison, tout respect de ma part, et de la sienne estime et bienveillance, ait brusquement fini par un procédé bizarre d'après les règles sociales, mais sans doute conséquent à ses principes ou à ses foiblesses, je n'en fus que surpris un moment sans en être offensé [. . .]'. Le Tourneur ajoute que plus tard (ce dut être entre 1782 et 1788) il fit une seconde visite, accompagné de deux Anglais (*Œuvres Complètes de J.J. Rousseau*. Nouvelle Edition [. . .] Paris, Poinçot, 1788*s* i.59-61).

b. les usuels ignorent jusqu'au nom du comte de Cat[h]uélan, et les catalogues des grandes bibliothèques ne donnent pas ses prénoms. Il s'agit d'Emmanuel-Florian-Toussaint du [et non 'de'] Merdy, comte (plus tard marquis) de Catuélan (1756-1796 ou 1797), d'une famille bretonne originaire des régions de Tréguier, de Lannion et de Saint-Brieuc. Fils de Charles-Marie-François-Jean-Célestin du Merdy de Catuélan (†1797), conseiller (1755), président à mortier (1775) et premier président (1777) au parlement de Bretagne, et de Marie-Angélique-Renée de Cornulier (1737-1824), mariés en 1756, il fut d'abord conseiller au parlement de Bretagne (1778), ensuite président à mortier (1779). Il épousa en 1779 Radegonde-Adelaïde Bareau de Girac (1761- après juin 1824). Toujours en fonctions en 1789, il émigra peu après. Selon Saulnier, il se noya avec son frère cadet (Marie-Charles-Célestin, ancien conseiller au parlement) le 8 novembre 1796 en se rendant de Jersey en Bretagne: selon Genuist, cependant, il mourut le 26 mai 1797 à Londres. (Frédéric Saulnier, *Le Parlement de Bretagne, 1554-1790*, 1909, ii.640-641; André Genuist, *Le Théâtre de Shakespeare dans l'œuvre de Pierre Le Tourneur*, 1971, p.35).

Dugast de Bois-Saint-Just, qui est très mauvaise langue, a laissé sur les rapports entre Catuélan et Le Tourneur une page trompeuse: 'Le comte de Catuelan, très-versé dans la langue anglaise, avait fait une excellente traduction du théâtre de Shakespeare, qu'il vouloit faire imprimer. Elle fut mise à la censure de M. Letourneur. Celui-ci s'occupait précisément à cette époque de traduire ce même ouvrage, dont il comptait tirer le plus grand profit, et fut fort étonné d'avoir été prévenu aussi cruellement. Il trainait en longueur la lecture du manuscrit, différait son approbation sous divers prétextes, lorsque M. de Catuelan, apprenant le véritable motif de ces lenteurs, alla le voir, et lui dit fort honnêtement que ne voulant point se trouver en concurrence avec un littérateur aussi éclairé, encore moins lui enlever les avantages qu'il devait naturellement retirer de son travail, et auxquels lui-même n'aspirait pas, il venait reprendre son manuscrit, ou le lui céder sous la modique rétribution de quelques exemplaires. M. Letourneur accepta avec beaucoup de reconnaissance cette seconde proposition: il dénatura en quelques endroits le style du traducteur, ajouta quelques notes, et mit son nom à la tête de l'ouvrage, dont il retira toute la gloire et le profit. . . . . *Sic vos non vobis*. . . . .' (Saint-Just, 1809, ii.111-112). Pour apprécier cette anecdote à sa juste valeur, il suffit de rappeler que le privilège de l'ouvrage fait mention des trois collaborateurs, que l'épître au roi (t.i) est signée de tous trois, et que les titres des deux premiers volumes portent les trois noms.

c. les derniers volumes parus de la traduction de Shakespeare étaient les t.iii (*Coriolan, Macbeth*) et iv (*Cymbeline, Roméo et Juliette*).

7287

Pierre-Alexandre Du Peyrou à Paul-Claude Moultou

Neufchatel 2 7bre 1778

J'avois resolû Monsieur de repondre à vôtre derniere lettre de mercredy passé[a], pendant que mes yeux pouvoient me servir. Mais entrainé insensiblement par une occupation qui remplit mon coeur d'amertume et de douceur tout à la fois, celle de ranger les papiers dont je suis depositaire, et de recueillir dans les lettres de mon tendre ami d'autrefois, ses dernieres volontés, je me suis oublié, et je crains que mon ecriture ne se ressente de l'heure ou je prends la plume pour vous écrire. Depuis lundi soir[b] moment de mon retour en ville, je n'ay cessé de m'occuper à rassembler tant les papiers qui me sont confiés, qu'à parcourir les differentes lettres reçues de mon cher Citoyen, afin de constater aux yeux de vous et de M[r] de Gerardin que sa confiance ne fut jamais mal placée en moy, non plus que son amitié, quoiqu'il ait pû imaginer depuis le sejour que j'ay fait auprès de lui au Chateau de Trye. Les souvenirs que cette occupation réveille chez moy, sont d'une amertume inexprimable. Je suis pourtant charmé de mon travail, et vous le serés aussi, Monsieur, quand vous saurés que je suis nanti de plusieurs cahiers cachetés et à mon addresse, que je laisse dans l'etat ou ils me furent envoyés d'Angleterre, et que je n'ay sorti de leur caisse d'emballage que hier matin. Ces cahiers portent par écrit de la main de l'auteur, qu'ils m'apartiennent; Mais ils me furent envoyés dans un tems ou en effet ils devoient m'apartenir. J'ay la notte de leur contenû; aussi sans les ouvrir, je peux juger de leur importance. Un des paquets renferme le 1er volume de ses Confessions, contenant les 3 premiers Livres et le commencement du 4[me][c] ainsi que les liasses des piéces justificatives[d]. Cette certitude me tranquillise sur cet objet, du moins jusques à cette epoque. Mais mon travail n'est pas fini, et je trouveray dans les lettres à moy addressées par l'auteur, des renseignemens utiles pour le projet d'une Edition. Vous me serés tout à fait nécessaire Monsieur, pour regler cette entreprise. Je suis au desespoir que votre santé exige les eaux d'Aix, mais sans doute cet article marche avant tout. Du moins, ne negligés pas aussi tot que vous le pourrés de venir nous joindre. Je ne sais ce que produira vôtre lettre à Mr de Gerardin[e]. Je doute même qu'il puisse la recevoir avant son depart. Il me paroissoit pressé de faire son voyage, vû que la saison dit-il s'avançoit. Je le laisse donc le maitre de differer son depart, si votre lettre l'y determine, et je l'attends quand il arrivera, pret à le recevoir avec la Veuve de mon pauvre ami. Je ne saurois Monsieur, prendre sur moy de deguiser à Mr de Gerardin aucune des piéces qui sont entre més mains. Je constateray à ses yeux et à ceux de sa Veuve, les intentions de mon defunt ami; Je feray des propositions utiles à la Veuve, et qui puissent nous laisser les maîtres de tout, mais que voulés vous que je fasse de plus, si ces propositions ne prennent point. Depuis que R. annulla des arangemens qui n'avoient dans le vray que lui pour objet, je ne suis resté que simple depositaire. Je vous convaincray meme, Monsieur quand je vous verray, que si j'avois suivi lés premieres dispositions de R. ces ouvrages n'existeroient plus, et eussent été livrés aux flammes; que j'ay combattû longtems avec lui pour lui conserver la pension viagere constituée entre mes mains par Mylord Marechal, et que plusieurs de ses lettres prouvent qu'il s'irritoit de mes refus de lui complaire dans des choses si essentielles. Ses amis moins aveuglés que lui, me rendront cette justice que lui meme me rendoit autrefois, qu'il auroit dû compter sur mon amitié autant qu'il a compté sur ma probité. Je m'oublie Monsieur, je le sens, mais j'ay l'ame oppressée de mille sentimens contradictoires.

Si Madame la Duchesse d'Enville passe ici, sans vous, Monsieur, faites moy la grace de m'en prevenir, pour que je m'empresse à lui rendre mes devoirs, et en ce cas, l'apartement qui vous est destiné seroit fort à son service, si elle peut se detacher d'une partie de son train. Car ayant dans le même tems Mr et Mad^e^ et Mlle de Gerardin ainsi que M^d^. R. il me seroit difficile de la recevoir accompagnée de plus d'une de ses femmes. Je n'ose pas directement lui en faire la proposition, n'ayant pas l'honneur d'en etre connû, et surtout ne pouvant lui offrir de logement que celui qui vous est destiné et que vous occuperés, si vous devés l'accompagner. Je suis faché de m'etre trouvé à la campagne, lorsque Mr de Malesherbes[f] a passé ici, quoique incognito; je pense que j'aurois eu l'avantage de le voir même sous cet incognito. J'ay entre mains quelques papiers qui viennent de lui et qui m'ont été confiés autrefois par mon ami, comme devant servir au dernier besoin. Entre nous ceci. Recevés Monsieur, mes voeux pour votre prompt retablissement et celui de M^d^. votre Epouse, et croyés moy bien sincerement quoique sans ceremonie, tout disposé à meriter Monsieur les sentimens dont vous voulés bien m'assurer.

Dupeyrou.

MANUSCRIT

[1. pour l'orig. autogr., 4 p., voir le n° 7243]

*2. transcription faite par mlle Rosselet, d'après le ms. 1.

NOTES EXPLICATIVES

a. cette lettre, datée du 26 août 1778, est inconnue.

b. Du Peyrou écrit un mercredi: 'lundi soir' était le 31 août.

c. c'est le ms. conservé à la BV de Neuchâtel, ms. R 17 (anciennement 7841). Le texte intégral en fut publié par Th. Dufour en 1908 (*Annales* iv.1-224). Cette première rédaction prend brusquement fin au milieu d'une phrase. Un excellent fac-similé du ms. a été publié à Lausanne en 1973 (éd. Pierre-Paul Clément).

d. les lettres originales, groupées en quatre dossiers A-D, correspondant aux lettres transcrites par JJ dans son copie-de-lettres (Neuchâtel ms. R 89-90). Les deux cahiers du copie-de-lettres se trouvaient encore entre les mains de Girardin.

e. le n° 7280.

f. Malesherbes voyageait souvent sous le nom de 'M. Guillaume'. Au cours de l'été de 1778, il fait escale à

Saint-Claude, à Besançon, à Genève, à Lausanne, à Berne (où il se trouve le 18 septembre), à Zurich, et dans le Valais (Grosclaude 3, 1961, p.532-533). Mais sans la présente lettre, on aurait ignoré qu'il fût passé aussi à Neuchâtel.

7288

René-Louis, marquis de Girardin, à Alexandre Deleyre

3. 7bre [1778][1]

Je Suis tres sensible, monsieur, a La Lettre que je reçois de vous[a], Elle correspond à touttes Les[2] dispositions que vous m'avés Inspirées[3], et a celles ou je suis.[4] Il est plus aisé de Laisser aller son Coeur que de Le bien placer; [5]et pour peu qu'on ait le desir des efusion[s] on ne peut se rendre trop difficile sur le Comerce de L'amitié[5]. La moindre Inegalité volontaire en feroit un Commerce [6]trop[7] desavantageux[6], car pour en gouter La douceur, il faut etre[8] a son aise avec soy et avec les autres, c'est un des plus grands services que La paix et La franchise de La Vertu puisse[9] rendre aux hommes que de ramener L'egalité naturelle au moins dans touttes Les affaires de sentiment et que ne peut elle La ramener de même dans [10]tous Les raports[10] de societé, en ne laissant entre Les hommes que Les differences de leurs qualités, et non de Leur qualitè[11], En un mot, [12]que celle[12] de ce qui tient a eux et non pas aux autres. Car assurement Le poids augmente toujours en raison de ce qu'il faut joindre a ce[13] qui est en nous une plus grande quantité de ce qui est hors de nous. C'est de cette double Combinaison entre L'existence personnelle, et L'existence relative que[14] vient cette contradiction frequente entre ce qu'on pourroit, et ce qu'on ne peut pas, entre ce qu'on voudroit, et ce qu'on ne veut pas et C'est La ce qui multiplie Les anxietés[15] [16]qu'eprouvent journellement ceux qui[16] ressentent[17] vivement le plaisir et profondement La peine malgré cela et quoiqu'on ait pu dire qu'un cœur sensible est le plus funeste present du Ciel[b], vaut'il mieux dormir que de vivre? car qui dort pour la peine dort aussi pour le plaisir, et tout compté, je souhaitte qu'il en soit de vous ainsi que de moy, foncierement[18] je m'estime[19] tres[12] heureux[20], et ne suis jamais[12] malheureux qu'accidentellement, Les violentes Insulttes[21] de la part des autres me portent toujours au Courage, et ma propre Colere me [22]ramene aussitot[22] a la justice[23] et a L'humilité, car je ne sens jamais plus[24] Combien je depends des autres que Lors qu'ils m'ont mis hors de moi.

Voila, Monsieur, ma Confession, ma profession, et ma ratification[25], a tous[26] Les articles[27] de ce que vous apellés votre orgueuil, [28]mais celui La [7]est bon qui[7] eleve L'ame et il[28] differe autant de La vanité que Le grand differe du petit. Si vous n'eussiés pas employé[29] [7] [12]dans vos lettres[12] [7] de vaines formules[30] et de vains titres[31] qui ne pouvoit[9] convenir ni a nos Conversations ni à notre raprochement j'eusse gardé[32] moins de distance dans mes reponces, mais C'etoit bien le moins que[33] j'eusse L'attention de vous traitter avec beaucoup de politesse, Lorsque vous me faisiés le tort de me traitter avec Ceremonie.[34] Ainsi M. vos Conditions sont d'autant plus faciles a accepter qu'elles[35] L'etoient toutes d'avance[36]: voicy [37]de mon coté quels sont mes[37] articles, Ils ne Consistent qu'en un seul. Verité[38]. Amicitiam Impendere Vero.[39] Vous avés lu jusques au fonds du[40] Cœur de L'homme[41] qui y[42] consacra toutte sa vie[43]. Vous avés sçu ce qui se passoit en luy et hors de luy[44]. L'Inquiétude [45]toujours active [46]devoit bien plus harasser[45] une ame[46] Comme la sienne,[47] qu'une Certitude quelconque qui Eut[48] un point fixe. Il eut pris facilement patience sur ce qu'il auroit Sçu, tandis qu'il etoit dans une impatience continuelle sur ce qu'il ne sçavoit pas. Ne voyant Clair en[49] rien, il voyoit tout en noir, car quel autre moyen de dire du mal d'un homme de bien [50]que d'entasser toutes les impostures et C'est alors que la Calomnie [7]n'ayant point de bornes Le soupçon ne peut avoir de terme. Les effets de la Calomnie etant[51] d'aller toujours en Croissant il faut bien finir par mettre les Choses au pis,[50] [7] et C'est alors que ce qui peut[52] paroitre exageré a ceux qui Sçavent [53]le point ou en sont les choses[53], ne peut jamais L'etre assés pour celuy qui ne sçachant[54] rien, a tout a Craindre[55]. Le jour quelque affreux qu'il eut eté,[56] n'eut pas approché de l'horreur des tenebres, il vous[57] a cru plus a portée qu'un autre de les luy eclaircir. Il vous l'a demandé[58], vous avés Sans doutte cru bien faire en luy refusant La triste explication des menées odieuses par lesquelles L'Envie, et la basse jalousie, ne pouvant atteindre à son genie, cherchoient a atteindre sa personne et[59] s'efforçoient a faire passer *cet excellent homme pour un monstre de peur qu'on ne L'aimat qu'on ne L'adorat comme un dieu*[c]. Je connois des hommes tous vrais et tous bons, qui dans Cette conjoncture delicate m'ont dit qu'ils auroient agi de même. [7] [60]Je me trompe peutetre et cela est si aisé Sur les affaires des autres que je ne m'en mele jamais que Comme requis ou Contraint.[60] [7] Chacun [61] [12]a cet egard[12] a sa manière de voir, qui[62] peut etre de trop mettre[63] Les autres [64]a sa place[64] ou de ne se pas[65] mettre assés[12] a [la] leur. [66]Pour moy[66] il me semble [67]qu'a la sienne[67] La Conoissance [68]de ses ennemis et de leurs iniquités[68] n'eut abouti qu'à Le mettre en paix avec eux, et avec lui même, Sçachant de qui il auroit du se mefier il n'eut pas èté obligé de se mefier de tout le monde [7] [69]et encor plus de lui meme ce qui luy etoit [de] plus en plus diff[ic]ile et peutetre impossible.[69] [7] Pour moy Monsieur je luy eusse tout dit[70], car je ne garde[71] aucun secret aux méchants, et n'en ai jamais pour les bons. Quelques soient Les discours que j'ai entendu tenir sur luy dans[72] Le vague[7] du monde, avant de le connoitre personellement deux choses m'ont toujours empeché d'hesiter un seul Instant Sur l'opinion que je devois avoir de luy. Ses livres dont tous Les mechants ensemble n'auroient pas dicté une seule Ligne, et [73]La combinaison evidente[73] d'un Complot [74]qui se demontre directement par[74] L'adresse des Differents paquets [75]de Calomnies[75] qu'on avoit fait circuler[7] contre luy de porte en porte. A Celle des grands[76], on avoit affirmé[77] qu'il ne se refusoit a leurs empressements et a leurs bienfaits que [78]par orgueuil et pour se mettre au dessus d'eux par son independence[78], auprès des hommes ordinaires [79]on[80] Leur[7] faisait voir[81] L'eloignement comme[79] une misantropie farouche. Aux hommes Simples [12]on le representoit[12] comme un Personage[82] Singulier[7] qui n'agissoit que par affectation, et pour faire parler de luy. [83]Auprès des Epeleurs de Livres[83] on Le[7] [84]Leur annonçoit[85] comme un Ecrivain dont il falloit craindre Le style Seducteur parce qu'au fonds il ne faisoit que La force du paradoxe[84], qui declamoit contre les lettres et les Cultivoit[7], contre les spectacles et qui faisoit des Comedies et des operas, contre Les arts et qui faisoit de la musique, bien assuré[86] que tant de gens qui [87]n'ont pas une opinion [88]a eux[88] [87] ne se donneroient ni Le tems ni La peine de Confronter La pensée avec L'objet, La maxime avec l'application, et L'action avec La Circonstance. Auprès des gens du monde, on luy fit un ridicule d'avoir blamé l'inegalité des conditions, Les spectacles et L'adultere, auprès des rigoristes [12]un peché capital[12] d'avoir travaillé pour les spectacles, d'avoir fait des Romans, et y avoir presenté des objets de scandale[89], on etoit bien sur que ce n'etoit pas Ces gens la qui sentiroient que La difference entre Le vice[90] et La foiblesse consiste precisement en ce que L'une vient de L'opposition entre La loy de la Convention et celle de La nature, tandis que L'autre vient directement au contraire de [91]L'effort des[91] vices de la societé[92] contre La loy de nature. Auprès de ces hommes bien reflechis dont l'honneteté consiste bien plus dans les circonstances de leur vie, que dans les[93] principes[94], on[95] leur debita sourdement a L'oreille comme un secret que dans sa plus tendre jeunesse[96] il avoit pris une fois des Pomes ou du Ruban[d], et qu'il L'avoit avoué lui même comme si en supposant que Cela fut vrai, il n'y auroit pas eu mille fois plus de grandeur d'ame a L'avouer que d'[97] honneteté a ne [98]L'avoir jamais fait[98] et comme si tout homme raisonable n'eut pas plus volontiers confié sa bourse a Jean Jacque voleur[99] qu'a tant de voleurs honnetes gens mais[100] le grand coup de parti fut de tacher de le faire passer pour un homme sans sentiments [101]vide de sentiments celuy dont les Ecrits etoient[102] remplis.[101] [103]Pour cet effet tous Les Directeurs philosophistes [104]Se distribuerent[104] leurs quartiers et prenant Le plus grand soin d'embaucher tous leurs Philosophes en Cornettes, à L'aide de Ces Coriphées ils firent passer de femme en femme[103] que celuy qui avoit tant[12] ecrit pour les enfans avoit agi comme un mauvais pere. On sentoit bien que si on eut adressé un pareil propos[105] a des[106] hommes de plaisir ils n'eussent fait qu'en rire et a des hommes reflechis qu'ils eussent repondu [107]que si cela etoit[107] il falloit sans doutte [108]qu'un homme aussi Superieur[108] eut eu de bonnes raisons [7] [12]pour se determiner a un aussi cruel sacrifice[12] [7] mais que les femmes jugeroient[109] par le premier mouvement du sentiment, et non par la reflexion qui leur eut fait voir qu'en [110]ce cas[110] un homme si sensible auroit eté bien plus a plaindre qu'a blamer.[111] Mais [112]Le dernier et le plus cruel simptome de[112] [113]Ce barbare[113] [114]Complot[115] a eté cette[114] menée Souterraine de decrets en decrets de persecutions en persecutions [116]de cabales en cabales[116] et d'injustices en injustices [7] [12]et de violences en violences[12] [7] qui dans l'Europe entiere ne laissoit pas un Coin où poser cette tete sublime qui avoit tant contribué aux plaisirs et a l'instruction des hommes, et C'est dans ce siecle ou on voit tant de Philosophes Sans Philosophie, et tant de raisonements sans raison, [7] [12]dans ce siecle ou on ose se vanter du retablissement des Arts et du retour de la Verité[12] [7], qu'on aura vu d'un Coté les ministres d'un Dieu de Paix refuser a Voltaire La paix de La sepulture[117] et de L'autre ceux qui vont prechant de Carefour en Carefour La tolerance et la nature poursuivre de paiis en paiis Son plus digne apotre. Tels sont [12]a peu pres[12] Monsieur Les stigmates[118] auxquels tout homme[119] tant soit peu judicieux ne peut meconoitre Les fils d'un trame ourdie dans La profondeur de[120] l'Erebre[e], et dans le Conseil [121]des Demons[121]. [12]Neammoins Monsieur[12] Ce que je vous en dis [122]n'est que[122] pour vous faire voir qu'il est impossible [123]a un homme qui conoit Le monde de se tromper a L'existence de ce noir tissu de Calomnies, et qu'il ne seroit pas bien[123] difficile[124] de remonter jusques[125] a L'origine. [126]Malheureusement ce qui est fait est fait[126] et Dieu me preserve de vous[127] proposer, [128]ni d'avoir a cet egard aucune Intention offensive[128] a cet egard[129]. Puissent Les[130] mechants qui ont tourmenté Le meilleur des hommes se pardonner a eux mêmes comme je Leur ai pardonné;[131] mais malheur a eux [132]si Leur mechanceté s'etendant encor Sur la memoire de Celuy dont ils ont abrégé les jours ils forcent Les hommes vrais de[132] marquer la fausseté du sceau de [133]La reprobation et [134]d'en devouer les auteurs[133] comme ils[135] Le merite[12]nt[12] [134] à L'anatheme[136] et au mepris[137] de tous les honnettes gens, car les Cabales n'ont qu'un[138] moment dans L'espace, et La verité Surnage dans L'immensité des siecles.

MANUSCRIT

* Chaalis, fonds Girardin D[4] 34, n°s 36 et 38; 5 p.; brouillon très raturé.

IMPRIMÉ

Molinier (1970) p.152-157.

NOTES CRITIQUES

Le texte de l'imprimé de 1970 est très approximatif, et comporte beaucoup de lacunes.

[1] [à côté de la date, Girardin a écrit: 'Reponse a M[r]. de Leyre a sa lettre du 29 aoust 1778'] [2] ⟨m⟩es; imprimé de 1970: mes [3] [et non 'imposées', impr. de 1970] [4] suis. ⟨Soyés difficile monsieur sur le Commerce de L'amitié⟩ [5] ⟨ainsi M. c'est pourquoy La moindre Inegalité Volontaire doit s'opposer a la d⟩ [la version définitive est écrite fort mal dans l'interligne (leçon en partie conjecturale): ce passage omis, impr. de 1970] [6] ⟨de mauvaise foy⟩ [en surcharge partielle] [7] [omis, impr. de 1970] [8] etre ⟨auss⟩; impr. de 1970: être aussi [9] [inadvertance de Girardin] [10] tou⟨tes⟩ Les ⟨affaires politiques⟩

[11] qualitè, ⟨et celle⟩ [12] [ajouté dans l'interligne] [13] ⟨celui⟩ [14] que ⟨vient⟩ [et non 'vous vient', impr. de 1970] [15] ⟨orages⟩ [16] qui [non biffé] ⟨celles⟩ ⟨fondent sur les hommes sensibles qui⟩ [17] [biffé par inadvertance] [18] ⟨dans nos positions respectives, car⟩ [19] m'estime ⟨tou⟩[12] [20] heureux ⟨foncierement⟩

[21] ⟨attaques⟩ [22] ⟨porte bientot⟩ [23] ⟨patience⟩ [24] [et non 'pour', impr. de 1970] [25] ratification ⟨aux differens⟩ [26] tous ⟨vos points des⟩ ⟨Les points que vous Suggère non⟩ [27] articles ⟨de votre orgueil⟩ [28] ⟨que ces Courtoisies d'aussi⟩ ⟨passion qui⟩ [29] [répété par inadvertance] [30] ⟨eloquentes⟩

[31] titres ⟨que nos Conversations eussent du bannir⟩ ⟨qui ne peuvent arriver que de⟩ ⟨aussi Loin, et qui doivent disparoitre d⟩ ⟨que nos Conversations⟩ [32] [en surcharge partielle sur un début de mot devenu indéchiffrable] [33] ⟨je n'eusse beaucoup de politesse vis avis de La⟩ ⟨Ce trait⟩ [34] ⟨Tout ⟨est dit sur⟩ cet article⟩ ⟨n'en parlons plus⟩ ⟨est donc dit de mon Côté sur vos conditions et elles ne sont⟩ [35] ⟨[12]que de mon Coté[12]⟩ [36] d'avance: ⟨de mon Co⟩ ⟨de mon Côté⟩ [37] ⟨mes⟩ [38] ⟨Verite Pleniere⟩ [39] Vero. ⟨Vous avés Lu jusques au fonds du Cœur⟩ ⟨Si vous n'avés pas Connu ses memoires vous avés Connu de luy plus⟩ [40] ⟨de son⟩ [en surcharge]

[41] L'homme ⟨Le plus vrai et⟩ [intégré dans la phrase dans l'imprimé de 1970] [42] ['y' inséré dans l'interligne, puis biffé, mais nécessaire au sens] [43] vie ⟨a la verité.⟩ [44] luy. ⟨Sur un⟩ [45] ⟨Sur⟩ [46] impr. de 1970: devore bien plus une ame [47] sienne ⟨toujours⟩ ⟨devoit etre necessairement être bien plus tourmentante⟩ [48] impr. de 1970: est [49] ⟨Sur⟩ [50] ⟨a moins de mettre tout au pis⟩

[51] ⟨allant?⟩ [en surcharge] [52] peut ⟨paroitre⟩ [53] ⟨ce qui en est⟩ [54] sçachant ⟨pas de quoy on L'accuse a sans cesse tout á Cra⟩ [55] Craindre. ⟨Il vous a cru plus aportée qu'un autre [12]?est aproché? par le mistere[12]⟩ sans cesse dans L'horreur des tenebres Le jour quelque funeste qu'il eut èté fut⟩ ⟨eut été moins affreux que ne L'eut⟩ [56] eté, ⟨L'en⟩

[57] vous ⟨cons⟩ ⟨a demandé⟩ [58] demandé ⟨Instamment⟩ [59] ⟨Cherchoient⟩ [60] [écrit au bas de la page et inséré ici par deux signes de renvoi; omis, impr. de 1970]

[61] ⟨mais⟩ Chacun [62] ⟨et si L'on se trompe cela vient⟩ [63] ⟨placer[12]⟩ [64] ⟨a sa place ou de passer mème⟩ [65] pas ⟨assés⟩ [66] ⟨car du Ch⟩ ⟨car la defiance⟩ ⟨[12]en un mot[12]⟩ [67] ⟨que⟩ [68] ⟨pleniere de ses ennemis et de toutes Les iniquités des gens de parti qui n'ont jamais pu luy pardonner de n'avoir voulu etre d'aucun⟩ [69] ⟨etat Le plus violent de tous et encor plus de lui meme,⟩ ⟨Etat le plus⟩ ⟨Le plus violent de tous pour un homme⟩ ⟨et qui lui etoit encore plus difficile et peutetre Impossible⟩ ⟨Etre le plus⟩ [70] ⟨avoué sans peine⟩

[71] garde ⟨jamais⟩ [72] [en surcharge sur un autre mot devenu indéchiffrable] [73] ⟨L'evidence⟩ [74] ⟨combiné dans⟩ [75] ⟨d'Imputations⟩ [76] grands ⟨qui ne songe a rien que Lorsqu'on les en avise⟩ [77] ⟨debité⟩ ⟨repandu⟩ [78] ⟨pour se mettre au dessus d'eux par son Independance et par orgueil⟩ [79] ⟨on les avoit fait entendre, qu'il ne les fuioit que par misantr⟩ [80] on ⟨l'a representé comme⟩

[81] voir ⟨dans⟩ [82] ⟨homme⟩ [83] ⟨avec P⟩ ⟨on disoit a⟩ ⟨auprès de gens qui ne parlent que Comme des Echos⟩ ⟨La puissance de⟩ [84] ⟨presentoit comme un homme qui se jouoit du paradoxe⟩ [85] impr. de 1970: présentoit [86] assuré ⟨contre⟩ ⟨qu'on ne se donneroit⟩ [87] ⟨ne pensent que Comme des Echos,⟩ [88] impr. de 1970: active [89] scandale, ⟨Comme si ils⟩ ['Comme si' intégré dans le texte de l'impr. de 1970] [90] ⟨Crime⟩

[91] ⟨ce que l⟩es [92] societé ⟨pour⟩ ⟨entrainant⟩ [93] impr. de 1970: leurs [94] principes ⟨de leur ame⟩ [95] on ⟨debita Leur⟩ [96] jeunesse ⟨il avoit⟩ ⟨notre honnête homme ne⟩ [97] ⟨de chanceux?⟩ [98] ⟨le pas⟩ fai⟨re⟩ [99] voleur ⟨de pommes⟩ [intégré dans le texte de l'impr. de 1970] [100] mais ⟨comme ne le Lisant Le sentiment de son ami d⟩ ⟨La lecture de ses⟩

[101] ⟨quoi qu'un seul mot de luy en cont⟩ ⟨c'est pour cela qu'on eut grand soin de faire passer⟩ [102] impr. de 1970: sont [103] [écrit à la fin du texte, p.5, et inséré ici par deux signes de renvoi et par la répétition des mots souches. L'imprimé de 1970 présente ce passage comme une note inachevée.] [104] impr. de 1970: dans [105] ⟨[12]vrai ou faux[12]⟩ [106] des ⟨gens⟩ [107] ⟨qu'⟩ [108] ⟨qu'il⟩: impr. de 1970: qu'il eut eu [109] impr. de 1970: jugeront [110] ⟨supposant que cela fut⟩

[111] blamer. ⟨mais non content d'⟩ [112] l⟨a⟩ derniere ⟨pierre de touche et le comble de⟩ [dans l'impr. de 1970, les mots biffés sont intégrés dans le texte à la place de la leçon définitive] [113] ce⟨s⟩barbare⟨s⟩ [114] ⟨C'est cette persecution⟩ [115] impr. de 1970: deshonneur [116] ⟨d'intrigues en intrigues⟩ [117] sepulture ⟨au dela⟩ [118] ⟨signes certains⟩ [119] homme ⟨et leur⟩ [120] de ⟨L'Erebe⟩ [dans l'interligne Girardin a écrit un autre nom propre: 'Tartare'?]

[121] ⟨de Satan⟩ [122] ⟨Monsieur C'est⟩ [123] ⟨de m'y tromper et qu'on⟩ [124] difficile ⟨qu'on put etre (?)⟩ [125] jusques ⟨aux⟩ ⟨a ces Indignes⟩ [126] ⟨mais je me gr⟩ ⟨mais⟩ [127] vous ⟨rien⟩ [128] ⟨ni d'avoir aucune Intention offensive⟩ [129] egard ⟨mais aussi je repousserai L'injure⟩ ⟨et La⟩ ⟨repousserai de sa tombe et de sa memoire Le méchant et⟩ ⟨Les hommes Indignes, et les Indignités⟩ ⟨et sa memoire me sera plus Chere que ma vie et mon repos Lorsqu'il⟩ ⟨S'il faut devenir à L'opprobre public La⟩ ⟨aux mepris de tous Les honnetes gens ceux⟩ [130] Les ⟨gens⟩

[131] pardonné; ⟨et ne pas⟩ [132] ⟨S'ils forcent Les hommes vrais de devouer a L'opprobre et a La fausseté et L'anathe⟩ [133] ⟨L'anatheme, et de la devouer⟩[12] [134] [et non 'de la vouer comme elle la merite', impr. de 1970] [135] ⟨elle⟩ [en surcharge] [136] L'⟨op-

probre⟩[137] mepris⟨pub⟩[138] qu'un⟨tems dans l'esp⟩

NOTES EXPLICATIVES

D'un correspondant à un autre, Girardin se répète beaucoup. Je ne signale pas toutes ces redites, ni tous le échos de Rousseau qu'on trouve dans ses lettres. Il connaissait bien les œuvres de JJ, et se fit même un petit lexique rousseauiste qui a été conservé. Voici, à titre d'exemple, quelques-uns des mots-clefs relevés dans son lexique par Girardin, qui se base surtout sur l'*Inégalité*, l'*Economie politique* et le *CS*: 'Liberté, Lois, Gouvernement, Propriéte, Souveraineté, Volonté genérale, Guerre, Suffrage, Association, Peine de Mort, Législateur, Revolution, Egalité, Etat' (Chaalis D[4] 22).

a. le n° 7285.

b. c'est un des sentiments les plus célèbres de *La NH* (I.xxvi, *Pléiade* i.89), mais Rousseau n'était pas le premier à l'exprimer.

c. c'est une phrase de la lettre de Deleyre de 29 août.

d. cp.le n° 7276, alinéa 15 et note *h*.

e. lire 'Érèbe' (forme correcte, biffée par Girardin). Fils du Chaos, Erèbe fut précipité par Zeus dans le Tartare, et donna ainsi son nom aux régions infernales, sens où Girardin emploie le mot ici.

7289

Le chevalier Stanislas-Jean de Boufflers à Françoise-Eléonore de Jean de Manville, comtesse de Sabran

ce 4 septembre [1778] [1]

[...] J'ai été hier à Ermenonville, voir le tombeau de Jean-Jacques. Il faut convenir que si le vent n'est pas aux saints, il est du moins aux beaux esprits. Vous n'imaginez pas l'enthousiasme qu'il inspire à tout le monde: Roucher vient de faire des vers charmants pour louer sa vie et sa mort[a]; Robert a dessiné son tombeau[b] et Houdon[2] est occupé de le sculpter. Tous les arts à l'envie lui rendent hommage.

Je ne sais pas si vous connaissez Ermenonville; c'est un lieu délicieux. M. de Girardin est tout fier d'avoir dans ses jardins un homme qui doit les immortaliser. Il l'a fait placer dans une petite île, au milieu d'un lac immense. Il est entouré de peupliers qui le couvrent de leurs ombres et qui répandent un jour doux et mystérieux qui invite au repos. En le voyant, j'avais quelque envie d'être à la place de Rousseau; je trouvais ce calme si séduisant. [...]

IMPRIMÉ

**Correspondance inédite de la Comtesse de Sabran et du Chevalier de Boufflers*, Seconde édition, 1875, p.17-18.

NOTES CRITIQUES

[1] [dans l'imprimé, le millésime n'est pas indiqué, mais l'allusion au buste de JJ, qui ne serait pas encore terminé, et le ton général de la lettre, suffisent pour le déterminer.] [2] [je corrige le 'Claudion' de l'imprimé]

NOTES EXPLICATIVES

La destinataire de cette lettre (1750-1827) avait épousé en premières noces Joseph, comte de Sabran.

L'auteur de cette lettre (1738-1815) eut une carrière aussi singulière que sa naissance était peut-être irrégulière. Il était le fils de Marie-Françoise-Catherine de Beauville-Craon (1711-1786), maîtresse de Stanislas, roi de Pologne et duc de Lorraine, laquelle avait épousé en 1735 François-Louis de Boufflers, marquis de Remiencourt. Destiné à l'église, il refusa d'entrer dans les ordres, mais accepta d'être chevalier de Malte, ce qui lui permettait à la fois d'avoir des bénéfices et d'être capitaine de hussards. Spirituel et aimable, il fut accueilli avec empressement dans les salons de Paris, où il se fit bientôt connaître par ses poésies légères et ses contes, dont un au moins se lit toujours avec plaisir aujourd'hui (*Aline, reine de Golconde*, 1761). Vers la fin de 1764, il se lia avec Voltaire, qui l'appréciait beaucoup. Promu colonel en 1772, il assista à la bataille navale au large d'Ouessant (voir le n° 7235, alinéa 7), et fut promu successivement brigadier (1780) et maréchal de camp (1784). Nommé gouverneur de Sénégal en 1785, il y acquit la réputation d'un administrateur libéral et humanitaire. De retour en France en 1788, il se vit ouvrir les portes de l'Académie française. En 1789, il fut député aux Etats généraux, mais en 1791 il émigra et se réfugia en Allemagne. Ce ne fut qu'en 1797 qu'il épousa mme de Sabran, sa maîtresse depuis de longues années. Ils rentrèrent en France en 1800, s'étant ralliés à l'Empire. Sous la Restauration, il fut nommé conservateur adjoint à la bibliothèque Mazarine.

Vers 1760, il fit chez mme de Luxembourg la connaissance de JJ, qui dans ses *Confessions* lui consacre une page aigre-douce. JJ le soupçonnait de l'avoir desservi auprès de la maîtresse de la maison: 'L'Abbé de Boufflers surtout; jeune homme aussi brillant qu'il soit possible de l'être, ne me parut jamais bien disposé pour moi, [. . .] il est le seul de la societé de Mad[e] la Marêchale qui ne m'ait jamais marqué la moindre attention [. . .]', etc. Et JJ de prononcer sur lui un jugement un peu cruel, mais non pas injuste: 'Avec autant d'esprit il eut pu réussir à tout, mais l'impossibilité de s'appliquer et le gout de la dissipation ne lui ont permis d'acquérir que des demi-talens en tout genre. En revanche il en a beaucoup, et c'est tout ce qu'il faut dans le grand monde où il veut briller. Il fait très bien de petits vers, écrit très bien de petites lettres, va jouaillant un peu du cistre, et barbouillant un peu de peinture au pastel' (*Confessions* XI, *Pléiade* i, 552: Voisine, 651-652). En lisant entre les lignes, on devine que ce que JJ reprochait surtout au chevalier était de ne pas répondre avec chaleur à l'amitié qu'il était prêt à lui offrir.

a. on sait que, bien avant la publication de son poème des *Mois*, Roucher en lisait des extraits dans les salons et chez des amis.

b. il existe en effet un dessin à la sanguine par Hubert Robert, lequel représente l'île des peupliers avec le tombeau de JJ: voir le comte de Girardin, *Iconographie de J.J. Rousseau* [1908], p.261, n° 1080. – Hubert Robert (1733-1808), reçu à l'Académie royale de peinture dès 1766, fut un paysagiste qui aimait représenter des monuments connus, souvent, mais pas exclusivement, dans un décor naturel. Le tombeau de JJ était donc un sujet qui devait le tenter. Pour son rôle pendant l'époque révolutionnaire, voir le t.xlvi.

7290

René-Louis, marquis de Girardin, à Pierre-Alexandre Du Peyrou

Ermenonville 5 7bre *1778*

L'empressement Monsieur, a répondre aux Intentions de notre digne ami en tachant d'etre utile a sa malheureuse femme, et Celuy de faire plus particulierement Connoissance avec vous vers qui je me sentois entrainé par vos procedés pleins de franchise et D'honneteté, et par Le Lien d'amitié sincère qui réunissoit nos Cœurs au même objet, m'avoit déterminé a me rendre Le plutot qu'il m'etoit Impossible[1] a votre Invitation. J'ai eu L'honneur de vous marquer dans ma dernière[a], que de plus mures réflexions avoient retenu M^{de}. Rousseau et ma femme qui se proposoit de L'accompagner, et Ces mêmes reflexions m'empechent aussi de Les quitter quant a present et de Les Laisser seules icy ou elles craignent de se trouver exposées, a touttes Les Intrigues, Les maneges, et Les Cabales que leur feroient trés aisément perdre La tête en mon absence. Cela[2], Monsieur, joint à une Lettre que je reçois de M. Moultou[b] qui me marque qu'il ne pourroit que difficilement vers la fin du mois se rendre chés vous, et pour peu d'instans, et en compagnie de M^{de}. La Duchesse d'Anville fait que nous pensons qu'[2]il vaut mieux remettre notre voyage et le faire tous ensemble L'année prochaine des Le Commencement de La belle saison, ce qui nous laissera Le tems d'icy Là de mettre mieux toutes choses en ordre et de prendre touttes Les mesures Les plus reflechies, et les plus Convenables a tous egards. M^{de}. Rousseau se repose si bien en attendant avec toutte sorte de Confiance et de reconoissance sur votre amitié, et sur L'honneteté avec Laquelle M. Moultou reconoitra sans doutte et Conservera de son Côté L'unique et precieux dépot dont il est chargé Conformément aux Intentions de L'ami qui Le luy a remis avec La plus extreme Confiance. Si d'icy La Monsieur vous Le désirés nous pourrions nous envoyer réciproquement un petit état de ce que nous avons Chacun de notre Côté ainsi que des Indices que j'ai pour Ceux qui sont en d'autres mains afin que vous puissiés voir si vous en avés des doubles, où S'ils n'existent que La afin de faire plus[3] dans ce dernier Cas encor plus[3] de Diligence pour Les recouvrer. Je serois bien Faché, Monsieur, Si cette variation de nos projets avoit pu vous causer Le moindre dérangement. Je vous prie de m'excuser en songeant Combien L'homme est Le jouet des evénemens et surtout des afflictions et des peines, et aux troubles de toutte espèce dont cette funeste Circonstance nous a environnés. D'ailleurs, Monsieur, je sens trop combien M^de^. Rousseau doit desirer de vous voir et d'épancher son Cœur avec vous, pour ne pas agir Suivant son desir dans ce que je faisois principalement pour son avantage, et a ne pas me preter ainsi qu'elle L'exige afin qu'elle puisse La partager avec moy a différer La satisfaction de vous embrasser avec tous Les sentiments que nous vous devons et que nous conserverons pour vous toutte La vie.

Gerardin

P.S. Comme j'ai mandé en Angleterre d'ou j'attends des Lettres importantes relativement à nos affaires Les plus pressantes[4] car j'appelle ainsi celles de L'amitié, qu'on me les adressat Chés vous a Neufchatel, je vous prie Lors qu'elles y parviendront de vouloir bien me les faire repasser icy. Puis-je aussi Monsieur, présumer assés dejà de La bonté et de la Cordialité que vous m'avés accordé[5] pour oser vous demander un petit Service qui seroit de vouloir bien m'envoyer a Paris à L'adresse de votre Banquier quelques graines des *Sapin rouges* de vos belles montagnes, et du Champ du Moulin; je voudrois pouvoir reunir autour de notre ami, tous Les arbres d'un Païs qu'il avoit tant aimé. C'est toujours L'honorer que de penser a luy, et a tout ce qui lui fut Cher, et C'est aussi pourquoi je penserai toujours a vous, Monsieur, avec toutte Confiance et predilection comme son véritable ami.

MANUSCRIT

*1. Neuchâtel ms. R 118, fol.16-17; 4 p., p.4 bl.; orig. autogr.

2. Chaalis, fonds Girardin D[4] 33, n° 41, fol. 9-10*r*; mise au net.

NOTES CRITIQUES

Le ms. 2 est daté du 6, sans doute a posteriori, et porte le n° 5. Il a été entièrement remanié.

Variantes du ms.1;

[1] [lapsus quasi-freudien de Girardin: il ne se trouve pas dans le ms.2, où on lit: 'm'avoit determine Monsieur a me rendre aussitot a votre Invitation.'] [2] [en surcharge sur un autre mot devenu indéchiffrable] [3] [la phrase est incorrecte, le premier 'plus' étant de trop] [4] ⟨importantes⟩ [en surcharge] [5] [Girardin ne fait pas l'accord]

NOTES EXPLICATIVES

a. le n° 7284.

b. le n° 7280.

7291

René-Louis, marquis de Girardin, à Paul-Claude Moultou

du 5[1] 7bre 1778

J'ai eu l'honneur de vous Ecrire a Geneve Monsieur [2]Le 3 juillet[a] Le lendemain[2] de La perte fatale que nous avons faitte. [3]Je raisonnois[4] du devoir dont m'avoit[3] Chargé[5] votre respectable ami de reclamer votre amitié, et votre parole de ne jamais remettre qu'a sa malheureuse femme Le depot qu'il vous a Confié.[6] Comme vous ne me parlés en aucune maniere Monsieur, de Cette Lettre[7], dans celle que je reçois de vous à L'instant[b], je doute Si vous L'aurés receue. Ayant apris depuis par une Lettre[c] que m'a écrit[8] de Paris Le 6 juillet M. Coindet en m'en adressant une de vous pour Mde. Rouss.[c] que vous etiés a Rouen[d] et qu'il vous attendoit Incessament a Paris, je[9] joignis [3]a L'instant[3] a ma reponse pour luy[e] une autre Lettre pour vous[f], qu'il devoit vous remettre aussitot votre arrivée a Paris, et qu[10]'il est[10] [11]bien extraordinaire[11] qu'il ne vous ait remis[8] qu'[12]au moment ou vos malles ètoient dejà faites pour votre depart.[13] L'attachement qui nous unissoit tous deux au plus exçellent des hommes, et Le devoir Sacré[14], de reunir nos soins pour remplir Les Intentions dont[15] chacun de nous est depositaire[16] etoient mes seuls titres auprès de vous Monsieur, pour oser vous Inviter Icy, et je n'eusse jamais osé me flatter ni pour moy, ni[17] pour ma Campagne simple jusqu'a la rusticité, et Couverte de deuil,[18] de vous demander de devouer[19] quelques Instans aux affaires[20] qui vous [21]avoient tiré du sein de votre famille pour vous forcer de venir[21] a Paris.[22g]

Mr Du Peyrou ne pouvant venir[23] dans ce paiis, et m'ayant Invité à me rendre Chés luy pour reunir Les soins[24] que nous devons aux Intentions [25]dont nous sommes Chargés[25] je m'étois determiné a faire Le voyage cette année mais [26]La difficulté que vous eprouvés[26] Monsieur a[27] vous y rendre de votre côté; La saison qui s'avance et rend les voyages penibles pour les Pères de famille,[28] et differentes autres raisons qui me peuvent rendre encor ma presence necessaire icy pour le moment, m'a determiné a remettre ce voyage à L'année prochaine a L'entrée de la belle saison, au moyen de quoy, Monsieur, j'aurai plus le tems de me Concerter avec vos arrangements pour que nous puissions nous trouver ensemble Soit Ches Mr. du

Peyrou soit chès vous, et je ne vous repete pas Le desir que j'ai a cet egard[29] de faire[30] Connoissance plus particulierement avec vous et de meriter quelque part dans L'amitié que vous aviés pour un homme, que je respectois comme un Pere.[31] En attendant, Monsieur que nous puissions nous reunir, je vais m'occuper de mettre en ordre[32] Sa musique[33] qu'il avoit apporté[8] icy, et d'y reunir s'il est possible toutte celle qu'il avoit Laissé[8] en Angleterre, où j'ai dejà ecrit pour cet effet.[34] Le 1r acte de Daphnis & Chloé est Complettement fini; Le chant et accompagnem[ent][35] et il y a un assés grand nombre de morceaux du second acte, dont le Chant est fait, et dont les accompagnements restent a faire; ainsi que tout Le restant du 2e. acte, et Le 3e. en entier, et[36] Le jeune Anglois[h] a ecrit de lui même Le plus honnetement du monde[37] a La veuve, qu'il luy remettroit Le manuscrit dont il est depositaire, et dont j'ignore Le nom[h]; n'ayant trouvé, ni[38] brouillons ni Copies ni rien de relatif a cet egard.[39] Nous n'avons pu rassembler avec de soins extrêmes que quelques Cartes[40] ecrites au crayon et a moitié effacées, et quelques Chiffons de papier a moitié dechirés et Couverts de ratures[i] et qu'après avoir[41] deviné avec beaucoup de peine j'ai trouvé n'avoir rapport qu'a un petit ouvrage commencé[42] dans lequel il rassembloit Les reveries de ses promenades depuis environ un an; ainsi Monsieur je ne puis rien vous présenter de relatif a L'objet que vous entreprenés qui ne peut etre en de meilleures mains qu'entre Les votres a tous egards, et pour lequel vous avés [3]Le secours de[3] L'unique et la plus importante pièce,[43] et qui n'a jamais[44] posé un seul Instant dans d'autres mains que les votres, Ce que les deux Academiciens dont vous me parlés ont peutetre seroit apparemment Les Dialogues;[45] je vous garderai Monsieur Le secret du travail que vous faittes. J'espère[46] que ceux qui ont fait le tourment de sa vie, ne seront pas assés infâmes pour s'attacher encore comme de vils corbeaux sur son cadavre; S'ils en etoient capables, ils meriteroient d'etre denoncés a L'univers, dont tous les honetes gens ne tarderont pas a rendre enfin justice à L'homme qui reunissoit toutes Les qualités[47] du genie, a touttes Les vertus du Cœur, neamoins[48] je penserois Monsieur, que L'eloge [49]auquel vous vous proposés[49] ne peut etre placé honorablement et Convenablement qu'a La tête de La nouvelle édition de ses ouvrages. Lorsque nous aurons reuni tout ce qu'il sera possible honête et Convenable d'y faire entrer,[50] non seulement pour L'interest du public,[51] qu'il est juste que Les productions de son esprit[52]soient La ressource et Le Douaire de sa Veuve. Lorsque nous nous reunirons je vous porterai[53] tout ce qui s'est trouvé icy[54] tout ce que nous pourrons rassembler d'icy la de differentes personnes qui[55] rempliront sans doutte ainsi qu'a deja fait Le jeune Anglois Les Conditions de Leurs depots. [56]Je ne sçais pas ou Mr de Corancés peut avoir eu La preface qu'il a publié[8] dans son journal de Paris[k] cela m'irrite[57] d'autant plus que vous La croyés VERITABLE.[56] Ce n'est plus une Imposture [58]comme je l'imaginois[58] mais c'est[59] [de][60] quelque maniere[61] que ce soit c'est toujours une Infidelité[62] toujours ou tout au moins une Indiscretion et une Imprudence vis àvis d'un Public d'irriter sa Curiosité sur un objet que vous sçavés [63]aussi bien que[63] moi qui ne doit pas voir le jour de longtems.[64]

MANUSCRIT

*Chaalis, fonds Girardin D4 29, n°9, p.1-4; brouillon.

NOTES CRITIQUES

Ce ms. fait partie d'un ensemble de quatre feuillets (7 p., p.8 bl.) occupés par deux brouillons de lettres adressées par Girardin à Moultou. Ces feuillets portent (p.1) le titre: 'Correspondance avec Mr Moultou membre du grand conseil a Geneve'.

La date du premier brouillon est suivie d'une observation de la main de Girardin: 'a cette Lettre etoit jointe et Incluse une Lettre de me Rousseau'. Cette lettre est inconnue.

[1] [en surcharge sur un autre chiffre] [2] ⟨au moment meme⟩ [3] [ajouté dans l'interligne] [4] [leçon douteuse] [5] Chargé ⟨par⟩ [6] Confié ⟨je m'acquitte aussitot de ce triste⟩ [7] Lettre, ⟨je doute⟩ [8] [Girardin ne fait pas l'accord] [9] je ⟨luy⟩ [10] qui ⟨se⟩ ⟨ne pourra⟩

[11] ⟨etrange⟩ [12] qu'⟨a votre depart⟩ [13] depart ⟨je n'avois d'autre titre auprès de vous Monsieur, [3]pour ⟨vous⟩ prendre la Liberté de vous inviter icy[3] que celui de⟩ [14] Sacré ⟨pour nous⟩ [15] dont ⟨nous sommes tous⟩ [16] depositaire ⟨etoient les seuls titres qui⟩ [17] ni ⟨par Curiosité⟩ [18] deuil, ⟨qui vous y fussiés⟩ ⟨voudrez⟩ [19] ⟨prendre⟩ [20] affaires ⟨Importantes⟩

[21] ⟨apelloient Sans doute a Paris, et je pense Monsieur qu'elles doivent⟩ [22] Paris. ⟨Il faut sans doute Monsieur qu'elles aient eté et bien Importantes et bien pressées puisque vous m'avés pu surtout ceder [?] au vœu de votre Cœur, en venant donner des Larmes a L'amitié, et à la veuve de votre ami La consolation de voir celuy ⟨qu'il avoit⟩ dans lequel il avoit placé Sa confiance La plus unique et la plus Intime, je⟩ ⟨je comptois effectivement, Monsieur dans l'impossibilité ou est⟩ [23] ⟨se rendre⟩ [24] soins ⟨que nous devons aux Intentions de Celuy⟩ pour ⟨auxquels nous⟩ [25] ⟨d'un homme que je respectois comme un Pere⟩ [26] L'⟨impossibilité ou vous etes⟩ [27] ⟨de⟩ [28] famille, ⟨et quelques autres considerations qui particuliere⟩ [29] egard ⟨de meriter quelque⟩ [30] faire ⟨une⟩

[31] Pere, ⟨et que je pleure tous les jours de ma vie. La bonhomie, et La simplicité et La vertu, et qui⟩ [32] ordre ⟨Le peu⟩ [33] musique ⟨qui S⟩ [34] effet. ⟨Les airs du nouveau divin sont refaits⟩ [35] accompagnem[ent] ⟨Le Chant et Plusieurs⟩ [36] et ⟨Le dit⟩ [37] monde ⟨a la malhe⟩ [38] ni ⟨Double ni⟩ [39] egard. ⟨Les seuls petits brouillons qui se sont tr⟩ ⟨Chiffons de papier que j'ay pu trouv⟩ ⟨j'ai rassemblés ne Consistant⟩ [40] Cartes ⟨et q⟩

[41] avoir ⟨dechiffrés⟩ [42] commencé ⟨qui⟩ [43] pièce, ⟨mais je dois vous observer⟩ ⟨je vous en garderai Le secret que vous me demandés,⟩ [44] jamais ⟨eté confié un seul Instant⟩ [45] Dialogues; ⟨et do⟩ ⟨mais je dois vou⟩ [46] Sa ⟨memoire⟩ J'espere ['Sa' non biffé] ⟨qu'on n'atta-

quera plus L'honneur de⟩ ⟨que ceux qui ont abregé⟩ [47] qualités ⟨de l'esprit⟩ [48] ⟨mais⟩ [49] ⟨de Luy auquel⟩ [50] entrer, ⟨car sans entrer dans la discussio⟩ non ⟨pour⟩ ⟨pas tant pour L'Inter⟩

[51] Public, ⟨de qui tant en gros qu'en detail M R. n'a pas eu que de trop bonnes raisons d'etre mecontent, mais surtout pour celuy de sa veuve qu'un⟩ [52] esprit ⟨soient⟩ [53] porterai ⟨tout ce que j'ai⟩ [54] icy ⟨de brouillons et⟩ [55] qui ⟨remettront sans doutte et qui les auront. Le⟩ [56] ⟨car j'espere qu'il n'y en aura aucun d'assés malhonete pour faire ce qu'on a fait⟩ ⟨deja fait de la preface,⟩ [le passage qui suit est très raturé] [57] [leçon conjecturale] [58] ⟨puis que vous le croyés de luy⟩ [59] c'est ⟨une Indiscretion, une Infor⟩ ⟨et une trahison faite a l'amitié⟩ [60] [omis par inadvertance]

[61] maniere ⟨que M. de Corancés⟩ ⟨L'aveu⟩ [62] Infidelité ⟨a l'amitié⟩ [63] ⟨mieux que⟩ [64] longtems ⟨et en tout Celuy ⟨qui Le permettroit⟩ qui Sans ⟨respect pour Le pro⟩ aucun respect pour la memoire d'un grand homme se permettroit à present d'imprimer La moindre ⟨cho⟩ feuille de luy sans La participation ⟨de sa veuve⟩ de celle qui represente Ses volontés ⟨en sa⟩ vole sans contredit Le denier de La veuve et doit etre regardé ⟨comm le dern⟩ comme tel par tous les honêtes gens, et ⟨doit⟩ c'est aux Depositaires ⟨des volontés de Mr R⟩ de La Conf. de Mr Rousseau, et de ceux qui sont Chargés de defendre Sa memoire et ses Intentions d'attacher sur le front de pareils gens L'ecriteau qu'ils meriteroient.⟩

NOTES EXPLICATIVES

a. voir le n° 7176 (t.xl). Datée du 3 juillet sur le brouillon, cette lettre était en réalité du 2.

b. le n° 7280.

c. cette lettre manque.

d. voir au t. xl l'app. CCIII.

e. le n° 7188.

f. elle manque: voir le n° 7188, note *d.*

g. voir au t. xl le n° A 676.

h. Brooke Boothby. Sa lettre est inconnue: voir le n° 7239, premier alinéa. Il s'agissait, bien entendu, d'un ms. du premier *Dialogue*, conservé aujourd'hui à la BL de Londres.

i. il s'agissait de cartes à jouer et de quelques brouillons, le tout relatif aux *Rêveries.*

k. voir le n° 7230, note *a.*

7292

Pierre-Alexandre Du Peyrou à Paul-Claude Moultou

Neufchatel 5 7bre 78.

[1] Je m'empresse Monsieur, à vous faire part du changement survenû dans nos projets. Par une lettre du 29 aoust[a] reçue hier matin, Mr de Gerardin m'annonce que les Dames ne seront pas du voyage projetté; qu'il le fera seul, mais ne sera rendû chez moy au plutot que le 15 de ce mois; qu'il attendoit son passeport etc. Voila donc de quoi vous tranquilliser, Monsieur, et vous faire suivre vôtre cure sans hate et sans inquiétude. Ce delai me donnera le loisir

d'examiner plus en detail les papiers entre més mains, et peut être celui de nous réunir un jour ou deux avant l'arrivée de Mr de G. Ce qui seroit utile pour nous concerter d'avance sur les propositions à faire et les motifs determinans à representer, pour les appuyer. Il sera bon encore que vous soyés muni d'un etat raisonné des piéces que vous avés en mains, et je compte demain écrire à Mr de G. au hazard que ma lettre ne le trouve plus, pour le prier de se munir aussi de l'etat détaillé des papiers et ouvrages laissés entre sés mains, ou celles de la Veuve, ou de toute autre personne, afin que d'un coup d'oeuil nous puissions prendre connoissance de ce qu'il convient de faire. J'ay le catalogue des livres de botanique que possedoit Mr. R. et sés intentions sur cet objet consignées dans ses lettres. Il est possible qu'il ait changé depuis ses dispositions sur cet objet, mais je l'ignore. Il se presente ici assés de gens qui souhaittent l'entreprise de l'Edition à faire; Mais avant d'avoir réglé en quoi cette Edition consistera, il n'est pas possible de faire ou de recevoir des propositions.

[2] Aujourd'hui qu'il est décidé que Mr de G. arrivera sans etre accompagné de ces Dames, rien n'empéche Monsieur, que sans risquer de vous priver du logement que je vous destine, Madame la Duchesse d'Enville, n'en puisse prendre un chez moy, si elle vient ici, et que vous l'accompagniés. Ce sera à vous à lui en faire la proposition, si vous la trouvés convenable pour elle. Car quand à ma femme et moy, nous serons charmés de lui procurer un logement plus tranquille que celui qu'elle prendroit dans une auberge. Mais à tout évenement, et si nos offres ne lui convenoient pas, et qu'elle preferat l'auberge, elle feroit bien de choisir celui de la Couronne[b], dont le batiment est neuf et la situation infiniment plus gaye que celle du Falcon[c].

[3] Je souhaitte bien fort Monsieur, que lés eaux et les douches produisent promptement les effets salutaires que vous en attendés, et qu'ensuite réunis, nous puissions parvenir à des arrangemens également utiles à la Veuve de nôtre ami, que convenables à ce que nous devons à sa memoire.

Dupeyrou.

[4] Ne trouvés pas mauvais que desormais dans nos lettres, les formules banales soyent supprimées.

A Monsieur / Monsieur de Moultou / à Geneve.

MANUSCRITS

[1. pour l'orig. autogr. de cette lettre, 4 p., l'ad. p.4, voir le n° 7243]

*2. transcription faite par mlle Rosselet, d'après le ms. 1.

NOTES EXPLICATIVES

a. le n° 7284.

b. voir au t.xvii le n° 2794, note *d*.

c. à cette époque, l'auberge du Faucon occupait un vieil immeuble qui remontait au quinzième siècle. Cet immeuble, démoli vers 1829, était situé sur l'emplacement du n° 20 de la rue de l'Hôpital (Courvoisier, 1955, i.329; cp. la gravure reproduite p.323).

La rivalité entre ces deux établissements éclata vers cette époque dans une petite guerre publicitaire. C'est ainsi que le 15 août 1778 on lisait dans la *GB*: 'Des Personnes très distinguées, qui ont logé à l'Hôtel de la *Couronne* à Neuchâtel en Suisse, ont désiré qu'on avertit le Public, que cet Hôtel situé Rue du chateau, est actuellement garni & habité; le Bâtiment neuf, construit à la moderne, & très bien meublé. On y reçoit MM les Voyageurs avec empressement, ne négligeant rien pour leur rendre le séjour agréable, & l'on a merité jusqu'ici l'approbation de ceux qui l'ont honoré de leur présence. On y trouve sur-tout une perspective unique; la table est servie avec propreté & a un prix raisonnable. Le Major *CONVERT* qui en a fait l'entreprise n'epargnera rien pour en assurer le succès'. Cette annonce fut répétée dans la *GB* du 11 août 1778. Le 5 septembre, le propriétaire du Faucon, 'ou Maison de Ville de Neuchâtel', 'Mr Renaud, du grand Conseil', riposta par une annonce semblable.

Le major Samuel Convert (2 septembre 1745 – 29 juillet 1803), avocat, capitaine, châtelain du Val de Travers de 1789 à 1803, sautier et membre, comme son rival, du Grand Conseil de Neuchâtel, était le fils de Pierre-Louis, Grand Sautier, et de Judith Berquin. Major de la ville, il était l'auteur de plusieurs brochures. En 1787, pour des raisons sur lesquelles il n'est guère besoin d'insister, il demanda l'autorisation de changer son nom en 'Monvert', ce qui lui fut accordé.

7293

Pierre-Alexandre Du Peyrou à René-Louis, marquis de Girardin

Neufchatel 6 7bre *1778*
N° 3

[1] Au risque Monsieur, que ma lettre vous trouve parti je viens vous accuser la reception de la Vôtre du 29 du mois dernier[a]. Nous aprenons avec chagrin le changement Survenü dans le projet de vos Dames, mais vous nous flattés que cette partie Se renouvellera une autre fois, et cette espérance nous console. Quand à Vous Monsieur, le retard Survenü dans votre depart ne deplaira pas á M[r]. de Moultou qui doit vous avoir écrit comme il me le mande, les raisons qui l'empëchoient de se trouver avec nous dans ce moment, et qui

lui faisoient desirer que vötre arrivée fut reculée de quelques jours. Le voila donc á Son aise Sur ce point. Quand à moy, j'employe ce delai á mettre en ordre més differens papiers, á recueillir des lettres reçües autrefois de nötre ami commun, Sés intentions au Sujet de Ses papiers et de Sés autres effets pour que nous puissions nous y conformer.

[2] J'ay prié Mr de Moultou de porter avec lui, une note specifique et raisonnée des papiers qu'il a entre mains et qu'il destine á l'Edition au profit de la Veuve. Il seroit bon de vötre Coté Monsieur, de vous procurer la note des differens papiers qui Sont entre vos mains, ou celles de la Veuve, ou de toute autre personne de vötre Sü.[b] Ce n'est que d'apres cés differens notes réunies á celle que nous établirons de ce que j'ay en mains, qu'il Sera possible de determiner en quoi devra consister l'Edition, et quelles propositions nous pourrons faire ou recevoir á ce Sujet.

[3] Je m'etois flatté que Madme. Rousseau arrivant ici avec vous, eut pü m'instruire des veritables raisons qui ont entrainé mon ami á rompre des arrangemens qu'il avoit parü prendre avec moy de Si bon coeur. Car je ne peux penser que celles qu'il m'allegua dans le tems, fussent ou pussent être Serieuses.[c] Faites moy donc la faveur, Monsieur, de Savoir s'il est possible de Mad: Rousseau, les veritables griefs qu Mr. R: a crü avoir contre moy. Il est certain que je n'ay jamais pû Savoir ou imaginer rien d'assés grave pour avoir produit un effet aussi cruel. Je me tais ici, mais Monsieur, vous me permettrés quand je vous verray, de vous produire les faits, tels que je les connois.

[4] Il m'arrive dans le moment une lettre pour Madame Rousseau[d] qu'on a addressé[1] chez moy dans l'idée qu'elle devoit S'y rendre avec vous Monsieur. Je prends le parti de vous l'envoyer cy incluse.

[5] Recevés Monsieur, lés assurances de mon devouement, et més voeux pour l'heureux succès de la Course que vous projettés.

Du Peyrou

MANUSCRIT

*Chaalis, fonds Girardin D4 33, no 5; 4 p., p.4 bl.; orig. autogr.

NOTE CRITIQUE

[1] [Du Peyrou ne fait pas cet accord]

NOTES EXPLICATIVES

a. le no 7284.

b. ce substantif, encore assez courant au XVIIe siècle à l'état indépendant, du moins en vers, n'avait survécu au XVIIIe siècle que dans certaines aires périphériques de la langue. Dès 1721, le dictionnaire de Trévoux ne connaît le mot que dans l'expression 'au vu et au sçu' de quelqu'un.

c. voir au t.xxxiv les n°s 6123, 6130, 6136, 6138 et 6140.

d. lettre inconnue.

7294

René-Louis, marquis de Girardin, à Charles-Claude Flahaut, comte de La Billarderie d'Angiviller

[le 10 septembre 1778][1]

[1] La[2] marque de Confiance Monsieur que je reçois de vous[a] me touche Infiniment et me fait[3] desirer deja[4] d'obtenir quelque part dans votre amitié, quoique[4] je n'ai d'autre titre pour oser L'espérer que Le sentiment profond qui doit être Commun a tous ceux qui ont personellement[5] Connu [6]L'excellent homme[6] que Le monde vient de perdre par une mort si prematurée. Si elle a èté douce pour luy Elle a èté bien fatale pour moy, qui n'ai vecu avec luy que pour Le voir expirer[7] et si L'exemple de L'homme juste qui attend La mort avec tranquillité Lorsqu'il n'a jamais voulu de mal a personne doit m'apprendre a mourir[8], Le souvenir[9] de L'homme tendre[10] et sensible qui etoit en même tems Si Simple dans son Charactere, et si Sublime dans ses pensées, ne doit pas m'apprendre a me Consoler de sa perte. A l'idée d'une perte aussi cruelle pour moy qui L'aimoit comme mon pere et pour mes enfans qu'il aimoit Comme S'ils eussent èté Les siens, au spectacle funeste d'une mort aussi[11] rapide a La douloureuse image d'avoir eté obligé de creuser moi même dans la nuit Sa tombe, se joignent encor pour La perte absolue de mon repos touttes Les Charges de son testament qui n'est ecrit que dans mon Cœur, Le soin de la[12] Compagne Constante de sa vie et des malheurs[13] qu'il a Laissée entre mes mains Comme dans Celles d'un Père n'est pas une Intention[14] difficile[15] de remplir puisqu'elle ne depend que[16] [de] L'amitié, d'un Côté[17] Celle qui a èté associée a La vertu même sera sans doutte[18] Incapable, quelqu'avantage qu'on put luy offrir de se[19] pretter a rien de contrevenant[20] aux Intentions ni[21] au repos[22] de celuy qui etoit L'univers pour elle, ni [23]qui puisse alterer[23] Sa propre tranquillité [24]et d'ailleurs[24] C'est a moy de faire en sorte que jamais ses besoins ne puissent souffrir de ses sacrifices.

[2] Je sçais quoiqu'il puisse arriver que je ne dois et que je ne prendrai que lui pour juge; mais Monsieur Quel[25] terrible depôt que celuy de ses manes et de sa memoire! Vis avis d'un aussi grand homme que je me sens petit et ſoible vis avis d'une aussi ſorte obligation,[26] n'importe mon devoir et mon Courage.[27] Telles [28]doivent etre[28] Les regles de Ma Conduitte. Qu'il y ait eu une[29] trame de Calomnies et un Complot de persecutions, Les traces en sont trop evidentes pour[30] qu'on puisse s'y meprendre. Mais il est bien tems que La rage des partis qui L'ont persecuté parce qu'il n'a voulu etre d'aucun, S'amortisse, et[4] qu'on cesse de vouloir du mal[31] a la memoire d'un homme qui a voulu du bien a tout Le monde. Puissent ceux qui luy en ont fait se le pardoner a eux mêmes Comme il Le leur a pardoné. C'est dans cet esprit de paix que j'espere et ce[32] fut le sien [33]et C'est pour cela que[33] je n'ai pas cru devoir[34] parler[35] dans[36] L'endroit [37]ou il[37] repose, des ennemis qui L'ont tourmenté[38]. C'est dans le même esprit que La Pierre Simple et antique comme[39] son Charactere et ses Mœurs a èté elevée[40] à L'instant meme et[41] L'Inscription gravée afin d'eviter Sur le Choix Les Inconvenients du jugement de Paris. Je Sçais que Celle que j'ai osé y mettre est [42]aussi fort[42] au dessous de L'esprit que L'esprit eut eté[43] au dessous de luy.[44] Son nom seul [45]eut suffi sans doutte[45] comme Sur celle du buste, Si cette Inscription cessant d'etre unique eut encor pu Convenir a un homme unique. Telle [46]que soit[46] celle que j'y ai mise Elle[4] a eté dictée par le premier mouvement du Cœur, et C'est mon excuse. M. Ducis[47] a qui je l'ai envoyée pour La faire passer a M. de Leyre auroit pu vous Le montrer[48] puisqu'il a eu La bonté de La Corriger[b], [49]en tout cas je [me] dois de vous la soumettre[49] La voicy, d'un côté, et sa Correction de L'autre qui malheureusement est venue trop tard.[50]

[3] Icy sous ces ombres paisibles Pour les restes mortels de J.J. Rousseau L'amitié posa ce tombeau mais c'est dans tous les cœurs sensibles que cet homme divin qui fut TOUT SENTIMENT doit trouver de son cœur L'eternel monument.	Entre ces Peupliers Paisibles Repose Jean Jacque Rousseau approchez Cœurs droits et sensibles votre ami dort dans ce Tombeau.

[4] Celle de M. Ducis[51] est sans doutte plus abregée mais six lignes ne m'ont pas paru[52] excessivement longues pour distinguer avec soin deux mouvements L'un malheureux pour Ermenonville qui[53] ne Contient helas que ce qui fut de mortel de luy, L'autre

heureux et honorable pour L'univers qui [54]Le mit en possession de[54] tout ce qu'il y a eu de plus Celebre et d'Immortel [55]dans l'homme de toutes les nations[55] de la nature et de la verité.

[5] Je ne sçais pas d'ou[56] M. Robert[c] aura pu apprendre ce qu'il vous a dit de mon voyage,[57] il est bien vray que suivant Les Circonstances et Les reponces [58]qui me surviendront[58] je Serai peut etre obligé d'en faire plusieurs pour [59]parvenir a Conoitre et a assurer ce qui est epars[59] dans differentes mains et dans differents païis [60]de ce qu'il[60] poura etre convenable de publier suivant ses Intentions et [61]La nature des choses[61]. C'est pourquoy, Monsieur, [62]je desire avec empressement[62] de pouvoir[63] profiter de La permission[64] de conferer avec vous[65] a [66]ce sujet[66] a Paris, mais bien plus encor de L'esperance[67] que vous me donnés [68]de vous recevoir[68] icy [4]avec m. Ducis[4], ce qui[69] ce pourroit etre icy et plus promptement et plus a loisir[70]. Nous avons eu L'honneur de Connoitre beaucoup M. Le Chevalier de Flao[d] chez le Marechal de Balaincourt[e], [71] nous serions fort aises[71] qu'il voulut bien vous y accompagner, et que vous daignassiés accorder quelques jours[72] à nos sentimens pour vous, ma Campagne[73] n'a pu paroitre extraordinaire aux[74] Parisiens qu'a force d'etre Simple et rustique, aussi Monsieur, Elle ne peut etre digne en aucune maniere d'exciter La Curiosité de Celuy qui a tous les jours sous Les yeux [75]La magnificence et[75] Les Chef d'œuvres des arts;[76f] Ce n'est donc Monsieur que votre Cœur qui puisse vous Conduire où Le notre vous attend,[77] pour réunir nos larmes aux votres.

[6] Quoiqu'il arrive Mr je ne partiray pas d'icy sans avoir l'honeur de vous en donner avis.

MANUSCRIT

* Chaalis, fonds Girardin D4 38, n° 1, p.15-18; 4 p.; brouillon très raturé.

NOTES CRITIQUES

[1] [le ms. est intitulé: 'A.M.r. Dangevillers 3e Lettre 10 7bre. 1778'] [2] [précédé de deux faux départs:] 1° ⟨La marque de confiance Monsieur⟩ que je reçois de vous, ⟨me touche infiniment, et me fait desirer d'ob⟩ ⟨d'obtenir une⟩ ⟨meriter quelque part dans votre amitié. Le sentiment qui nous⟩ ⟨qui nous est Commun pour la memoire⟩ 2° ⟨La marque de Confiance, Monsieur, que je reçois de vous⟩ ⟨dont vous m'honorez acheve de determiner entierement mon estime pour vous, et me fait desirer sincerement d'obtenir toutte La votre, et de meriter quelque part dans votre amitié et j'ose l'esperer du sentiment profond de veneration et d'attachement qu'a⟩ [3] fait ⟨Sincer⟩ [4] [inséré dans l'interligne] [5] ⟨veritablement⟩ [6] ⟨L'homme excelent de La verité⟩ [7] ⟨mourir, ⟨S'il⟩ si son exemple m'a appris a mourir⟩ [8]mourir, ⟨Le souvenir de L'homme tendre⟩ [9] souvenir ⟨des qualitiés⟩ [10] tendre ⟨qui aimoit tout le monde⟩

[11] aussi ⟨precipitée⟩ [12] ⟨s⟩a ⟨femme⟩ [13] malheurs ⟨n'est pas⟩ [14] Intention ⟨qu'il soit⟩ [15] difficile ⟨a L'amitié⟩

[16] que ⟨de moi⟩ [17] Côté ⟨je luy dois⟩ ⟨Celle⟩ [18] ⟨rien faire⟩ [19] doutte ⟨[3]d'etre[3]⟩ [20] ⟨Contraire⟩ [la leçon définitive, mal écrite dans l'interligne, est conjecturale]

[21] ni ⟨a La plus simple L⟩ [22] repos ⟨de son mari, ni du sien⟩ [23] ⟨a sa⟩ [24] ⟨et⟩ [25] Quel⟨le⟩ [26] obligation. ⟨Toutte ma⟩ [27] Courage. ⟨Tout a la verité et rien a La fausseté.⟩ [28] ⟨seront⟩ [29] un ⟨tissu de Calomnies, Les traces⟩ ⟨un Complot de tissu⟩ [30] pour ⟨que tout homme⟩

[31] mal ⟨a cet⟩ [32] ⟨qui⟩ [33] ⟨qui⟩ [34] devoir ⟨placer⟩ [35] parler ⟨de ses ennemis Sur l'end⟩ ⟨La guerre que lui font⟩ ⟨ces sentiments que⟩ [36] ⟨sur⟩ [37] ⟨de son⟩ [38] ⟨persecuté. L'inscription que j'ai osé y mettre dit⟩ ⟨Ce premier Int⟩ [39] ⟨etoient (?)⟩ [en surcharge] [40] elevée ⟨tout aussitot⟩

[41] et ⟨que⟩ [42] ⟨aussi⟩ [43] eté ⟨aussi⟩ [44] luy. ⟨Je me fusse même contenté de⟩ [45] ⟨y⟩ eut ⟨été Inscrit⟩ [46] ⟨qu'elle est⟩ [47] Ducis ⟨a pu vous le dire⟩ [48] ⟨dire⟩ [49] ⟨mais malheur⟩ ⟨voicy s'il ne l'a pas fait⟩ ⟨La voicy⟩ ⟨je⟩ [50] tard. ⟨quod scripsi scripsi⟩

[51] Ducis ⟨eut sans doutte eté plus Conv⟩ [52] paru ⟨beaucou⟩ [53] qui ⟨contient⟩ [54] ⟨luy donne⟩ [55] ⟨dans L'homme dont Les manes Spiritu⟩ ⟨dans l'homme⟩ en luy [ces deux derniers mots non biffés] [57] ⟨comment⟩ [57] voyage, ⟨j'en suis d'aut⟩ [58] qu⟨e j'attends⟩ [59] ⟨rassembler ce qui⟩ ⟨et savoir precisement ce qui⟩ ⟨ce qui est epars⟩ [60] païs ⟨et pouvoir rediger un etat⟩ de ce qu'il ⟨sera convenable de publier suivant⟩ ⟨pourra⟩ ⟨pourra etre publié suivant Ses Intentions⟩ ⟨qu'il pourra etre⟩

[61] L⟨es Circonstances, C'est pourquoy Monsieur je serai fort aise de profiter de la bonté que⟩ ⟨de Conferer avec vous sur ⟨L'objet⟩ cet objet de profiter avec⟩ [62] ⟨je scrois fort aise⟩ [63] pouvoir ⟨Conferer⟩ [64] permission ⟨ou de L'a⟩ [65] vous ⟨sur L'a⟩ [66] a ce⟨t egard⟩ [67] L'esperance ⟨d'en conf⟩ [68] ['de vous recevoir' biffé par erreur] [69] qui ⟨me procureroit Le plaisir des⟩ que [70] loisir ⟨car j'espère que vous⟩ [à force de retouches successives, la phrase est devenu incohérente: je supprime un 'que' que Girardin a négligé de biffer, note 69]

[71] ⟨nous serions fort aises⟩ [72] à ⟨mon Empre⟩ [73] à ⟨mon Empre⟩ [73] Campagne⟨qui⟩ [74] aux⟨perso⟩ [75] yeux⟨tous⟩ [76] arts; ⟨mais il sera⟩ ⟨mais Ser⟩ ⟨il faut mons⟩ ⟨que soi⟩ [77] attend, ⟨pour donner⟩ ⟨et ici vous serés⟩

NOTES EXPLICATIVES

a. dans une lettre inconnue.

b. voir les n°s 7245 et 7246.

c. le peintre Hubert Robert: voir le n° 7289, premier alinéa et note *b*.

d. lire 'Flahaut'. Il s'agit d'un frère du comte, Alexandre-Sébastien Flahaut de La Billarderie (1726-1780), connu sous le nom de chevalier de Flahaut, mestre de camp, second fils de Charles-César (1670-1743) et d'Audette-Thérèse de Nesle.

e. Claude-Guillaume Testu (1680-1770), marquis de Balincourt, officier valeureux qui participa à presque toutes les campagnes depuis le début du siècle jusqu'en 1746. Maréchal de camp en 1719, il fut promu lieutenant-général en 1734, et maréchal de France en 1746.

f. voir le n° 7294, note *b*.

7295

Charles-Claude Flahaut, comte de La Billarderie d'Angiviller, à Jean-Baptiste-Marie Pierre

Versailles, le 11 septembre 1778

Je ne vois rien de plus opportun pour se débarasser quoiqu'avec perte, du buste de J.J. Rousseau[a] que de le glisser dans la vente des curiosités de l'abbé Terray[b]. Je vous donne donc à cet egard tout pouvoir d'arranger cela avec M. Jollain, puisque le catalogue n'est pas imprimé. [. . .]

IMPRIMÉ

*Louis Réau, *Une dynastie de sculpteurs au XVIII[e] siècle – Les Lemoyne*, Paris 1927, p.104.

NOTES EXPLICATIVES

Le destinataire de cette lettre (1713-1789), reçu à l'Académie dès 1742, était depuis 1770 premier peintre du roi. Il fut nommé un peu plus tard directeur des Gobelins.

a. il s'agit ici du buste en marbre, aujourd'hui inconnu, exécuté par Lemoyne. Il avait passé sous le n° 107 à la vente de l'atelier de l'artiste, laquelle avait eu lieu le 26 août 1778 et jours suivants (voir au t.xliii la lettre de Laliaud du 21 avril 1779, alinéa 2 et note *d*). On ignore pourquoi Angiviller, grand admirateur de JJ, se crut obligé de se défaire de ce buste quinze jours seulement après l'avoir acquis, sans doute en sa qualité de directeur des batiments du roi. Peut-être cette acquisition avait-elle déplu à un membre de l'entourage du roi. Quoiqu'il en soit, ce buste en marbre a disparu.

b. il s'agit de Joseph-Marie Terray (1715-1778), contrôleur général de 1769 à 1774: il mourut vers le 20 février 1778. Terray avait été le prédecesseur d'Angiviller dans la charge de Directeur général des bâtiments, arts et manufactures du roi, qu'il occupa jusqu'à son renvoi, et qui, détachée du Contrôle général, fut confiée à Angiviller le 24 août 1774.

7296

Pierre-Alexandre Du Peyrou à Paul-Claude Moultou

Neufchatel 12 7bre 1778.

[1] Depuis mes deux lettres du 2 et du 5[a] qui j'espére vous seront parvenûes Monsieur, j'en reçois une de Mr de Gerardin du 5[b] qui m'annonce un changement total dans ses projets. Differentes raisons parmi lesquelles il fait entrer le contenû de la lettre reçüe de vous[c], le forcent à renvoyer au printems prochain la course qu'il se proposoit de faire ici. Ce retard n'est point favorable aux interets de la Veuve qui ne jouït pas du benefice qu'elle a lieu d'attendre d'un arrangement. Cette reflexion pourra appuyer la proposition que vous etes d'intention que nous fassions ensemble: mais d'un autre coté, il me paroit nécessaire avant tout, d'avoir une note spécifique dés papiers sur lesquels on peut faire fonds. Je compte envoyer à Mr de Gerardin la note que je prepare de ceux qui sont entre mains, et lui demander celle que je lui ay prié de faire de ceux qui lui sont connûs, et ce sera d'après ces preliminaires que nous pourrons etablir la nature de nos propositions et lés conditions qui y doivent entrer.

[2] En attendant je travaille à la revüe des papiers que j'ay en mains, ou dés lettres reçues de l'auteur, et j'y trouve des renseignemens utiles à nos vües actuelles. Je vois d'ailleurs quels sont les papiers qui m'ont été redemandés par l'auteur, et qui manquent à la suite que j'en ay. Les lettres font foy qu'il a reçus ceux qu'il m'a demandés, et c'est un grand point pour ma tranquillité.

[3] Je me flatte Monsieur que le changement survenu dans le projet de Mr de Gerardin n'en aportera aucun à celui dont vous m'avés flatté. Il est interressant pour nous que nous [nous] réuni[ssi]ons pour concerter le parti le plus utile à proposer, soit pour l'honneur de la memoire de nôtre ami, soit pour la plus grande utilité de la Veuve.

[4] Recevés Monsieur les assurances de mon dévouement.

Dupeyrou.

A Monsieur / Monsieur de Moultou / à Geneve.

MANUSCRIT

[1. pour l'orig. autogr., 4 p., p.3 bl., l'ad. p.4, voir le n° 7243]

*2. transcription faite par mlle Rosselet d'après le ms. 1.

NOTES EXPLICATIVES

a. les nos 7287 et 7292.

b. le n° 7290.

c. le n° 7280.

7297

Jean Ranson à Frédéric-Samuel Ostervald

La Rochelle le 12e. septembre 1778.

[...] J'ai lu avec avidité dans les differens journaux ce qu'on y a dit de J.J. Rousseau depuis sa mort. Le début de ses mémoires ne m'a pas échappé[a], non plus que la lettre qu'il avoit écrit[1] en fevrier 1777. par la quelle il offroit le peu de bien qu'il possédoit à quiconque voudroit fournir à lui & à sa femme, pendant le reste de leurs jours, l'absolu nécessaire[b]. Je ne sais à qui cette lettre ou ce Memoire a été adressé; mais je m'étonne que quelqu'un n'ait pas accepté ses propositions, tant de personnes étant disposées à lui faire du bien. Le Libraire Pavie[c] m'a dit qu'on lui avoit offert de Paris les Mémoires de sa vie à 15. louis, sans doute manuscrits, & vraisemblablement qu'ils ne tarderont pas à paroître imprimés. J'aurois été bien fâché qu'ils eussent été la proie des flammes sans qu'on eût de copie, ainsi que plusieurs autres ouvrages que l'on sait qu'il avoit dans son portefeuille. Rey d'Amsterdam lui fesoit, à ce qu'on m'assure, une rente viagere, il se pouroit bien que sa veuve se seroit adressée à lui pour les oeuvres posthumes de son mari. Il m'est tombé il y a quelque temps entre les mains la copie d'une lettre de cet homme celebre qui ne se trouve pas dans ses œuvres & que vous serez surement bien aise de lire si vous ne la connoissez pas. Cette lettre suffiroit à mon avis pour lui meriter l'estime génerale[d]. [...]

A Monsieur / Monsieur Ostervald / ancien Banneret, / *à Neuchâtel, en Suisse* / *Par Pontarlier*

MANUSCRIT

*Neuchâtel ms. 1024 (arch. de la Société typographique), fol.44-45; 4 p., l'ad. p.4; cacheté d'une oublie; m.p.; timbre: 'LA ROCHELLE'; taxe: '15'; orig. autogr.

NOTE CRITIQUE

[1] [Ranson ne fait pas l'accord]

NOTES EXPLICATIVES

a. le préambule des *Confessions* fut imprimé dans plusieurs journaux ou revues de l'époque: voir le n° 7253, note *c*.

b. voir au t.xl le n° A 649.

c. les Pavie étaient une famille de marchands-cartiers et de marchands-libraires, établis depuis le premier tiers du siècle à La Rochelle. Ici, s'agit sans doute de Guillaume Pavie, fils de Joseph, reçu marchand-libraire en 1765.

d. malheureusement les indications fournies par Ranson ne suffisent pas pour permettre l'identification de cette lettre. S'agit-il d'une des lettres à Malesherbes, qui circulaient en ms. à cette époque?

7298

Pierre-Alexandre Du Peyrou à René-Louis, marquis de Girardin

Neufchatel 13 7bre *1778*. N° 5

[1] Je vois, Monsieur, par votre derniere lettre[a], non Sans beaucoup de peine, qu'il faut renoncer pour longtems, au plaisir de faire vötre connoissance personnelle, et de prendre des arrangemens utiles pour la Veuve, et convenables à la memoire de nötre Cher Citoyen. En respectant les raisons qui retardent nötre réunion, je ne peux m'empecher de vous observer, Monsieur, que ces retards tombent á la charge de la Veuve, et que pour parer á cet inconvenient, il m'est venü une idée que je vous communiqueray aussi tôt qu'elle Sera bien digerée. Mais il faut pour cela, que de part et d'autre, nous nous fournissions l'Etat exact et detaillé des papiers que nous avons, ou que nous connoissons á d'autres. Je travaille á cet Etat, et en parcourant les lettres où les notes reçues de Mr. Rousseau en divers tems, je pense avoir á double tout ce que Mr Moultou peut avoir lui même. Mais il doit exister la Suite de ce que j'ay, entre lés mains de Madame de Nadaillac Abbesse de Gomerfontaine, á peu de distance du Chateau de Trye, ou de Gisors. Je trouve dans une lettre de Mr R. écrite de Bourgoin le 12 et 13 janvier 1769[b] ce qui Suit: 'Quand á ce qui est entre vos mains, et qui peut être completé par ce qui est dans celles de la Dame á la Marmelade de fleurs d'orange, je vous laisse absolument le maitre d'en disposer après moi, de la maniére qui vous paroitra la plus favorable aux interets de ma Veuve, á ceux de ma filleule, et á l'honneur de ma Memoire.'

[2] La Dame á la Marmelade est Mde l'abesse de Gomerfontaine.

J'ignore Si cette Dame vit encore, et je vous prie Monsieur de vouloir vous en[1] informer pour m'en faire part. J'ignore encore Si le depot est resté entre Ses mains jusques á la mort du deposant. Il me paroit essentiel que je Sois éclairci Sur ces deux points, afin de reclamer auprès d'Elle, l'objet en question dont[2] Sans doute elle connoit la destination, par Mr Rousseau lui même. Par l'Etat que je compte vous envoyer des qu'il Sera en ordre, et par celui que j'attends de vous, il Sera aisé de prendre un arrangement conforme aux intentions de l'auteur. Je ne Suis point inquiet de ce qui est chez moy, et je voudrois avoir tout réuni, pour ëtre assuré que les vûes de M[r]. Rousseau Seront pleinement remplies. J'ay en mains une nöte de l'auteur, des ouvrages qui devoient entrer dans l'Edition projettée ici[c], qui peut Servir en même tems de catalogue, et de direction pour les Entrepreneurs de l'Edition future, non compris le Dictionnaire de Musique, qui depuis lors a parü, et Ses Confessions auxquelles il avoit commencé á travailler. J'ay un Catalogue de ses Livres de Botanique, Sur les quels il m'avoit mandé aussi Sés intentions. Ce recueil est d'autant plus precieux qu'independament de la rareté de certains ouvrages, M[r]. R: avoit travaillé à la Synonimie dés plantes, les raportant aux noms de Linnaeus. Ce Recueil existe-t-il Monsieur entre les mains de la Veuve? S'il est nécessaire, je vous envoyeray la Copie du Catalogue. [3]Vous devés avoir Monsieur un intermede intitulé Daphnis et Chloé dont la Musique est charmante, et bien Superieure á celle du Devin de village, telle du moins qu'elle a d'abord été composée, et je pense qu'il y a aussi une collection de Romances[3], Tous ces objets pourroient produire á la Veuve une ressource honnëte en attendant le reste.

[3] Je vous prie Monsieur, de la remercier de ma part et de celle de ma femme et de Sés pére et Mére, bien tendrement de Son Souvenir pour eux, et de Son Billet pour moi[d]. Je me faisois une veritable fëte d'attendrissement et de larmes, de la voir, de lui parler. Il faut Se Soumettre et renvoyer cela á l'année prochaine.

[4] Je tacheray Monsieur, de vous procurer de la Semence de *Sapîns rouges*, que je crois être la *Melése*, ou la *Larix*. Si je me trompe, veuillés m'envoyer le nom de ce que vous Souhaités, tiré Soit de Linaeus ou encore mieux de M[r]. du Hamel dans Son traité des Arbres et Arbustes[e], qui vous Sera Sans doute plus connû que les ouvrages du Suedois.

[5] J'auray soin de vous acheminer les lettres qui me viendront pour vous d'Angleterre ou d'ailleurs.

[6] Recevés Monsieur, les assurances de mon Sincere devouement.

Dupeyrou.

A Monsieur / Monsieur de Gerardin / En son Chateau de / *Ermenonville* / par *Senlis*.

MANUSCRIT

*Chaalis, fonds Girardin D4 33, n° 7; 4 p., l'ad. p.4; cachet maçonnique de Du Peyrou; m.p.: timbre: 'PONTARLIER'; taxe: '15'; orig. autogr.

NOTES CRITIQUES

A côté du cachet, Girardin a écrit: 'cachet un œil / un oreille / et se taire' (au crayon, repassé à l'encre), et au crayon: 'Vendu à un anglois'.

[1] [ajouté dans l'interligne] [2] [biffé et rétabli dans l'interligne] [3] [cité par Gagnebin 2, 1982, p.157]

NOTES EXPLICATIVES

a. le n° 7290.

b. voir au t.xxxvii le n° 6526, alinéa 3.

c. pour cette liste, voir au t. xxiii le n° 3921, alinéa 5; et cp. la liste envoyée à Rey, t. xxiv n° 4157, p.237-238.

d. billet inconnu.

e. voir au t.xxv le n° 4417, alinéa 3 et note *f*, etc.

7299

François de Chambrier à Jean-Pierre de Chambrier, seigneur d'Oleyres

le 14 7bre 78

Monsieur,

Je ne repondrai en ce moment a la derniere dont vous venez de m'honorer, que relativement à l'arrivée du Marquis de Girardin à Neuchâtel. Son nom peut exciter la curiosité & doñer lieu à quelques persoñes de lui faire des questions peu reflechies sur son origine; coṁe elles ne serviroient qu'à lui montrer un desir vague & déplacé d'etre du meme nom, il est bon qu'on ait au prealable quelques notions sur son extraction. J'aurai donc l'honeur de vous dire que conoissant Mr. de Girardin depuis une couple d'anées, pour m'etre trouvé en quelques maisons avec lui, j'ai eu par là occasion de voir ses armes qui d'abord n'ont rien de coṁun avec les notres, comme vous savez; j'ai cherché ensuité à me mettre au fait de sa naissance, avant de rien hazarder auprès de lui coṁe je comptois le faire si mes découvertes venoient à m'y autoriser: mais par tout ce que j'ai pu en aprendre en divers lieux & par des persones de different rang, il est constant que cette famille est generalement reputée pour etre de la plus ressente noblesse. Le grandpére etoit dans la Robe & du conseil du Prince de Conty, sans doute coṁe Avocat où Procureur[a], son fils Pere du Marquis eut aussi une charge de Robe[b] & épousa la fille d'un Riche financier[c] d'où provient la grande fortune de celui-ci qui passe pour avoir mieux de Cent Mille livres de Rentes: il a été Militaire au service du feu Roi Stanislas en Lorraine, d'où il s'est retiré avec le grade de Mestre de Camp de Cavalerie[d] (ce qui répond à Celui de Colonel dans l'infanterie) & la croix de S^t^. Louis: sa fortune l'a mis dans le cas d'épouser Mlle de Bayes[e] fille d'un Maréchal de Camp, grand Croix de l'ordre Militaire de S^t^. Louis & bon gentilhoṁe. Outre qu'on ne varie pas dans la Capitale sur ce petit historique, il m'a eté confirmé même par des paysans d'Ermenonville, Terre qui lui apartient. Avec celà M. de Girardin m'a paru en quelqu'occasion parler de son origine d'une maniére chimérique, je l'ai oui prier par ex: le Chevalier Blaquiere[f] de le presenter a la Duchesse de Leinster[g], de la Maison de Fitz-gerald, coṁe son parent, disant que dans les guerres intestines de Florence, trois fréres Gerardi s'en expatrierent en 1300, que deux passerent en Irlande où leur descendans ont pris le nom de Fitzgerald, *qui veut dire fils de Gerard*, & que le troisieme s'etablit en Champagne, dont il dit descendre. Tout celà est fort bien s'il a des documens quelconques qui vienent à l'appui, mais je croirois qu'on est autorisé à en douter après avoir parcouru, comme je l'ai fait, ce Nobiliaire françois qui s'imprime depuis quelques Aṅées[h] & où tout le monde se fait inserer pour de l'argent & sans aucunes preuves, j'y ai trouvé succinctement énoncé le Marquis de Girardin seul & sans aucune indication d'Ayeux ni d'origine, ainsi que l'éditeur en use relativement à d'autres personages qui jouent un Rolle, mais dont l'on ne peut rien dire du Nom. La seule question que je me sois permis de lui faire lorsqu'il parla de sa parentée avec les Fitzgerald, c'est s'il ne savoit pas qu'il y eut autrefois des Girardin dans le Comté de Bourgogne [. . .]

MANUSCRIT

* Neuchâtel, Archives Chambrier, copie-de-lettres de François de Chambrier, p.727; copie autogr.

NOTES EXPLICATIVES

a. sur les prétensions généalogiques du marquis, voir au t.xl le n° 7168, notes explicatives, premier alinéa.

b. Louis-Alexandre Girardin (né

1699), maître des requêtes (1725-1745), conseiller au parlement de Paris, marquis de Vauvray (Vauvré).

c. Anne-Catherine Hatte (1741-?), fille de René Hatte, fermier-général, et d'Anne-Catherine Miotte: voir au t.xxvi le n° 4462, alinéa 4 et note *r*.

d. Girardin avait été effectivement capitaine des gardes de Stanislas.

e. Brigitte-Adelaïde-Cécile Berthelot de Baye, fille de François Berthelot, baron de Baye, maréchal de camp, commandeur de l'ordre de Saint-Louis, et d'Elisabeth Riault de Curzay.

f. le colonel John Blaquiere (1732-1812), secrétaire de l'ambassade britannique à Paris de 1771 à 1772. Il était assez lié avec mme Du Deffand. Sa présence est attestée à Paris en 1777 et 1778.

g. née Emilia Mary Lennox (1731-1814). Elle était Fitzgerald par son premier mari, le duc de Leinster. En 1774, elle avait épousé en secondes noces William Ogilvie (1740-1832), et était venue à Paris en 1778 pour accoucher.

h. François-Alexandre Aubert de La Chesnaye Des Bois, *Dictionnaire de la Noblesse*, 1770s. François de Chambrier est un peu injuste envers cet ouvrage, où l'auteur remarque en toutes lettres qu'il n'a pas reçu de mémoire sur la famille Girardin.

7300

Brooke Boothby à George Simon Harcourt, comte Harcourt

Lichfield sept^r. 14. 1778.

My dear lord,

[1]While I was waiting to be able to give your lordship some satisfactory answer to the letter you did me the honour to write the beginning of august[a], I was seized with a violent illness which for a long time rendered me incapable of the most ordinary exertion. Upon the whole I fear you will not be much satisfied with the success of my enquiries after the *precious remains*. M^r. Davenport[b] from whom we had the greatest expectation says his uncle[c] *destroyed all M. Rousseau's letters*, a circumstance that can only be exceeded in incredibility by what I believe to be a fact, which is, that he *has* the papers, & would *be ashamed to have them made public.*[d] This I collect from his letter enclosed[e], his shuffling manner when I talked with him on the subject, & most of all by something that M^rs. Davenport[f] let fall in a conversation with Miss Vernon[g]. I have sent M^rs. Horton (miss Davenport)[h] an extract[1] from monsieur de Girardin's letter[i] in his own strong terms which, if she does not choose to restore the music, she must digest as well as she can. M^r. Dewes's letter[k] is I think satisfactory & polite.

[2] I knew the M^qs. de Girardin a little in Italy, where he travelled

on foot[l] with his son a youth about fourteen, and I once met him afterwards in Monsieur Rousseau's apartment. I recollect that Rousseau received him un peu brusquement so that I fear he was driven rather from necessity than choice to seek his last refuge at Ermenonville. However there seems to be a noble warmth both in his admiration of that wonderful man, & his activity to fulfil his last intentions. [2]I have waited to hear from M[rs]. Horton before I answer the enclosed letter from M. de Girardin[i], so that your lordship will be so good as to return it to me.[2]

[3] It gives me very sensible pleasure that you should think me capable of writing the life of that divine man.

[2]Quello che fu del secol nostro honore,[m]

because such an opinion can only arise from a very friendly prejudice in my favour.[2] What a noble and useful work would be the history of such virtue, and the analysis of such understanding! But there must be a Plato to write the life of a Socrates.

[4] [2]The moment I receive anything either from M[r] Dewes or elsewhere I shall transmit it to your lordship.[2] Sir John Lambert[n] has sent me back the packet I sent to Rousseau containing L[d]. North's letter[o] &c &c. which by some unaccountable fatality was more than six weeks upon the road. I have not had the courage to open it.

[5] I hope your lordship and lady Nuneham have enjoyed the charms of Nuneham during this delicious season. The climate of England for these last four months has been very like, and at least equal to the finest summers of the pais de Vaud, which I should rather prefer to those of any other part of Europe that I have seen.

[6] I beg your lordship to present my compliments to lady Nuneham, & to beleive that I am with the most sincere regard

your very obedient servant

Brooke Boothby

MANUSCRIT

*Stanton Harcourt, Angleterre, archives de feu. m. le vicomte Harcourt; 4p., p.4 bl.; orig. autogr.

IMPRIMÉ

Harcourt Papers (1880) viii.220-221 (texte incomplet).

NOTES CRITIQUES

[1] extract ⟨in regard to the music⟩ [lourdement gribouillé] [2] omis, impr. de 1880]

NOTES EXPLICATIVES

a. cette lettre manque.

b. Davies Davenport (1757-1837), petit-fils de Richard par sa mère Phœbe (1734-1757).

c. Davies Davenport (1723-1758), père du petit-fils de Richard (note *b*) avait trois frères toujours en vie en 1778 (William, Richard et sir Thomas). Mais il s'agit ici bien plus probablement de John Bromley, oncle maternel par alliance du jeune Davies, ayant épousé Bridget Davenport, fille aînée de Richard.

d. les soupçons de Brooke Boothby étaient parfaitement justifiés, car la plupart de ces lettres existent toujours en original.

e. elle n'est plus jointe à la lettre de Boothby.

f. née Charlotte Sneyd: voir au t.xl le n° 7126, remarque i.

g. c'était une parente de lord Harcourt, lequel avait épousé en 1765 une cousine, Elizabeth Venables-Vernon (1746-1826).

h. petite-fille (1756-1814) de Richard Davenport, et sœur de Davies (1757-1837). Sur le recueil de musique dont Rousseau lui avait fait cadeau en quittant Wootton, voir au t.xxxiii le n° 5839, alinéa 3 et note *c*. Quelque 'forts' qu'aient été les termes de la lettre de Girardin, mme Horton avait le droit incontestable de refuser de se dessaisir d'un recueil que Rousseau lui avait demandé de 'conserver en mémoire de moi'.

i. cette lettre manque.

k. John Dewes (1744-1820), pasteur anglican, neveu et héritier de Bernard Granville, dont il devait prendre le nom de famille. En recevant la demande de Boothby, il consulta son frère aîné Court, qui lui répondit le 27 octobre 1778: '[...] I do not see any objection to your letting Lord Harcourt have copies of Mr Rousseau's billets, for I think there is nothing in them that can do either him or Mr Granville discredit. I *was* writing to Mrs Delany when I received your letter, and as it is a matter of delicacy, of wch ladies are ye best judges, I asked her opinion, wch I will let you know when I receive it. [...]' (Llanover, v.392).

l. on ignorait ce détail pittoresque, bien caractéristique d'un disciple de l'*Emile*, où JJ fait l'éloge des voyages pédestres (*Emile* V, *Pléiade* iv.771-773). Le fils âgé de 14 ans était bien entendu Stanislas.

m. Pétrarque, *Rime* 244, l.5. Pour 'quello' lire 'quella'.

n. gendre de Lenieps, connu en France sous le nom de chevalier de Lambert: voir au t.ii le n° 167, notes explicatives, et au t.xiv le n° 2343, note *f*.

o. le premier ministre avait donc accédé à la demande de lord Palmerston: voir au t.xl le n° 7153, alinéa 3.

REMARQUE

Le 15 septembre 1778, le *Mercure* annonçait (p.191) la publication d'une nouvelle édition des '*Pensées de J.J. Rousseau, citoyen de Genève*. A Amsterdam, Prix 5 l. broché, & 6 liv. relié. A Paris chez Saugrain, Libraire, quai des Augustins'. CP. *AL* v (1778). 287.

7301

Antoine Barthès de Marmorières à Frédéric-Samuel Ostervald

Au mont Valérien près Paris
ce 16 7bre 1778

[...] Je suis ici avec un ancien avocat général au parlement de Rennes[a] qui dit avoir lù depuis peu de jours une copie du manuscrit de Rousseau[b]. Si vous n'en avés pas une et que vous puissiés m'ouvrir quelque jour à vous en procurer; j'y mettrai certainement tous mes soins. [1]L'écrit est de 17 heures de lecture[1c].

MANUSCRIT

* Neuchâtel, archives de la STN, ms. 1117, fol.334, p.3-4 d'une lettre de 4 p.; orig. autogr.

NOTE CRITIQUE

[1] [ajouté après coup]

NOTES EXPLICATIVES

a. on verra par la suite qu'il s'agit d'un avocat-général du parlement Maupeou. On a le choix entre: 1° Jean-Hervé de Silguy, seigneur de Contirbescond (1728-1804), fils de Hervé, et de Marguerite-Jeanne Marin. Il fut avocat-général de septembre 1771 à avril 1773, mais comme il devint alors président à la Chambre des Enquêtes, on doit l'écarter, puisque Barthès lui aurait donné ce titre. 2° Jean-Jacques de Berthou (1723 – avant le 26 juillet 1785), fils de René-François, et de Catherine Meunier. Conseiller en 1772, il fut nommé avocat-général en mai 1773, à la place de Silguy. Il avait épousé en 1747 Albertine-Justine-Jeanne-Marie de Raët van der Voort, baronne du Saint-Empire romain. 3° Jean-Baptiste-Armand Menardeau de La Charaudière (1743 – après 1804), fils de Jean-Baptiste, et de Marie-Renée de Monti. Conseiller en 1768, il fut nommé avocat-général en 1771. Il se fit prêtre et émigra. A tout prendre, c'est le n° 2 (Berthou) qui correspond le mieux aux indications données par Barthès.

b. des *Confessions*. C'était, bien entendu, un mensonge que ce bon monsieur avait inventé pour se faire valoir. Mais on verra par la suite que ce mensonge devait faire tache d'huile.

c. l'ancien avocat-général de Rennes a pu glâner ce détail, en renchérissant, dans la lettre de Dorat (t.xxxviii, n° 6818), qui parle d'une séance de quatorze ou quinze heures. Rappelons que cette lettre venait d'être réimprimée dans le *JP* du 9 août 1778. De son côté, Dusaulx parle d'une séance de 17 heures. Son livre n'était pas encore rédigé, mais il a sans doute parlé dans son entourage de la lecture des *Confessions* à laquelle il avait assisté.

REMARQUES

i. Le 16 septembre 1778, Métra parlait du 'superbe buste' de Voltaire 'par Houdon, chez lequel tout Paris va voir les bustes de J. J. Rousseau, de M. Francklin, & de M. d'Alembert. On n'a point d'idée de la ressemblance frappante de ces portraits. M. Houdon a une maniere qui lui est propre pour rendre les yeux. Jamais on n'a poussé plus loin la sculpture dans ce genre. Elle est, selon moi, au-dessus de la peinture' (éd. de 1787, vii.117).

ii. Le même jour, Métra racontait une anecdote sur JJ à Ermenonville: 'Comme vous chérissez la mémoire de Jean Jacques Rousseau, les moindres anecdotes qui regardent ce philosophe non moins vertueux qu'eloquent, vous intéressent. Je ne crois donc pas devoir vous laisser ignorer celle qu'on vient de m'apprendre. M. le marquis de Gerardin chez qui logeoit J. J. Rousseau, avoit un fils de dix à douze ans, que le citoyen de Geneve avoit pris en amitié, & sur l'éducation duquel il vouloit bien veiller. Le jeune homme avoit répondu à la tendresse de son mentor & profitait avec empressement de ses conseils & de ses leçons. Tous les jours à une certaine heure marquée, l'un & l'autre ne manquoient pas de se rendre dans un bosquet du parc, de là, le vertueux Rousseau discouroit avec son éleve qui ne se lassoit point de l'entendre, & qui ne cessoit de lui donner des marques de la plus tendre reconnoissance. Un jour, J.-J. rencontra le jeune homme dans le salon & le jeune homme feignit de ne le point apercevoir & ne lui dit rien. Rousseau surpris se rendit selon sa coutume dans le bosquet, attendit quelque temps l'éleve qui n'y parut point. Le cœur sensible de Rousseau est déchiré. Il ne peut supporter le changement de son disciple. Il rentre chez lui plongé dans une mélancolie profonde. Sa femme lui en demande le sujet. *Je suis bien malheureux*, dit-il, *je ne puis pas parvenir à me faire aimer même d'un enfant*. Et cet accident qui ne seroit rien ou du moins qui seroit peu de chose pour un homme ordinaire, fit dans le cœur sensible de Rousseau une plaie profonde, dont il eut toutes les peines du monde à guérir. Il en fut long-tems inconsolable' (éd. de 1787, vii.114-115).

iii. Le 17 septembre 1778, un libraire [Le Jay?] écrivait à Rey pour lui offrir le ms. des *Considérations*: voir au t.xxxix le n° A 617.

7302

Alexandre Deleyre à René-Louis, marquis de Girardin

A Dame-Marie les-Lys par Melun,
ce 19 7bre 1778

[1] Que je serois heureux d'avoir pour ami, celui de la verité! Mais c'est bien le cas de dire, o mon ami, *il n'y a plus d'amis*[a]. Eh! comment en trouver au moins dans ce siecle et ce monde de Paris, où tout fait plus que jamais un devoir ou un intérêt du mensonge? Loix de l'Etat et de l'Eglise, esprit de cour, de corps, ou de société, jusqu'aux mots et aux actions d'usage, tout est plein de faussetés de bienséance. Voilà pourquoi l'ami de la verité fuit les hommes et les villes; au risque de s'en faire haïr et calomnier, comme le bon et véridique Rousseau. Combien vous m'avés fait plaisir, o vous son digne ami, par votre derniere Lettre![b] Que vous les connoissiés bien mieux que moi, ce brave homme et ses indignes persécuteurs! Je le

vois par le développement de la trame suivie que vous avés démêlée, et qui me paroissoit quelquefois un rêve, quand il m'en parloit: car je ne pouvois pas croire à tant de méchanceté souvent gratuite; ni voir, comme lui, *toute l'Europe liguée contre le fils d'un horloger*[c]. Combien j'aurois de choses à vous demander sur cet abominable complot! Mais il faudroit vous voir, au lieu de vous écrire. Soyés sûr que je n'ai rien à vous déguiser, non plus que je ne cachai jamais rien à ROUSSEAU. Car il ne m'a point fait, ni demandé de confidences.

[2] Irés-vous à Paris au mois d'octobre? Je prendrois le moment de vous y trouver. Je passe ici mes jours à relire les ouvrages de l'ami qui nous a joints l'un à l'autre sur sa tombe, et pour longtems, j'ose le croire. Achevés, je vous prie, dirai-je encore *Monsieur*, ou *mon digne ami*, cette union que j'ai commencée; et mettés moi tout de suite à la place où vous voulés que je sois avec vous. Vos avantages vous imposent les avances.

[3] Votre Lettre est pleine de verités, soit de sentiment, ou de réflexion. Vous sçavés bien des choses; mais non pas peut-être tout ce qu'on dit à Paris, et que je n'ose vous écrire de peur d'y découvrir quelque affligeante realité, telle qu'un crime de jeunesse arraché par le plus violent amour et qui auroit fait un malheur de toute la vie à cet homme incompréhensible. Ce fait expliqueroit l'énigme de toute sa conduite, et justifieroit les prétendus inconséquences que croyoient y voir même d'honnêtes gens et de bons esprits. Je ne sçache pourtant pas qu'il en ait parlé dans ses *Mémoires*; – du moins un homme qui m'a dit avoir entendu la lecture de ce Manuscrit avec la liberté de ne rien cacher, ne m'a pas laissé même imaginer aucun crime. Mais deux ou trois mots jettés dans ses ouvrages, me font craindre qu'il n'ait été griévement coupable une fois en sa vie, d'une action non infame, mais atroce. Si vous m'entendés, achevés, je vous prie, de m'éclairer. Au reste qu'il ait été criminel, ou non, je l'en aimerois peut-être d'autant qu'il aura été plus à plaindre. Si ce n'est pas la peine de naître, pour ne se montrer qu'un homme vulgaire; c'est souvent un grand malheur d'avoir été quelque chose de plus; et quand on songe qu'il faut combattre ou ramper sur la terre, et toujours souffrir, soit qu'on tienne les hommes à la gorge, ou qu'on soit sous leurs piés; on n'est tenté que de soupirer aprés le néant d'où l'on est sorti.

[4] J'en étois là de ma Lettre, quand des courses imprévües et la fievre l'ont interrompue. Je prends un moment de calme pour la finir; et bien vite: car vous avés d'autres affaires que celle de me lire, ou me répondre. Mais un mot d'explication, je vous prie, sur votre maxime, *amicitiam impendere vero*. Est-elle dans le même sens

que celle de *vitam*? Ici, je crois qu'*impendere* veut dire sacrifier; [1]et je[1] voudrois que dans votre devise, il signifiât *employer et consacrer*, mais non pas *immoler*. En effet, s'il ne faut sacrifier à rien la vérité; il est rare qu'elle exige aussi le sacrifice de l'amitié. Je crois bien qu'on peut et qu'on doit quelquefois *mourir pour son ami*, mais jamais *mentir*, quoiqu'en dise l'auteur de la morale universelle, qui permet et même ordonne ou conseille le mensonge en certaines occasions, toutes les fois, dit-il, qu'il peut servir à quelqu'un sans nuire à personne. Vous voyés que je fournis à l'*ami de la verité*, matiere à traiter une grande question de morale: et pour les honnêtes gens il n'y a gueres d'action de la vie qui ne renferme quelqu'une de ces sortes de questions. Entendons-nous, Monsieur, avant de nous parler; et si nous sommes d'avis différents, discutons-les avec la franchise qui convient à notre caractere, comme à votre profession: Salut, amitié, paix et bonheur à l'ami de la verité.

DELEYRE

[5] P.S. Si je sçavois trois ou quatre jours d'avance, le tems où vous irés à Paris, soit en passant, soit pour y rester[2] l'hyver, et que ce fût surtout au mois d'octobre, je ne manquerois pas cette occasion de vous voir et de vous parler.

MANUSCRIT

*Chaalis, fonds Girardin D[4] 34, n° 37; 4 p.; orig. autogr.

IMPRIMÉ

1. Schinz 4 (1935), p.148 (fragment, mal daté).

2. Molinier (1970), p.157-159.

NOTES CRITIQUES

[1] [en partie obscurci par un pâté d'encre] [2] ⟨passer⟩ [en surcharge]

NOTES EXPLICATIVES

a. cette remarque était peut-être calquée sur le cri d'Argan: 'Ah! il n'y a plus d'enfans!' (Molière, *Le Malade imaginaire*, II.xi).

b. le n° 7288.

c. 'par quelle risible cause il verroit les Etats de l'Europe se liguer contre le fils d'un horloger!' (*Lettre CB*, *Pléiade* iv.932).

7303

René-Louis, marquis de Girardin, à Pierre-Alexandre Du Peyrou

Ermenonville Par Senlis 19[1] 7bre *1778*

[1] Je reçois Monsieur a peu de jours de distance vos deux dernieres Lettres du 6 et du 13 de Ce mois[a]. Et moy aussi Monsieur, je vois avec beaucoup de peines, Le retard que Les Circonstances ont aporté au voyage auquel votre généreuse et franche manière de proceder m'avoient determiné quelque difficile qu'il fut pour quelqu'un Chargé d'une aussi nombreuse famille dont plusieurs touchent au moment ou il est le plus necessaire de ne les point perdre de vüe. Mais comme L'objet du voyage etoit L'interest de La veuve, j'ai du me rendre aux instances qu'elle m'a fait[2] de Le Suspendre. Et ces raisons ne se trouvent que trop malheureusement fondées puis que La même Iniquité qui a poursuivi son mari La poursuit aussi; puis qu'on fait dejà répandre dans le public qu'elle a vendu des manuscripts de son mari; chose qu'elle n'a point assurement fait[2] de son vivant parce qu'il L'auroit Sçû et n'eut pas continué de L'affectioner comme il a fait jusques au dernier moment et que je puis certifier qu'elle n'a point fait[2] depuis. Cette Insigne[3] Calomnie ne peut donc avoir pour but que quelques falsifications où quelque[s] trahisons où vilenies de la nature de Celles dont Ses ennemis où ses faux amis ne sont que trop Capables.

[2] D'un autre Côté Monsieur, nous devons etre bien aises vous et moy que M[e]. R. puisse assister a des arrangements qui La Concernent puisque personne ne pourra mieux qu'elle vous instruire des veritables raisons qui dans Le tems ont pû porter votre ami a rompre Les Engagements qu'il avoit pris avec vous de bon Cœur. Car Ce n'ont point été sans doutte Les pretentions qu'anciennement Michel[4] Rey, et en dernier Lieu La Veuve Duchesne ont crû avoir contre L'edition generale de ses ouvrages, dans laquelle il s'est toujours reservé Le Droit de comprendre Chacun des ouvrages qu'il a vendu[2] Séparement; je pense bien plutot et Crois même pouvoir vous assurer, que ç'a bien plutot eté, un effet de la crainte énorme que depuis Les malheurs et les persecutions dont il avoit eté accablé, il avoit toujours eu de reparoitre en aucune manière Sur la Scène

du monde dont il s'etoit si mal trouvé. Et encor plus vis avis de vous, L'extreme Scrupule qu'il S'etoit fait que cet arrangement ne vous fut onereux; Car aussi Sincère que nous L'avons connu, il est Peu probable qu'il eut conservé vis avis de vous L'idée d'aucun grief, a en juger par la bonhomie et L'estime qu'il a temoigné[2] pour vous jusques a son dernier Soupir.

[3] Je sens neanmoins ainsi que vous, Monsieur, que toutte espèce de retard est nuisible aux interets de La veuve. C'est pourquoy, Regardant Comme Le devoir le plus sacré de remplir Les Intentions d'un ami, je m'occupe de mon Côté de ses affaires beaucoup plus que des miennes, et a rassembler tous Les Indices qui puissent nous Conduire a Conoitre ou sont tous Les papiers qu'il a eparpillés, et dont tous Les Depositaires ne sont pas aussi honnêtes que vous, Monsieur, et un jeune anglois qui de lui même Sans que je luy aie ecrit, a mandé à La veuve qu'il avoit un manuscript de Consequence qu'il Luy remettroit[b], ou dont il feroit L'usage qui Lui conviendroit. Je Lui ai écrit aussitot pour en sçavoir Le nom et La nature, Ainsi pour qu'il n'y ait aucun tems de perdu et n'apporter aucun prejudice a des Interets qui me sont plus chers que Les miens, je travaille tout a la fois tant a Cette recherche, qu'a recueillir dechiffrer et mettre au net differents brouillons sur feuilles volantes qui pourront peutetre servir a completer jusques au point de faire environ un volume un petit ouvrage de moral pour lequel il jettoit de côté à D'autre a mesure qu'elles Luy venoient, ce qu'il appeloit ses rêveries; En même tems je [5]m'occupe aussi[5] [à] mettre en ordre La musique qui etoit Chés moy, et a en faire des Copies qui puissent etre données au graveur. Dans cette musique il se trouve effectivement[6] L'Intermède de Daphnis et Chloé mais[7] beaucoup moins Complet[8] qu'on ne vous L'a marqué Car il n'y a que le premier acte de fini, quelques morceaux détachés[9] pour le second, rien du troisième et ni Poëme, ni même aucun plan de la pièce, ni [4]pour la liaison[4] de ce qui est a faire avec ce qui est fait. Comme je vois, Monsieur par ce petit fait particulier qu'il y a peutetre déja quelques gens qui auroient Commencé a manœuvrer auprès de vous, en vous Connoissant pour le principal Depositaire de papiers que toutte La Cabale est au desespoir de voir a L'abri de L'usage pernicieux qu'ils auroient bien voulu en faire, je dois vous avertir de vous défier a tous ces Intriguants et vous supplier pour L'avantage[10] de L'objet au quel le même sentiment nous reunit de me nommer ceux qui vous allegueront des faux. Je ferai La meme chose de mon Côté et vous promets Le meme service que j'attends de vous. Le Seul

rempart Inexpugnable aux mechants C'est celuy de la droiture [11]éclairée par[11] La Vérité, et soutenue par Le Courage.

[4] Pour en revenir à L'histoire de La musique, je Commence donc par mettre en état de debit tout ce qui Concerne *La musica di Camera* et j'ai ecrit en Angleterre a Myl. Harcourt pourqu'il tachat aussi de son Côté de rassembler celle qu'il y a Laissée entre Les mains de Mlle. Davenport[c]: Car parmi Cette musique il y a aussi un opera tout entier en 3 actes, completement terminé; Celuy des Muses galantes[d], et duquel il ne se trouve aucune Copie dans ce qui est icy. Il y a aussi en Angleterre une Lettre de luy sur la musique adressée au Docteur Burnet[e], qui a ecrit L'histoire de La musique en Anglois. J'ignore S'il aura compris cette Lettre dans son ouvrage, mais il n'y en a icy que quelques fragments tous raturés. Lorsque La musique sera rassemblée, et Copiée, je pense que Le Meilleur parti a tenir pour toutte celle de Chambre Consistant en Romances, airs et voix seule et duo, seroit de la presenter au Public par Souscription Sous Le nom d'un tiers, Chargé par M. R. lui même de la faire Imprimer pour L'avantage de Sa veuve. Quant aux Operas tels que Celuy qui est en Angleterre, et tous Les airs du Devin du village qu'il a refaits, on en pourra traitter particulierement icy avec Les Directeurs de L'opéra car malheureusement Celuy de Daphnis quoique Charmant dans ce qui est fait n'est pas a beaucoup près representable ou possible a terminer dans L'etat ou il est. Il ne pourroit etre Imprimé que Comme fragment. D'ailleurs Les paroles n'en sont pas de lui[12], quoi qu'il Les ait presqu'entierement retouchées, ce qu'il faisoit a mesure qu'on les Luy envoyoit pour les mettre en musique. Voila pourquoy il ne se trouve chés luy ni Poëme ni Plan de Cet opera, qu'il m'eut peutetre été possible de reussir a finir Si j'avois eu Ce secours. Mais je ne suis pas trop d'humeur ni a me Concerter ni a Correspondre davantage avec L'auteur de Ces paroles, car C'est precisement Le redacteur[f] du journal de[13] Paris, Le même qui dès L'instant de La mort de notre ami, a eu Le vilain procedé sans aucun avœu, de faire Imprimer plusieurs des Lettres, des Romances et notamment La prétendue preface des memoires[g], ce qui est une Imposture si cette[14] préface est fausse; et[15] Si elle est vraie, une trahison: mais La foy academique et Polemique, ne ressemble que trop a la foy Punique, et elle S'etoit tellement acharnée à ses affaires, et à sa Celebrité, qu'elle est Sans Contredit La plus grande Charge de son testament qui n'est ecrit que dans mon Cœur désolé; et pour L'execution du quel mon unique espérance, est qu'il Le sera également dans Le Cœur de tous Les honnêtes gens a La tête desquels

vous devés être Comme Le Principal dépositaire, et avec L'avantage que vous avés de vivre dans un[16] atmosphère plus pur que Le notre.

[5] J'attends Monsieur que vous vouliés bien me Communiquer L'idée que vous avés pour parer aux inconveniens du retard de notre reunion. Je vous fournirai volontiers de mon Côté tout Ce que vous me demanderés. Je voudrois bien que tout fut entre vos mains. Je n'en serois pas en peine. Non seulement je vous ferai un Etat Exact de tout ce qu'il y a icy mais encore j'y ajouterai Les Indices qui sont à ma Connoissance sur les Choses qui peuvent etre ailleurs. M^de^ de Nadaillac abbesse de Gomerfontaine vit encor, ainsi vous pourriés Lui écrire Comme authorisé par un ecrit de M. R. a luy demander de faire[17] remettre soit a vous, soit a M^de^. R., soit a moy dont vous voudrés bien luy marquer L'adresse Ce qu'elle peut avoir de Consequence à Ce que vous Connoissés, Pour moy je n'ai point D'indice qu'elle ait jamais eu autre Chose entre Les mains qu'une Lettre sur La Julie, ou nouvelle Heloise, dont il ne reste icy ni Copie ni brouillons.

[6] Quant à [18]tous [4]ses livres[4] [de] botanique[18] il les a vendus en Angleterre a M. du Tens[h], Comme aussi depuis son retour quelques uns qui lui restoient encor, avec un grand herbier. Il n'avoit icy qu'une Vingtaine de Volumes des Livres les plus Courants tels que Le Species de Linnaeus, Tournefort, La 1re Edition d'Haller et quelques autres de ce genre[i], sur les quels il a mis en marge quelques rapports de noms entre differents auteurs ou quelques Supplements de Descriptions et un Herbier Commencé ou il n'y a que le Commencement des 12 premieres Classes de Linnaeus mais il n'y a aucun ouvrage de luy sur ce Sujet. Cela dans L'etat ou cela est il en a fait present a ma fille ainée qui Commencoit a herboriser et a feuilleter avec Luy, ainsi que son Tasse qu'il avoit La Complaisance D'Expliquer avec elle, et son Plutarque qu'il m'a donné et qui étoit Les deux Seuls livres qu'il eut Conservés.[k]

[7] Je vous suis sensiblement obligé Monsieur de La Complaisance que vous voulés bien avoir de m'envoyer un petit Pacquet de graines de Sapins Rouges. Suivant Linnaeus C'est Le *Sinus Abies* et suivant Les autres auteurs Abies Rubra et en francois *La Seisse*. Il y en a beaucoup notamment au Champ du moulin dans votre vallée de Motiers travers. Ce sera pour moy une grande Consolation de me retrouver dans un aussi beau Païs, avec un veritable ami de Celui dont je porterai Eternellement La memoire dans mon Cœur

et de pouvoir vous temoigner personellement Monsieur, Les sentiments dont je suis penetré pour vous.

Gerardin

MANUSCRIT

*1. Neuchâtel ms. R118, fol.18-19; 4 p.; orig. autogr.

2. Chaalis, fonds Girardin D^4 33, n° 41, fol. 10*v*-11; brouillon très raturé.

NOTES CRITIQUES

Gagnebin 2 (1982), p.157, cite le court passage sur les *Rêveries*, alinéa 3.

Variantes du ms. 1:

[1] [le premier chiffre du quantième est en surcharge, et ressemble à s'y méprendre à un '2'. Mais 1° le brouillon est daté du 20. 2° Du Peyrou répond à cette lettre le 27. 3° Girardin n'aurait pas attendu dix ou douze jours pour répondre à une lettre du 13.] [2] [Girardin ne fait pas cet accord] [3] ⟨parce qu'elle ne L'auroit⟩ [4] [inséré dans l'interligne] [5] ⟨fais⟩ aussi ⟨Copier⟩ [6] effectivement ⟨Le prel⟩ [7] mais ⟨bien⟩ [8] Complet ⟨et Consequem⟩ [9] [en surcharge sur une première version devenue indéchiffrable:] ⟨prets à (?)⟩ [10] L'avantage ⟨de La chose⟩

[11] ⟨et de⟩ [12] ⟨il ne faisoit⟩ [13] de ⟨Paris⟩ [14] ⟨c'est une⟩ [15] et ⟨une trahison⟩ [16] [ce n'est pas un exemple du phénomène signalé à plusieurs reprises dans ces notes (voir au t.iii le n° 272, note *i*, etc) car Girardin met l'adjectif aussi au masculin. En effet, Richelet met le mot au masculin, genre qu'on trouve sporadiquement jusqu'à bien avant dans le XIXe siècle.] [17] ⟨vous⟩ [18] tou⟨te sa⟩

NOTES EXPLICATIVES

a. les nos 7293 et 7298.

b. il s'agit de Brooke Boothby et d'un ms. du *Premier Dialogue*..

c. voir le n° 7299, premier alinéa.

d. ce ms. a disparu.

e. voir au t.xl le n° 7134, et au t. xlii le n° 7313, alinéa 30, 8°.

f. Corancez. L'on sait du reste que Girardin avait d'autres motifs pour ne pas aimer Corancez.

g. voir le n° 7230, note *a*.

h. Girardin se trompait. JJ avait vendu la plupart de ses livres à Dutens, mais s'était réservé ses livres de botanique, qu'il n'a cédés à Malthus que beaucoup plus tard, probablement en 1775: voir au t.xl le n° 7061, rem. iii, et dans le présent volume le n° 7308, note *h*.

i. sur ces livres de botanique, voir les notes du n° 7313, où Girardin s'explique dans un plus grand détail.

k. d'après le récit qu'a donné Girardin de la mort de JJ, celui-ci aurait légué 'sa botanique' *in extremis* à mlle de Girardin. Et plus tard le marquis affirmera que c'est à son fils [Amable] que JJ aurait, par la même occasion, légué son Plutarque. Quant au Tasse, on sait qu'il a été expédié en Angleterre à Lord Harcourt de la part de Thérèse, de même que le porte-feuille de JJ.

7304

René-Louis, marquis de Girardin, à Marie-Françoise-Augustine-Ursule Le Danois de Cernay, comtesse de La Marck

Le 22 7bre [1778]

Je dois vous remercier, Madame, de la bonté que vous avés eu[1] de me rassurer sur La Crainte de vous avoir ennuyé[1]. Mais je vois, Madame, que dis je, je l'ai senti d'avance par cette espèce de Simpathie qui au premier mot se fait sentir a touttes Les ames sensibles comme L'action de L'electricité d'un bout a l'autre, que La votre[2]

MANUSCRIT

*Chaalis, fonds Girardin D4 22, p.31 du cahier (les p.32-44 sont restées blanches); brouillon d'un début de lettre, abandonnée.

NOTES CRITIQUES

Ce texte est biffé. Il est intitulé: 'Reponce au[x] 2 Lettres du 3 et du 5 7bre 1778'.

[1] [Girardin ne fait pas l'accord]

[2] [rédaction abandonnée]

7305

La Société typographique de Neuchâtel à René-Louis, marquis de Girardin

[le 22 septembre 1778]

Monsieur,

Nous n'aurions certainement pas différé Si longtems de répondre à la lettre obligeante dont vous nous avés honnoré le 8e. Aoust dernier[a], Si nous n'eussions pas eu Lieu d'espérer qu'un voyage de votre part dans notre ville nous mettroit à même de vous exprimer de vive voix combien nous Sommes pénétrés des assurances que vous voulés bien nous donner, rélativement à nos vues pour publier une édition complette des oeuvres de votre illustre ami. Mais, informés par Mr. du Peyrou que ce voyage est renvoyé à un autre tems, nous ne pouvons nous dispenser de vous marquer toute la reconnoissance que vos bontés méritent & Vous supplier en même tems de nous les continuer pour le succés d'une entreprise que nous avons extremement à coeur. Nous ferons de notre coté tout ce qui dépendra de nous pour mériter & obtenir une préférence aussi flatteuse & pour vous convaincre de la considération très distinguée avec laquelle nous avons l'honneur d'être

Monsieur

Vos très humbles & très
obéissants Serviteurs
La Société Typographique
de Neuchâtel en Suisse.

Neuchatel le 22 7e *1778*.

MANUSCRIT

*1. Chaalis, fonds Girardin D4 37, dossier B, no 2; 4 p., p.2 bl.; orig. de la main d'Ostervald.

2. Neuchâtel, archives de la STN, ms. 1105 (Copie-de-lettres), p.1114-1115; copie ancienne.

NOTE EXPLICATIVE

a. le no 7247.

7306

Marie-Therèse Levasseur à Samuel Swinton

Ermenonville Par Senlis 23 7bre. 1778

La Veuve J.J. Rousseau[1] supplie instamment Monsieur Le Redacteur de Courier de L'Europe d'y faire insérer incessamment[1] Le peu de Lignes Suivantes. Elles importent au Public, et à tous Les Libraires de L'Europe pour empêcher qu'on ne leur en impose, et il faut etre plus que barbare pour ne pas Laisser au moins mourir en paix La femme d'un homme qu'on n'a que trop persecuté pendant Sa vie.

La Veuve J. J. Rousseau vient d'etre positivement informée, que non Contents[2] de La malhonêteté de Chercher a vendre Le bien d'autruy, Il y a eu des gens assés cruels pour y joindre La Calomnie atroce, en présentant dernierement a [3]des Libraires Connus[3] de pretendus ouvrages de feu Son mari, de Leur dire qu'on Les avoit acheptés d'elle. C'est pourquoy Elle croit pour la mémoire de Son mari, pour elle même, et pour La Sureté de tous Les Libraires, devoir affirmer a toutte L'Europe que ni Son mari, ni elle n'ont jamais vendu Le moindre manuscript de Sa Composition depuis Les ouvrages de luy [4]qui sont Imprimés depuis Longues années.[4] Ainsi tout écrit qui ne Sera pas de La propre main de L'auteur, dont L'Editeur[5] refusera de se nommer publiquement, ou qui ne Sera pas présenté a la veuve pour être reconu par elle, [6]et imprimé de Son avœu[6], ne peut être qu'une falsification, ou une fraude.[7]

MANUSCRIT

*Chaalis, fonds Girardin D[4] 37, dossier F, n° 8; 4p., p.2-4 bl.; mise au net de la main de Girardin.

IMPRIMÉ

CE iv.222 (n° xxviii du mardi 6 octobre 1778).

NOTES CRITIQUES

Variantes de l'imprimé (sauf indication contraire):

[1] vous supplie instamment, Monsieur, d'insérer dans votre Courier [2] content [3] un Libraire connu [4] imprimés de longue main. [5] l'Editeur furtif [6] ms.: [biffé, et rétabli dans l'interligne] [7] fraude. (signé) *Femme Jean-Jacques Rousseau.*

7307

Jean-François de La Harpe aux Schouvalov ou au grand-duc Paul Pétrovitch de Russie

[vers le 25 septembre 1778][1]

[. . .] On est ici dans la plus grande impatience de connaître les mémoires de Rousseau; mais on craint bien que cette curiosité ne soit trompée, et que le gouvernement n'ait pris les mesures nécessaires pour empêcher la publicité de ce manuscrit, où l'on dit que plusieurs personnes connues sont compromises. Il y dit du mal de beaucoup de gens, et sur-tout de ceux qui lui ont fait du bien; mais on assure que personne n'y est si maltraité que lui-même. C'est une chose digne de réflexion que l'espèce d'amour-propre qu'a pu mettre un homme de ce caractère à dire la vérité, même aux dépens de sa réputation, et à médire de lui pour être extraordinaire en tout. On répand depuis quelque temps qu'il s'est empoisonné; les maladies douloureuses qui le tourmentaient, l'humeur noire dont il était dévoré, et le genre même de sa mort qui a été aussi prompte qu'imprévue, peuvent donner quelque fondement à ce bruit; mais rien ne prouve en effet qu'elle n'ait pas été naturelle. [. . .]

IMPRIMÉ

* La Harpe (1804) ii.292.

NOTES CRITIQUES

[1] [l'imprimé n'est pas daté. On sait qu'un certain nombre des textes de l'édition de 1804 sont des amalgames, et que d'autres ont été refaits a posteriori par La Harpe. De plus, il n'est pas toujours clair qui, des Schouvalov ou du grand-duc Paul, en est le destinataire. Cependant, en ce qui concerne la date, on trouve, dans un passage supprimé ci-dessus, une allusion à la démarche faite auprès de l'archevêque de Paris par les curés de Paris dans le but d'empêcher l'Académie française de mettre au concours un éloge de Voltaire. Or, cette démarche semble s'être ébruitée vers la date proposée ci-dessus: voir Bachaumont xii (1780). 118.]

NOTES EXPLICATIVES

Pour les Schouvalov et le grand-duc Paul Pétrovitch, voir au t.xxxix le n° 7039 et au t.xl le n° 7096.

7308

Pierre-Alexandre Du Peyrou à Paul-Claude Moultou

Neufchatel 26 7bre 1778.

J'ay differé Monsieur, de vous accuser la reception de vôtre envoy du 15[a] dans l'esperance de pouvoir vous donner dés nouvelles de Madame la Duchesse d'Enville, que nous avons attendü[1] depuis le lundi[b] jour fixé par vous pour celui de son arrivée, jusques au mercredi suivant[b]; que le soir nous aprimes avec chagrin par un de nos amis qui venoit d'en recevoir la nouvelle, que Madame la Duchesse prise par un gros rhume, êtoit retournée de Vincy[c] à Genéve. Ce contretems nous afflige à plus d'un titre, et vous le comprendrés mieux que personne, vous, Monsieur, qui connoissez si bien, tout ce qu'il nous fait perdre, et qui prenés un si vif interet à cette Dame respectable. Si vous etiés à portée de m'en donner dés nouvelles, je vous en demanderois. Mais vous êtes à Aix, où je vous desire la cure la plus favorable. Je vous renvoye, Monsieur, les deux lettres incluses dans la vôtre. [2]Je ne saurois blamer Mr de G. de l'interet actif qu'il paroit mettre à recueillir au profit de la Veuve, tout ce qui lui est possible. Mais je le plains, s'il est encore aveuglé sur le compte de cette femme, et s'il adopte avec trop de confiance, toutes ses assertions. Laissons le dans son prejugé, Jusqu'à ce qu'une entrevüe nous permette de nous ouvrir à lui avec plus de confiance que nous ne le devons par lettres, et travaillons tout à la fois à procurer à cette Veuve un sort tranquille au dessus du besoin, et à remplir lés intentions connües de nôtre ami.[2] Par les lettres qui m'en restent, je suis en etat de faire voir que depuis et longtems après la rupture de notre pacte, Mr R. m'a marqué ses volontés dans un moment ou il se croyoit en danger. Je dis plus; Si le depot entre més mains, existe encore, la Veuve m'en a l'obligation, puisque Mr R. m'a ecrit plus d'une fois de bruler le tout. Parmi les papiers qui me restent, se trouvent dix paquets cachetés remis en Angleterre à un de mes amis[d] pour m'etre envoyés, avec l'inscription, apartenans à Mr Dupeyrou de Neufchatel. Ces paquets sont restés tels que je lés ay reçus, et je ne les ay point ouverts parce qu'à leur reception, nôtre engagement ne subsistoit plus. J'ay la note de ce qu'ils contiennent mais peu detaillée. J'ignore donc s'il s'y trouvera une copie du Levite, et dés Solitaires. Ces deux morceaux et quelques autres me manquent, les ayant renvoyés à l'auteur sur sa demande, ainsi que deux gros paquets numerottés 7 et 8e. Ce que j'ay dés Confessions est sous cachet, dans un dés paquets envoyés d'Angleterre. Les embaras actuels dés vendanges retardent beaucoup le travail commencé, d'une notice des papiers que j'ay en mains. Mais il me semble qu'il faudra faire un choix, et ne pas publier indiferemment tout ce qui se trouvera dans les brouillons. En attendant que nous ayons un tableau complet de ce qui doit former le recueil, je vais proposer à la Veuve par le canal de Mr de G. de lui assurer une rente viagére de ce que les libraires pourront offrir, en deduisant quelque bagatelle sur cette somme aplicable à la filleule de Mr R[f] ainsi qu'il l'a souhaitté, il y a bien dés années. Je fourniray à Mr de G. la nôte de ce que vous offrés, et me conformeray à vos desirs, en ne vous nommant point pour les 6 premiers Livres des Confessions. Quand aux autres Ecrits, dont vous faisiés déja mention dans une de vos premieres lettres, j'en avois deja annoncé l'offre que vous en faisiés. L'Anonyme ne peut donc avoir lieu pour ce que vous avés dessein de fournir. Mais pourquoi vouloir garder l'anonyme? Je vois avec chagrin, que peut être les meilleurs amis de Mr R. qui sans doute tendent tous au même but, l'honneur de la memoire de leur ami, et le bien etre de sa Veuve, faute de se connoitre, de se voir, de se parler avec confiance, sont entrainés à une mésintelligence fatale, et bien contraire au succés de ce qu'ils se proposent. Que la maligne influence qui empoisonna la carrière de R. ne s'etende du moins pas plus loin que sa vie. Ne nous revoltons pas à la premiére aparence d'un tort, et pensons que dans l'eloignement où nous sommes les uns des autres, et dans nôtre position actuelle, chacun de nous peut agir d'aprés un principe louable, mais different. Vous et moy, nous tendons essentiellement à l'honneur de la memoire de R. Mr de G. qui connoit moins que nous, sa Veuve, et qui se trouve specialement chargé de son bien etre, croit devoir y travailler avec zéle et vraisemblablement cette femme l'eguillone. Partons de là, pour être indulgens, bien surs que lorsque nous pourrons nous réunir, et nous communiquer nos sentimens, nous les trouverons les mêmes. Vous ne sauriés trouver mauvais que je vous parle comme je viens de le faire, dans l'abondance du coeur, ou vous ne seriés point Monsieur, celui que je crois connoitre par vos lettres, et dont je respecte et chéris les sentimens. Ma plume vous en renouvelle ici les plus tendres assurances en attendant que ma bouche puisse vous lés repeter.[3]

MANUSCRIT

[1. pour l'orig. autogr. de cette lettre, 4 p., voir le n° 7243]

*2. transcription faite par mlle Rosselet, d'après le ms. 1.

NOTES CRITIQUES

[1] [Du Peyrou ne fait pas cet accord]
[2] [cité par Gagnebin 2 (1982), p.157]
[3] [suivi du paraphe de Du Peyrou]

NOTES EXPLICATIVES

a. cette lettre manque.

b. lundi 21, mercredi 23 septembre.

c. ce château appartenait à cette époque à Horace Vasserot (voir au t.xxii le n° 3655, note *d*). Pour l'histoire du château, voir Gaston de Lessert, *Le Château et l'ancienne seigneurie de Vincy*, Genève 1912. – Le château de Vincy, qui existe toujours, se trouve dans le canton de Vaud, à peu de distance de Rolle.

d. Cerjat: voir au t.xxviii le n° 5014, alinéa 3 et note *b*, etc.

e. Du Peyrou s'est-il trompé? Les deux cahiers ou paquets qui manquent aujourd'hui au fonds Rousseau à Neuchâtel sont ceux qui portaient autrefois les cotes '6' et '7'. Le cahier qui porte la cote ancienne '8' est celui qui contient la traduction de *l'Apocolokintosis* de Sénèque (ms. R 10).

f. Suzanne-Madeleine-Jeanne Rey. Du Peyrou ignorait qu'elle était morte le 16 janvier 1777.

7309

René-Louis, marquis de Girardin, à Jean-Antoine Houdon

Le 27 7bre *1778*

[1] Les vers que vous m'avez Communiqué[1], Monsieur m'etoient deja parvenus, mais Comme ils etoient sans signature et sans adresse je n'ai pas pu remercier Ceux qui me faisoient beaucoup trop d'honneur. Je vous prie de vouloir bien m'en acquitter auprès d'eux puisque vous Les Connoissés.

[2] Vous m'avés demandé ce qui a eté Inscrit a L'instant même. Je ne puis refuser ce peu de paroles a celuy qui sçait rendre Les grands hommes parlants. Les voicy

Icy Sous ces ombres paisibles
Pour Les restes mortels de Jean Jacque Rousseau
L'amitié posa ce tombeau:
Mais C'est dans tous les cœurs sensibles,
Que Cet homme Divin qui fut TOUT SENTIMENT,
Doit trouver de son Cœur L'ETERNEL MONUMENT.

[3] Telle que soit cette Inscription j'ai osé L'ecrire parce que je suis bien sur que C'est Le premier mouvement du coeur qui L'a dictée, qu'elle m'a evité L'embarras du choix et Les Inconvenients du jugement de Paris[a]. D'ailleurs elle divise Le monument en deux parties, en ne[2] comprenant dans L'espace que ce[3] qui fut mortel et rendant a L'univers[4] Ce qui est immortel.

[4] Comme vous aviés du monde hier, M[r]. Meyer[b] s'est chargé de vous prier de ma part de vouloir bien faire disposer Le plutot qu'il vous sera possible une terre Cuitte pour que je puisse La donner a La veuve, il est juste que pour Sa Consolation elle jouisse La premiere de L'espèce de miracle que vous avés fait.[c] Je vous demanderai ensuitte plus à loisir 8 terres cuittes 4. platres dont partie dans Le style habituel, et partie dans Le style antique. Si L'usage s'opposoit a ce qu'il fut celuy de son habit, il etoit bien Celuy de son Charactere et de ses mœurs. Je vous salue Monsieur avec surprise et admiration, et croyez moy, si L'on vous dispute encor que ce qui est[5] n'est pas possible vous avez toujours la reponce en main, ce sont vos ouvrages.

MANUSCRIT

*Chaalis, fonds Girardin D[4] 38, n° 6; 4 p., p.3-4 bl.; mise au net corrigée.

NOTES CRITIQUES

[1] [Girardin ne fait pas cet accord]
[2] [en surcharge sur un début de mot indéchiffrable] [3] ce ⟨fut⟩ [4] L'univers ⟨que⟩ [5] est ⟨soit⟩

NOTES EXPLICATIVES

a. jeu de mots, ou plutôt calembour du marquis, qu'il aimait répéter: voir le n° 7294, premier alinéa.

b. Georg Friedrich Meyer (Mayer) (1735 – 5 juin 1779, à Ermenonville). D'origine strasbourgeoise, il vint à Paris, où il fut élève de D. Hien et de François Casanova. Il entra plus tard au service de Christian IV, duc de Deux-Ponts, pour qui il exécuta surtout des paysages et des fêtes flamandes. C'est en 1777 qu'il semble s'être installé à Ermenonville, où il mourut le 5 juin 1779.

Cp. *Annales* v (1909). 273-275, et Girardin 3 (1829) i.16-17.

c. il s'agit du célèbre buste d'Houdon. Voir les n°s 7250, alinéa 6, 7302, remarque i, au t. xlii 7353, alinéa 4, etc.

7310

Pierre-Alexandre Du Peyrou à René-Louis, marquis de Girardin

Neufchatel 27 7bre *1778* N° 6

[1] Ce Seroit attendre trop longtemps, Monsieur de renvoyer ma réponse á votre lettre du 19 de ce mois[a], que je pusse la faire Suivre de la Notice detaillée des papiers que j'aye en mains. Elle feroit un Volume trop considerable écrit de ma main, et dans ce moment, mon homme d'affaires et de Confiance[b], est trop occupé à la récolte de mes Vins, pour pouvoir vaquer á cette Copie. [1]Je me borneray donc á présent de vous dire que parmi les papiers qui forment ce Depot, on peut distinguer

[2] 1°. Plusieurs manuscrits de main Etrangére, sur divers Sujets, et qui ne doivent pas faire partie du Recueil projetté.

[3] 2°. Plusieurs paquets de lettres addressées á M[r]. R. par Ses amis pour la plupart, et dont il ne faut conserver que celles qui peuvent avoir trait aux circonstances essentielles, l'honneteté exigeant que le reste Soit Supprimé.

[4] 3°. Plusieurs Livres plus ou moins remplis de Copies ou brouillons, de Sés lettres ou d'idées jettées Sur le papier, et déjà employées ou mises en oeuvre dans Ses ouvrages imprimés.

[5] 4°. Plusieurs paquets Contenant l'arrangement projetté pour une Edition, avec les Ouvrages qui devoient la Composer. Cette partie est incomplète, M[r]. Rousseau m'en ayant demandé en diferens tems quelques morceaux que je lui ay envoyés et qui me manquent tels que Pygmalion, Le Lévite, et lés Solitaires &c. Ces Morceaux doivent Se retrouver parmi ce que vous avez en mains, á moins que M[r] Rousseau n'en ait disposé en d'autres mains.

[6] 5°. Enfin dix paquets cottés de A à K qui portent pour Etiquette *Apartenans à M[r]. Dupeyrou de Neufchatel*. Ces paquets Sont restés cachetés et tels que M[r] R. les avoit remis à un de més amis en Angleterre[c] pour me les faire passer. J'ay crü devoir les laisser dans cet etat jusques á présent, par des considérations de delicatesse et de prudence, qui n'existent plus. Mais je les laisse encore ainsi, en attendant que le besoin nous engage á lés examiner. Comptant

Sur vötre arrivée ici et Sur celle de Madame Rousseau, j'étois bien aise d'ailleurs de vous les montrer tels que je lés ay reçus.

[7] A l'Esquisse que je viens de vous tracer, il faut ajoutter

1°. Une Oraison funebre du feu Duc d'Orleans pere de celui d'aujourd'hui.

2°. Un Manuscrit Sur la Pologne, d'environ 200 pages in 8°.

3°. Un fragment de la Continuation d'Emile, ou des Solitaires.

[8] Et quelques lettres qui meritent l'Impression. Ces articles Seront fournis par Mr. Moultou.[1]

[9] En attendant que nous puissions presenter le tableau fidelle de ce qui doit composer le Recueil, et écouter ou faire des propositions, regler et conclure avec des Libraires, ce qui peut encore trainer en longueur au préjudice de la Veuve, il m'est venû cette pensée, que pour ne rien faire á la précipitée[d] qui puisse préjudicier au respect dû á la mémoire de notre Ami, et pour faire jouïr incessamment la Veuve du fruit de son heritage, nous devrions lui faire la proposition Suivante.

[10] Qu'elle nous cede Ses droits, et lés papiers qu'elle á en mains ou qu'elle pourroit recouvrer, contre une Rente Viagére que nous lui constituerions proportionelle á la Valeur que voudront offrir les Libraires qui demandent á faire l'Edition, laquelle rente pourroit avoir terme des que l'on Seroit convaincü de la valeur que l'on obtiendra dés Libraires; Je vois Monsieur qu'un pareil arrangement nous mettroit tous à l'aise. Madame Rousseau jouïroit, et nous travaillerions á loisir à rendre cette Edition digne de L'auteur. C'est une Entreprise de longue haleine, qui demandera de ma part beaucoup de travail, pour faire copier Sous més yeux les brouillons qui existent, et dont Mr. R: a pressenti lui mëme la difficulté. Il faudra de plus beaucoup de circonspection et de prudence pour ne livrer aux Editeurs que l'objet de leur travail actuel, et ne lächer lés manuscrits qu'á mesure que l'impression S'en fera. Vous pourries Monsieur, vous réunir avec Mr. Moultou pour concourir avec moy áu dessein, pour peu que cette proposition vous paroisse convenable. Nous remplirons et nous concilierons ainsi les devoirs que nous impose l'Etat actuel de la Veuve, et lés Soins düs á l'honneur et á la Memoire de notre ami.

[11] Voila Monsieur le projet qui me rouloit dans l'Esprit au moment que je vous écrivois ma precedente lettre[e]. Examinés le, faites en part á Made Rousseau et dites moi franchement ce que vous en pensés.

[12] Je dois ajoutter que d'aprés lés intentions de Mr. R: dans un moment oú il Se croyoit en danger je ne pourray me dispenser, de

faire parvenir á Sa filleule une marque de Son Souvenir et de Son amitié.

[13] J'ay un catalogue de Ses Livres de Botanique, recueil assés précieux et qu'il avoit encore en quittant Monquin pour Se rendre á Paris. Ce catalogue consistoit en 16 Volumes in folio. 17 volumes 4° de onze Auteurs, 25 volumes 8°, de 20 Auteurs, et 20 Volumes in 12°. Au bas du Catalogue ainsi que dans une lettre du 7 juin 1770[f], il me marquoit que l'histoire des Plantes de Provence par Garidel folio, venoit de Mr. le Marquis de Mirabeau, et devait lui ëtre rendü[g].

[14] Je vous fournis Monsieur cés details persuadé que comme á moy ils vous paroitront interessans á connoitre pour remplir autant qu'il dépendra de nous, les desirs d'un Ami qui n'est plus.[h]

[15] Je dois encore vous faire part Monsieur d'une proposition qu'un quidam que je ne connois, ni ne Soupçonne, m'a fait faire par une tierce personne; celle de me remettre les 6 premiers Livres dés Confessions ou Memoires de Mr. Rousseau[i]; Sous la Seule Condition, de les faire entrer dans l'Edition au profit de la Veuve et de restituer l'original un an après Son impression. Ces 6 premiers Livres assure t'on, ne vont que jusqu'á l'établissement de l'auteur á Paris, ne peuvent offenser personne et font un honneur infini á l'Auteur. La dessus Monsieur, voici més reflexions. En Suposant que ces Mémoires Soyent tels qu'on nous l'assure, et n'ayant aucun trait á la vie de l'auteur comme Auteur, je crois qu'il faut accepter la proposition, tant pour assurer á la Veuve le produit de cet ouvrage, que pour donner á l'Edition á faire, une valeur toute au profit de la Veuve. Vous Sentés vous mëme Monsieur, combien ce morceau haussera lés offres á recevoir dés Entrepreneurs de l'Edition, et le danger que refusé par nous, le possesseur anonyme ne se determine á le faire paroitre lui mëme.

[16] Le 1er acte de Daphnis et Chloé, par ce que Mr. Rousseau m'en fit entendre, est un morceau precieux qui joint aux romances que vous pourrés recueillir, formera pour lés Amateurs une collection recherchée; ou pourroit y joindre les changemens faits áu Devin de Village, et je Suis persuadé que le tout produiroit une Sensation favorable à la Veuve. Mais je ne voudrois point y joindre indiferement, les compositions d'un tems éloigné qui diferent beaucoup de celles de ces derniers tems. Je ne crois pas non plus qu'il faille la presenter au public Sous le titre d'un tiers chargé par Mme. Rousseau &c &c.; mais Simplement proposer la Souscription au profit de la Veuve de l'auteur. Car il me semble Monsieur, que nous ne devons agir que comme nötre ami eut agi lui méme. C'est d'aprés ce

principe que je ne pense pas que l'Edition generale puisse se faire sous les yeux d'une Police vétilleuse, puisque nous devons faire paroitre l'Auteur entier tel qu'il füt, et non tel que les Supressions ou les corrections le rendroient. Ce doit être aussi une condition essentielle á imposer aux Editeurs. La confiance que vous attendés de moy, ne Sera point dementie. Je ne Suis point dans le tourbillon des intrigues et dés manoeuvres, et jusques á present elles ne m'ont point atteint. C'est d'après moi mëme que je vous ay parlé de Daphnis et Chloé comme d'un ouvrage fini. J'ay dü le Suposer ainsi; puisque en may 1775, je vis la partition Sur le pupitre de l'auteur qui m'en fit entendre quelques morceaux. Je ne parcourus pas le Livre pour voir Si l'ouvrage étoit fini, mais je pouvois le Suposer depuis le tems. Voila le fait. La defiance pour mon propre, n'est point dans mon Caractere, mais elle est nécessaire quand il S'agit d'un tiers, et Surtout de ce qui doit assurer l'honneur et la memoire d'un ami qui S'est fié á moy. Croyés donc Monsieur, que tout est en Sureté entre més mains. Nous ne pouvons nous juger ce que nous Sommes en effet que lorsque nous nous Serons réunis, que j'auray mis Sous vos yeux, tout ce que la distance me force á Suprimer, autant par prudence que par l'impossibilité de faire autrement. Je viens d'ecrire á Madame de Nadaillac. J'espere que Sa reponse Sera telle qu'elle doit être et dans le tems je vous en feray part[k]. Je ne luy ay donné Monsieur, ni vötre addresse, ni celle de Mad[e]. Rousseau, ni la mienne directe, par des raisons de prudence que vous aprouverés. Car il faut se défier de la Cabale *Philosophique*, qu'on pourroit á plus juste titre nommer *Intriguante*.

[17] J'ay donné ordre de recueillir dés cones de *Peisse* á leur maturité, que j'auray Soin de vous faire passer par premiere occasion. J'y joindray si on me lés procure quelques Cones de Meleze, dont vous pourrés tenter l'Essay au risque de ne point réussir ce dernier arbre étant plus agréable á la Vüe que le premier.

[18] Ma lettre est deja trop longue, pour vous deduire les motifs qui me font penser que vötre Suposition Sur la cause de la rupture des engagemens mutuels entre M[r]. R: et moy ne peut ëtre fondée. La raison qui m'en fut donnée dans le tems, me parut un pretexte Si revoltant que je n'ay pü y croire Sérieusement. Vous en conviendrés vous même, Monsieur, quand je Seray á portée de vous produire et de vous justifier les faits et les détails de cette cruelle affaire.

[19] En attendant ce bienheureux moment, recevés Monsieur les assurances de mon Sincére dévouement.

Dupeyrou.

MANUSCRIT

*Chaalis, fonds Girardin D4 33, n° 8; 8 p.; orig. autogr.

NOTE CRITIQUE

[1] [cité par Gagnebin 2 (1982), p.158]

NOTES EXPLICATIVES

a. le n° 7303.

b. Jeannin.

c. Cerjeat.

d. expression courante en Suisse romande, en Savoie et en Dauphiné, et non seulement à Genève, comme le veut Littré: voir Pierrehumbert (1926).

e. le n° 7297.

f. cp. au t.xxxviii le n° 6728, remarque.

g. voir au t.xxxviii le n° 6728.

h. ici, Girardin a écrit au crayon 'Maltus'. Effectivement, Malthus avait acquis presque tous les livres de botanique appartenant à Rousseau. Voir au t.xl le n° 7061, remarque ii.

i. voir le n° 7307. Le 'quidam', bien entendu, était Moultou.

k. pour la réponse de mme de Nadaillac à la lettre de Du Peyrou, voir au t.xxxviii le n° A614.

7311

Jacob-Henri Meister à Paul-Claude Moultou

[fin septembre 1778][1]

[. . .] Je ne sais rien encore des Memoires de J.J. – je me flatte que vous n'oubliez point la promesse que vous avez eu la bonté de me faire d'une copie du fragment d'Emile[a] – En me l'envoyant le plutot qu'il vous sera possible, vous augmenterez infiniment le prix de cette faveur – J'attends vos voeux pour les bustes de Houdon [2]qu'il vient de faire[2] – Celui de Rousseau est admirable[b] –

MANUSCRIT

*Winterthur, collections du regretté Albert Reinhart, archives Meister n° 33; 4p.; orig. autogr.

NOTES CRITIQUES

[1] [le ms. n'est pas daté. Moultou est rentré à Genève, et *Les Barmécides*, tragédie de La Harpe, sont imprimés. Moultou répond à cette lettre, en s'excusant du retard, le 12 janvier 1779.] [2] [ajouté dans l'interligne]

NOTES EXPLICATIVES

a. c'est-à-dire, de la suite de l'*Emile*.

b. pour ce buste de Rousseau, voir le n° 7250, alinéa 6, etc., et au t.xliv la lettre de Girardin à Choffard (novembre 1779).

ADDITIONS AUX TOMES PRECEDENTS

TOME VII

953 bis

Rousseau à Claude-Henri Watelet

[le 8 mars 1760]

Quoi, Monsieur, vous avez songé à moi? Je ne puis mieux vous montrer combien je suis sensible à cette attention qu'en vous déclarant que je l'ai desirée. En vérité le prix de votre souvenir m'occupe, et fait tort à celui de vôtre présent. J'ai relu trois fois vôtre lettre[a] et n'ai pas encore commencé vôtre livre[b], quoique j'aye suffisamment parcouru les estampes pour voir qu'une d'entre elles n'est pas de la main du maitre; mais une bonne éléve[c] n'honore pas moins le maitre qu'un bon ouvrage. Bon jour, Monsieur; je suis charmé que M[rs]. Loiseau[d] soient dépositaires des sentimens dont vous m'honorez et de ceux que vous m'inspirez; je ne le serois pas moins dc cultiver quelquefois près de vous les uns et les autres

JJ Rousseau

A Montmorenci le 8 Mars 1760.

MANUSCRIT

*Heidelberg, collection de m. le dr Adrian Braunbehrens; 2 p., p.2 bl.; orig. autogr.

NOTES CRITIQUES

Ce texte remplace celui que j'ai donné au t.xxxviii, p.363, et qui n'était qu'un extrait de catalogue.

NOTES EXPLICATIVES

a. le n° 943 (t.vii).

b. *L'Art de peindre* [. . .]: voir le n° 943, note *a*.

c. mme Le Comte: voir au t.xiii le n° 2258, note *e*.

d. les frères Loyseau de Mauléon et Loyseau de Béranger.

TOME XXV

4352

Rousseau à Charles-Joseph Panckoucke

A Motiers le 28 Avril 1765

[1] J'ai receu, Monsieur, la Lettre sans date[a] par laquelle vous me demandez Satisfaction de l'outrage que vous m'avez fait [1]dans la précédente[1] [b]. Comme cette plaisanterie n'est pas de mon gout j'éviterai d'y répondre. Vous étes jeune et françois, Monsieur, je sais ce qu'un homme de mon age doit passer au vôtre; mais quand on a l'étourderie de votre nation l'on doit en avoir aussi la politesse. Quand on veut juger un Livre[2] [c] sans le lire et condanner l'Auteur[3] sans l'entendre, il faudroit du moins en s'addressant à lui-même employer des termes plus mesurés.

[2] Le Quidam qui S'irrite si fort que j'aye mis ma devise à mon Livre, doit S'irriter bien plus que je l'aye entourée d'une couronne civique, et bien plus encore que j'aye dans ce même Livre justifié la dévise et mérité la couronne.

[3] Je vous remercie des estampes de l'Histoire naturelle que vous avez eu la bonté de m'envoyer. J'espére que M. Duchesne les aura payées comme je l'en ai chargé; en ce cas-là je serois charmé d'avoir à la même condition les estampes des volumes qui précedent et de ceux qui doivent suivre. S'il ne l'a pas fait, trouvez bon, Monsieur, qu'il le fasse ou que je vous renvoye lesdittes estampes. Il en sera de même des feuilles périodiques, si malgré ma priére vous continuez de les envoyer.

[4] En prenant l'Edition in 4°. de l'Hist: nat: je me suis défait de l'in 12. Ainsi c'est un soin obligeant mais inutile que celui que vous voulez bien prendre de la completter. Recevez, Monsieur, je vous Supplie, mes très humbles Salutations.

JJ Rousseau

[5] J'ai le plus vrai regret de cette brouillerie car je vous aime véritablement, et je vois que vous étes dans cette affaire la dupe de quelques fourbes qui feignent de m'aimer pour me nuire plus à

coup sur. Mais pour quoi me cherchez-vous si brutalement querelle dans une affaire ou supposant même que j'eusse tort, ce tort ne vous regarde en aucune sorte? Ai-je jamais écrit rien de desobligeant ni à vous ni à personne, à moins qu'on n'ait commencé. Vous affectez puerilement d'enfermer vôtre lettre dans un feuillet de l'année litteraire où est une épigramme contre un Misantrope[d]. Aprenez que le vrai Misantrope est celui qui fait l'insulte et non pas celui qui la repousse.

A Monsieur / Monsieur Panckoucke / Libraire, rue et vis-à-vis / la Comedie françoise / *A PARIS*

MANUSCRIT

*Paris, collection Henri Ramin (1866-1936), associé de la maison d'édition Firmin-Didot de 1896 à 1927; 4 p., p.3 bl., l'ad. p.4; cachet à la lyre sur cire rouge: m.p.: timbre: 'PONTARLIER': taxe: '10'; orig. autogr.

Je dois la communication de ce texte à l'aimable concours de mlle Perrine Canavaggio, qui a bien voulu m'en faire parvenir une photocopie.

IMPRIMÉS

1. *Mercure*, le 11 avril 1789, p.83 (fragment).

2. Panckoucke 2 (1828), p.58 (même fragment).

3. *Dix-huitième siècle*, xiv (1982). 240 (article de mlle Perrine Canavaggio, petite-fille de m.Henri Ramin); texte intégral.

NOTES CRITIQUES

Ce texte remplace le n° 4352, qui n'est qu'un fragment.

[1] [ajouté dans l'interligne]
[2] ⟨Auteur⟩ [3] ⟨un homme⟩

NOTES EXPLICATIVES

a. voir au t.xxiv le n° 4679.

b. lettre inconnue.

c. les *LM*.

d. voir au t.xxv le n° 4352, note *b*.

TOME XXVI

4451 bis

Rousseau au comte Karl Johann Christian Zinzendorf

[le 30 mai 1765][1]

[1] Si je pouvois, Monsieur, promettre de l'exactitude dans une correspondance, c'est à vous que je la promettrois; mais comme on ne doit pas S'engager à l'impossible, je promets de recevoir toujours avec empressement les lettres que vous me ferez l'honneur de

m'écrire, et d'y répondre quand je pourrai; à condition qu'à chaque lettre vous marquerez votre addresse tant que vous serez en voyage; car je l'oublie, les lettres se mêlent et il me faut un tems infini pour les retrouver.

[2] Je suis ému de ce que vous me marquez de ces aimables Dames et cavaliers de Milan et de Cremone. Ce sont surement des ames honnêtes, c'est la marque distinctive de ceux qui m'aiment. Je serois trop malheureux de n'avoir point pour moi d'enthousiastes[2], ayant contre moi tant d'enragés et de furieux.

[3]Ce que vous me marquez des lettres écrites de la Montagne me prouve, Monsieur, que vous ne les avez pas lues ou, ce qui revient au même, qu'étant excessivement prévenu vous les avez lues sans les entendre. Vous pouvez[3] voir par la couronne civique que j'ai mise à la tête de cet ouvrage ce que je pense du jugement que vous en portez. Au reste je suis si accoutumé aux injustices des hommes que la votre même ne m'étonne pas; mais je puis vous dire sans compliment qu'elle me fâche.

[4] J'ai receu M. Marten[a] comme quelqu'un qui m'apportoit une lettre de vôtre part, et je recevrai toujours, Monsieur, de vos bonnes[3] nouvelles avec le même plaisir que j'ai eu de faire connoissance avec vous.

JJRousseau

A Monsieur / Monsieur le Comte / Charles de Zinzendorff / Chambellan de leurs Majestés Impériales / *À MALTHE*

MANUSCRIT

*Neuchâtel, ms.R n.a.9 fol.78-79; 4 p., p.3 bl., l'ad. p. 4; cachet à la lyre sur cire rouge; orig. autogr.

Ce ms. passa en vente les 22 et 23 mars 1983, à Marbourg, chez Stargardt.

NOTES CRITIQUES

[1] [le ms. n'est pas daté. En haut de la première page, on trouve l'indication 'N° 2', et Zinzendorf a noté: 'reçüe a Malte le 19. Novembre 1765', ce qui a porté le rédacteur du catalogue à proposer 'octobre / novembre 1765' pour la lettre de Rousseau. Mais 1° dans la lettre à laquelle JJ répond ici, et qu'il n'a pas conservée, Zinzendorf faisait allusion aux 'Dames et cavaliers de Milan et de Crémone'. Zinzendorf était passé par Milan et Crémone au printemps, en route pour Gênes, Livourne, Rome et Naples. 2° l'allusion aux *Lettres de la Montagne* invite à situer beaucoup plus près de la publication de cet ouvrage la lettre de Zinzendorf. 3° en octobre et en novembre JJ se trouvait à Bienne, à Basle ou à Strasbourg. 4° le n° 2 a été attribué à la présente lettre. Le n° 1, c'est le n° 3586 (t.xxi). Si la présente eût été écrite en octobre ou en novembre, elle eût porté le n° 3, car la lettre du 30 mai 1765, dont j'ai donné un résumé au t.xxv sous le n° 4451 bis, l'eût précédée. Le n° 4451 bis, dont la date ne fait pas de doute, doit donc être le n° 2. Le retard constaté par la note de Zinzendorf s'explique par le fait que JJ avait envoyé sa lettre à Gênes, et que Zinzen-

dorf avait été continuellement en voyage.] [2] enthousias<mes> [3] [ajouté dans l'interligne]

NOTE EXPLICATIVE

a. je n'ai pu l'identifier.

TOME XXXVIII

Nos 6893 et 6909

(textes rectifiés)

L'établissement du texte de ces deux lettres d'Helvétius présente un petit problème technique, dont la solution n'est pas facile. Par suite d'une confusion dans mes dossiers, dont je m'excuse auprès de mes lecteurs, les textes que j'en ai donnés au t.xxxviii, au lieu de reproduire la source que j'avais préférée (l'imprimé 2), offrent une version intermédiaire entre le ms. et l'imprimé 2. Afin d'éviter toute équivoque, je les réimprime ci-dessous. On verra que si les variantes sont en général de peu d'importance, elles n'en présentent pas moins un problème curieux.

En effet, ces deux lettres nous sont connues par trois sources indépendantes: un manuscrit conservé aujourd'hui à la BV de Neuchâtel, et deux imprimés. A première vue, c'est le ms. qui devait en principe nous fournir le texte le plus authentique, puisqu'il a été envoyé à Girardin 'par Mylord Harcourt qui l'a fait copier lui-même sur le manuscrit que lui a confié M. Dutens'. Or, ce manuscrit, quoique déparé par quelque fautes de copiste, est plus proche de l'imprimé 2 que de l'imprimé 1, sans toutefois en avoir été transcrit, comme je l'avais d'abord supposé; ce qui entraîne la conclusion qu'ils ont une source commune, c'est-à-dire, l'original autographe qui se trouvait toujours entre les mains de Dutens. C'est pourquoi j'ai adopté ci-dessous comme texte de base l'imprimé 2 (comme j'avais eu l'intention de le faire au t.xxxviii), plus correct dans son ensemble que le manuscrit.

Quelle est donc l'origine du texte de l'imprimé 1, et quelle est sa valeur? Il ne s'agit sûrement pas d'une édition subreptice. Il est permis de supposer que c'est la première version publiée par Dutens, et corrigée par lui un peu plus tard (imprimé 2). Cependant, cette hypothèse soulève à son tour quelques difficultés. Ne pourrait-on pas supposer, les coquilles à part, que le texte de l'imprimé 1 fût plus proche de l'original que ne le sont le ms. et l'imprimé 2? Mais dans ce cas, il faudrait conclure que Dutens s'est mêlé de retoucher la prose d'Helvétius. Ce n'est pas impossible, mais cela serait déconcertant, surtout étant donné la garantie de lord Harcourt. Autre petit problème: où et par qui l'imprimé 1 a-t-il été publié? L'adresse est-elle fictive? Il y eut bien à Londres une 'société typographique' vers cette époque, mais son existence semble avoir été éphémère. Du reste, rien n'empêchait un libraire de Londres de mettre son nom à une publication de ce genre.

Versons au dossier de ce problème un dernier fait singulier: toutes les réimpressions faites au XVIIIe siècle de ces deux lettres (*Œuvres* d'Helvétius, *Œuvres* de Dutens, *Œuvres* de Rousseau, édition de Genève) reproduisent le texte de l'imprimé 1 (en en corrigeant les coquilles). Mais c'est là probablement, moins une preuve de son authenticité, qu'un phénomène moutonnier qu'on ne rencontre que trop souvent dans l'histoire des textes. Du reste, comme on le sait, le XVIIIe siècle attachait bien moins d'importance à l'exactitude que ne le font les érudits de nos jours.

6893

Claude-Adrien Helvétius à Vincent-Louis Dutens

A Paris, le[1] *22 Septembre 1771.*

Monsieur,

Votre parole est une chose sacrée, & je ne vous demande plus rien, puisque vous avez promis de garder inviolablement l'exemplaire de M. Rousseau[a]. J'aurois été bien aise de voir les notes qu'il a mises[2] sur mon ouvrage, mais mes désirs à cet égard sont fort[3] modérés: j'estime fort son éloquence & fort peu sa philosophie.[4]

C'est du Ciel [5]disoit Milord Bolinbrooke[5] [b] *que Platon part, pour descendre sur la terre, & c'est de la terre que Démocrite part, pour s'élever au Ciel*: le vol du dernier est le plus sûr.

M. Hume ne m'a communiqué aucune des notes dont vous lui aviez fait part. J'étois alors vraisemblablement à mes terres. Présentez-lui, je vous prie, mes respects, ainsi qu'à M. Elisson[c]. S'il y avoit cependant dans les notes de M. Rousseau, quelques-unes qui vous parussent très-fortes, & que vous pussiez me les adresser, je vous enverrois la réponse, si elle n'exigeoit point[6] trop de discussion.

Je suis, avec un très[7]-profond respect,

Monsieur,

Votre très-humble & très-obeissant serviteur

Helvétius

MANUSCRIT

Neuchâtel, ms.R 291, fol.176; copie envoyée à Girardin en 1779 (?) par le comte Harcourt.

IMPRIMÉS

1. LETTRES / A Monsieur D. . . . . B . . . . . / Sur la Refutation du Livre de / L'ESPRIT D'HELVETIUS. / Par J. J. ROUSSEAU. / Avec quelques Lettres de ces deux Auteurs, / A LONDRES / Auprès du Palais St. James, rue St. James / à la Société Typographique 1779: un in-8º de 44 p., p.44 bl.; p.37-38.

*2. LETTRES / à Monsieur D. B. / Sur la Réfutation du Livre / *DE l'ESPRIT d'HELVETIUS*, / *PAR* J. J. ROUSSEAU, / *Avec quelques Lettres de ces deux Auteurs*. [. . .] A LONDRES; / *et se trouvent A PARIS*, / chez J. BARBOU, rue des Mathurins. MDCCLXXIX: un in-8 de 48 p.; p.25-26.

NOTES CRITIQUES

Je néglige dans ces notes les différences de ponctuation, qui sont nombreuses, de typographie et d'orthographe, sauf dans les rares cas où ces différences portent à conséquence.

[1] ms. et impr. 1: ce [2] ms.: mis [3] ms.: bien [4] ms.: [faux départs] ⟨C'est Platon⟩ ⟨Milord Bolinbrook⟩ [5] impr. 2: [omis: texte suppléé d'après le ms.]; impr.1: C'est, dit Milord Bolinbroke, du ciel [6] impr.1: pas [7] ms.: [omis]

NOTES EXPLICATIVES

a. son exemplaire annoté du livre *De l'Esprit*. L'existence de cet exemplaire annoté était connue à Paris depuis longtemps. Dès 1767, mme Necker (née Suzanne Curchod) avait noté dans son journal: 'M. du Tems a acheté la petite bibliothèque de Rousseau, d'environ cinq cents volumes, avec des notes marginales; le livre de l'Esprit, entre autres, est couvert de critiques' (Curchod, 1798, ii.246).

b. Henry Saint-John, premier vicomte Bolingbroke (1678-1751), qui après une carrière politique fort mouvementée, se retira définitivement en France en 1735, et se consacra aux lettres et à la philosophie. Dans une vingtaine de passages de ses écrits, il afficha un souverain mépris à l'égard de Platon, 'ce poète travesti en philosophe'.

c. personnage difficile à identifier avec précision. Il s'agit peut-être de John Ellison (1694-1773), fils de Nathaniel (1655-1721), pasteur à Bedlington, dans le Northumberland, de 1719 jusqu'à sa mort. Rappelons que Dutens lui aussi avait une paroisse dans le Northumberland. Il y avait aussi Stanhope Ellison (1719-1778), fils de Thomas, pasteur à Londres de 1757 à 1774.

REMARQUE

Dans le ms.291 (Neuchâtel, BV), on trouve, collée p.27 du cahier des *Lettres de Dutens à M. d.[e Bure]*, une fiche de la main de Girardin: 'nb. vous noterez que Les Principes de l'Esprit sont tirés presque mot a mot des ouvrages de Hume.

Il est bien singulier que M. Dutens soit tellement l'ami de Mr Hume et l'ennemi de M. Helvetius dont Le systeme est absolument Calqué sur celui de L'autre.

Savoir si Le disciple qui jure Sur les paroles de son maitre ne L'entend pas plus que lui.'

6909

Claude-Adrien Helvétius à Vincent-Louis Dutens

A Voré, le[1] *26 Novembre 1771.*

Monsieur

[1] Une indisposition de ma fille[a] m'a retenu à ma[2] campagne quinze jours de plus qu'à l'ordinaire. C'est à [3]ma terre[3] que j'ai reçu la lettre que vous m'avez fait l'honneur de m'écrire; je serai dans huit jours à Paris. A mon arrivée, je ferai tenir à M. Lutton[b] la lettre que vous m'adressez pour lui.

[2] Je vous remercie bien des notes que vous m'avez envoyées, vous avez le tact sûr; c'est dans la note 4[e] & la derniere[c], que se trouvent les plus fortes objections contre mes principes.

[3] Le plan de l'ouvrage de l'Esprit, ne me laissoit pas la liberté de tout dire à[4] ce sujet; je m'attendois, lorsque je le donnai au Public, qu'on m'attaqueroit sur ces deux points, & j'avois déja tracé l'esquisse d'un ouvrage[d], dont le plan me permettoit de m'étendre sur ces deux questions[5]; l'ouvrage est fait, mais je ne pourrois le faire imprimer sans m'exposer à de grandes persécutions. Notre Parlement n'est plus composé que de Prêtres, & l'inquisition est plus sévere ici qu'en Espagne. Cet ouvrage, où je traite bien ou mal une infinité de questions piquantes, ne peut donc paroître qu'à ma mort.

[4] Si vous veniez à Paris, je serois ravi de vous le communiquer; mais comment vous en donner un extrait dans une lettre. C'est sur une[6] infinité d'observations fines que j'établis mes principes; la copie de ces observations seroit trop[7] longue: il est vrai qu'avec un homme d'autant d'esprit que vous, on peut enjamber sur bien des raisonnemens, & qu'il suffit de montrer[8] de loin en loin quelque jalons, pour qu'il devine tous les points par lesquels[9] la route doit passer.

[5] Examinez donc ce que l'ame est en nous, après en avoir abstrait l'organe physique de la mémoire, qui se perd par un coup, une apoplexie, &c. L'ame alors se trouvera réduite à la seule faculté de sentir. Sans mémoire il n'est point d'esprit; donc[10] toutes les opérations se réduisent à voir *la ressemblance ou la différence, la conve-*

nance ou la disconvenance que les objets ont entre eux & avec nous. Esprit supposé *comparaison des objets*, & point de comparaison sans *mémoire*; aussi les Muses, selon les[11] Grecs, étoient les filles de Mnémosine[e]; l'imbécille qu'on met sur le pas de la[12] porte n'est qu'un homme privé plus ou moins de l'organe de la mémoire.

[6] Assuré par ce raisonnement & une infinité d'autres, que *l'ame n'est pas l'esprit*, puisqu'un imbécille a une ame, on s'apperçoit[13] que l'ame n'est en nous que la faculté de sentir. Je supprime les conséquences de ce principe; vous les devinez.

[7] Pour éclaircir toutes les opérations de l'esprit, examinez d'abord ce que c'est que juger [14]dans les[14] objets physiques. Vous verrez que tout jugement suppose comparaison entre deux ou plusieurs objets. Mais dans ce cas, qu'est-ce que *comparer? c'est voir alternativement*. On met deux échantillons jaunes sous mes yeux, je les compare; c'est-à-dire, *je les regarde alternativement*; & quand je dis que l'un est plus *foncé que l'autre*, je dis, selon l'observation de Newton, *que l'un réfléchit moins de rayons d'une certaine espece*, c'est-à-dire, que *mon œil reçoit une moindre sensation*; c'est-à-dire, qu'il est plus *foncé*: or le jugement n'est que[15] le prononcé de la sensation éprouvée.[f]

[8] A l'égard des mots de nos langues qui expriment des idées, si je l'ose dire, intellectuelles, tels sont les mots *force, grandeur*, &c. qui ne sont représentatifs d'aucune *substance physique*; je prouve que ces mots & généralement tous ceux, qui ne sont représentatifs d'aucun de ces objets, ne nous[16] donnent aucune idée réelle, & que nous ne pouvons porter aucun jugement sur ces mots, si nous ne les avons rendus physiques par leur application à telle ou telle substance. Que ces mots sont dans nos langues, ce que sont *a* & *b* en algébre, auxquels il est impossible d'attacher aucune idée réelle, s'ils[17] ne sont mis en équations. Aussi avons-nous une idée différente du mot grandeur, selon que nous l'attachons à une mouche ou à[18] un éléphant.

[9] Quant à la faculté que nous avons de comparer les objets entre eux, il est facile de prouver que cette faculté n'est autre chose que l'intérêt même que nous avons de les comparer, lequel intérêt, mis en décomposition, peut lui-même toujours se réduire à une sensation physique.

[10] S'il étoit possible que nous fussions impassibles, nous ne comparerions point[19] faute d'intérêt pour comparer.

[11] Si d'ailleurs toutes[20] nos idées, comme le prouve Locke, nous viennent par les sens, c'est que nous n'avons que des sens: aussi peut-on pareillement réduire toutes les idées abstraites & collectives à de pures sensations.

[12] Si le décousu de toutes ces idées ne vous en fait naître aucune, il faudroit que le hazard vous amenât à Paris, pour que je pusse vous montrer tout le développement de mes idées [21]appuyées sur des[21] faits.

[13] Tout ce que je vous marque à ce sujet, [22]ne sont[22] que des indications obscures, & pour m'entendre, peut-être faudroit-il que vous vissiez[23] mon livre.

[14] Si par hazard ces idées vous paroissoient mériter la peine d'y rêver, je vous esquisserois dans une seconde, les motifs qui me portent à penser[24], que tous les hommes communément bien organisés, ont tous une égale aptitude à penser.

[15] Je vous prie de ne communiquer cette lettre à personne[25], elle pourroit donner à quelqu'un le fil de mes idées; & puisque l'ouvrage est fait, il faut que tout le mérite de mes idées, si elles sont vraies, me reste.[26]

J'ai l'honneur d'être, avec respect,

Monsieur,

Votre [27]très-humble & très-obéissant serviteur[27],

Helvétius.

[16] [28]Je vous prie d'assurer Messieurs Hume et Elisson[g] de mes respects.[28]

MANUSCRIT

*Neuchâtel, ms.R 291, fol.176*v*-179*v*; copie envoyée par le comte Harcourt à Girardin en 1779.

Pour ce ms., voir le n° 6893.

IMPRIMÉS

1. *Lettres* [. . .] Société typographique, Londres 1779; p.38-43.

*2. *Lettres* [. . .] Barbou, Paris, 1779; p.27-32.

NOTES CRITIQUES

[1] ms. et impr.1: ce [2] impr.1: la [3] impr.2: mes terres [m. David Smith, le savant éditeur de la correspondance d'Helvétius, rappelle à ce propos que celui-ci possédait deux terres, à Lumigny et à Voré. Cependant, il semble bien qu'il ait dû recevoir la lettre de Dutens à l'une ou à l'autre.] [4] ms. et impr.1: sur [5] ms.: [un astérisque inséré ici renvoie à une note au bas de la page:] cet ouvrage a été publié depuis sous le titre *de l'Homme*. [6] impr.1: un [7] impr.1: très [8] ms. et impr.1: lui montrer [9] impr.1: où [10] impr. 1: dont

[11] impr.1: le [12] ms. et impr.1: sa [13] ms.: s'aperçoit ⟨aisément⟩ [14] ms.: deux [15] ms. et impr.1: que; impr.2: pas [lapsus] [16] impr.1: vous [17] impr.1: s'il [18] impr.1: [manque] [19] impr.1: pas [20] ms.: [manque]

[21] impr.1: par tout appuyées de [22] ms.: n'est [23] ms. et impr.1: vissiez [le 'fissiez' de l'impr.2 doit être une simple coquille] [24] ms. et impr.1: poser [25] impr.2: [un signe '(a)' renvoie à une note au bas de la page: 'On voit que cette Lettre n'est communiquée, suivant l'intention de l'Auteur, qu'après son ouvrage de *l'Homme* a vu le jour'; impr.1: [un astérisque inséré ici renvoie à une note analogue:] 'L'ouvrage auquel ceci a rapport est le livre de l'*Homme*, publié peu après la mort de M. Helvetius; et cette Lettre n'a été communiquée

qu'après la publication de cet ouvrage'; la note du ms. est plus courte: 'cette Lettre en effet n'a été communiquée à Personne qu'après la publication du Livre et la mort de l'auteur'.] [26] impr.1: restent [27] ms.: &c. [28] [manque, ms. et impr.2]

NOTES EXPLICATIVES

a. il en avait deux: Elisabeth-Charlotte, née le 3 août 1752, qui devait épouser le comte de Mun; et Geneviève-Adelaïde, née le 25 janvier 1754, qui devait épouser le comte d'Andlau, dont le descendant possède toujours le château de Voré. – D'après la *GA* du 7 janvier 1772, Helvétius devait laisser une fortune de trois millions de francs à chacune de ses deux filles. Une troisième fille, Béatrix, née le 7 octobre 1760, était morte en bas âge.

b. Jean-Baptiste-Bernard Lutton (1721-avant avril 1802), doyen des greffiers-commis au greffe civil du Parlement de Paris de 1750 à 1790: à cette époque, il habitait dans la même rue qu'Helvétius, la rue Saint-Anne (*AR:* renseignements aimablement communiqués par m. David Smith: voir ci-dessus, note critique 3).

c. pour les *Notes* de Rousseau, voir *Pléiade* iv.1121*s*, et surtout p.1121-1122 et 1129.

d. De l'Homme, de ses Facultés intellectuelles et de son Education. Ouvrage posthume de M. Helvétius. 2 vol. in-8°: 1772 (réimprimé 1773, 1774, 1776, etc.). C'est surtout un supplément du livre *De L'Esprit*, supplément dans lequel Helvétius insiste sur l'application de ses principes à la société et à la législation. Rappelons qu'Helvétius mourut le 26 décembre 1771, donc peu après la rédaction de la présente lettre, 'd'une goutte remontée', d'après le *Courrier de Monaco* (anciennement *Courrier d'Avignon*).

e. déesse de la mémoire, sœur de Rhéa et de Cronos. Zeus la séduisit et la rendit mère des neuf Muses.

f. contre Helvétius, Rousseau avait soutenu dans la *Profession de Foi* que 'juger' et 'sentir' étaient irréductibles l'un à l'autre.

g. voir le n° 6893, note *c*.

TABLE CHRONOLOGIQUE DES LETTRES

TABLE ALPHABÉTIQUE DES CORRESPONDANTS

ERRATA ET COMPLEMENT

t.xvi

n° 2587, notes explicatives, deuxième colonne, l.16: pour 'd'Anne-Claude de La Forest', lire 'd'Antoinette d'Arvisenet, fille de Ferdinand, président de la même chambre'. Anne-Claude de La Forest était l'épouse de Richard de Ruffey, et la mère de [Marie-Josèphe-]Sophie, la future maîtresse du comte de Mirabeau.

t.xix, xxii, xxv

Lettres de Rousseau à Panckoucke: des fragments de ces lettres (n°s 3146, 3292, 3578 et 4441) furent imprimés dans le *Mercure* du 11 avril 1789, p.80-84. Pour le n° 4352 (t.xxv), voir les *Additions* du présent volume. Le n° 1292 (t.viii) fut réimprimé dans ce même article du *Mercure*, p.79-80.

t.xxiv

1.n° 4057. Un brouillon de ce billet passa en vente à Londres, chez Christie, le 23 février 1983, n° 89 catalogue.

t.xxix et xxx

1. n°s 5225 bis et 5414. L'orig. autogr. de ces deux lettres passa en vente à Paris, Nouveau Drouot, les 15 et 16 mars 1983, n° 203 du catalogue.

t.xxxv

1. n° 6239, alinéa 4, l. 2: pour 'de crédit', lire 'du crédit'.
2. n° 6309, alinéa 5, l. 7: pour 'la maitre', lire 'le maitre'.
3. n° 6317, alinéa 8, l. 7: pour 'En', lire 'Et'.
4. n° 6340, alinéa 4, l. 12: pour 'poru', lire 'pour'.

t.xxxvi

1. n° 6434, alinéa 24, l. 2: pour 'je connoissois', lire 'je ne connoissois'.
2. n° 6516, l.13: pour 'se soit', lire 'ne soit'.

t.xxxvii

1. n° 6529, alinéa 3, l.13: pour 'qui m'a', lire 'qui n'a'.
2. n° 6534, alinéa 5, l.6: pour '& je', lire '& que'.
3. n° 6535, alinéa 3, l.4: pour 'Ce que', lire 'Ce qui'.
4. n° 6631, alinéa 4, l.3: pour 'maintentant', lire 'maintenant'.
5. n° 6651, alinéa 3: les exemples donnés par Rousseau ont été un peu malmenés. Dans l'exemple (a), lire '135,4,2'; dans l'exemple (b), le trait devait couvrir les chiffres '135'; dans l'exemple (c) le trait devrait couvrir les chiffres '35'.
6. n° 6673, alinéa 8, l.9: pour 'celui', lire 'celui qui'.
7. n° 6702, alinéa 3, première ligne: supprimer l'appel de note *b*.

t.xxxviii

1.nº 6707, remarque, alinéa 3, dernière ligne: pour '6892', lire '6894'.

2. nº 6829: après la date, suppléer l'appel de note '1'.

3. nº 6832, alinéa 2, l.4: pour 'n'avec', lire 'm'avez'.

4. nº 6839 bis, alinéa 10, l.10: pour 'te', lire 'et'.

5. nº 6848, p.205, l.4: pour 'en ne', lire 'je ne'.

6. nº 6863, note *b*, avant-dernière ligne: pour 'maf', lire 'ma'.

7. nº A 598 b, l.5: pour 'seul', lire 'seuil'.

8. nº A 606, note *k*: pour '1', lire '3'.

9. les nºs 6913 et 6933 furent imprimés pour la première fois dans *Œuvres* (Genève 1782), xiv.528-534 et xiv.519-528.

t.xxxix

1. nº 6941, p.59, notes explicatives, première colonne, l.6 en remontant: pour 'saissement', lire 'saisissement'.

2. nº 6973, note explicative, deuxième colonne, l.6: pour 'celui-ci', lire 'Du Peyrou'.

3. nº 7034, note *e*, l.3: pour '7041', lire '7043'; de même, nº A 622, notes *a* et *b*, pour '7041' lire '7043', et nº A 623, note *d*, lire '7043, 7044 et 7045'.

4. nº A 652, note *a*: remplacer cette note par: 'voir à sa date la lettre de Girardin du 25 septembre 1779 (t.xliv).

5. errata et complément, p.361, t.xxxvi, l.5: pour '*publica*', lire '*publicae*'.

6. Dans une lettre adressée à mme de Créqui, et datée seulement du 10 juin, Chamfort écrit, à propos d'un séjour au Valais qu'il envisage de faire: '[. . .] Je veux voir si l'imagination forte et sensible de M. Rousseau ne lui a point exagéré le bien qu'il a vu dans ce Pays là [. . .]' (vente des 15 et 16 mars 1983 au Nouveau Drouot, à Paris, nº 211 du catalogue). Cette lettre est peut-être de 1773.

t.xl

1. nº 7177: un texte incomplet de cette lettre fut imprimé dans Guyot (1958), '.157.

2. nº A 682, p.363, col.2, l.16: pour 'forte', lire 'fort'.

3. nº A 657, note *i*. Mlle Lanau, professeur au Lycée Laure Gatet, à Périgueux, me signale qu'il s'agit vraisemblablement de François Mussard, dont JJ avait dit, dans ses *Confessions*: '[. . .] En fouillant [. . .] les terrasses de ce jardin, il trouva des coquillages fossiles, et il en trouva en si grande quantité que son imagination exaltée ne vit plus que coquilles dans la nature, et qu'il crut enfin tout de bon que l'univers n'étoit que coquilles, débris de coquilles [. . .]' [VIII, *Pléiade* i.373].

t.xvi-xl

Dans la liste des Sigles, sous 'Chaalis', pour 'Jacquemont-André', lire 'Jacquemart-André'.

t.ix, nº 1457, et t.xl, nº 7096.

Mme Ulla Kölving, qui prépare l'*Inventaire* de la *CL* de Grimm [et de Meister], prologomène d'une édition nouvelle de cet ouvrage, faite sur les mss, me signale que les nºs 1457 et 7096 n'ont point été envoyés aux abonnés de la *CL* dès 1776.

Ce sont des passages ajoutés par les éditeurs de 1812 sur le ms. de Zurich, qui servit de base à cette édition.